流量×制造

Traffic generation

从位置流量到用户流量

何兴华 著

人民东方出版传媒

东方出版社

图书在版编目（CIP）数据

流量制造／何兴华 著. —北京：东方出版社，2020.9
ISBN 978-7-5207-1438-9

Ⅰ.①流⋯ Ⅱ.①何⋯ Ⅲ.①企业管理—网络营销—研究 Ⅳ.①F274-39

中国版本图书馆 CIP 数据核字（2020）第 150679 号

流量制造
（LIULIANG ZHIZAO）

作　　者：何兴华
责任编辑：申　浩
出　　版：东方出版社
发　　行：人民东方出版传媒有限公司
地　　址：北京市西城区北三环中路 6 号
邮　　编：100120
印　　刷：北京联兴盛业印刷股份有限公司
版　　次：2020 年 9 月第 1 版
印　　次：2021 年 3 月第 4 次印刷
开　　本：710 毫米×1000 毫米　1/16
印　　张：27
字　　数：450 千字
书　　号：ISBN 978-7-5207-1438-9
定　　价：78.00 元
发行电话：（010）85924663　85924644　85924641

流量制造

本质上，我们缺的不是用户，而是用户互动。

流量的本质是用户互动。用户是1，流量是N。

数字时代下，营销必备四种新能力——造画像、造内容、造场景、造工具，这些也正是流量制造的四项核心能力。

从位置流量思维到用户流量思维的进化，正是从购买流量到制造流量的升级。

大数据让精准的用户识别与跟踪成为可能，新媒体让反复的用户触达与互动成为可能。大数据技术+新媒体生态，让全域全场景全链路全周期用户运营成为现实。

公海精准捕鱼+私域精细养鱼，成就流量的三级裂变。

线下零售场能量大爆炸，跃升为超级流量场，从渠道销售商升级为营销服务商，由不动产运营商升级为用户资产运营商。

零售商、品牌商、经销商在用户、数据、内容、场景四个维度互联，形成用户运营数字共同体。

Contents / 目录

不要告诉我世界是怎样的，要告诉我如何创造世界

秦 朔

"要知道我们说的东西很容易，但要知道我们为何这样说却非常难。"

1934 年，20 世纪最伟大的哲学家之一维特根斯坦在给学生上课时这样说。

"不要告诉我世界是怎样的，要告诉我如何创造世界。"

20 世纪 60 年代，从康奈尔大学开始，这句带有嬉皮士思潮色彩的格言流行一时。

市场营销就是这样的一门学问，知其然易，知其所以然难；知易，行难。

现代意义的市场营销起源于 19 世纪末 20 世纪初，至今已有 100 多年历史。而从 21 世纪开始，随着全球化提速，新兴市场崛起，新消费代际出现，以及互联网新技术的不断更新，市场营销迎来了空前的大发展、大变革、大分化。这 20 年所展开的创新营销实践，深刻地改变了世界，但由于更迭太快，还无法从学术的角度善加总结。

在全球市场的变化中，中国又堪称"快中之快""复杂中之复杂"。由于全球品牌竞相逐鹿中国，中国市场早已充分国际化，浓缩了全球营销思想和全球品牌之精华；同时，中国市场本身又是大规模和高差异的，这为本土品牌的成长创造了条件，也促进了国际品牌的本土化；更重要的是，得天时地利人和，中国的互联网营销极速演进，已经走在世界的前沿，如平台生态、超级品牌、码上经济、社交电商与直播电商、内容经济学，等等。

总之，新兴市场、新世代、新技术的交融，使得中国已经发生并正在发

1

生着人类有史以来最为活跃的市场营销革命。这一营销革命和伟大的中国制造力量交相呼应，构成了改革开放40余年中国市场经济的宏伟画卷。

2001年，我在中山大学管理学院跟随卢泰宏教授攻读在职博士研究生，方向为"中国市场与消费者行为"。当时我们学习的主要教材还是菲利普·科特勒的《营销管理》、唐·舒尔茨的《整合营销传播》、迈克尔·所罗门的《消费者行为学》、凯文·凯勒的《战略品牌管理》等。近20年过去，我越来越强烈地意识到，全球营销创新的主阵地正在移向中国，基于中国实践的营销新概念、新技术、新思想必将成为这个领域最新的宝贵知识财富。

没有成功的企业，只有时代的企业。变化即挑战，不能适应变化、驾驭变化、引领变化，就只能成为上个时代的遗产。但在拥抱变化的过程中，如果不能洞察变化背后的趋势和本质，掌握可靠、可持续的方法与技术，也会浅尝辄止、飞蛾扑火或昙花一现。

在我看来，何兴华先生的《流量制造》，是理解当今中国市场营销变化的一本具有前沿性、实操性、系统性、思想性的新营销教程。作者有多年的营销工作经验，在快消品、耐消品、零售平台及其数字化转型等多个岗位上担任过营销和品牌负责人，近年又致力于构建行业的数字化生态与"超级流量场"——即在和用户建立全场景、全周期实时互动关系的基础上，使平台商、品牌商、经销商具备制造流量的"超能力"，从而在每一份用户资产上实现流量制造的产量最大化、质量最佳化和成本最优化。

我认为本书起码在三个层面会给读者带来极大的价值：

第一，重新定义流量。

流量一词司空见惯，是营销界被提及最多的话题之一，作者对其进行了深究，用一种类似学术研究的方式对这一实践性非常强的概念做了描述。为什么要这么做？为什么重新定义流量意义重大？在今天，流量问题是否是一个新问题，或者说，它是否应该成为一个新问题？回答是肯定的。因为在今天的营销场景下，过去的很多流量思维已经不够用了，比如书中提到的"位置流量"，仅仅依赖这样的传统思维已经无法解决流量成本高、流量浪费大、流量转化低等顽疾；我们需要新的思维来理解今天的流量，运营这些流量，需要在新的思维模式与方法的指引下，不仅能够制造出更多流量，而且能将流量更高效地转化为最终用户。

按照传统的"位置流量"思维，如果一个线上店或线下店的自然流量在减少，且店家也没有财力进行持续的商业流量购买，那么这个店铺的生意就注定会越来越差，很快店铺也就完了。然而，今天的很多情况并非如此。事实上有一些品牌商企业、零售商企业因为运用了其他效果更好的办法，让进店人流获得了持续的显著增加。其中的部分线下零售平台型企业，在应用这些"更好的办法"后，不仅获得了流量与销售增量，同时还收获了可观的创新业务收入与利润。这是如何成为可能的？背后的逻辑与原因是什么？《流量制造》为这些现象寻找到了答案。

本书将流量定义为用户互动，一次用户互动就是一个流量，持续的互动最终转化为实际的成交。这样的定义强调的是流量在信息交互与心智种草层面的本质价值，是对零售及营销"三流"中"信息流"的具象表达。这样的定义让人们的视野一下子被打开，迎面看到的就是"流量可以制造"的"新世界"。《流量制造》这本书，通过重新定义流量，摸索出了新时代的流量新思维——流量制造思维，也称作"用户流量思维"，具有相当的理论高度。

第二，重新确定视野。

对流量的定义，需要看你站在什么立场。互联网企业有互联网企业的立场，品牌企业有品牌企业的立场，电商平台有电商平台的立场，线下零售企业有线下零售企业的立场，即使是一个小门店，也有其独特的视野。但是，很少有经营主体能够站在全产业链的角度来思考流量，思考流量生态，而这种全产业链的视野就是所谓"来自上帝的视野"。《流量制造》的视野之一，就是用"来自上帝的视野"重新审视全产业链的流量问题，正是这样的视野，才能重新定义流量。

有了整体框架，才能更好地看清个体，看清流量生态中的每一个环节，让每一类经营主体在流量的变革中找到最适合自己的流量经营之道。这就是"微观之镜"。每一个经营主体，在流量生态链中有不同的位置、不同的价值，只有看清经营主体的这种价值，才能在流量生态链中找准自己的位置，最终实现每一个经营主体的价值最大化，并且能够为流量生态中其他主体带来价值，或者赋能。而这个赋能的主体，未来可能更多的是产业链上的线下零售企业，它们将升级为产业的流量入口与接口，成为产业的用户运营中台。《流量制造》定义为超级流量场，也就是线下零售企业进化后的新物种，这个趋势的必然性是由线下零售企业的垂直平台属性而带来的"基因优势"所决定的，当然，也是由它们的数字化进程所决定的。

第三，重新确定方法论。

《流量制造》构建了新流量方法论系统之后，又构建了适应这一方法论的一整套流量制造的知识图谱，尤其是定义了数字营销时代的四大新能力——造画像、造内容、造场景、造工具，同时，还匹配了各个行业的诸多实战案例分析，甚至用模拟实战模式，来解读这套方法的运营过程。过去我们购买流量，今天我们制造流量，过去与今天的差别是，过去你有钱，有很多的钱就可以购买大量流量，也许还很便宜，但这种红利今天已经没有了。而采用《流量制造》的方法论体系，流量就可以在新的场景里低成本、高质量、大规模地制造出来，可以说，这为今天诸多企业提供了走出流量困局的药方。

《流量制造》的出版，还处于疫情后营销变革的特殊背景之下。这次疫情，对经济与人的生活造成了巨大冲击，但同时，也将会促进传统企业的加速数字化，而数字化为流量制造插上了飞跃的翅膀，为那些率先找到推动数字化的正确姿势、开始大规模制造流量的企业提供了新红利。

《流量制造》启发我们，未来的所有企业都应该成为数据驱动的企业，成为内容运营商、流量制造商和培育用户资产的园丁。书中有大量最新实例，寓思想于实践之中。

乐莫乐兮共享新知，丰富心智。《流量制造》就是这样的一本好书。

零和游戏的必然——从流量购买到流量制造

中欧国际工商学院市场营销学教授

宝钢市场营销学教授，副教务长

王 高

何兴华先生拥有20年的营销经验，从品牌方到零售方，从传统营销到数字营销，从单一渠道到全域运营，他亲历了营销在中国快速迭代的过程，在这个过程中他不仅是参与者，更是引领者。《流量制造》这本书就是他这些年的结晶。这本书不仅沉淀了他的丰富经验，更沉淀了他的思考与总结，不仅是回顾过去的历程，更是对未来的预期与展望。能够为这样一本优秀的著作写序，实属我的荣幸。

基于对过往中国营销，特别是零售历史过程的分析，作者提出线下零售商将是流量的超级制造场，并给出了系统的操作流程。这是一个大胆并富有想象的观点。随着线下线上的深度全方位融合，中国零售已经到了一个关键的节点，我完全认同线下零售的变革水平将决定中国零售业的未来走势。随着线上电商平台的迅猛发展，线下零售遭遇到巨大的挑战，过去几乎都是疲于应对，但是经过这些年的历练，线下零售商也越来越熟悉线上的玩法，逐步形成自己的能力，为打造垂直领域的纵深平台创造了条件。与拥有流量优势的线上电商平台相比，线下零售商打造垂直平台仍然充满挑战。他们需要在线上线下全域引流，并且要充分利用数字技术和线下体验，高效率地管理好客户的全生命周期。如果线下零售商能够突破这些挑战，中国将迎来一个新的零售时代。

思考中国的零售未来，我们必须先关注总体的供求关系。一方面，随着中国经济改革的逐步展开，供给方得到了充分的发展，在诸多涉及民生的行业都出现了供大于求的局面。另一方面，随着交通等基础设施建设、电商和物流配送的快速发展，商品在中国消费端的覆盖能力得到了空前的提高，需求被更好地满足，增长的空间开始变小，很多行业的竞争已经呈现出零和游戏的特点。供大于求，存量市场的零和游戏，这是目前中国市场竞争格局的最底层前提。

在这样一个竞争格局下，线上线下相互渗透、相互融合成为必然趋势。一方面，在国内社会零售商品总额中，线上电商与线下零售商的比例关系是1：4。随着市场覆盖逐步饱和，电商平台在线上的增长空间变得越来越小，他们自然会往线下延伸，去争夺线下80%的市场。阿里和京东已经以入股或全资收购的方式进入几乎所有业态的线下零售企业。另一方面，线下零售商也开始积极地拥抱互联网，网店、App、小程序、直播等全都成为他们的阵地，线下零售商的线上运营不仅是出于竞争的考量，更是适应消费者的生活方式和购买习惯。总之，在今天的中国零售业，已经几乎没有纯线上和纯线下的零售商。未来的零售商是全方位融合的零售商，线上店铺线下店铺并存，基于社交的私域流量社区会越来越多，越来越活跃，短视频、直播将成为常态。

在这样一个线上线下充分融合的背景下，我们可以预期两个重要的趋同趋势。第一，线上线下的商品将趋同，也就是说，消费者可以在线上或线下买到相同的产品；第二，同一产品，线上线下的价格将趋同，也就是说，消费者在线上或线下买到的同一产品，价格将是一样的。给定这两个趋同的趋势，消费者在哪里下单，如何下单，将有充分的自由。比如，消费者可以在线下下单，但是由零售商物流配送到家；消费者也可以在线上下单，到线下店直接提取。在线上购买比较方便，效率比较高；在线下购买可以体验，使购买决策更充分。线上线下不再是竞争关系，而是各有特长、相互补充的关系。

基于线上线下融合的趋势，以及商品和价格的趋同趋势，线下零售商该如何规划未来呢？首先，线下零售商应该充分发挥自己的独特优势——体验。这里的体验，不仅仅是看一看、摸一摸、试一试这样的简单体验，可以走得更远，可以有想象力地创造出消费者感兴趣的线下互动、体验服务，比如诚品书店、K11百货、西单大悦城等，就是这种延伸特色体验服务的很好的尝试。

线下零售商的另外一个当务之急，就是充分利用各种数字技术，全方位、全周期地对客户进行管理，这也正是本书的核心所在。正如书中所描述的，经过这些年的磨炼，线下零售商不仅掌握了线上运营的核心能力，而且还有自己独有的一些优势。他们可以将线下的客户转化到私域流量池进行运营，还可以在线上公域流量池中获取潜在客户，将他们转化成客户，同时也可以转化到私域流量池进行运营。在目前阶段，正如书中所论述的，线下零售商应该首先从已有客户开始进行私域"流量"管理，全流程、多触点、线上线下并举，全面掌握客户的轨迹，对客户进行精准画像，通过多触点与客户互动，在合适的时间和合适的场景为客户提供最合适的服务体验，以实现客户终生价值的最大化。线下零售商如果可以把已有客户的私域"流量"闭环有效打通并高效运转，其竞争力将上一个新的台阶。其优秀的服务体验本身可以吸引新客户加入，同时，通过所有的手段从公域流量池中获取新客户，使忠诚于自己的私域流量池的客户不断壮大，逐渐形成一个黏性很强的垂直类生态平台。

一个有能力持续吸引新客户、有技术从公域中精准获取新客户、有系统在私域里精细化运营老客户的垂直类生态平台，也必然会成为书中所定义的垂直行业级的营销服务平台，为品牌商在用户、数据、内容、技术、工具、运营等各维度进行赋能，从而构建出书中所定义的"用户运营数字共同体"，助力品牌商解决流量成本递增、流量浪费巨大、流量转化效率低下的痛点，显著提升流量运营质量与流量利用效率。

对于关注中国零售业的读者，特别是线下零售从业者，《流量制造》是一本值得阅读的著作。这本书不仅可以帮助读者理解中国零售的过去，更可以帮助读者展望中国零售的未来。

我们不缺用户，缺的是用户互动！

不只需要用户互动，更需要基于一个用户的连续互动！

用户不等于流量。

与用户的一次互动是一个流量。

一个用户可以产生 N 个流量。

过去，我们应用的是"位置流量"思维。

未来，我们需要的是"用户流量"思维。

过去，传统零售场的价值在于自然流量，实现人找货。

未来，超级流量场的价值在于制造流量，实现货找人！

我认为，整个零售领域、整个营销生态将迎来"流量制造时代"，也可以称作"超级流量场时代"，同时也是"用户运营数字共同体时代"。

这个时代，将赋予所有品牌商企业与零售商企业，对每一份用户资产进行深耕的"超能力"。其中，大数据让精准的用户识别与跟踪成为可能，新媒体让反复的用户触达与互动成为可能。任何没有掌握这一大幅"提高亩产"核心技术的玩家，都会在这一轮竞赛中出局。

这一进步，也将显著降低因信息交流不通畅、不充分而导致的供给与需求的错位，进而降低各种自然资源与社会资源的浪费，同时显著提升需求端的用户体验与供给侧的质量和效率。

接下来，任何企业如果不直接或间接具备本书所定义的"造画像、造场景、造工具、造内容"的四项营销新能力，即流量制造的四项核心能力，则一定会在品牌营销这个象限里惨遭对手的降维打击。

接下来，任何企业如果没有将营销目标的颗粒度从用户群升级为用户个体，并且在一定程度上实现本书所定义的"全域全场景全链路全周期"用户运营，从而实现流量制造，则必然会因为资源浪费大、运营效率低而直接被市场淘汰。

所谓"流量制造"，是指"以每一个用户为核心，通过'货找人'的方式，与用户进行全域、全场景、全链路、全周期的互动，持续产生 N 个流量的过程"。

流量制造时代的两大核心标志是：

- 超级流量场的诞生。
- 实现数字化用户运营，即颗粒度细到每一个用户的全域、全场景、全链路、全周期的运营。

原有的线下、线上流量红利都已经触及天花板，零售生态、营销生态、流量生态的新一轮超级进化已经开启，新的流量红利、新的春天已经来了！

之所以在"进化"前加上"超级"二字，是因为这一轮的进化将迎来一次质的飞跃。

这一轮进化，与以往有本质的不同，不再是因为消费者注意力集体大规模迁移而产生巨大的流量红利，而是由消费者与商家之间的互动效率的革命性升级而产生更巨量、更经济、更有效、更持久的流量制造。

线下零售场将升级为超级流量场，将从不动产资产运营商进化为用户资产运营商。

线下零售场，不仅包括经营多品类商品的流通型"店商"，如万达、爱琴海、大润发、永辉、7-11、全家等，也包括专门经营某个大品类商品的流通型"店商"，如苏宁电器、红星美凯龙、孩子王等，更包括那些聚焦某一细分品类、商品品种足够丰富、连锁门店数量众多、自产自营的品牌型"店商"，如百果园、幸福西饼、李宁、美特斯邦威、良品铺子、来伊份等。

超级流量场，是指"一个有能力在线上、线下全域范围内，以用户运营为核心手段，针对每一个用户进行全域、全场景、全链路、全周期的数字化运营，从而实现流量制造、赋能品牌商的线下零售场"。

传统线下零售场依赖自然流量，而超级流量场制造流量。

品牌商将借助超级流量场，实现数字化的全域、全场景、全链路、全周期的用户运营，大幅度降低流量成本，提升营销效率。

作出这样的论断，一方面缘于我从快消品、耐消品到零售平台，20 年来一直未下火线的营销从业经历；另一方面缘于我从 2015 年开始，问自己最多的一个问题：整个营销生态该如何进化才能更有效地解决三端痛点？

品牌商这一端的营销痛点愈演愈烈

数字时代带来了媒体触点的碎片化，甚至粉末化，加上与消费者需求日益个性化之间的矛盾，导致传统的广而告之的营销打法失效了，流量成本不断走高；而同时，数字时代也带来了前所未有的大数据能力、自媒体能力、私域用户运营能力，然而这些能力并没有在绝大多数的品牌商营销团队身上生长出来，绝大多数品牌商在营销上存在着七大痛点："瞄不准""打不透""触不动""看不穿""粘不住""拉不高""买不起"。这些痛点意味着营销投入的"六重浪费"，意味着有效的营销投入所占比例真的不高，甚至很低。

零售商这一端的流量痛点愈演愈烈

过去这些年，线下零售商受到线上零售商的"野蛮"降维打击，流量骤减，快速失去大片疆域，整个线下零售占比已从社会零售总额 100% 缩小到 80%。2016 年是线上流量红利见顶的拐点年，线上电商获客成本首次超越线下，线上电商首次提出要从线下找流量。于是，新零售、智慧零售、无界零售都蹦了出来。从此，线上、线下大面积流量危机开始蔓延，而更让人心急的是，大量的线下零售场并没有看清楚，更没有实践出一条真正可行的获取流量增量的光明大道。

消费者这一端的选择痛点愈演愈烈

商品品类极大丰富，娱乐内容铺天盖地，便捷服务触手可及。每一个消费者都过上了足不出户、"饭来张口、衣来伸手"的皇帝般的日子，但同时，消费者不可救药地患上了选择恐惧症。一方面，被各种无关广告、无聊内容日夜环伺；另一方面，却难以找到真正的"心头爱"。也就是说，消费者迫切地希望商家除了为其提供"人找货"的选择权之外，还能够进一步提供"货找人"的定制化服务。

有解吗？

多年来我不停地刨根问底，渐渐对答案有了清晰的轮廓，并经历反复实践、检验、迭代、打磨，也因此有了今天的这本书。下面就把有关这个问题与答案的完整思考逻辑，与大家做一个概括的分享。

三端问题看似复杂甚至是顽疾，但仔细解剖之后不难发现：三端痛点是高度相关的，其根源是一个问题，即流量问题的一体三面。

通俗地概括一下三端痛点就是：

• 地主家也没有"余粮"了，即传统电商流量红利见底；线下零售场流量缺乏，且门店流量面临继续下滑的风险。

• 品牌商购买流量的价格越来越贵，获客与转化的效率却依然低下。

• 消费者被大量的无用广告包围，而真正需要的内容却难以获得。

都是流量惹的祸。

那是否意味着可以从流量运营的角度来解决这个问题呢？

并不是。

传统的流量运营，是基于"位置流量"思维，即以"地段"或"广告位"为核心，利用广撒网、高成本的"人找货"模式，获取流量增量的，无法解决上述痛点，反而恰恰是产生上述痛点的根源所在。

另外，上述痛点不仅是流量获取的问题，还包括流量转化的问题。而流量运营的本质是针对一次用户互动的运营，包括从引流到转化。这很重要。但是，一次流量运营并不能必然带来流量转化，因为一个用户对一个商品，从知晓到产生初次消费，往往需要多次的、连贯性的互动；从初次消费到产生多次复购，又需要新一轮多次的、连贯性的互动，甚至每一次的互动内容和场景也需要定制化。

数字时代，我们有了真正的"解药"。求解流量问题，我们可以从用户运营的维度来入手了。

"流量运营"运营的是一次用户的互动，"用户运营"运营的是一个用户的持续互动。

把每一个用户当作一份宝贵的用户资产来进行用户运营，而且是全域、全场景、全链路、全周期的用户运营，从而让用户反复来到线上店与线下店，如此，就会在同一个用户身上不断地制造出一个又一个流量，最终实现最大化的复购与联购。

这个过程会让我们得到什么？

得到几倍、几十倍甚至几百倍的流量增量！

所以说，品牌商获取流量成本高、零售商遭遇流量下滑，其根源不在于缺用户，而是缺乏与用户的互动；消费者患上选择恐惧症，其根源不在于所有商家对其曝光的广告少，而是相关商家与之的有效互动少。

实际上，三端痛点的根源都在于商家缺乏用户运营的能力。

而日渐成熟、持续迭代的互联网技术、数字化技术、新媒体生态，对于线下零售场和品牌商的最大赋能，不是新的流量购买渠道、新的商品销售平台，而是新的流量获取模式——流量制造。流量制造依赖的是新的用户运营模式——颗粒度细到每一个用户的数字化运营。

但是，要想让这一革命性的赋能与升级真正得以实现，则必须依赖一个"新物种"——超级流量场的诞生。

大势所趋。为了解决三端痛点，为了自身的生存与发展，为了赋能整个行业和所有品牌商（包含旗下的经销商），线下零售场必须躬身入局，从一个商品销售渠道/平台，升级为超级流量场，通过品类级的用户运营为品牌商源源不断地制造流量，并联合所有品牌商构建起紧密的用户运营共同体，赋能品牌商实现品牌级的用户运营。

同时，我特别想表达的观点是：绝大多数品牌商，由于天然存在用户规模、数据规模、商品规模及技术实力等方面的局限性，所以，其单纯依靠自身的进化与发展，并不能解决当下及未来所面对的营销痛点，而是必须依赖超级流量场的赋能。

可见，本书讨论的课题同时针对品牌商和线下零售场这两个角色。过去，零售商负责的是自然流量，品牌商负责的是广告流量，而本书对未来提出的解决方案是：零售商要引领品牌商一起构建用户运营共同体，实现流量制造。

"用户流量"思维指引下的流量制造，从两个维度解决了流量增量问题，不仅会带来单位用户的流量产出更大化，而且利用"精准效应"和"口碑效应"带来更大的用户规模，即用户资产总量的递增。

同时，流量制造不仅解决了流量增量问题，而且实现了基于同一用户的多次流量间的协同增效，因此，使流量转化——初次消费、复购与联购得到显著提升。

以上就是本书的核心观点，凝练一下就是：

1. 未来，必须通过用户运营来制造流量增量。

2. 线下零售场将升级为流量制造的超级工厂。

3. 品牌商在超级流量场的赋能之下大幅提升营销效率。

另外，本书中的几个核心概念也专门解释一下。

所谓用户运营，是指通过与用户进行全域、全场景、全链路、全周期的互动，使用户从目标用户一步步升级为知晓用户、兴趣用户、意向用户、消费用户、复购用户、联购用户、忠诚用户直至超级用户的过程。特别值得强调的是，本书所讲的用户运营，是指颗粒度细到每一个用户的运营。

所谓全域，是指线上与线下，公域与私域。

所谓全场景，是指电商、社交、资讯、娱乐、工具使用等线上与线下所有场景。

所谓全链路，是指用户在某个商品的选购过程中所经历的各个环节，从知晓到产生兴趣、意向，从而消费、复购、推荐，这一过程通常也被称作"消费者旅程"。

所谓全周期，是指一个用户与一个零售场或一个品牌商产生互动的整个生命周期。在这个完整的生命周期里，用户持续购买不同品类、不同品牌的商品或同一品牌的不同商品。

下面，为了方便大家阅读，就流量制造的核心逻辑与观点，简介如下：

用户是 1，流量是 N

从品牌塑造与营销推广的运营实践来看，本质上，一个流量是指品牌商与一个用户的一次互动，即形成一次信息交互。

而一次互动，可能直接成交，也可能为后续每一次互动的成功成交，提升了概率。

通俗地说，每次互动都是一次"种草"，为后续"拔草"提高了概率。一个用户可以产生 N 个流量。

营销层面的用户运营就是指持续的用户互动，就是基于每一个用户的流量制造。

我们不缺用户，缺的是用户互动，更缺充分的用户互动

除了要有用户，更重要的是要有与用户之间的互动。

不仅要有"用户互动"，而且必须保证充分的 "用户互动"，才能实现信息的充分传递，才能应对激烈的认知战，才能有效地促进流量的转化，即用户的初次消费、复购与联购。

对于零售商或品牌商而言，其实本有大把机会接触广泛的用户，但以前乃至当下，它们并没有能力将这些用户沉淀为数字化用户，或者说数字化会员，也没有能力与用户在店内或店外持续互动，即没有能力进行每一个用户的运营。

一个常见的情况是：与精准目标用户有过一次互动，即产生过一次流量，但是这位用户当时没有产生消费，一段时间过后也没有产生消费。那么，是不是意味着那一次互动/那一个流量没有价值呢？ 回答是坚决的：不是。造成这种结果的原因，大概率是针对该用户的运营，即持续互动，出了问题。

站在这个角度上看，问题不在于缺用户，而在于缺乏跟用户持续互动的能力。

拿传统的线下零售场来讲，过去，在用户来之前，并没有办法与用户互

动；而用户到了场中，也只是用户与导购和货架上的商品简单互动，场并不了解逛店的用户是谁，更不了解每个用户逛店的动线，看了哪些商品，购买了哪些商品；用户离场之后，场再度与用户失联，没有办法持续触达用户。

也就是说，用户是否再次来店，零售场只能"坐等"，无法主动介入。当然，零售场可以大打广告或大规模进行地推，开展各种广而告之的营销，吸引用户再次来店。但是，姑且不说当今媒体环境下这种"大炮打蚊子"的做法效果如何，单单考虑到大笔的广告地推预算，也注定此举不靠谱。

事实就是如此。往往是花费了"巨资"，获得了一个潜客、用户或会员，但最终没有针对其实现拉新、激活、转化、复购或裂变而成为一笔无效支出。这个悖论缘于没有能力跟这位用户持续互动，而且在有限的互动中质量也并不理想。

现实的残酷竞争中，我们不仅缺用户互动，更缺充分的用户互动。很多时候，不是因为事实上你的对手比你更好，而是仅仅因为你的对手与你的潜在用户互动得更充分、更好，因而让潜在用户对你的对手更了解、更熟悉，从而在用户的心智中形成一种感性的判断——你的对手更优秀，甚至只是"感觉上或感情上认为你的对手更靠谱、更值得信赖"。

天下生意都是互动出来的。

换句话说，每一次的成功销售是靠一次次的流量堆出来的。

所以说，无论在线下还是线上开店，用户互动能力都是企业的核心竞争力之一。未来新零售的竞争，在某种程度上取决于竞争双方在用户互动能力上的较量。

下一轮零售竞争将在用户运营这一维度上激烈角逐

由于数字技术不断成熟、新媒体生态不断演进，大数据让精准的用户识别与跟踪成为可能，新媒体让反复的用户触达与互动成为可能，从而，以线下零售为主的零售商及其供应链上的品牌商，迎来了划时代的历史性机遇，将从粗放型的流量购买与运营，升级为颗粒度细到每一个用户的全域、全场景、全链路、全周期精细化运营。

　　下一轮零售竞争比拼的不再是谁圈来的用户多，而是谁能够实现针对每一个用户的精细化运营，从而在每一份用户资产上做到流量产出最大化，以及随之而来的销量产出最大化。通俗地说，就是比拼"亩产"能力的高低。

　　精细化的用户运营意味着会孕生更大量的超级用户与KOC（Key Opinion Consumer），这些"铁杆儿"将因为自身极佳的用户体验而发起最强的口碑裂变。

　　所以，用户运营能力的升级，不仅会带来单位用户资产价值更大化，而且还必将带来更大的用户规模，即用户资产总量的递增。

流量制造的四项核心能力

　　流量可以买，也可以自己造。

　　只要有能力造出数字化"人、货、场"，就能够实现基于内容的与用户在线上的持续互动，即全域、全场景、全链路、全周期的用户运营，就可以在每一个用户身上，即每一份用户资产上，源源不断地制造出流量，进而无限接近地实现流量制造的产量最大化、质量最佳化和成本最优化。

　　数字化的"人"，是指精准的用户画像，有了它就可以在线上实现用户与内容及场景的精准匹配与互动。

　　数字化的"货"，是指与商品相关的各种内容，有了它就可以在线上实现有关货的信息传递。

　　数字化的"场"，是指线上的场景矩阵，有了它就可以在线上实现内容与用户的交互。

　　我们把制造数字化的"人、货、场"的过程，称作"造画像、造内容、造场景"，加上"造工具（创造互联网营销工具）"，一共四项，构成了流量制造的核心能力。

　　实际上，这"四个造"也定义了四项营销新能力，或者说，定义了全新的营销能力评估模型。

　　今后，评估一个企业的营销能力，评估一支营销团队的知识经验的厚度、广度与新鲜度，就一定会这么问：你的企业会造画像吗？ 有造场景吗？ 能造工具吗？ 你的企业的造内容的能力（非广告策划创意与制作能力）有多强大？ 用户运营团队的十个兵种，你有几个？

我们不难发现："四个造"的能力都是传统营销方法论所未涉及的，而又都是当下及未来必需的营销新能力。

流量购买与流量制造背后的两种思维："位置流量"与"用户流量"

以前，零售商负责的是自然流量，品牌商追加的是广告流量，这些都是基于位置的"流量购买"，而本书对未来给出的预测是：线下零售场将引领品牌商一起构建用户运营共同体，实现"流量制造"。

对于"流量购买"而言，核心资源是"位置"，核心动作是"位置评估"，通过"好位置"接触到尽可能多的人，推动其中的部分精准目标人群去"找货"，从而实现高成本的"人找货"。所以，"购买而得的流量"可以称作"位置流量"。

"流量购买"，对用户的利用模式是"即用即抛式"的，拿用户当"易耗品"。

对于"流量制造"而言，核心资源是"用户"，核心动作是"用户运营"，通过"造画像、造内容、造场景、造工具"，实现高难度的"货找人"。所以，"制造而得的流量"可以称作"用户流量"。

"流量制造"，对用户的利用模式是"永续循环式"的，把用户作为资产，以用户生流量、以用户生用户。

可以看出，获取流量实际上有两种思维，流量购买模式对应着"位置流量"思维，流量制造模式对应着"用户流量"思维。

如果分别用一个字形容两种思维，则"位置流量"思维是"鱼"，"用户流量"思维是"渔"。

流量制造的四维全能

"用户流量"思维指引下的流量制造，解决的不只是流量增长问题，不只是私域流量运营问题，不只是在公域里进行用户拉新的问题，而是会一揽子、系统性地解决与用户运营相关的营销痛点。

流量制造，不仅解决了流量增长的问题，更解决了用户增长的问题。一方面，基于广告主的用户画像能力，由数据驱动，能够在公域里更精准、更高效、更大量地捕捉目标用户；另一方面，更多更好的用户互动一定会带来更好的用户口碑、更多的社交裂变，从而带来更多的新用户，实现用户资产总量的递增。

流量制造，解决的不仅是流量生产的问题，更解决了流量转化的问题。这是因为：流量制造不仅解决了流量增量问题，而且实现了基于同一用户的多次流量间的协同增效。实战中，大多数情形下，每一次的销售转化需要针对一个用户多次种草才能实现，即多个流量的协同才能产生一次最终的转化。而本书所定义的"流量制造"，强调的正是基于每一个用户的持续互动，而且是基于每一个用户在全域、全场景、全链路、全周期的持续互动。

流量制造，不仅包含私域流量运营，更包含在公域中拉新用户与激活用户，也就是说，既包含"公海精准捕鱼"，又包括"私域精细养鱼"。

公海精准捕鱼，尽管需要花费营销预算，但却与传统的基于位置流量思维的流量购买有着本质的不同。公海精准捕鱼并不是通过购买某一大流量的广告位置来获取流量，而是基于广告主的用户画像能力，由数据驱动，在公域里精准捕捉目标用户。所以，这个过程并不是简单地基于位置流量购买，而是基于用户的流量制造。

流量制造，不仅包含在公域里进行用户的首次拉新，更包含在公域里进行用户的反复激活。实战中，即使私域做得再大、再好，用户依然且必然持续地在公域里各大流量平台上"一天到晚的游来游去"，所以，要做到全场景全链路的、充分的用户运营，要做到最大化的流量制造，就一定要实现与每一个用户在公域里持续不断的精准互动。

超级流量场的基因优势与核心能力

绝大多数线下连锁"店商",都在流量制造这件事上拥有六个基因优势——用户多、数据多、货品多、活动多、导购多、品牌强。

凭借六大基因,线下零售场能够练成造画像、造内容、造场景、造工具四大核心能力,从而成功实现全域、全场景、全链路、全周期的用户运营,并以此作为核心工艺流程实现流量制造,成为流量制造的数字化超级工厂——超级流量场。

流量生态、营销生态乃至行业生态都将因为超级流量场这个"新物种"而发生巨变。

线下零售场将从销售渠道商升级为营销服务商

营销是两个字,"营"和"销"。一直以来,线下零售场对于品牌商的价值,主要在于"销";而现在和未来,线下零售场将在"营"这个象限里,利用大数据与新媒体技术,通过"公海精准捕鱼+私域精细养鱼"发挥出更大的平台价值,赋能品牌商与经销商,帮助其从根本上解决精准流量获取难、流量成本高、流量利用率低等营销痛点。

- 超级流量场将成为行业级的数据中台与用户运营中台。
- 超级流量场将成为垂直行业的流量接口和流量入口。
- 超级流量场将成为品类级内容制造引擎。
- 超级流量场将成为推动每个垂直行业数字化升级的引擎。
- 品牌商的"营"与"销"将实现实质性并轨,形成闭环全链路。
- 不远的未来,一个合格的零售场必须首先是流量制造永动机。

如此,超级流量场将对品牌商进行营销层面的强势赋能,会带来品牌商在营销模式和传播渠道上的巨变,进而引发营销预算的大迁移。

品牌商会大量借助超级流量场生产的品类导购、促销活动、爆品推荐、会员专享权益等内容，传递自己的品牌与商品信息，并在超级流量场的"五大线上场"里与用户展开全域、全场景、全链路、全周期互动。随之，品牌商的营销预算就会从传统的广告传播向"超级流量场自制内容的植入营销"大规模转移。从广泛的媒体端向超级流量场的五大场大规模转移，超级流量场既是品牌商连接全网流量平台的接口，又是品牌商连接超级流量场私域流量矩阵的入口。

不仅如此，超级流量场还能够从数据、技术、工具、运营等各维度为品牌商的数字化用户运营赋能。

当前，线下零售场的价值被严重低估，它的价值只被挖掘了一小部分。

如果线下零售场只挖掘了自己的渠道价值，未免太可惜了，这意味着其放弃了自己更大的增量价值，甚至可以说是错看了自己的本质价值。

超级流量场的每一个流量，都是为品牌商而造

由平台型的线下零售场升级而成的超级流量场，其本身并不拥有产品。所以，超级流量场制造的每一个流量，其本质都是在为一个具体的品牌或商品，创造一次与用户之间的互动、一次信息的交流。

所以，站在超级流量场视角上所说的"流量制造"，其完整含义是指"超级流量场为品牌商制造流量"，即超级流量场"制造"流量，品牌商"享用"流量。

超级流量场与品牌商构建用户运营共同体

整个营销生态将发生重大变革——超级流量场成为行业级用户运营中台。

用户运营共同体诞生。

超级流量场与品牌商将实现用户共享、数据共通、内容共创与场景共处。

品牌商因此获得赋能，弥补了自身在"造画像、造内容、造场景、造工

具"这四项核心能力上的短板，即用户数据相对匮乏、内容不够刚需也不够丰富、私域流量池规模小、数字工具系统研发投入少等，从而实现数字化的全域、全场景、全链路、全周期用户运营，显著提升营销效率，降低流量成本。

超级流量场实现用户资产价值创造最大化

实现用户资产价值创造最大化的核心要点有三：

- 第一，用户最多，即在某一垂直行业，拥有最多的目标用户。
- 第二，收益最多，即平均每个用户产生的收益最多——最大量的复购与联购，或者说最大量的流量制造。
- 第三，成本最低，即用户运营所产生的成本最低。

这三点，拥有四大核心能力的超级流量场都能做到。

"品类用户入口效应"，让超级流量场实现"用户最多"；"全链路互动效应+全周期互动效应"，实现"收益最多"；"精准投放效应+私域场景效应+数字工具效应"，实现"成本最低"。

流量制造能力决定明天的生死

没有成功升级为超级流量场的线下零售场将快速出局。

没有与各个超级流量场形成用户运营共同体的品牌商及经销商将被对手 KO。

非连锁线下零售企业将快速淡出历史舞台

线下零售场升级为超级流量场的前提，是线下零售场具备相当规模的用户与数据，拥有足够强大的内容生产能力、技术研发能力、品牌背书能力。显然，只有连锁型的线下零售企业才可能拥有这些能力。硬币的另一面就是，非连锁线下零售企业将快速淡出历史舞台。

流量制造决定用户资产增值

光有用户，哪怕是大量的数字化用户，也只能算作拥有用户资产，并不等于创造价值。用户资产要想激活和增值、进行变现，就必须运营用户，也就是与用户产生互动，产生流量价值与销量价值。

而流量决定销量。

用户资产的流量价值创造总量等于每个用户所创造的流量价值的总和。

线下零售场将从不动产资产运营商升级为用户资产运营商

传统零售企业是自然流量的"贩卖商"；现代零售企业是商业流量的"制造商"。

过去，零售场通过不动产资产带来的自然流量就可以参与市场竞争，因为大多数情况下，不同商圈的线下零售场彼此相安无事，并不直接正面"厮杀"。

现在及未来，零售场必须以不动产资产带来的自然流量为种子，充分运用数字技术长出全套"新能力"，通过全域的用户运营制造流量，不断沉淀、增值数字化用户资产。此时，所有的零售场在某种程度上都在正面交锋、彼此"混战"。

以前，线下场核心运营的是不动产资产；现在乃至未来，线下场核心运营的是用户资产。

超级流量场将先于电商平台实现垂直领域的全域用户运营

线下零售企业比线上零售企业更有优势率先实现全域用户运营。理由是线上运营能力标准化程度高，更多在"电脑"里，甚至部分能力已经产品化，因此，线下零售企业可以相对更容易快速建立这种能力。同时，阿里、腾讯、京东等线上大鳄都已经大规模布局赋能型生态，可以帮线下迅速补强短板；相对来说，线下运营的 know-how（诀窍）都是深度垂直的，往往更多在"人脑"中，线上零售企业难以快速建立和掌握这种能力。

当然，线上超级平台收购、兼并、赋能、联合线下零售场，将会成为主流打法。而这些整合之后的正确"姿势"，是立足线下零售场，将其赋能升级为超级流量场。

组织学习力是成败之关键

无论线下零售场，还是品牌商，要想跟上这一波数字化的浪潮，建构自己的流量制造能力，建构颗粒度细到用户级的全域、全场景、全链路、全周期用户运营能力，就必须建团队、练能力。

要建一整套用户运营团队：内容运营团队、数据运营团队、产品运营团队、社群运营团队、全民营销平台运营团队、全网精准广告投放团队、自媒体运营团队、直播运营团队、会员运营团队等。

想要练就这样的能力，很烧脑费神耗体力，最难的是，要练就这一大堆新能力且要持续迭代这些能力的，不仅是组织中的一部分人，而必须是全体系，包括公司一把手和各级团队一把手。如果没有共同的话语体系和同等级的能力水平，上下一心、横向协同都只会在无休止的"内耗"中成为泡影。

毋庸置疑，这对整个组织的学习力和创新力提出了巨大的课题和挑战。

以上是本书的主要内容和核心观点。

没错，正如各位已经感受到的，这本书希望为读者带来一个不同的视角，就是线下零售"场"的视角。能够让读者站在"场"的视角，观察和思考整体流量生态链正在发生的变化，对正在诞生的数字营销新生态、用户运营共同体、超级流量场能有更新鲜的思考；对于在新的流量生态链中，应该如何明确自己的生态定位，实现效率最高、收益最大，能有更开阔的视野。

零售商朋友看此书，收获的是超级流量场的修炼图谱。

品牌商朋友看此书，可以获得三方面的价值：

1. 学习流量制造的通用方法论。

2. 学习超级流量场的流量制造方法论，主要针对具备零售商特性或部分特性的那些品牌商而言，比如在线下拥有连锁门店、经营的商品种类相对比较丰富的品牌商。

3. 全面、深度了解线下零售商进行用户运营的运作机理，从而更好地借助超级流量场对行业开放的流量、数据、内容、技术等方面能力，实现品牌商自身的数字化用户运营。

书中有各个行业、各个类型零售企业的相关案例及分析，其中家居行业是典型之一。家居行业很低频，在发展产业互联网、推进数字化这件事上更难。但实际上，家居行业实现的进展已远超大家想象，这意味着大势已现。

这里，我就红星美凯龙在这方面的进展浅谈一点自己的总体看法。

作为中国家居商场的老大，红星美凯龙也是被互联网一路倒逼过来的。熟悉红星美凯龙的朋友都知道，在这场线下零售的互联网进化过程中，我们走过很多弯路，也做过很多尝试。在所有的尝试中，有一条线跑得不快，却很直。从自媒体营销起步，到建立数字营销系统，进而建立用户运营系统，再到完整建构全场景的私域流量运营矩阵，一直到今天建立产业级的数据中台、不断发展壮大行业级的智慧营销平台，让红星美凯龙超越了传统卖场的定义，成为新零售时代的"新物种"——超级流量场。

红星美凯龙的这一变化，对家居行业品牌商的影响是巨大的。作为家居建材品类线下超级流量场的红星美凯龙，正在制造一波波的流量红利，并在持续加速和加码，势不可当。红星美凯龙正在急速拉大与所有同类竞争对手在营销能力与营销服务能力上的差距，这在红星美凯龙 2020 年活跃用户（占比总用户四分之一）销售贡献增长39%的亮眼业绩中，在 2019 年至今几乎每月一次的家居行业全国性大促的较量中，在家居行业首个营销服务平台——红星美凯龙全球家居智慧营销平台（IMP）逆势倍增的业绩中，可以愈发清晰地看出。

升级为超级流量场的价值，不仅体现在营销大促销售与商业化创收的漂亮成绩单上，更体现在深层次地改变了整个组织的营销管理、运营管理模式上。如今，红星美凯龙对每个商场，会以用户运营、流量运营的实时数据来评估其经营健康现况与趋势，会用一整套的社群运营能力指数、全民营销能力指数、直播运营能力指数、会员运营能力指数等模型，衡量每一个商场经营团队的用户运营能力。这已经变成了红星美凯龙营销管理与经营管理的最重要日常，对比昔日可谓是翻天覆地的变化。我非常看好这一变化为红星美凯龙的发展升级所带来的持久加速度，以及它对红星美凯龙第二增长曲线所贡献的价值。

最后，对本书内容架构做一个简介：

第1章介绍用户、品牌商、零售商的不同痛点；

第2章给出解决方案——流量制造；

第3章详解流量制造生态的超级物种——超级流量场；

第4章讲述用户运营共同体的运行机理；

第5章用一个模拟真人版故事，情景化展示全域、全场景、全链路、全周期的品类用户运营模型，即流量制造过程的全貌；

第6章详解流量制造的第一核心能力——造画像；

第7章详解流量制造的第二核心能力——造内容；

第8章详解流量制造的第三核心能力——造场景；

第9章详解流量制造的第四核心能力——造工具。

"路漫漫其修远兮，吾将上下而求索"，我们不舍昼夜，寻路前行，唯如此，方可最终寻见超级流量场的进化密码。感谢诸君翻开此书，有幸与您共同开启关于流量制造的交流之旅。

本书得以出版，我要感谢很多人的指引、帮助、鼓励和宽容。

首先，要感谢红星美凯龙董事长车建新，是他以高瞻远瞩的商业智慧一路指引我及我的团队在营销数字化这条路上砥砺前行；要感谢我在红星美凯龙的伯乐，执行总裁詹慧川，是她给予我冒险和探索的机会与源源不断的鼓励；要感谢联席董事长车建芳在我成长路上的一路关怀，也是她激励我推出全球家居智慧营销平台（IMP）；更要感谢红星美凯龙执行总裁、IMP联席总裁朱家桂先生，是他一手撑起了所有营销服务业务和IMP公司经历的所有重要组织变革，更是他在今年以来亲自统率全国各职能条线一起加持推进红星美凯龙营销数字化；还要感谢总裁谢坚对我多年如导师般的悉心指导，感谢席世昌总、郭丙合总、陈东辉总、钟浩总、蒋小英总对我多年的大力支持。

感谢与我并肩作战的七位亲密战友：宋丹、柳英、赵泉、唐易、陈运、高张伟、吴刚。他们七位分别是品牌公关传播、品牌管理与内容营销、流量运营、活动运营、营销服务商业化、数字化营销工具研发、数字化会员系统研发与运营的实战专家。是他们与我历经所有酸甜苦辣，与我一起带领很多伙伴不眠不休、殚精竭虑、担惊受怕、默默苦熬，与我一起品尝每一次里程碑的短暂喜悦，与我一起永葆对未来的憧憬和对事业的热爱。

感谢 IMP 团队、品牌管理团队、活动运营团队、内容运营团队、数据中台及筋斗云系统研发及运营团队、社群运营团队、全民营销运营团队、自媒体运营团队、DMP 精准营销团队、视觉设计团队、终端管理团队与异业营销团队，五年来在"打造超级流量场"这一事业中的每一滴汗水与每一份贡献！明天，让我们一起继续奔跑在我们的热爱里！

感谢多位同事与朋友在本书撰写过程中的素材搜集、案例整理、专题研究、编辑校对、封面设计、插图设计等方面，给予我直接的、莫大的帮助。其中特别感谢柳英在品牌传播案例整理与总结上，郭彩虹在线下零售场自媒体现状分析与打法总结上，张新秀和李艳在品类用户运营真人版故事的精彩编撰上，余丹在线下零售场品类内容创作现状分析与总结上，仇建建在社群运营的价值分析及红星美凯龙疫情期间社群运营总结上，刘斌在红星美凯龙全民营销运营体系总结上，李艳在线下零售场全民营销案例搜集与整理上，冯胤颖在红星美凯龙直播营销人海战术运营体系总结上，杨宇宁与柴佳妮在筋斗云产品架构及功能总结上，朱斌、田帅、姚珣、王庆颖、丁换换、陶宇、陈昊等设计团队同事在本书封面及插图设计上所付出的宝贵精力和贡献的关键智慧。同时，特别感谢唐艳雯、张陈、金鹿、肖信仔、朱霁、赖诗贝、陈哲、田浩、洪泽臻等同事在资料搜集与整理、文字编辑与校对上所付出的很多心血。

这里，还要特别隆重感谢三位师友：王高教授、李骞老师和宋丹总。感谢母校中欧国际工商学院的王高教授对我在多个关键处的指点迷津和一路上的温暖鼓励；李骞老师是本书的编辑出版顾问，不仅对本书核心架构和立论角度提出了宝贵的详细意见，而且忍痛割爱帮助我删掉了大把"湿货"，让整本书更精简更有重点。宋丹总不仅全程参与了本书策划，提供了诸多独特视角的高见，而且不辞辛苦担负了出版的各项事宜。

其实过程中也有几次想过放弃，但总会想起母校——中欧国际工商学院教授们反复说的一个大道理——最好的输入是输出，总会想起162班里那些比我天资聪颖又比我勤奋坚韧的"非人类"同学，最后还是乖乖地放弃了放弃的念头。感谢"中欧力量"和"一路爱的162"。

我还要特别感谢我在中欧和土士联盟学习时跟随的许小年教授，他的著作《商业的本质和互联网》给了我莫大的帮助，书中讲述的四大效应—— 规模经济效应、协同效应、梅特卡夫效应和双边市场效应，让我有机会尝试用经济学模型来剖析一个商业课题。

最后，我要感谢我的家人。感谢我的太太基于她在快消品营销领域的十余年深厚积累，感谢我的弟弟基于他在互联网营销领域十余年的实操经验，给予我的每一个中肯意见和建议。更感谢我的爸爸妈妈、我的太太、我的弟弟对整个大家庭事务的操劳、对孩子的抚育。感谢你们包容我一贯的"脱线外星人"做派，原谅我近一年来的"不食人间烟火"。

在写书的过程中，我才慢慢明白了为什么很多作者会在前言或后记中感谢很多很多人，因为作者的确要付出很多，多到连累一大把的周边亲友也一起无私奉献。

尽管此书基于几年来积累的近20万字的笔记，尽管其间经历了近一年的撰写与反复打磨，尽管70%以上的部分重写过不止三遍，尽管有以上那么多同事、朋友和亲人的专业帮助，但此刻，书中必定还有很多瑕疵，甚至大bug，请读者朋友多见谅、多指正。书封处有二维码，期待您的交流分享，我将不胜感激。

希望这么多人的付出，对您有一点价值。

在5月4日青年节这天完成本书的自序内容，也是本书的最后一部分内容，我觉得有特别的意义，青春不老，成长永恒！ 与诸位读者朋友共勉！

何兴华
2020年5月4日于上海

PART ONE

上　篇

流量之痛

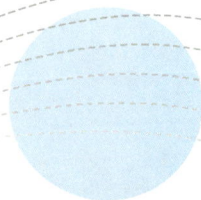

所谓的红利，就是伸手可摘的低垂果实，对于很多企业来讲，这种果子已没有了。

　　当前的流量格局，线下的想打劫线上，全网找流量；线上的想打劫线下，线下全是土财主。

　　这是一场全域的流量危机，这是一个传统线上流量和传统线下流量红利都结束了的时代。

　　而雪上加霜的是，品牌商购买流量的价格越来越贵，获客与转化的效率却依然低下。

　　我们必须找到流量新红利，构建新的流量生态链！

　　我们必须找到互动新模式，全面提升流量利用效率！

线上红利结束：地主家其实已经没有余粮

线下零售企业以为线上电商有用不完的流量，殊不知，地主家早已经没有余粮。

线上零售增速从 2009 年的 95.41%，一路下行，到 2018 年，电商零售增速下滑到 25.14%，根据这一趋势，线上红利即将终结了。

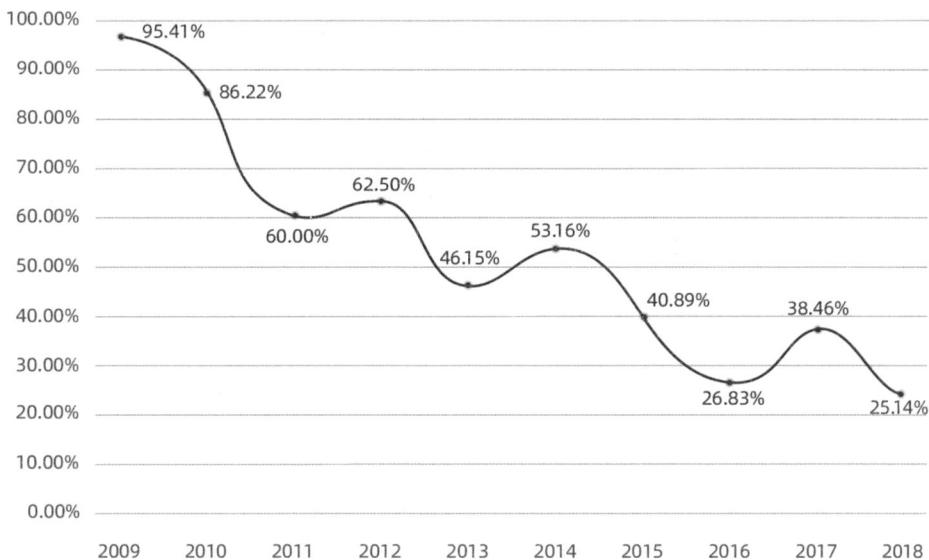

2009—2018 年网络零售增速

数据来源：电商大数据库

线上企业靠流量吃饭，流量就是命根子，线上流量红利终结，就意味着线上电商企业经营将会出现瓶颈，网上销售增长面临天花板，出现问题就是必然的了。

事实上，近年来各大电商平台获客成本不断抬高，在一定程度上反映了获客难度在升级。

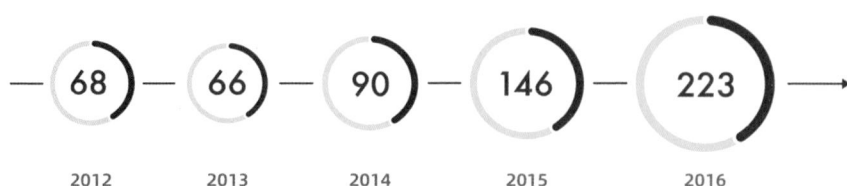

2012—2016 年电商获客成本（单位：元）

数据来源：KPMG、苏宁零售技术研究院

2016 年是线上流量红利时代的关键转折点，据毕马威和苏宁零售技术研究院的数据，线上电商获客成本超过 200 元，获客成本首次超越线下，这一趋势引发当时零售的重大变革。2016 年也是线上电商首次提出要向线下找流量的关键年份，于是各种关于零售变革的概念与模式风起云涌，新零售、智慧零售、无界零售，都是在那一年由线上企业提出的。

主要电商平台获客成本（元/人）

	2016 年	2017 年	2018 年	2019 年 1 季度
阿里	526	279	390	536.06
京东	142	226	1503	757.77
拼多多		7	77	197.15
唯品会	184	523	1200	−289.23

数据来源：《新京报》，国泰君安研究院

（注：唯品会获客成本为负是因为 2019 年第 1 季度活跃用户数环比负增长）

线下零售企业过去以为只有自己在苦哈哈过日子，天天喝汤，线上天天吃肉，关闭、被收购只是线下零售企业的"专利"。

近年来，虽未见官方消息，但是在社交媒体上由内部员工或者知情人士频繁曝出电商平台裁员的信息，也从侧面佐证了电商平台的增长瓶颈以及部分平台的经营困境。

此外，唯品会旗下美妆电商平台"乐蜂网"于 2019 年 9 月 18 日正式停止运营，另一家美妆电商平台聚美优品更是一蹶不振，2020 年 4 月 15 日甚至从纽交所退市。

看来，"活下去"不再仅仅是线下零售行业的口号，电商行业也已加入"活下去"的大军中。

线下零售企业是时候不妄自菲薄了。

线下流量危机

众所周知，线下零售卖场这些年日子不好过，门口的野蛮人来了好多年，但平常大家饭照吃、舞照跳，也就不太在意。 我们粗略统计了一下近十年全球主要国家线下零售企业的情况：

在中国的国际巨头，日子超级不好过

美国家得宝撤出中国。

英国百安居、德国麦德龙卖身物美。

英国乐购卖身华润万家。

沃尔玛中国 2016 年关闭 13 家门店；2017 年关闭 24 家；2018 年关闭 21 家；2019 年，再次关店 15 家以上。

美国经历了一波线下实体零售店倒闭关店潮

根据冯氏集团旗下研究和顾问公司 FGRT 的数据，2017 年美国主要零售商已公布的计划关店总数达 6985 间，比 2016 年猛增 229%。

2017 年 5 月，美国青少年服饰零售商 Rue 21 申请破产保护，关闭 400 家门店，占总数的 33.9%。美国 2017 年已有 9 个连锁零售商宣布破产，关店计划共涉及 2057 家。

到 2017 年，Macy's 关店 100 家，J.C.Penney 关店 130~140 家，Crocs 关店 160 家，女装零售商 Bebe Stores 更是决定关闭所有实体门店。

2018 年，创立于 1989 年、美国最大的区域型百货公司之一 Bon-Ton Stores 申请破产保护。Bon-Ton 宣布将关闭在全美的 42 家店铺。同年，已有 125 年历史的美国零售业巨头西尔斯申请破产，西尔斯预计将关闭近 150 家商店。

2019 年，于 1984 年在美国创立、全球最大的时尚连锁品牌之一的 Forever21，于 9 月 29 日宣布申请破产保护以便重组业务，并停止在全球 40 国的营运以及关闭旗下大部分门店。

英国的线下零售市场也行情惨淡

2018 年，会计师事务所普华永道（PwC）报告称，英国零售业实体店正在面临着近 5 年来最艰难的时刻。2018 年上半年，英国已经有超过 2700 家零售商店宣布倒闭，平均每天达到了 14 家；大约有 200 个购物中心出现经营困难，随时都有倒闭的可能；在英国前 500 名的商业街共有 2692 家商店关闭，新开业的商家仅有 1569 家，商业街企业整体减少 1123 家。

2018 年以来，英国品牌商家受到了一波门店关闭和破产浪潮的冲击，零售巨头也难逃冲击。

2018 年，成立了 240 年、英国最大的百货公司之一德比汉姆百货公司（Debenhams）陷入财务困境，10 月 25 日对外公告，计划关闭 166 家门店中约三分之一业绩不佳的 50 家门店。

2019 年 1 月，成立百年、全球第三大零售商乐购（Tesco），正式公布了裁员计划：预计裁员规模 9000 人、预计关闭 90 家门店，并对其余店面的布局做出重大调整。

另外，英国著名品牌商店弗雷泽百货（House of Fraser）、玛莎百货（Marksand Spencer）和母亲护理（Mothercare）等，也正在经历着历史性的经济困难时期。

日本 2018 年倒闭企业数量创历史新高

日本调查公司帝国数据银行的统计显示，2018 年度日本 100 年以上历史老牌企业的倒闭数量为 465 家，零售行业的倒闭、停业及解散企业数量合计达 167 家，占所有行业的 36%；其中西服衣料零售业 22 家，酒店旅馆、母婴用品、服装零售 18 家，酒业零售 14 家。

中国传统零售企业的抗寒持久战

最近几年，中国国内线下零售不断传出裁员、关店、清算、拖欠员工工资和供应商货款、被收购等各种消息。据国家统计局数据显示，我国社会消费品零售总额已从 2008 年的 11.48 万亿元提升至 2017 年的 36.63 万亿元，2019 年达到 41.1649 万亿元；网上零售额从 2008 年的 1208 亿元升至 2017 年的 7.18 万亿元，2019 年更是达到 10.6324 万亿元。2014 年，可以说是中国零售市场的分水岭，因为这一年，网上实物商品零售额数据开始单列，总规模达到 2.33 万亿元，之后以每年 20% 以上的速度增长。而同期实体零售的增幅则呈断崖式下跌，从 2010 年开始，中国百强零售企业的增幅由 21.2% 下跌至不到 1%，直至 2017 年才开始小幅回升。2018 年又开始下行，线下零售的日子不好过是显而易见的。

2017 年，年销售 180 亿元的深圳新一佳倒下。

2019 年 2 月，37 家万达百货门店被苏宁收购；8 月，OK 便利店被苏宁收购。

2019 年 3 月，华润万家在北京的 5 家大卖场被物美接管；6 月，重庆商社接受物美 70.75 亿元现金入股。

这只是线下零售现状的冰山一角，大卖场、大块头出了问题，大家都知道了，还有很多抗风险能力弱的无名中小卖场、小夫妻店，就直接倒闭，"尸骨无存"。真是打败你，都不跟你说一声再见。

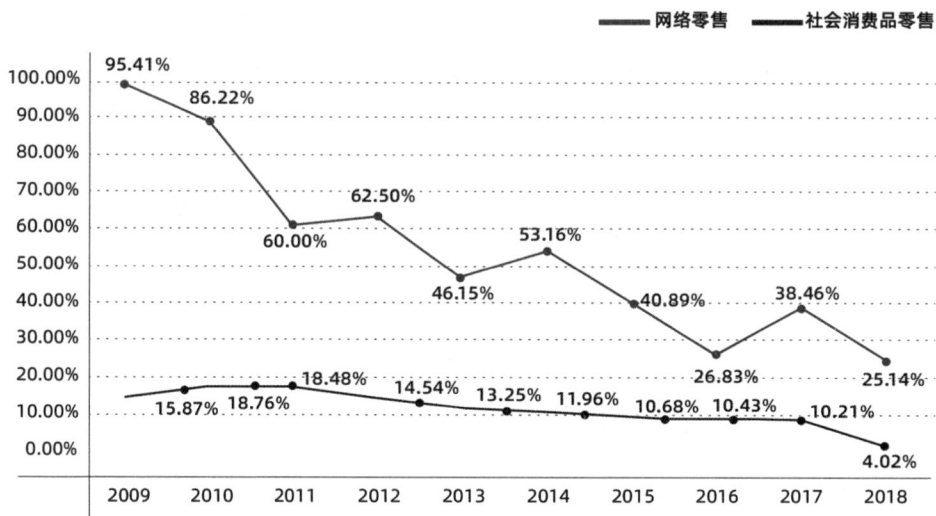

——— 网络零售　　——— 社会消费品零售

图中数据点：
95.41%（2009）、86.22%（2010）、62.50%（2012）、60.00%（2011）、53.16%（2014）、46.15%（2013）、40.89%（2015）、38.46%（2017）、26.83%（2016）、25.14%（2018）

15.87%、18.76%、18.48%、14.54%、13.25%、11.96%、10.68%、10.43%、10.21%、4.02%

2008—2018 年百家重点大型零售企业零售增速

数据来源：中华全国商业信息中心

对于线下零售现状，不统计不知道，一统计吓一跳，这么多线下大佬碰到了问题，线下零售碰到的流量问题，不仅是中国的，还是美国的、英国的、德国的、日本的，原来是个国际问题。

在今天互联网的冲击下，所有的线下零售企业，没有谁能独善其身。

这是一场维度不同的竞争，看起来就是一场屠杀。

难道坐以待毙？不能，我们要反攻线上，要拿起敌人的枪，武装自己，线上抢流量。

线下零售场没有人流，在线上开店算不算一条出路？

仔细一想，答案明确而简单。

线下场可以靠地段吸引自然客流，当它在线上电商平台开店后，可没有这份福气，而是要面对成百上千个同行商家，共同竞争品类流量，如果运营不得力，流量甚至可能趋近于 0。所以，对于线下零售企业线上开店而言，获取线上流量一定是更大的挑战。

毋庸置疑，线下零售企业在线上打造自己的独立电商平台，可谓九死一生，因为独立地、持续地获取大规模线上流量更是极限挑战。

品牌商的"营销之痛"愈演愈烈

　　流量问题不仅是电商和线下零售企业的，品牌企业的流量问题，丝毫不亚于这二者。电商与线下零售企业的流量问题，会反映为品牌的增长问题，反映为品牌的经销体系问题，反映为品牌企业如何面对流量问题做营销变革、经销体系变革的问题。

　　过去乃至现在，大多数品牌商采用的营销手法，主要是渠道与终端广铺货，其中少部分毛利空间够大、预算充足的品牌商还会辅以广告传播，然后就等消费者在线上店或线下店逛店时与商品"偶遇"，或者等消费者主动搜索后"相见"。这种模式，本质上是"人找货"模式。

　　过去乃至现在，"营"的职能，即传播推广的职能，用广告信息反复触达消费者，基本由品牌来完成，零售商基本不参与这个事儿，零售商主要肩负渠道流通功能和终端展示销售功能。"营"是由品牌联动媒体与广告公司来完成，最知名的典型案例，非宝洁莫属。

　　在传统媒体中心化时代，宝洁成功运用各种媒体，包括后来兴起的网络媒体，获得了巨大的成功。飘柔、海飞丝、玉兰油、潘婷、舒肤佳、吉列、佳洁士，任何一个品牌都如雷贯耳，宝洁集团旗下 300 多个品牌，几乎涵盖了全世界人民大多数的日常消费领域，宝洁的业绩在 2008 年的时候达到顶峰，成为世界上市值第 6、利润第 14 的大公司。宝洁的成功，是媒体中心化时代的成功。掌握并运用好主流媒体，基本等于掌控了流量，等于成功。于是，宝洁也被称为全世界最大的广告公司，其产品广告充斥着全世界几乎各大媒体。就是这样的广告巨头、日化霸主，如今也陷入了流量的困局。据统计，2013 财年至 2019 财年，宝洁全球净销售额分别为 739 亿美元、744 亿美元、707 亿美元、653 亿美元、651 亿美元、668.32 亿美元、676.84 亿美元，营收不断下滑，2017 年达到最低，随后两年也仅略有起色。

宝洁的营销之道是众多知名品牌企业成功范式的缩影；宝洁的困局，也典型地代表了今天品牌企业的流量困局。为什么？在今天的流量困局面前，单独品牌企业的营销都存在巨大 bug，如果按照传统营销模式，绝对无法应对今天的市场变化。这些品牌流量困局，在今天的营销变革背景下，归结起来，大致有以下问题：

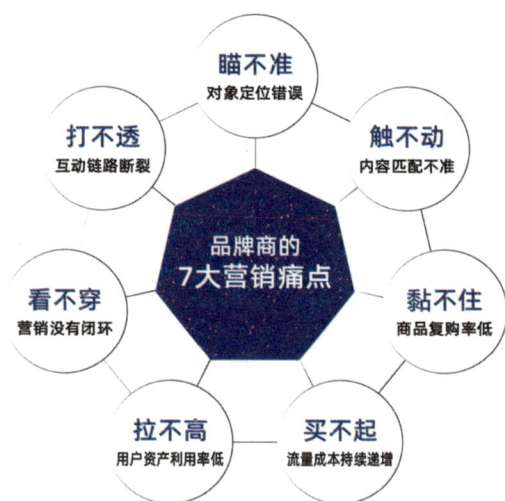

"瞄不准"——对象定位错误

大量传播触达的是非目标群体。

在大众媒体时代、分众传媒时代、初级精准广告时代，广告传播都无法精准定位人群。广而告之的传播方式，绝大部分都是无效的，从而导致大量的广告浪费。据报道，宝洁已经砍掉了 80% 的传统广告代理公司。而数字时代所出现的媒体趋向碎片化，甚至粉末化，则更进一步地升级了"瞄不准"的痛点。

"打不透"——互动链路断裂

大量的兴趣人群没有被充分互动。

品牌企业进行一轮传播过后，产生了大量初步兴趣人群和强烈意向人群，但由于不知道这些人是谁、在哪、如何再次精准触达、用什么内容更进一步触达，因此，品牌商无法及时跟进这些潜客线索，无法展开"二次营销"，最终，这些潜客中的相当一部分，由于没有对品牌或商品产生足够的了解和信赖，也就没有产生消费转化。不仅如此，媒体的碎片化甚至粉末化的现象，更加让整合营销成为不可能，让"打不透"成为必然。

"触不动"——内容匹配不准

无法针对不同类用户、同一用户的不同阶段匹配个性化内容。

多数品牌拥有的用户数据体量都不是很大、数据维度也少，基于这些单一维度的小数据肯定无法绘制出新鲜的、完整的、精细的用户画像，也就无法真正了解用户的需求，更谈不上迎合用户的偏好，所以，就无法匹配用户真正喜欢的、为之心动的、有价值的内容，以至于即使触达精准用户，也不能让其"心动"。同时，因为消费个性化时代的到来，"90后""00后"的消费主力地位得以确立，内容与需求的匹配难度还在逐日加码。

"看不穿"——营销没有闭环

没有用户销售数据可供形成数据闭环。

不知道哪些用户被触达、被触达多少次、有没有消费，消费的用户是不是被触达过、被触达多少次、哪里触达的、被什么内容触达的……都不清楚。即使传统调研公司做的小数据调研，能给出一点点结论，也是杯水车薪，无法形成即时的、准确的、完整的营销数据支持体系，也就无法形成营销模型与营销策略的持续迭代。

"黏不住"——商品复购率低

大量的老用户持续流失。

一个新品从上市开始，就拥有了越来越多的老用户，但其中相当一部分并没有持续产生复购，这里面有产品体验的问题，但往往还有营销层面、用户运营方面的问题，即缺乏足够的持续的老用户激活、唤醒。即使对产品有满意的体验，也需要不断地用促销活动、升级产品上市、产品限量款预订、产品配件升级、产品系统升级、产品包装升级、产品服务升级、产品最新故事、产品喜获荣誉、产品时尚娱乐跨界活动、产品网红直播等内容，持续与老用户互动，不断刺激、不断加深印象、不断增进了解、不断萌生感情与形成价值认同。此外，由于一切节奏都在加快，转换成本无止境向 0 趋近，用户越来越"滑"，稍不留神就会"移情别恋"。

"拉不高"——用户资产利用率低

由于绝大部分品牌企业的产品线长度有限、宽度有限，每一个用户的价值挖掘空间就相对有限，甚至很有限，这就意味着，每一个用户的拉新成本、维护成本固定，而价值产出的天花板却不高，甚至很低，从而导致了单个用户的投资回报率不够高，或者说难以突破和提升。

"买不起"——流量成本持续递增

无论是电商平台、信息流流量平台，还是传统的户外媒体、成熟的网综网剧平台，尽管其覆盖率并未提升，甚至因为媒体碎片化的原因而下降，但其流量成本或者媒体成本却不断攀升，芝麻开花节节高，这给品牌商进行品牌推广、新品推广、活动推广都带来了永远的痛。

七大痛点意味着七重浪费

"瞄不准"意味着大量的投放触达的是非目标群体，这是第一重浪费；

"触不动"意味着大量的精准触达没有实现有效"种草"，这是第二重浪费；

"打不透"意味着已产生的大量精准"种草"最终没有实现"拔草"，这是第三重浪费；

"看不穿"意味着针对已经"拔草"的目标群体会难以避免地产生无效投放，且所有营销策略都无法有效评估效果、无法快速迭代，从而导致即使是错误的、低效的营销策略，也可能会长时间、大面积地被采用，这是第四重浪费；

"黏不住"意味着针对已初次购买的用户，由于不能有效地与之持续互动，所以无法产生不断的复购，也就无法利用"老用户效应"不断降低营销成本、提高 ROI，这是第五重浪费；

"拉不高"与"黏不住"同理，意味着针对已消费用户，无法使之产生不断的联购，这是第六重浪费。

"买不起"是第七重浪费。因为，在新媒体时代，已经有很多机会在各大平台上建设自媒体，也可以运营社群，还可以开展全民社交营销等。如果还是仅仅依靠成本连年递增的媒体广告获取流量，这就是一种浪费，浪费了时代赋予的能力与机会。当然，话虽这么说，其实绝大多数品牌商，并没有实力和基因能够玩转自媒体、社群、全民营销等，本书后续章节会对此有详细讨论。

消费者的"选择之痛"愈演愈烈

上面的很多痛点似乎都是用户惹的"祸"。

用户感受如何呢？

商品越来越个性化，越来越人性化，越来越智能，越来越有颜值，越来越环保，越来越时尚有创意甚至艺术化，越来越多地与 IP 连接、与设计师连接、与名人连接，越来越多地可以高度定制化，越来越多地跨界，这些都与科技不断进步、时尚设计产业的发展、文化娱乐氛围的演变密不可分，这些都给用户不断带来新的 high 点、爽点，更好的、更极致的体验。

"哇，我都要！"看着商场里琳琅满目的夏季衣装，很多女生可能都会发出这样充满幸福感的欢呼。铅笔裙，不错，很知性；纱裙，自带仙气，仙女的味道；超短裙，哇，也太性感了，还有各种款式、各种色彩、各种质地的服装，让人眼花缭乱。

丰富的信息，众多的物品，我们享受选择的自由所带来的快乐。

选择自由的反面，就是过度选择带来的恐慌。

小女生的幸福感马上被选择的烦恼所困扰，选什么好呢？真是个问题。

Summer 刚刚与男朋友领了结婚证，攒钱买了一套新房，准备装修。作为人生的第一套房子，一定要装出喜欢的风格来，这才是年轻人个性的生活。于是 Summer 开始搜索装修风格，田园式、新中式、欧美式、北欧风格、轻奢、新古典，太多了，看起来都不错，但好像都不是特别中意。看来，作为人生的第一套房子，还是要去门店体验一下，光是看图片信息，解决不了心中的烦恼。Summer 与男友在一个周末，准备去家居大卖场逛上一天，看看家具，体验一下。来到大卖场，周末人真不少，问题马上来了：一个马桶，有近二十个品牌，看起来都长得差不多，颜色、款式、用水量、抽水能力、防臭……在装修小白眼中，每一个问题都挺高深的，还有更重要的价格问题，长得差不多，价格差异却不小。再去看看衣柜，要考虑收纳能力，好不好看，材料环保吗，家具甲醛超标致癌的报道多了，心中总有许多阴影。还有很多产品要看，可 Summer 已经逛了大半天，都快累趴下了，但还是得继续啊，装修一次房子，总要花上好几个月，看数百款产品，即使再难也要继续下去。

选什么好呢？ Summer 真是犯难了。

装修房子，要看上百种产品，跟很多人打交道，最后的结果可能还是一个遗憾的家。装修消费，算是一个极端特殊的产品，但也反映了今天消费者在信息过载时代的选择困境。

这才是现实的样子，痛并快乐着。物质丰富、个性释放、选择自由的反面，就是选择恐惧、信息过载、信任危机和信息处理难度的剧增。

选择恐惧症

对于这种选择困难，心理学上称为"选择过度"现象。

2000 年，心理学家希娜·亚格尔和马克·莱珀做了一个有关于果酱的研究实验。 在两次实验中，展台上分别展示了 24 种和 6 种口味不同的果酱，顾客可以在展台上品尝，品尝之后可以获得一张购买果酱的优惠券。实验结束后显示，虽然陈列了 24 种口味的展台吸引了更多的顾客，但陈列 6 种口味的展台出售了更多果酱，并且两者相比，后者使用优惠券的概率达到了 30%，而前者仅有 3%。

这一实验案例非常经典，被引用过很多次，因为它显示出了这样一个消费规律：当选择过多时，消费者会减少购买，同时其满意度和对某种特定商品的偏好度也会下降。这个实验的重点在于"选择评估"的重要性，也就是向消费者提供过多的选择并不明智，而具体设定多少选择，选择过度究竟有哪些确切的影响，还有待考证。但现实中，消费者通常都面临非常多的选择，以至于我们很难短时间作出判断。

希娜·亚格尔提到了"人类神经处理信息的有限性"——俗称"选择恐惧症"。"过度的选择是折磨人的，选择爆炸让人更难以弄清楚他们想要什么，以及该如何得到"。

信息过载

消费者被时时刻刻地包围在广告中，进了电梯，正面、正侧面、侧面、后面，甚至下面、上面都有不同的广告装置，刊登或播放着不同的广告，极端状况下甚至会出现"多声混播"；拿起手机，开机、开屏、首屏、炫屏、新闻信息流、朋友圈、公众号文章、App 消息推送……

于是消费者有了"幸福"的烦恼：信息无效的烦恼。与自身需求毫不相关的无效广告多，不符合自身个性化需求的商品多，这些浪费了消费者的大量时间、精力。据有关调研，市场上的 SKU 数量大概有 100 万，一个大型超市的 SKU 数量在 4 万左右，而每一个家庭消费的 SKU 数量一般在 150 左右。如何实现 100 万、4 万与 150 之间的准确匹配，是巨大挑战。

信任的烦恼

大量信息没有大品牌、大人物、朋友的背书；不同信息观点不同，众说纷纭，难以甄别真假、对错与权重，难以作为消费决策的依据。

信息整合难度大

商品丰富、信息复杂，为了比较，需要花费大量时间和精力去学习、消化、筛选、分类、整理、加工这些信息，才能得出比较明确的结论，普通消费者都是难以做到的。

总结一下：

以前和现在，商家们更多靠消费者去"人找货"，所以竭尽所能地向更多消费者曝光更多广告，但由于商品极大丰富，"找货"难度与日俱增，消费者的"选择之痛"也就愈演愈烈，商家的广告效果自然也就越来越差；当下及未来，消费者期待商家们能做到的是：除了为其提供"人找货"的选择权，还能够进一步提供"货找人"的定制化服务。

　　具体一点分析就是，减缓消费者的商品选择恐惧症，不可能从减少商品本身这个角度来解决，而要由有能力的商家，从商品信息的需求匹配精度、信任背书和信息本身的精加工程度来入手。

　　信息无效与品牌商缺乏颗粒度细到用户级的需求洞察能力有关，只有当品牌商能够精准识别每个用户是否是目标用户，以及需要怎样的个性化内容或商品时，这个问题才能解决，这与今天的数字技术发展、数据能力进步有关。

　　信息缺乏背书与每个商品的品牌背书能力有关，大多数品牌商的影响力都很有限，至少在地域上、人群上有一定的局限性，所以要靠其他角色的背书才能解决这个问题；信息整合难度大与信息本身的整合程度有关，消费者需要一个相对完整的、有关某个品类的选购指南、攻略或清单，而不是自己多方搜集一个品类中多个品牌的独立信息后，自行来提炼加工。这个品类级的内容不可能由某个品牌来出品，而要由其他拥有大量此类信息的角色来提供。

C 端痛点与 B 端流量

　　换个角度看，这些 C 端的痛点就是 B 端的流量问题。

　　将 B 端痛点与 C 端痛点放在一起来看，不难发现，实际上它们是一体两面：B 端痛点，营销成本高企；C 端痛点，决策成本高企。

　　本质原因可以总结为：用户的有限时间与商家无限增多的商品之间的矛盾，导致信息传输出现瓶颈；媒体触点碎片化甚至粉末化与用户需求加速个性化之间的叠加，导致信息传输效率低下。

　　这些加起来，对于 B 端来说就是：效果差了，成本涨了。

　　所以，必须有新的营销模式甚至新的营销生态来改变和解决这一切。

小 结
SUMMARY

地主家也没有流量，
零售场也都缺流量，
品牌商也说痛点多，
消费者也是不满意，
怎么办？

流量制造

本章详细讨论流量之痛的根治方法——流量制造。

流量是什么？

用户是 1，流量是 N

用户不等于流量。

用户多，不代表一定流量大。比如：一个店在三个月内积累的来店用户、消费用户各有 1000 名，共 2000 名，包括线上店与线下店，但当下每日的客流量只有 10；另一个店在三个月内积累的来店用户、消费用户各有 100 名，共 200 名，包括线上店与线下店，而当下每日的客流量竟然有 20。对于每日的客流量来讲，前者每天仅有 0.5% 的用户在为该店贡献流量，后者却有 10%。所以，尽管后者三个月积累的用户总量仅仅是前者的十分之一，但当下每日客流量还是超过了前者整整一倍。

反之亦然，流量大不代表用户一定多。

从品牌塑造与营销推广的运营实践来看，本质上，一个流量是指品牌商与一个用户的一次互动，即形成一次信息交互。

而一次互动，可能直接成交，也可能为后续每一次互动的成功成交提升了概率。

通俗点说，每次互动都是一次"种草"，为后续"拔草"提高了概率。谁创造了用户与商家的一次互动，无论是在线上或在线下，谁就制造了一个流量。

针对某一用户的持续互动，就构成了本书所说的"用户运营"——营销层面的用户运营。

通过用户运营，一个用户可以产生 N 个流量。

流量的本质价值是什么？

流量的价值是"种草"

说到流量的价值，很多人会很自然地联想到销量，但也有人会联想到"种草"，而我则对后者"+1"。我认为，流量的价值是"种草"。

流量的价值就是与用户互动的价值，即信息交互的价值，也就是"三流"中的"信息流"的价值。通俗一点说，就是向消费者传递与品牌或商品相关的信息，影响其心智，增加其产生消费的概率，即"种草"的价值。

所谓"三流"是指信息流、商品流与资金流，三者的共同作用实现了零售与营销的核心目标——"价值交换"。

"信息流"，即信息的充分流动，在"三流"中至关重要，是实现"商品流"与"资金流"传递的前提。如果信息流传递不畅、不充分，最终就会导致商品流、资金流不能被传递，即价值交换无法实现。

用户只有对商品信息足够了解，才能确定自己是否有这个需求、某款商品在诸多选择中是否最匹配自己的需求。如果用户对有关品类、品牌、商品或活动的信息不知道、不了解或不信赖，那么，无论多好或多么丰富的品类、品牌、商品或活动，也不会带来销售和利润。

值得一提的是，信息的交互是双向的。

用户从每一次的互动中进一步了解品类、品牌、商品、活动等的相关信息；商家也会在互动中进一步了解用户的兴趣、意向、偏好、所处的消费者旅程阶段、所处的生命周期阶段等。后者为商家实现下一次的"货找人"式的用户互动奠定了重要基础，为在下一次互动中实现用户与商品、内容及场景的完美匹配提供了关键"情报"，更重要的是，为上游的产品研发、下游的售后服务都提供了价值巨大的相关一手数据。

每一次"种草"都有价值

既然流量不等于成功销售，那么，没有销售转化的一次互动或一个流量有没有价值？或者说，每一次"种草"有没有价值？

有！每一次都有！回答很肯定。流量的价值是独立存在的，不管这一个流量是不是这一次就转化成了销售，都不影响这一个流量固有的、在信息交互层面的价值。

现实中，要让用户对商品产生"知晓、了解、信赖"这三步，每一步都不是一次就一定能搞定的。

很多时候，消费者在选择商品时，很少出现看一眼就当即下单的情况，而需要与商家在不同场景多次互动来获取各方面的信息，辅助自己做出购买决策。而且，消费者在重复购买一个品牌的商品甚至同款商品时，也需要与品牌商持续互动，获取有关品牌的最新动态，积累更多的品牌好感度与信任度。否则，消费者随时都可能被其他品牌撬走，"移情别恋"。

所以，每一次用户互动、每一个流量，都有独立的信息交互的价值，都可能带来一次产生销售的机会；而针对一个用户的一系列互动，才能最大概率地带来一次成功的销售。

然而，实现与一个用户的持续互动是一个高难度的技术活，因此，现实中，用户与商品相关信息之间的交互往往是很不充分的。

我们往往不缺用户，缺的是用户互动

线下所有"店商"，包括零售品牌企业和零售平台企业，更是天生不缺用户，而是缺乏跟用户持续互动的能力。即便事实上缺用户，也是因为"缺用户互动能力"而导致营销投入的投资回报率低，进而导致没有足够的财力获取新用户。就好比，买到手的鸭子都飞了，哪还有钱买更多的鸭子？

过去，用户到达线下零售门店之前，没有与店互动，离店之后又断了联系，不再互动，以致再次来店少、购买转化少、复购联单少。很明显，问题不在于我们缺这个用户，他已经是零售店的用户了，甚至还办了会员卡，缺的是和他在离店之后的高频互动。没有互动，就没有信息的交流，即使有新品上架、有尖货特惠、有大力促销、有直播活动、有会员团购等，这个用户也不知道，自然就不会产生再次来店的流量与销量。这样的情况，与互联网企业总是通过各种站内通知方式激活老用户，通过各种站外广告等方式触达老用户，有着天壤之别。

所以，下面这样的现象就很普遍：

一个线下零售店，其拥有丰富的商品，新品更迭也很快，还经常不定期地开展各种大力度的促销活动。但是，老用户对店内绝大部分新品类或新品牌商品，要么不知晓其存在，要么了解得不够深入，未能被激发出兴趣和意向，因此，老用户对这部分商品的潜在需求，没有转化为流量与销量，或者说转化得很有限。这种现象的严重程度与店内的商品规模成正比，商品越丰富，消费者不知道和不了解的商品越多。同时，由于促销活动不定期且多种多样，老用户并不知道什么时候有什么活动，是不是适合自己，所以每次促销活动仅仅对活动期间自然入店人流起了作用。至于那些颇具产品力的新品，就更可惜了，绝大部分老用户并不知道有什么新品又上架了。

相应地，消费者的体验也不够好，因为有很多需求并没有因这家门店而得到满足。其实，相当一部分是可以满足的——门店经营着相应的商品或举办相应活动，只是因为用户对这些商品和活动的存在并"不知道"或"不足够了解"，从而没有选购或最终没有选择。

上面的典型现象反映出很多线下零售品牌商与平台商的普遍痛点：商品资源丰富、用户资产丰富，却由于无法在商品信息与用户需求之间形成充分的、持续的匹配与对接，商品没有卖掉、用户没有满足，从而造成了商品资源、用户资产的巨大浪费。

下面再举两个生活中遇到的"有用户、少互动而最终失去用户"的例子。

我经常到上海的卢湾体育场跑步，但也经常遭遇挫折。通常到了以后才知道当天有训练或赛事，不对外开放。我是卢湾体育场的用户，但它不与我在场外互动，我无法事先得知它的活动信息。如果有一个替代场地，我会立即"叛变"。

再举一个关于便利店的例子：我家楼下有一个某家便利店、一个某森便利店。

有一次，我在某家便利店买了一瓶日本牌子的饮料，很贵，但店员和我说："你今天可以少买两瓶，周末这个牌子有特价活动。扫这个码进群，就可以抢。"

入群后，我当周就抢了两箱。更重要的是，我发现群内不断有特惠活动、新品推荐、拼团爆款，实在是个宝藏群。当然，也有一些与小区、街道相关的民生信息。我注意到很多邻居也在群内，大家还经常就某个话题聊几句。

三个月后的一天，我路过某森便利店，突然意识到自己已经很久没来过这家店了。不知不觉中，我在便利店的主要购物行为都选在某家了，逛某家的频次比从前高了一倍。而且，我在某家群里下单的金额远超到店消费的金额。

上面两个例子分析了"信息交互"的价值，下面再进一步分析一下"充分信息交互"的重要性。

不仅缺用户互动，更缺充分的用户互动

不仅要有"用户互动"，而且必须保证充分的"用户互动"，才能实现信息的充分传递，才能打赢充满挑战的认知战，才能有效地促进流量的转化，即用户的初次消费、复购与联购。

一个常见的情况是与精准目标用户有过一次互动，即产生过一次流量，但是这位用户当时没有产生消费，一段时间过后也没有产生消费。那么，是不是意味着那一次互动或那一个流量没有价值呢？回答是坚决的：不是。造成这种结果的原因大概率是：针对该用户的运营，即持续互动，出了问题。

以往，我们更多关注的是流量运营，其本质是针对一次用户互动的运营，包括从引流到转化。

这很重要。但是，流量运营并不必然导致流量转化，因为，一个用户对一个商品，从知晓到产生初次消费，往往需要多次的、连贯性的互动；从初次消费到产生多次复购，又需要新一轮多次的、连贯性的互动，甚至每一次的互动内容和场景也需要定制化。这些就是后续会分析到的"用户运营"的作用范畴了。

"流量运营"运营的是一次用户的互动，"用户运营"运营的是一个用户的持续互动。

成功促成用户的初次消费，都是以成功实现与用户的充分信息交互为前提的。只有用户对品类、品牌、商品等有了一定的了解之后，才有最后的决策。而且现实中往往是在多个选择中做抉择，所以，更多的用户互动往往决定成败。有了更多的用户互动，就会有更多的信息交互，就会让用户对品类、品牌、商品有"更多的了解"，大概率地，"更了解"就会带来"更感兴趣"和"更多信赖"，也就自然带来了"更多的最终选择"。

不仅初次消费，对于复购，也是一样的。不经常互动，就像朋友交往一样，就有了陌生感，甚至会在心智中自然产生某品牌、某商品已经"过气"的暗示。此时，如果正好有其他替代品牌或商品进入视野，则用户很可能会移情别恋，新欢代替了老友。

联购也不例外。即使一个用户是品牌的忠实用户，经常消费某款商品，但是，如果不能很好地就该品牌的其他商品对这位用户进行"种草"，这位用户自然消费该品牌其他商品的概率依然不高。此时，如果有竞争品牌可选，用户被"撬走"的概率就很大。所谓"撬走"，是指该用户不仅购买了其他品牌的其他商品，就连已购买过的原有品牌的商品，最后也停止了复购。

零售的竞争就是如此残酷。各种竞争因素会极大地加剧因为互动不足所带来的后果，让零售商或品牌商经常遭遇这样的尴尬：用户知晓并对你的商品或活动产生了兴趣，但最终选择了你的竞争对手。为什么呢？

很多时候，不是因为事实上你的对手比你更好，而仅仅是因为你的对手与你的潜在用户互动得更好，因而，让潜在用户对你的对手更了解、更熟悉，从而在用户的心智中形成了一种感性的判断——你的对手更优秀，甚至只是"感觉上或情感上认为你的对手更靠谱、更值得信赖"。

事实上，天下生意都是互动出来的！

换句话说，每一次的成功转化是靠一次次的流量累积出来的。

2B 的生意是通过与客户的紧密互动甚至是亲密互动获得的。

2C 的生意也一样。无论是保险销售、房产销售、汽车销售、广告销售、保健品销售、婴儿奶粉销售、美容护理销售，还是建材家居销售，大家都能够很容易地理解与想象到，无论是为了成功获取一个新客的订单，还是为了让老用户复购，都必须与用户保持紧密、多次甚至高频的互动。

快消品更是 2C 生意中的典型。各大快消品牌都对广告投放等营销手段欲罢不能，为什么？因为每个快消品牌都需要通过广告投放、公关推广、社交传播等，与消费者持续互动，持续传递品牌故事、新品动态、促销预告等信息，哪怕只是混个脸熟。

其实，拉新率、激活率、转化率、复购率、推荐率的提升，都取决于对精准用户在限定时间内的互动频次与互动质量。

当下，业内有个共识：深挖顾客价值才是王道。而深挖顾客价值依赖的正是与用户之间的高黏性、个性化、有温度的互动。

如果视角再放大一些，还会发现：不仅仅是生意源于互动，连友情甚至亲情都是如此。比如：孩子对父母的亲密度与父母给孩子的日常陪伴时间成正比。

可见，用户互动能力是企业的核心竞争力之一。未来新零售的竞争，在某种程度上，取决于竞争双方在用户互动能力上的较量。

数字时代让充分的用户互动成为可能

既然充分的用户互动，或者说充沛的流量如此重要，那么，理想中的用户互动应该是怎样的呢？

这个理想状态就是本书所说的营销层面的**用户运营——通过与每一个用户进行全域、全场景、全链路、全周期的持续互动，使用户从目标用户一步步升级为知晓用户、兴趣用户、意向用户、消费用户、复购用户、联购用户、忠诚用户及超级用户的过程。**

在这样的理想状态下，我们就能让每一次营销推广，更精准地触达新用户与老用户、触达更多次、在各种不同场景下反复触达，而且不同次的触达所获的信息被精准地设定为相同或不同。

以前，这是难以想象的。并不是我们不愿意做用户运营，而是没有能力做到。一直以来，B2B 行业中很多企业都是针对每一个客户来开展运营的，B2C 服务行业中也不乏榜样。但是，大量的消费品品牌企业与零售企业，是没有能力做到对每一个用户进行精细化运营的，具体来说，就是没有能力精准地持续跟踪一个用户，更没有能力精准地持续触达这位用户。所以，尽管我们都从内心高度认同客户终身价值的意义、客户活跃度与复购率的重要性，但一直"心有余而力不足"。今非昔比，由于数字技术的不断成熟、新媒体生态的不断演进，**大数据让精准的用户识别与跟踪成为可能**，**新媒体让反复的用户触达与互动成为可能**，以线下零售为主的零售商及其供应链上的品牌商，迎来了划时代的历史性机遇，将从粗放型的流量购买与运营，升级为颗粒度细到每一个用户的，全域、全场景、全链路、全周期的用户运营，从而制造出源源不断的流量。下一轮零售竞争比拼的不再是谁圈来的用户多，而是谁能够实现针对每一个用户的精细化运营，从而在每一份用户资产上做到流量产出最大化，以及随之而来的销量产出最大化。通俗一点说就是：比拼"亩产"能力的高低。

不仅如此，精细化的用户运营还意味着会孕生更大量的超级用户与 KOC（Key Opinion Consumer），这些"铁杆儿"将因为自身极佳的用户体验而发起最强的口碑裂变。

所以，用户运营能力的升级，不仅会带来单位用户资产价值更大化，而且还必将带来更大的用户规模，即用户资产总量的递增。

这不仅将提升所有品牌商的营销效率、提升消费者的体验，也将推动零售业态、营销生态发生重大变革，让线下零售场迎来第二增长曲线，升级为流量制造的超级工厂。同时，把视野再放大一些，我们会发现，这一次的升级与变革具有更广泛和更重大的社会意义：充分的用户互动，即营销层面的用户运营，将显著地降低因信息交流不通畅、不充分而导致的供给与需求的错位，进而显著降低各种自然资源与社会资源的浪费，包括巨大的土地和商品资源浪费、用户资产浪费与营销预算浪费等，以及显著提升供给侧的运营质量和效率。

当然，目前的现状是很多品牌商及传统零售商并没有及时跟上数字化的浪潮，这很可惜。有的企业是因为没有这方面的意识，有的则是没有下定决心去探索，有的摸索了很久很辛苦但没有找对切入口，有的则是投入力度不够、一直"烧不开"等。这些也正是我写此书的驱动力之一。

同时，需要强调的是：数字化用户运营是一个生态课题。绝大多数倚重线下零售的品牌商，由于天然存在用户规模、数据规模、商品规模及技术实力等方面的局限性，所以，其单纯依靠自身在数字化之路上的进化与发展，并不能高效解决或完整解决当下及未来所面对的营销痛点，而必须依赖线下零售场的赋能，以及参与用户运营共同体的成功构建。这一点，将在接下来的两章中详细讨论。

接下来，任何企业如果没有将营销目标的颗粒度从用户群升级为用户个体，并且在一定程度上实现本书所定义的"全域全场景全链路全周期"用户运营，从而实现流量制造，则必然会因为资源浪费大、运营效率低而直接被市场淘汰。

用语定义

全域，是指线上与线下，公域与私域。

全场景，是指电商、社交、资讯、娱乐、工具使用等线上场景。

全链路，是指用户在某个商品的选购历程中所经历的各个环节，从知晓到兴趣、意向、消费、复购、推荐，通常这一过程也被称作"消费者旅程"。

全周期，是指一个用户与一个零售场或一个品牌商产生互动的整个生命周期。在这个完整的生命周期里，用户持续购买不同品类不同品牌的商品或同一品牌的不同商品。

知晓用户，是指那些对某个品类、品牌或商品刚刚开始了解，知晓其存在以及基本功能的用户，比如，那些已被广告反复触达但没有产生下一步动作的用户，以及那些已经产生过初次逛店、初次点击与浏览的用户。

兴趣用户，是指那些对某个品类、品牌或商品已经表现出一定兴趣的用户，比如，已经产生了深度逛店、多次逛店、深度浏览、多次浏览、收藏、咨询、转发、评论等行为的用户。

意向用户，是指那些对某个品类、品牌或商品已经表现出强烈购买意向的用户，比如，已经产生了领券、预订、预约等行为的用户。

联购用户，是指对于同一个品牌商或零售商而言，一个用户购买了其经营的两个及以上的不同商品。比如，一位用户购买了同一个服装品牌的西服与鞋，对于这个品牌而言，这位用户就是联购用户；或者，一位用户在同一个家居商场中购买了地板和地暖，对于这个家居商场而言，这位用户就是联购用户。

流量制造是什么？

用户运营就是制造流量的过程

每一次用户互动就是一次流量制造。

针对每一个用户的持续性互动，即用户运营，就是流量制造。

确切来说，**流量制造是指，以每一个用户为核心，通过"货找人"的方式，与用户进行全域、全场景、全链路、全周期的互动，持续产生 N 个流量的过程。**

与"流量制造"一词相对应的是"流量购买"。二者不仅在各个方面表征不同，而且所遵循的模式也有本质的不同。

流量购买与流量制造的本质差异

以前，线下零售商负责的是自然流量，品牌商追加的是广告流量，这些都是基于位置的"流量购买"，而本书对未来给出的预测是：线下零售场将引领品牌商一起构建用户运营共同体，实现"流量制造"。

先看两组实例。

实例一：曾经的红星美凯龙，如果某一个商场做一场大促，是这样引流的：一方面靠周末或节假日自然客流；另一方面，大打各种线上线下广告，包括门户网站、家居垂直网站、App 开屏、电台、公交车、分众等，广而告之，告知该城市居民这次大促的时间与主要信息，为商场这一次大促引流。

如今的红星美凯龙，某一个商场做一场大促，是这样引流的：利用数据中台对所有近三个月到店的顾客，在全网各大流量平台上进行精准投放，并利用数据中台找到这些平台上的其他精准家装用户，然后进行精准投放；更重要的，会通过天猫同城站、社群、各个官方自媒体、全民营销平台、会员富媒体短信等私域场景，利用创作的各种相关内容，对半年内新招募的粉丝、会员进行活动预告和爆品推荐，激活这些老用户，为这一场大促引流。

实例二：某手机品牌 A，推广一个新品，获得流量的方法是：一方面，依赖各个线上店、线下店的日常进店客流；另一方面，不断地打广告，不断地广而告之，每一轮广告之后，都会有一部分消费者来到线下店购买这个新品，或者在线上购买。

某手机品牌 B，推广一个新品，获得流量的方法是：一方面，利用老用户画像，在全网"捕捉"精准潜客，与之互动，触动其来到线上或线下店；另一方面，在全网各种公海场景及私域场景里，利用丰富的、精彩的"种草"内容，针对所有老用户进行多频次的、个性化的、有节奏的持续"种草"，直至成功"拔草"。

很显然，曾经的红星美凯龙和品牌 A 所采用的就是"流量购买"模式；如今的红星美凯龙和某手机品牌 B 所采用的就是"流量制造"模式。

先来分析一下"流量购买"模式。

流量购买包含两种最常用手段：一种是购买或租赁店铺，另一种是购买广告位，本质上都是通过购买"好位置"来获得流量。

这里特别值得一提的是：在线上电商平台开店，能够通过一些运营手段争取到一些"好位置"，比如让店铺商品出现在品类词搜索结果页上的"头部"。这种流量获取方式与"位置"强关联，本书也将之视为"流量购买"这一类。

"流量购买"，其本质是基于"位置"的广而告之式的用户招募，通过购买或租赁线下或线上的好位置而实现。对于"流量购买"而言，核心资源是"位置"，核心动作是"位置评估"，通过"好位置"，接触到尽可能多的人，推动其中的部分精准目标人群去"找货"，从而实现高成本的"人找货"。所以，那些"购买而得的流量"均可以称作"位置流量"。

在"流量购买"思维下，对用户的利用模式是"即用即抛式"的，拿用户当"易耗品"。针对每一场促销活动、每一次品牌或产品推广，都是重新面向非精准的整体受众，进行又一次的大面积"种草"，并在当次进行"割草"，循环往复。在连续的活动、连续的推广之间，并不会针对同一用户进行营销动作上的关联，即不会对同一用户进行跟踪式的持续的"养护"。

事实和数据已经说明，通过"流量购买"模式所触达的用户，存在"销售转化率低、复购少、口碑弱"的问题，因此，更多呈现负向循环的状态。

再来分析一下"流量制造"模式。

"流量制造"，其本质是基于每一个用户的持续互动，是通过精细化的用户运营来实现的。

对于"流量制造"而言，核心资源是"用户"，核心动作是"用户运营"，通过"造画像、造内容、造场景、造工具"，实现高难度的"货找人"，所以，那些"制造而得的流量"可以称作"用户流量"。

在"流量制造"思维下，对用户的利用模式是"永续循环式"的，把用户作为资产，以用户生流量、以用户生用户。针对每一场促销活动、每一个品牌或产品推广，一方面，利用数据营销精准地找到新用户进行第一次"种草"；另一方面，对老用户进行个性化的、多频次的精准"养护"——"浇水、施肥、捉虫子"，并对其中又"成熟"一季的用户进行又一茬的"收割"。如此，循环往复。每一个用户在不断的"养护"后成功"拔草"，并会在后续不断的"种草"中收获一茬又一茬的"拔草"，甚至"草籽飞扬"——产生口碑裂变，带来更多的新用户。

相较于"流量购买"，通过"流量制造"模式所触达的用户，销售转化率更高、复购更多、口碑更强。因此，更多呈现正向循环的状态。

	流量购买	流量制造
模式本质	基于位置的、广而告之式的用户招募	基于每一个用户的持续互动
核心资源	位置	用户
核心动作	"位置"评估	用户运营
重点工作	购买/租赁店铺或采购广告位	造画像、造内容、造场景、造工具
用户利用	即用即抛式	永续循环式
用户价值	易耗品	不动产
互动方式	人找货	货找人
运营结果	销售转化率低、复购少、口碑弱	销售转化率高、复购多、口碑强
流量类型	位置流量	用户流量
总结	授己以"鱼"，自己是"鱼客"	赋己以"渔"，自己是渔翁
两种思维	"位置流量"思维	"用户流量"思维

事实上，两种获取流量的模式背后对应的正是两种流量思维："流量购买"模式对应着"位置流量"思维，"流量制造"模式对应着"用户流量"思维。

如果分别用一个字来形容"位置流量"和"用户流量"，那就是：

"位置流量"思维的核心是"鱼"，授己以鱼，自己是"鱼客"。

"用户流量"思维的核心是"渔"，赋己以渔，自己是"渔翁"。

"用户流量"思维指引下的流量制造，从两个维度解决了流量增量问题：不仅会带来单位用户的流量产出更大化，而且利用"精准效应"和"口碑效应"必将带来更大的用户规模，即用户资产总量的递增。

同时，流量制造不仅解决了流量增量问题，而且实现了基于同一用户的多次流量间的协同增效，从而使流量转化——初次消费、复购与联购得到显著提升。

面对当下及未来的流量问题，必须运用"用户流量"思维来做顶层设计。

流量制造的四维全能

"用户流量"思维指引下的流量制造，解决的不只是流量增长问题，不只是私域流量运营问题，不只是在公域里进行用户拉新的问题，而是会一揽子、系统性地解决与用户运营相关的营销痛点。

流量制造，不仅解决了流量增长的问题，更解决了用户增长的问题。一方面，基于广告主的用户画像能力，由数据驱动，能够在公域里更精准、更高效、更大量地捕捉目标用户；另一方面，更多更好的用户互动一定会带来更好的用户口碑、更多的社交裂变，从而带来更多的新用户，实现用户资产总量的递增。

流量制造，解决的不仅是流量生产的问题，更解决了流量转化的问题。这是因为：流量制造不仅解决了流量增量问题，而且实现了基于同一用户的多次流量间的协同增效。实战中，大多数情形下，每一次的销售转化需要针对一个用户多次种草才能实现，即多个流量的协同才能产生一次最终的转化。而本书所定义的"流量制造"，强调的正是基于每一个用户的持续互动，而且是基于每一个用户在全域、全场景、全链路、全周期的持续互动。

流量制造，不仅包含私域流量运营，更包含在公域中拉新用户与激活用户，也就是说，既包含"公海精准捕鱼"，又包括"私域精细养鱼"。

公海精准捕鱼，尽管需要花费营销预算，但却与传统的基于位置流量思维的流量购买有着本质的不同。公海精准捕鱼并不是通过购买某一大流量的广告位置来获取流量，而是基于广告主的用户画像能力，由数据驱动，在公域里精准捕捉目标用户。所以，这个过程并不是简单地基于位置流量购买，而是基于用户的流量制造。

　　流量制造，不仅包含在公域里进行用户的首次拉新，更包含在公域里进行用户的反复激活。实战中，即使私域做得再大、再好，用户依然且必然持续地在公域里各大流量平台上"一天到晚地游来游去"，所以，要做到全场景全链路的、充分的用户运营，要做到最大化的流量制造，就一定要实现与每一个用户在公域里持续不断的精准互动。

通过两道算术题看清流量制造真实力

　　下面来看两道有关流量制造的算术题。

　　假设一家店有 1000 个活跃的老用户，平均每天会来 100 个，即日客流量是 100。如果我们有运营社群，一部分老用户在社群里，我们在社群里不断地推送品类导购信息、新品推荐信息、爆品特价信息、各类促销活动信息、直播活动信息、线下会员体验活动信息等，那么，只要这些内容做得足够好，对老用户的胃口，就会带来每日入店的客流增量。我们还可以在社群里为老用户提供各种服务，包括导购咨询服务、售后处理服务、特殊定制服务、送货上门服务等。这些服务会增强甚至显著增强老用户与门店之间的情感连接，无形中就会增加老用户来店频次。这里可以暂且假设一个数字：平均带来每日新增 X_1 位老用户入店，包括进入线上小程序店铺和电商平台旗舰店的用户数。

同理，如果我们运营官方自媒体，也有一部分老用户是粉丝，我们也会发各种内容，与粉丝进行各种互动，因此，带来每日新增 X_2 位老用户入店；如果我们在各大电商平台运营着各个旗舰店，则也会用各种站内直达方式激活老用户，带来每日新增 X_3 位老用户入店（包括线上店和线下店）。

如果我们有能力通过自身的数据中台对接全网，我们也可以通过全网各大流量平台，将我们的各种内容以更定制化的方式，一对一地触达老用户，因此，带来每日新增 X_4 位老用户入店。

我们还可以利用既有的用户画像进行"人群扩展"，触达更多的相似人群，即相对精准的潜客，从而带来新的用户，并假设因此带来每日 Y_1 位新用户入店。

说到新的用户，不得不进一步说明一下，以上所有的内容在通过社群、自媒体、电商等场景触达老用户后，如果老用户对品牌有够强的正面口碑，内容又足够精彩，那么这位老用户就会有很大概率对内容进行转发、扩散，如果有裂变激励机制，那就更是"快马加鞭"了。这些动作必然会带来可观的新用户的增量 Y_2、Y_3、Y_4。

当然，如果我们运营全民营销平台，更可以将各种内容不断以任务的方式推送给所有导购、老用户，由他们利用各自的社交能量进行裂变传播，这又会激活一部分老用户 X_5，同时带来一部分新用户增量 Y_5。红星美凯龙就拥有这样的全民营销平台。

所以，经过上述用户运营的组合拳之后，每日进店客流变成了"$100+X_1+$

$X_2+X_3+X_4+X_5+Y_1+Y_2+Y_3+Y_4+Y_5$"。事实上还不止如此，因为 Y_1 到 Y_5 成为老用户后，又会不断提高 X_1 到 X_5 的数量。

尽管每个人的时间与需求都是有限的，这个增量不会无限增加，但事实上，由于我们以往的能力所限，远远没能很好地利用老用户的时间、满足老用户的需求。

我们再拿一个用户来举例，情况会更加明显。

有个用户一周去两次大卖场，有时去买饮料、休闲食品，有时去买冰淇淋或日用品，偶尔买其他东西。如果这家大卖场运营社群，并把这位用户拉进了群里，那么这位用户就会在群里不断看到各种内容，不断享受到各种贴心服务。带来的结果是：这位用户一周会有两次因为看到饮料与休闲食品的特价信息而线上下单，会因为看到冰淇淋或日用品的新品而到店购买，会因为看到其他商品如玩具、节日气氛装饰品、酒类产品、时令蔬果等推荐而线上下单或到店体验。一周到店频次由平均 2 次提升到平均 4 次，同时，线上下单频次有 5 次。这意味着，这位用户总的流量贡献由每周 2 个提高到 9 个，翻了 4 倍多。

事实上，除了社群，我们还能够覆盖更多的场景，如官方自媒体、全民社交营销、电商旗舰店、全网精准投放等，这些都会对老用户不断精准触达，制造更多流量，同时，利用内容的吸引力和裂变机制的威力，促成老用户的更多裂变，从而带来更多的新用户，使得老用户规模不断扩大。

很明显，通过老用户进行流量制造和裂变拉新，具有显著的几何倍数放大效应，威力巨大。

小 结
SUMMARY

流量的定义

- 用户是 1，流量是 N
- 一个流量就是一次用户互动，一次信息交互

流量的本质价值

- 流量的价值是种草
- 每一次种草都有
- 我们往往不缺用户，我们缺的是用户互动
- 我们不仅缺用户互动，我们更缺充分的用户互动
- 数字时代，我们有机会实现最充分的用户互动

流量制造

- 用户运营的过程就是制造流量的过程
- 两种流量思维：位置流量与用户流量
- 流量制造的四维全能：用户增长 & 基于每个用户的流量增长，流量生产 & 流量转化，公海精准捕鱼 & 私域精细养鱼，公域里用户拉新 & 公域里用户激活
- 两道算术题看清流量制造的真实力

第 3 章
CHAPTER

超级流量场

力不从心？

这不是你的错。

流量制造对于绝大多数品牌商而言，都不是依靠自行进化就可以完整实现的，作为营销闭环中重要一环的线下零售场必须躬身入局，且必须一马当先。

流量寒冬？

也许那只是你的寒冬。

商超出现时，是许多小型、单体超市的寒冬，但却是沃尔玛的春天。

电商开启时，很多传统线下卖场惊呼进入寒冬，但却是淘宝、天猫、京东的春天。

在过去的新商业变成旧商业，过去的电商新贵变成今天的传统电商时，传统线下卖场却开始进化成商业新宠。

整个零售领域、整个营销生态将迎来流量制造时代，也可以称作超级流量场时代。

流量制造时代的两大核心标志是：

1. 超级流量场诞生；

2. 实现全域、全场景、全链路、全周期的数字化用户运营，且颗粒度细到每一个用户。

流量破局，零售生态、营销生态、流量生态的超级进化已经开启，新红利、新春天已经到来！

之所以加上"超级"，是因为这一轮的进化将迎来一次质的飞跃。

这一波，与以往本质不同，不再是因为消费者注意力集体大规模迁移而产生巨大的流量红利，而是由消费者与内容、与商家之间的互动效率的革命性升级而产生更大量、更经济、更有效、更持久的流量新红利。

这一波，与以往显著不同，不再是品牌商"单打独斗"，而是线下零售场躬身入局，升级为超级流量场，为品牌商赋能，根本性解决 7 大营销痛点和 7 重巨大浪费。

流量破局，线下零售场开启全域用户运营

线上零售的下半场与数字时代线下零售的上半场

线上红利终结，线上零售进入下半场，这已经成为行业共识。

线下零售经过十年洗礼，逐渐被科技赋能，存在巨大的变革空间。

今天，最坏的日子似乎正在过去，卖场、店商正在酝酿一场超级进化。

线上零售的下半场，正是线下零售在数字时代的上半场。

目前，线下零售开启大规模超级进化不是个案，而是普遍存在。

百果园深耕 1.2 万个社群

6 年前，百果园在连锁零售业还不算很有名气的同学。谁承想到了 2018 年，百果园线上销售额突破了 20 亿元，一下子占了销售总额的 1/5。

凭借纵向覆盖全产业链的商业模式，百果园在上游强控制，下游渠道精细运营，全程标准化，以确保高品质、低损耗，形成"快采快卖"的核心竞争力，并凭借小程序矩阵和社群营销玩法满足会员的高品质水果消费需求，从而在竞争激烈的生鲜零售行业拥有自己的一席之地，甚至成为水果连锁零售业的"模范生"。

截至 2019 年 9 月，百果园全国门店数突破 4000 家，拥有 5400 万线上会员、1.2 万个社群。目前百果园正在积极筹备 IPO 上市，它仍处在令人心惊的迅猛发展期。

孩子王全域运营 3300 万家庭

如果说百果园是水果零售行业的"模范生"，孩子王就是母婴童零售行业的"独角兽"。孩子王经营的母婴品类，含有众多品牌，是一个典型的线下连

锁平台型零售场，却有着最互联网化的用户运营思维。

孩子王创始人说过，孩子王卖的不是商品，而是顾客关系。孩子王拥有超过 50 万黑金会员，KOC 超过了 6000 人。凭着这种底气，做起了自己的全域用户运营和私域流量运营。

2015 年起，孩子王在深入布局全国门店的同时，大力发展全渠道战略，推出新版官网和 App，得到消费者的高度关注。其中，App 拥有跨境购、闪购特卖、社区、保险、理财、亲子电台、新妈妈学院、0 元试用、妈妈口碑等多个板块，用户体验得到广大消费者的认可。孩子王官方 App 目前拥有数百万活跃用户，名列母婴电商前三甲。

截至 2019 年 6 月，孩子王在全国 19 个省（含直辖市）的 120 个城市拥有 352 家大型全数字化实体门店，单店面积平均 5000 平方米，门店商品种类突破 2 万件，服务了超过 3300 万中国新家庭，已经成为当之无愧的中国母婴童行业龙头和新零售的标杆企业。

红星美凯龙赋能全行业

再看一下红星美凯龙，这个家居零售业的龙头在过去几年间被不少人认为过于"传统"或将丧失连续领先数十年的优势。而今出现在他们面前的红星美凯龙却不动声色地完成了"自我迭代"。2020 年上半年活跃用户（占比总用户四分之一）销售贡献同比增长 39%。

历经五年，红星美凯龙完整地打造了一个用户运营的全渠道、全场景、全链路、全周期的营销平台——全球家居智慧营销平台（Intelligent Marketing Platform，以下简称 IMP）。

红星美凯龙场内的所有商家都可以使用来自 IMP 赋能的以下"神器"：一站式数字营销工具系统"筋斗云"、与阿里云共建的数据中台、连接着六大流量平台中海量家居用户的聚合投放系统、超过 1000 万的家装周期内活跃会员、超过 1 万个业主群、超过 20 万个全民营销平台上的活跃团达人（KOL+KOC）、在所有主流平台上全面布局的官方自媒体矩阵、行业最大的直播营销 MCN 体系！毫无疑问，迭代后的红星美凯龙对场内的商家有着"致命的吸引力"。

红星美凯龙不仅起步已领先，更有超强加速度。自 2019 年 5 月引入互联网巨头阿里战略投资后，红星美凯龙正加速全面拥抱阿里生态，凭借阿里在流量、数据、技术和内容方面的赋能，以天猫同城站为线上运营主阵地，全力推动各城市商场实现卖场数字化，上线天猫同城站以及同城站轻店，提高新零售线上线下一体化运营能力，赋能商家实现全域数字化用户运营。

截至 2020 年 5 月 25 日，红星美凯龙与阿里巴巴合作的卖场数字化项目，已经覆盖 92 城 167 个商场，22 城 56 个商场上线了天猫同城站，7890 个品牌、26 万件线下商场的高品质商品入驻天猫平台。

红星美凯龙正在成为一个赋能整个行业的超级流量场。

银泰新零售发力，实现单品销量倍增

同样作为阿里看中的线下零售巨头，百货零售选手银泰 2020 年就交出了一份相当漂亮的成绩单：这一年里，44 个单品迈入千万俱乐部，百万单品阵容超越了上年，达到了 1000 多个。

银泰走出了一条保持原有线下优势，同时借助互联网"外力"挖掘增量的特色道路。银泰利用旗下喵街 App 实现线上和线下同价，线上购物，线下可以自由提货、退货，门店 10 公里范围内还能定时送达。在 2019 年的云栖大会上，银泰商业 CEO 陈晓东宣布：未来五年线上将再造一个银泰百货。"打造 1000 个坪效翻番的新零售品牌""打造 100 个年销千万的新零售商品"，是实现这一战略目标的两大抓手。如今，新零售商品率先爆发，半年时间目标已经完成近半。

重庆新光天地的新零售

同样是借力阿里，重庆新光天地则是借助阿里云的生态系统和科技力量实现线下的数字化，获得顾客在商场中不同场景和接触点的行为数据，并以此补充在线数据分析和消费转化运营两大线上平台的能力。

2019 年，重庆新光天地与阿里云合作的数字商场项目落地。随着线下 IoT 设备设施的完善和线上算法技术的精进，重庆新光天地在进行消费者端的数字化升级后，在测试阶段的一个季度里，同比交易额达到两位数的增长，效果可谓立竿见影。

借助阿里云的生态系统和科技实力，重庆新光天地能够精准捕捉线下逛

店消费者的行为数据和逛店轨迹，洞察消费者的基础属性、消费习惯和品牌偏好，能够实时、点对点地进行精准营销与个性化内容推荐，实现对会员的实时分级与标签化管理，进而实现精细化的用户运营。测试期间，获客成本降为不到原来的三分之一，会员转化率提升为传统模式的三倍。

大悦城逆势增长

逆风翻盘的还有大悦城。2019 年 4 月 3 日，大悦城控股发布的 2018 年年报显示，在线下百货业普遍不景气的情况下，大悦城净利润达到 20.04 亿元，创下历史新高。

这一成绩最早可以追溯到 12 年前，大悦城将数字化确定为未来实体商业运营的战略方向。2016 年年底，大悦城走上了自主研发"悦云"的道路，并于 2017 年成功地将"悦云"全面上线。大悦城的"悦云"系统与红星美凯龙的 IMP 有异曲同工之妙。"悦云"的"魔方中台"打通了公司内各业务之间的数据孤岛；"悦云"的"OneCore"打通了公司与外部的数据壁垒。外部数据的引入弥补了大悦城自身数据维度的不足，显著提升了客流用户画像的"精度"。根据不同客群甚至每个会员的不同消费需求和品牌偏好等，进行精准的用户拉新、找回和激活。数字化的赋能不仅体现在营销上，而且赋能选址、规划、运营等决策和动作实现数据驱动的持续优化。2019 年 8 月，大悦城成立"悦云智慧"商业化公司，将"悦云"向全行业开放、推广。

高端美妆零售商丝芙兰保持高增长

伴随着"李佳琦"们线上带货的红火，线下美妆零售遭遇前所未有的冲击。丝芙兰却成为其中逆势增长的标杆。丝芙兰所属的奢侈品集团 LVMH 发布的 2019 年前三季度财报显示，丝芙兰收入稳步增长，销售收入再创新高，成为集团驱动增长的重要板块。

丝芙兰这个覆盖世界七大洲 30 多个国家，拥有 1900 余家线下门店，年销售 50 亿美元的美妆帝国，其本质是一家横跨搜索、AI、AR，玩转 CRM 的科技巨头。它率先与 Google 开展合作，线上线下数据结合，洞悉消费者购买路径；进行高效细致的会员管理，深度挖掘消费潜力；运用 AI 大数据分析，实现精准高效营销；运用自动化营销工具，高频次激活会员。

丝芙兰多年来深耕数字化用户运营体系，不仅自 2006 年至今陆续推出官网电商平台、App、官方小程序，更在 2019 年上线数字化社交平台——只对社员开放的"美丽达人社区（Beauty Insiders Community）"，为消费者提供个人主页构建、个性化产品推荐、实时解答、妆容分享、UGC 口碑分享。借此培养了高忠诚度的社员群体，并且实现了在线上对社员展开自由、实时的自然"安利"、深度"种草"。

屈臣氏新零售变革实现增长

和丝芙兰一样，屈臣氏也格外注重对消费者资产的数字积累和深度运营，五年前就开始对数字化进行前瞻布局，逐步将全国门店日常经营产生的大量数据与线上流量平台的丰富大数据有效融合，更好地理解消费者属性与偏好，优化选址策略、运营效率。

基于自身强大的导购资源、完备的会员体系及 DMP 大数据资产等优势，屈臣氏构建出一套全员参与的 SCRM 体系，为每一名导购进行数字化赋能，为每一位用户提供定制化的商品及活动内容，以及伴随式的客户服务，再利用小程序进行转化。屈臣氏以用户为中心，大大丰富了传播触点，延展了销售场景，实现了从"人找货"到"货找人"的数字化升级。

据财报显示，2019 年排除新开店铺对老店的影响，屈臣氏同比增长5.5%。这是屈臣氏中国同比店铺销售额 5 年来首次取得正增长，这一切归功于屈臣氏中国的新零售变革。

苏宁一年坐拥 6000 亿元营收，布局全场景零售

苏宁的超级进化更是有目共睹，我们早已不能仅用"线上"或"线下"或"新零售"等简单的标签来定义这家零售巨头。在中国连锁经营协会（CCFA）发布的"2019 年中国连锁百强"中，苏宁以 3787.4 亿元销售额蝉联行业第一名。在 2019 年公布的中国企业 500 强榜单中，它更是以 6000 亿元的营收，排在第 19 名，成为仅次于华为的民营企业。苏宁全面领跑的背后是其全场景的零售布局。现在的苏宁既能对线下流量进行深度挖掘，又能充分利用线上流量红利，实现在智慧零售战略指引下的双线快速推进。尤其是2019 年，苏宁在社群、社区经济领域集中发力。

2019 年 2 月，苏宁收购万达百货 37 家门店。9 月，收购家乐福中国 80% 股份，完善新零售生态。更受瞩目的是，2019 年苏宁快速建立了以线下近万家门店为核心的社交网络，实现了销售用户的快速增长。2019 年，苏宁基于全场景优势，发力社群运营，13000 多家线下门店表现出色，全年累计发展 8 万多团长、超 10 万个社群，"亲密"服务千万用户，订单量同比增长达 234%。

同时，苏宁积极引入内容导购型流量平台，先后将什么值得买、返利网、花生日记等拉入自己的"朋友圈"，增强社群运营活跃度，增加消费者线上互动场景。

上述这些案例只是正在重新崛起的线下零售场中的部分代表，但可以明显地看出一个趋势，那就是线下零售场正在反向收割线上流量，同时放大原来平台的优势，重回零售舞台中央。不管是百果园、孩子王、重庆新光天地、大悦城、丝芙兰、苏宁还是红星美凯龙，它们都在迅速推进线下门店数字化。更重要的是，它们都在深耕数字化的全域用户运营，打造与用户互动的各种线上场景。

关键问题是，这么多年与线上电商对垒，且总处于被动局面的线下零售场，今天为什么能逆转局势，开启超级进化之路？我们发现，过去，互联网是线下零售场的短板；今天，短板不再短。今天的线下零售场可以充分利用互联网的技术，持续放大自身原本就有的巨量用户、巨量商品、巨量数据、巨量导购等资源的价值，持续放大本就强大的品牌影响力与资源整合能力，构建与用户在线上各种场景里连接互动的能力，进而大规模吸引和制造线上流量，包括公域流量与私域流量。这种变化所带来的成果是：一方面，带来了新增用户；另一方面，更重要的，带来了既有用户更多的线上线下逛店、更多的线上线下消费，即大幅增加了"亩产"，提升了每一份用户资产的价值产出。现实中这个提升幅度往往很大，甚至是倍增或很多倍的剧增。这就是线下零售场能够实现超级进化的根本原因。

也许有人会认为，这些线下零售场的超级进化应该归功于它们在线上开了店。我们就来分析一下，当线下零售场实现了在线上开店卖货，到底意味着什么？意味着多了一个店，在线上。

但解决什么问题了吗？没有！

仅仅是线上开店，只会带来更多的问题与挑战。首先，会带来持续为线上店引流的巨大压力。线下开店可以依赖地段所带来的自然流量，线上开店则必须靠日日运营来引流，难度更大，对手更多，竞争更激烈。

所以，线下零售场的超级进化，其本质并不是线上开了店、实现了全渠道销售。

得出这个结论背后深层次的逻辑是：解决销售的问题不能只盯着销售，而要从流量入手；解决流量的问题不能只想着如何引流，而要从用户运营的完整链路来布局。

线下零售场的这一轮进化刚刚开始，其赢得增量的核心是实现全域数字化用户运营。

线下零售场通过在全域范围内，进行颗粒度细到每一个用户的运营，与用户在消费全链路上、全生命周期里持续互动，从而实现在每一份用户资产上的流量产出最大化和销售产出最大化。如此，线下零售场的线上店与线下店，必然双双获得流量与销量的倍增。

从现在开始，新零售的新一轮竞争将转换赛道，即从粗放的收割互联网流量红利，转换到通过全域用户运营制造流量。因为当下乃至未来，对于绝大多数品类，用户消费的全链路过程、全周期旅程，一定不会仅限于线下场景或仅限于线上场景，更不会仅限于线上某个场景，比如电商、搜索、信息流、短视频、社交等，而是线上线下联通的、完整构建的。所以，用户运营必须实现全域、全场景，彻底打通线上线下数据，才能实现对一个用户的全链路、全周期跟踪服务，拥有这一能力的线下零售企业将直接秒杀只能与用户在线下互动的零售企业，并且有机会在某些领域或维度上超越那些只能与用户在线上互动的零售企业。

线上或线下任何一端缺失都会导致链路断裂、旅程分割，从而无法实现完整的用户运营和相应的数据闭环，这会让用户画像精准度、销售转化率、复购激活率、用户口碑度的理想值大打折扣，效率与效果也就无法得到保障和持续提升。

事实上，从某些角度来看，线下零售场更有机会率先做到真正的全域、全场景用户运营，进而实现全链路、全周期用户运营。

线下向线上贯通相对容易。线上运营能力标准化程度高，更多在"电脑"里，甚至部分能力已经产品化，因此，线下零售场可以相对容易和快速地建立这种能力。另外，阿里、腾讯、京东等线上大鳄都已经大规模布局赋能型生态，可以让线下零售商迅速补强线上短板。

线上向线下贯通则相对困难。线下运营的诀窍都是深度垂直的，往往更多在"人脑"中，线上零售企业难以快速建立和复制这种能力。所以，线上超级平台收购、赋能、联合线下零售场，一起"新零售"，将会成为主流打法。

根据各行业零售企业加速进化的种种迹象，本书预判：线下零售场的又一个春天正在加速到来。

超级进化的基本盘与坎坷路

从上面的例子可以看到，线下零售场的先行者们正在加速进化，纷纷做起了线上线下的全域用户运营。

有些朋友可能会质疑：用户哪里来？如果用户继续越来越多地转向线上电商购物，线下零售场不断衰退，用户都没有了，还谈什么用户运营呢？

那么，让我们一起看看，情况到底怎样呢？未来会怎么发展呢？

超级进化基本盘

站在线上零售企业的立场来看，线上电商从零市场份额起步，到今天占据整个零售市场约 20% 的市场份额，已经大获成功，并诞生了阿里、京东和拼多多等巨头。

站在线下零售企业的立场来看，线下零售的市场份额，则从占据整个零售市场份额的 100%，降低到 80%，活生生被抢走了 20% 的市场份额。说得悲观点，线下零售遭受了重大挫折。这是现实，也是商业竞争的魅力所在。而如果换个乐观的角度来看，即使经过了 20 年的发展，线下零售仍占据 80% 的零售市场份额，仍然是零售的主流。同时，电商的增长率，从十年前同比接近 100%，下降到 2019 年不足 20%。这就意味着，线上电商超高速增长的流量红利期终结了，线上流量贵、流量难，地主家也没余粮了。这也就是线上企业往线下走的原因，在他们眼中，线下才是新的流量洼地，流量多且便宜。

而现在的线下零售企业，经过多年的学习、摸索和实践，对于线上零售企业的优势，如数字化、流量运营、用户运营等也逐渐熟悉，在线上红利趋于终结时，许多线下零售场也学会了用线上零售企业的武功武装自己。

于是诡异的一幕出现了：线下卖场走向线上，使尽浑身解数，抢流量；线上电商走向线下，开门店，抢流量。更值得关注的是，线下零售企业与线上企业开始联姻，交起了朋友，当起了队友。此时，我们得审视一个被忽视的重大问题：在线上电商平台 20 年的进攻中，为什么线下零售还保有 80% 份额的基本盘？

恰如知识网红罗振宇在 2019 年 12 月 31 日跨年演讲的主题——基本盘，也就是不去看那些一惊一乍的标题，人云亦云的情绪，而是转过头，看手中的资源，脚下的道路。只有基于基本盘，才能看清我们的努力方向。

线下零售经过与电商 20 年的竞合发展，在今天仍然占据 80% 的零售市场份额，就是线下零售的基本盘在起作用。线下零售基本盘是什么？相比线上零售，概括来说就是线下零售独具的四大特质。

购物决策
效率更高

线下零售的
独有四大特质

提供
美好体验

即时满足
购物需求

提供面对面
社交场景

第一大特质——购物决策效率更高

电商确实不是万能的，对于很多产品与服务，电商只能作为交易平台，并不能完成从互动到交易到服务的闭环。尤其是那些长周期、重决策、重体验、高价格特性的商品，如家具、建材、汽车、珠宝等，用户需要体验色、香、味、触感、舒适度、操控感等，还有眼见为实的信任。这也是线上电商高速发展这么多年，现在也喊出电商"进入下半场、红利终结了"的重要原因之一。虽然今天线上新零售可以通过优惠券、红包、爆品预订、直播等方式，吸引用户在线上互动，但主要目的还是将用户吸引到线下去体验成交，线上主要承担的是触达用户、获取意向用户线索，以及尽可能提高用户意向和利用预订锁住用户的功能。

其实，对家居行业更仔细地分析就会发现：80%以上的零售依然发生在线下，是因为对于某些品类而言，用户在线下的选购效率更高，更能够高效地做出购物决策。这个结论，可能很多人都没有想到。

比如，对于挑选超低频、重决策、重沟通的家居大件或家居定制商品。超低频意味着不熟悉，无法根据认知中的品牌知名度与口碑做出判断。家居商品是典型的重决策，一方面因为价格高，商品品种多；另一方面因为家居行业的高关联属性——商品不是单件购买，而是多种商品大量关联购买并搭配使用，比如地板与地暖、吊顶与空调、床垫与床、橱柜与厨电、马桶与浴室柜等。另外，商品与家装设计之间、与装修的施工工艺之间，都有着高关联性。简而言之，家装不是简单的一件商品的购买问题，而是一个复杂的工程项目问题。

不仅如此，家居商品购买的重决策特性，还与它的失误率高及失误成本高密切相关。比如，搬进家的床与床垫、铺完了的地板与瓷砖墙面、做完的榻榻米、装完的淋浴房、装完的中央空调、定制完的橱柜等，一旦发现搭配不合适、质量不如意、功能不齐备、使用不便捷、尺寸不匹配等问题，拆除、更换代价不菲，不更换又难以忍受经年累月的"委曲求全"，必然很难决策，所以详细了解、仔细分析、慎重决策成为家居购买的天然属性。对商品、厂家的选择尤其需要慎之又慎，确保万无一失。

重沟通意味着需要面对面地交流，并且观察对方的表情与动作，以准确判断对方的需求、偏好、意图和潜台词，并确保自己要表达的内容被对方完整、准确地接收。家装家居用户不仅要与导购面对面沟通，大多数情况下，还要与家人一起实现多方的面对面沟通。

因此，当用户在家装期间，要购买一系列家居商品时，就会明显地体验到，去线上花大量时间了解每一个品类、品种、品牌、商品的效率，远不及在一个家居商场与家人一起一站式地选购。通过现场体验，用户的大脑能够高速运转，实现比线上搜索更高效的信息收集和信息处理，而且还能够在现场与家人、导购、设计师等一起深入讨论，从而实现问题的快速沟通解决，增进消费决策的效率与质量。

当然，到线下逛店的前后时间，以及整个过程中，利用网络在各大平台与场景中搜集与家装设计、装修施工、商品选购、软装搭配等相关的案例与攻略，也是必须的，而且是助益匪浅的。

选购家居商品，是线下比线上效率更高的典型场景之一。这一点，也是家居商场，以及类似的汽车专卖店、珠宝专卖店与专柜等专业连锁零售场存在的理由和价值。

此外，尽管生鲜、服装并不属于高价格和重决策的范畴，但因为重体验，现场挑选还是很重要的。因此，菜市场、生鲜超市、超市里的生鲜区，服装专卖店、商场里的服装专柜，都有不可替代的价值。

第二大特质——即时满足购物需求

现实中很多购物是随机的，需要及时地满足，比如用户到楼下买一瓶水、一个冰激凌、一袋面包、一包零食等生活用品，就需要即时满足，并不会因为价格的差异而等待。在即时满足面前，线上价格差异不足为道，这也正是连锁超市、便利店星罗棋布的核心驱动力。

第三大特质——提供美好体验

线上购物可以理解为"逛"，但与线下的琳琅满目、眼见为实、拿起放下、戴上穿上的"美妙"感受还是不可同日而语。线下购物的乐趣与享受，往往并不逊于消费过程本身，这也是商场、大卖场、超市存在的理由之一。

这种线下体验还在不断创新升级。比如，茑屋和西西弗书店持续火爆，正是由于它们创造了极致的场景体验，逛书店不仅是去阅读，还是一种生活方式，让身心放松，体验美好。可以说，此时消费者消费的不仅是商品，更是时间与空间组合而成的场景。

第四大特质——提供社交场景

人是群居动物，有很多社交属性。无社交，不人类。人类的很多需求，是在社交中激发的。在线下与家人朋友一起谈天说地、停停走走、暖心互动、有说有笑，不仅是购物，更是共享时光。

这就是今天电影市场火起来的原因，这就是每到周末，万达广场人来人往的原因。

简而言之，有的价值是只有线下能创造而线上实现不了的，这保证了线下零售场的基本盘。同时，线下零售场还可以利用不断发展的科技赋能放大这个基本盘的价值与能量。但到今天，线下零售场也明白，必须同时具备线上能力，才能应对未来的零售竞争。

当然，一路走来并非坦途。过去，线下零售场只能固守门店，依赖自然流量，做一个安静的"坐商"。最多通过各种传统媒体广告、线下地推方式广而告之，然后在门店收割流量。但这些流量，买过后就流失了，要用就只能再买。

后来受到电商冲击，线下零售场拼命想保护线下"一亩三分地"的生意，但越想保护越难以保护。学习电商，学习互联网，几经失败，历尽挫折，很多企业也因此被无情地淘汰了。但对于很多活下来的线下零售场，在基本盘的基础之上，即依托既有的自然入店的用户存量，逐步学会了用互联网武装自己，学会了借助数字化技术，在线上公域里精准"捕鱼"，也就是触达未到店用户，然后引导至店；更学会了在线上构建庞大的私域流量矩阵，进而在其中精细"养鱼"，也就是与来店用户在离店之后进行线上的全场景互动，持续地运营用户，并且利用数字化会员系统将运营的颗粒度细到每一个用户。

这些都是过去不能想象的，也花了很多"学费"。

今天的线下零售场，打破了过去物理空间的限制，已能从过去的单纯依赖线下人流，升级为今天的全域运营用户、制造流量。这就为线下零售场带来了新的流量红利，不仅有线上的流量红利，也有线下的流量增量，从而实现线下零售场全域的用户增长、流量增长、销量增长。

本书认为，线下零售场在数字时代上半场的超级进化，关键在于**掌握通过用户运营制造流量的能力**。

超级流量场的基因优势与核心能力

超级流量场的定义

前面已对流量与流量制造分别下了定义：流量是指每一次用户互动；流量制造是指与每一个用户持续不断的互动，即用户运营。

承接上述逻辑，本书所定义的"超级流量场"，是指"一个有能力在线上、线下全域范围内，以用户运营为核心手段，针对每一个用户进行全域、全场景、全链路、全周期数字化运营，从而实现流量制造、赋能品牌商的线下零售场"。

线下零售场升级为超级流量场，通过用户运营制造流量，不仅能够解决自身的流量问题，更能够通过赋能品牌商实现数字化用户运营，来获得自身的第二增长曲线。

线下零售场，不仅包括经营多品类商品的流通型"店商"，如万达、爱琴海、大润发、永辉、7-11、全家等，也包括专门经营某个大品类商品的流通型"店商"，如苏宁电器、红星美凯龙、孩子王等，更包括那些聚焦某一细分品类、商品品种足够丰富、连锁门店数量众多、自产自营的品牌型"店商"，如百果园、幸福西饼、李宁、美特斯邦威、良品铺子、来伊份等。

超级流量场的每一个流量，都是为品牌商而造

超级流量场由线下零售场升级而成，本身并不拥有商品。所以，超级流量场制造的每一个流量，本质上都是为一个具体的品牌或商品创造一次与用户之间的互动，一次信息的交流。具体而言，与用户的互动都是要基于内容的，而内容中一定包含着一个或多个品牌或商品的相关信息。

所以，**站在超级流量场视角上所说的"流量制造"，其完整含义是指"超级流量场为品牌商制造流量"，即超级流量场"制造"流量，品牌商"享用"流量。**

当然，品牌商"享用"流量的过程，也正是对一个流量进行"深加工、开展品牌用户运营的过程"。

超级流量场的六大卓越基因

对于流量制造，超级流量场天然拥有六大核心资源，或者可以称作"六大卓越基因"——用户多、数据多、货品多、活动多、导购多、品牌强。

这里简要分析一下六大基因对于实现流量制造的决定性价值，本书后文会进一步详细论述。

"用户多"，是指线下零售场遍布全国的连锁门店，拥有相当规模的自然入店用户。这一优势让线下零售场能够轻松搞定线上场景里的用户拉新难

题，从而为构建各种线上场景矩阵创造至关重要的先决条件。

"数据多"，是相对绝大多数品牌商缺乏消费者终端消费数据而言的。线下零售场拥有用户消费各个品类、品牌与商品的大量数据，这让构建数据闭环、数据中台成为可能，让用户画像高清且立体，从而为实现数据驱动的用户运营创造了至关重要的先决条件。

"货品多"，让品类概念创新与品类消费指南型内容生产成为可能；"活动多"则成就了内容的极大丰富性与刚需特性。"货品多+活动多"为实现在各种线上场景里的高黏性用户运营，创造了至关重要的先决条件。

"导购多"，让"直播内容创作的人海战术"与"全民营销矩阵"打造成为可能。

"品牌强"，让每一个内容的出品都有强大背书。

流量制造的四大核心能力

流量制造，即用户互动，抽象出来无非三大要素——人、货、场，即人与货在场内互动。而对于线上用户互动，三大要素的确切表达应该是"画像、内容、场景"。

数字时代，企业在线上看到的不是用户，而是用户画像；用户看到的不是货，而是内容；互动的过程不是发生在一个线下场所里，而是发生在社交、搜索、资讯、购物、娱乐等各个线上场景里。

也就是说，实现线上用户运营的前提是拥有"造画像""造内容""造场景"的能力，配套的还需要一个"造工具"的能力。造好了精准的用户画像，就可以在线上实现用户与内容及场景的精准匹配与互动；造好了与商品相关的各种内容，就可以在线上实现有关货的信息传递；造好了线上的场景矩阵，就可以在线上实现内容与用户的交互。而"工具"是指数字化的用户运营工具系统。依赖这套系统，一方面，将画像、内容与场景进行完美匹配；另一方面，对用户运营进行精细化管理。

实际上，这"四个造"也定义了四项营销新能力，或者说，定义了全新的营销能力评估模型。

今后，评估一个企业的营销能力，评估一支营销团队的知识经验的厚度、广度与新鲜度，就一定会这么问：你的企业会造画像吗？有造场景吗？能造工具吗？你的企业造内容的能力（非广告策划创意与制作能力）有多强大？用户运营团队的十个兵种，你有几个？

我们不难发现："四个造"的能力都是传统营销方法论所未涉及的，而又都是当下及未来必需的营销新能力。

接下来，任何企业如果不直接或间接具备本书所定义的"造画像、造场景、造工具、造内容"的四项营销新能力，即流量制造的四项核心能力，则几乎必定会在品牌营销这个象限里惨遭对手的降维打击。

事实上，由线下零售场升级而成的流量制造超级工厂或者说超级流量场，在"造画像、造内容、造场景和造工具"这四项核心能力上天资聪颖，可谓拥有四种"超能力"。之所以称作"超能力"，是因为超级流量场不仅拥有这些能力，而且表现卓越，甚至独一无二。

超级流量场之所以能够将四项核心能力练成四项"独霸武林"的超能力，正是得益于上述的线下零售场天然拥有的"六大卓越基因"——用户多、数据多、货品多、活动多、导购多、品牌强。

1. 造画像

"用户多+数据多"成就了超级流量场在"造画像"上的超能力——超高清用户画像。

超级流量场借助数据中台的能力，能够实现颗粒度细到每一个用户的用户运营。

过去，传统零售场与用户互动，要么面向用户总体广而告之，要么将用户、会员分层运营，但并不会将运营对象精细到具体的每一个用户；现在，超级流量场依托数据中台，会为每一个用户、会员建立档案和画像。

相比品牌商，超级流量场有着规模大得多、维度多得多的用户数据与用户标签，所以在用户画像的"精度"上明显胜出。相比媒体（流量平台），超级流量场在用户画像的品类消费特征、商品消费特征等维度上，"精度"和"新鲜度"明显胜出。

一直以来，各大互联网媒体平台都在用算法模型实践精准投放，但事实上，都是基于用户的媒体内容接触数据，来模糊推测甚至是猜测用户购买需求的，精准度受各种因素影响而不尽如人意，"时好时坏"。而零售商不一样，零售商通过用户与商品之间的互动数据、销售数据，可以直接、精准甚至是精确地判断每位用户的品类需求、品牌需求、商品需求、价格偏好、风格偏好、包装偏好、功能偏好等。这些数据对于实现颗粒度细到每个用户级的精准营销至关重要、不可或缺。

比如：一个经常在某便利店里购买早餐的用户，就是便利店早餐品类的一个用户，是每个早餐品牌的潜在用户。而对于媒体，则无法通过用户的媒体内容互动数据，来准确推断哪些用户有可能在便利店购买早餐食品。

超级流量场不仅拥有用户消费行为的相关数据，而且通过建设数据中台，实现了自有数据与外部数据的充分整合，从而获取用户的社会属性、媒体接触习惯、内容偏好、场景偏好等信息。

因此，超级流量场可以根据一个用户不同的媒体接触习惯，来为广告投放和内容推送匹配不同的场景，并将多次投放的不同广告（或多次推送的不同内容）与不同的场景，进行最优排序。

事实上，零售数据与媒体数据的整合使用才最有威力，用户画像才真正完整和精准。在精准营销的专业领域里，二者最常见的分工模式是：零售数据用来做用户画像，媒体数据用来做人群拓展。

综上所述，超级流量场依托数据中台实现内外数据的融合，从而拥有了"超精准用户画像"能力，进而可以精准地连接用户，精准地为不同的用户匹配不同的内容，精准地为同一用户在不同时间、不同场景中的不同需求匹配不同的内容。

2. 造内容

"货品多+活动多+品牌强"成就了超级流量场在"造内容"上的超能力——丰富的刚需内容。

自产刚需内容，此乃超级流量场的独门绝技。

过去，卖场展示的是商品。今天，超级流量场在线上与用户互动的是以商品为核心加工而成的各种内容：每个商品的不同卖点都可以做成不同内容，每个品类的导购攻略都可以是不同创意形式的内容。不同商品在某一维度上被整合生成的花式清单与榜单，也是很受欢迎的内容，各种主题促销活动更是消费者的刚需内容。

超级流量场能够源源不断地生产对用户有强大刚需吸引力的品类导购内容、促销活动内容与商品推荐类内容。

消费者对内容的第一需求是品类导购内容，因为他永远需要一份选购攻略。流量制造，要充分利用品类内容，实现"入口"效应。

制造流量的第二层级内容是活动内容。流量制造要充分利用活动内容的特性——"普遍刚性需求"，实现"收口"效应。

如果说，品类消费指南是每一个消费者进入品类消费旅程的起点，那么促销活动往往就是消费者剁手下单，为旅程画上第一个句号、竖起第一块里程碑的高光时刻。

品类导购内容是指各种有助于用户进行品类选购的指南、攻略、清单、榜单、评测、推荐等类型的内容，创意形式多种多样，包括图文、视频、游戏、海报等，例如：护脊床垫十大品牌推荐、2020 气泡水新品清单、大功率窗式新风机选购指南。

促销内容是指为五一、国庆、双十一、"618"这样的年度大促，以及品类节促销活动、品牌日促销活动、主题促销活动、会员专享活动等进行创作的、包含各种促销优惠信息的传播内容，例如：红星美凯龙超级家装节、苏宁易购空调品类节、屈臣氏男士高端护肤品超级品类节、芝华仕沙发超级品牌日、Ole 精品超市 VIP DAY 等。

促销信息往往比商品信息更吸引人，也更能够带来广泛的销售转化，背后的原因很简单——有各种优惠可以抢，这就像群里抢红包一样，永远能让活跃度到达波峰。

此外，超级流量场在商品推荐类内容的生产上也大有可为。尤其是对商家的整合能力，凭借所拥有的海量商品，精选爆品、尖货、新品、套餐、IP 款、限量款等，生产创作相关的高吸睛内容，甚至是刷屏级内容，无论将它们放在公域里还是私域中，都是自带流量的"明星"，都是裂变传播的加速器。

从这个维度上看，超级流量场具备内容生产的媒体属性。

内容的可信赖度，取决于为内容背书的品牌影响力。而超级零售场具有超强品牌背书能力。相同的互动场景、互动内容，会因为不同的零售场品牌背书能力的强弱，直接影响这一次用户曝光是否产生互动以及互动的效果。

线下零售场往往都拥有极高的品牌影响力，如苏宁、万达、红星美凯龙、家乐福、永辉、全家等。

而在线下零售场内的众多品牌中，除去少部分品牌拥有较高的知名度、美誉度之外，大部分品牌的影响力都是有限的，都需要零售平台的背书，这个背书在品牌商的内容传播中发挥的价值是极大的。

不同品牌的相似广告，点击率、转化率往往差距很大，投放 ROI 与品牌影响力正向强相关。对于线下零售场，尤其是像家居这样的垂直连锁零售场，其对内容的背书效应更是显著。在家居商品的购买场景里，对于消费者第一重要的不是买什么品牌，而是去哪里买。因为去哪里买在一定程度上决定了买到的商品及服务的品质，这就是零售场的背书效应。其实，在消费品大卖场、超市、便利店、百货店、连锁专卖店，也有大量的不知名品牌、新创品牌，这些品牌在与用户互动、建立认知的过程中，零售场的品牌背书效应至关重要。

3. 造场景

"用户多+导购多+货品多+活动多"成就了超级流量场在"造场景"上的超能力——线上五场联袂。

之所以要实现全场景互动，有两个主要原因：一方面，因为媒体发展呈现碎片化甚至粉末化，任何单一场景都无法捕捉到全量用户；另一方面，每一个用户都是在线下、线上，在电商、资讯、娱乐、社交、搜索等各种场景中"一只游来游去的鱼"，所以，单一场景或少数场景都不足以保证在一定时间内与用户之间有足够频次的互动，也就无法保证一个用户能够在一次消费者旅程的全链路上持续向前推进。

超级流量场利用数字化会员系统，将线下的巨大人流，沉淀为数字化的会员。从此，能够在线上线下持续与之互动，每一次互动都是一次流量的制造。据资料显示，经过持续的拓展，不少零售商、线下零售场已经积累了大量的数字会员：孩子王有 3300 万、百果园 5400 万、红星美凯龙有超 1000 万中高端家装活跃会员、银泰有 1000 万、万达有 1.2 亿、屈臣氏有 7000 万、每日优鲜有 2500 万、丝芙兰有 500 万。

依托数字化会员系统，超级流量场能够将原有的平台资源与平台能力极致发挥：构建一个与用户在线上互动的全场景矩阵。

• 构建全网精准广告互动场景

建设第一方数据管理平台（DMP），或升级为数据中台，搜集、处理和挖掘在线上和线下与用户互动的海量数据，通过 Lookalike 和 One-ID 技术，对接线上各大媒体流量平台（包括电商平台），连接全网精准用户。

事实上，各大线下零售场也的确纷纷推出行业级智慧营销平台，赋能和服务品牌商、经销商。

孩子王推出百川智慧营销平台。凭借服务过的 3300 万家庭用户资源、352 家大型数字化门店、位列母婴电商 TOP1 的 App，以及与腾讯社交广告、今日头条、分众、妈妈网等平台进行战略合作而获得的共享数据与资源，成为母婴行业最大的营销服务平台，赋能母婴行业品牌在线上、线下开展精准、高效、智能的一站式数字广告投放，助力品牌商开展商品营销、品牌造势和活动推广。

苏宁推出自己的全域营销平台——易通天下。依托苏宁集团的线上线下大数据优势，连接今日头条与腾讯广点通等优质流量，以及百度、UC、搜狗、360 等搜索流量，通过自主研发的六大产品——生意通和聚客宝、易起推、店推宝、易直投、易准搜，为品牌方提供全方位、多维度、一体化的营销解决方案，赋能品牌商实现在全域全网数字化精准营销。

红星美凯龙 2018 年 9 月正式推出全球家居智慧营销平台（IMP）。依托自身的全球"MALL 王"实力——覆盖全国的 400 多家家居商场、200 多个城市的中高端家装家居用户，连接阿里系、字节系、腾讯系等线上流量平台资源与数据，IMP 成为中国家居行业最大的数字化垂直营销平台，正式向行业内品牌商、经销商输出数字营销服务能力，其中一项就是 DMP 精准广告投放服务。2019 年开始，红星美凯龙与阿里云联手打造家装家居行业最大的数据中台。

• 构建全民社交营销互动场景

利用互联网共享经济思维，研发全员社交营销平台，放大零售场作为平台连接一线导购的能力，汇聚巨量一线导购人员的社交能量，在社交渠道里与精准用户高频亲密互动，源源不断制造流量。

以红星美凯龙为例，通过全民营销平台，将线下零售场的 30 万导购人员在线上连接起来，在各个社交平台上与精准的家装用户进行高黏性、有温度、个性化的持续互动。

拥有 3300 万会员的孩子王，将 6000 余名导购化身为专业"育儿顾问"，表面上她们是孩子王的特色服务品牌，实际上这些育儿顾问都是新妈妈们的"万能的百宝箱"和"行走的育儿百科全书"，是孩子王与会员之间情感的纽带和信任的桥梁。

进而，研发全民社交营销平台，放大线下零售场作为平台连接 KOC 的能力，赋能和激励超级用户，充分释放其作为意见领袖的社交能量，广泛连接更多用户，实现口碑裂变，构建"货找人"的互动场景。

苏宁推客目前用户数超过 1000 万，男女数量基本持平，有企业家、白领、大学生，也有快递员、宝妈、店员……分布在各行各业的苏宁推客组成了"卖方大军"，总人数破百万，"80 后"一路领先成为最强带货群体。在苏宁全场景零售布局的加持下，推客们各显所长，不仅开启了消费者的购物狂欢，也成就了全民营销的销售奇迹。苏宁大数据还显示，借力双十一大促，个人推客最高单月带货订单数达 45872 单，个人带货最高金额 3000 万元，成为实至名归的"朋友圈带货王"。

- 构建社群互动场景

发挥零售场因为线下用户量庞大而带来的用户拉新优势，通过一个二维码实现快速地、大规模地用户社群创建，并利用零售场能够自产丰富的商品推荐内容、促销活动内容、品类导购内容的独有优势，在几千、几万、几十万人的社群中与用户高频互动，制造流量，建构巨大的私域流量池。

- 构建官方自媒体互动场景

线下零售场凭借零售场在用户拉新、内容生产与品牌影响力上的强大优势，在各大流量平台上运营官方自媒体矩阵，与精准用户高频互动。

屈臣氏就是一个典型。微信公众号、微博、抖音、小红书……屈臣氏的表现样样不俗。屈臣氏精心打造"屈臣氏服务助手"与"屈臣氏福利社"两个微信公众号，会员服务+产品福利，两手抓，两手都很硬；官博粉丝 220 万，称得上时尚美妆大号；官抖粉丝 112 万，获赞 2000 多万，头部大号无疑了；小红书完全是屈臣氏的主场，品牌号全行业最高排名第 3，最低排名第 23，长期在前 10 名左右，是小红书平台中的大佬了。

• 构建电商互动场景

入驻电商平台的线下零售场，凭借自身在供应链、品牌影响力、资源整合、数据规模、用户拉新等方面的优势，运营官方旗舰店，与用户在电商购物场景里精准互动。

截至 2020 年 5 月 25 日，红星美凯龙与阿里巴巴合作的卖场数字化项目已经覆盖 92 城 167 个商场，全面实现了红星美凯龙商场管理中台与阿里巴巴产品技术生态的对接与打通。

在此基础上，红星美凯龙 22 城 56 个商场上线了天猫同城站，7890 个品牌、26 万件商品入驻天猫平台。2020 年 2 月至 5 月，红星美凯龙天猫同城站日均访客数上涨 400%。2020 年天猫"618"正式预热第一天，红星美凯龙店铺访客数再次迎来井喷，单日流量突破 100 万！

线下百货商店银泰百货入驻电商平台阿里后，三年时间，已经从一个线下百货店变身为一个互联网公司，为消费者提供全域消费服务。银泰已经变成了一个服务数字化会员的互联网商场，一个基于数据驱动的"货找人"的商场，一个有规模化部署新零售能力的商场。

"银泰专柜货，喵街躺着买"，更是让银泰成为全球首家不打烊百货。根据《阿里巴巴夜经济报告》，夜间是人们购物的高峰期。但是传统线下实体店在这个时段已经打烊，错失大量销售额。而喵街上的银泰，在 23 点至凌晨 2 点，仍在热闹地收着订单。2018 年，"躺着买"的用户把杭州武林银泰的 21 个专柜买到了"全国第一"。而且在银泰和菜鸟打通库存系统后，消费者可以直接通过喵街购买商品，并以到店自提或者配送上门的方式完成商品交付。当用户选择配送上门时，系统将从距离消费者最近的银泰商场发货。

4. 造工具

超级流量场投入巨大的人力、财力研发行业垂直的用户运营全套工具系统，包括数据中台、营销中台，不仅自用，而且向行业开放。

传统广告营销时代，我们不需要开发什么营销工具。数字营销时代则完全不同。每个行业都必须持续开发并迭代强大的、复杂的、满足各种定制化需求的数字化营销系统及工具。这需要投入巨大的人力、财力，零售场有这个实力，且开发的工具可供全行业品牌商、经销商以及其他生态合作伙伴一同使用，从而分担开发成本，甚至因此带来新的利润增长点和新的商业模式。随着这些系统、工具被大范围地应用，零售场获得了对行业的更强大影响力和整合能力，同时，也收获了更多维度、更大规模的数据累积。

这些全场景适配的数字营销工具，对于提升流量制造的效率和效益至关重要。

有了四项超能力，超级流量场就能够通过用户运营/流量制造，实现用户资产的价值创造最大化。

超级流量场的六大超级效应

六大超级效应成就超级流量场，实现用户资产价值创造最大化。

什么是完美的用户运营/流量制造？即如何实现用户资产价值创造最大化？核心有三点：

第一，用户最多，即在某一垂直行业，拥有最多的目标用户。

第二，收益最大，即平均每个用户产生的收益最大：最大量的复购与联购，或者说最大量的流量制造。

第三，成本最低，即用户运营所产生的成本最低。

这三点，超级流量场都能做到。具体来说，能做到上面这三点得益于六大基因与四大超能力共同作用下所产生的六大效应。

品类用户入口效应，实现"用户最多"

超级流量场拥有品类用户入口效应，相比所有品牌商，拥有最多用户。

我们都熟悉品牌商，那么，谁是品类商？

天猫、京东这样的零售商拥有全品类商品，大润发、永辉、步步高这样的零售商拥有多品类商品，万达、银泰、大悦城这样的零售商拥有多品类商品和服务，屈臣氏、7-11这样的零售商拥有多品类商品，苏宁、红星美凯龙、孩子王这样的零售商拥有某个大品类的全部小品类商品。

所以，本书把拥有至少一个品类的多品牌与多品种商品的零售商定义为品类商。更进一步，所有线下有连锁门店的、销售一个或以上品类的多品种与多品牌商品的零售企业，在本书中都定义为品类商。

有一些聚焦某一品类的、商品品种足够丰富的、自产自营的品牌商，其本质既是品牌商，也是品类商，比如品牌蛋糕店（幸福西饼、面包新语、21CAKE）、品牌零食店（来伊份、良品铺子）、品牌体育用品店（迪卡侬）、品牌家居店（无印良品、宜家）、大型品牌服装店（李宁、ZARA）、品牌水果店（百果园），也具有品类商的属性。

超级流量场都是经营一个或多个品类的品类商，吸引的不仅仅是某个品牌的用户，更是每一个经营品类所面对的所有用户，这些用户是该品类每个品牌的最精准目标用户。

所以，超级流量场是品类用户的入口，是品牌商的用户池。

上面分析的是"品类用户入口"效应为超级流量场带来的在用户资产拥有量上的显著优势。事实上，相比所有品牌商，超级流量场拥有的用户最多。

"品类用户入口"效应还能为超级流量场带来另外一个显著优势：与用户在品类消费旅程上的互动最早。这是因为消费者在开启一段品类消费旅程时，大概率都是从品类认知起步的，所以，品类商相比品牌商更有获客在前的优势。

消费者选购商品的过程，很像在餐厅点菜的过程。通常，一帮朋友到餐厅聚餐，首先想了解的是"菜单"，而不是"菜"。类似地，当消费者确定了想买什么品类的商品，比如要买一口锅，或买一件T恤时，消费者首先需要的是一份清单，以及关于这份清单的各维度信息，比如有哪些品种、品牌的锅、T恤可供选择？不同品牌之间有哪些差别？

也就是说，在消费者的一次品类消费旅程中，通常会以接触品类导购型内容为起点。那么，谁拥有品类？品牌商没有，只有品类商（零售商）拥有。所以，制作这份清单（菜单）的只能是品类商，品牌商做不了，品牌商做的是"菜"。

这就是品类商拥有的独一无二的"品类内容创作"优势所产生的"获客最早"效应。

在消费者的心智里，品类商对用户提供的各种内容更像是选购指南；品牌商的广告，对消费者更像是"诱导"选择。

全链路效应+全周期效应，实现"收益最多"

1. 全链路互动，实现"复购最多"

品牌管理中有一套经典的消费者行为理论——AIPL（认知、兴趣、购买、忠诚），用于帮助品牌根据不同的行为阶段将消费者进行分层管理。而对于一个"认知"用户、一个"兴趣"用户、一个"强意向"用户等，如果不能与其进行持续的互动，就无法最终将品牌或商品植入心智，即不能推动消费者从认知一直走到消费、复购，那么，针对这个用户的运营就会失败。这其实是绝大多数品牌商的最大营销痛点之一。

而超级流量场能够在用户每一次消费决策的全链路中，与用户进行持续的互动，推动用户从认知到产生兴趣和购买意向，再到产生消费和产生复购，进而成为超级用户或 KOC。

以前，对于那些已有过在线下逛店，或者线上搜索、浏览、咨询、领券、用券、收藏等行为的意向用户，线下零售场不知道，用户离店之后也无法继续互动并跟进。比如：在线下红星美凯龙商场地板区逛店的用户，红星美凯龙并不知道他们是谁，并没有将这一次到店的行为在后台沉淀为这个用户的数据，即没有记录与这位用户这一次互动的内容和结果，当然更没有把这些抽象为用户标签。所以，也就没有办法对他们在离店后进行再次触达，也就是说，完全谈不上用户运营。

而成为超级流量场之后，红星美凯龙利用多种已经发展成熟的数字技术和设备，能够实时捕捉到这些用户线上线下逛店或互动的信息，并沉淀为每个用户的数据与标签，从而针对这些地板意向用户精准地在线上、线下制造互动、制造流量，分发给地板品牌商。

大卖场、超市、便利店，也是如此。消费者在不同的货架前或页面上搜索、浏览、拿下来放上去、咨询、收藏等，就说明这些消费者是强意向用户，就要及时跟进，扎扎实实地做好全链路用户运营。以前，线下的用户行为数据无法采集，现在，已经有包括人脸识别、人形识别、二维码、Wi-Fi、蓝牙、多点信号定位等技术解决方案，适用不同场景和需求，难点已经不是技术本身，而是数据应用能力的打造。

再比如，通常每一次大促后都有大量用户互动的新鲜数据被沉淀。从前，一次大促过后是相对的销售淡季。而现在，根据这些新鲜数据，可以立即启动各个品类、品牌的拉新、促活、转化，即对知晓、兴趣、购买、忠诚人群进行分类互动，持续运营。针对认知兴趣人群要持续"种草"，针对购买人群推送促销信息或新款信息，针对忠诚人群进行关联品类推荐……

今天，超级流量场从用户线上搜寻产品或线下逛店找货开始，到后续的线上线下每一次互动，都能够清晰、完整、连贯、准确地记录在每一个用户的档案中，生成用户画像，并实现对 AIPL 消费者行为数据的全链路可视化，清晰地跟踪和判断每个消费者所处阶段，指导品牌商对不同阶段的消费者规划不同的运营策略，实现对每个消费者的触达内容都是"量身定做"的，从而大大提升品牌商的用户互动效率与效果，并进一步实现与每一个用户的持续互动，推动用户在每一个商品的消费链路上不断前进，直至购买、复购。

知识点

"全链路用户运营"是本书的重点篇章之一，这里再补充一些知识点。

"AIDMA"是 1898 年，美国广告学家刘易斯提出的营销模型，这可能是最早的链路营销。AIDMA 模型对商业最大的贡献就是：它描述了消费者从看到广告，到达成购买之间的消费心理过程。

首先，消费者注意到（attention）该广告。

其次，感到趣味（interest）。

再者，产生欲望（desire）。

然后，消费者留下深刻记忆（memory）。

最后，产生购买行为（action）。

在 2005 年，电通公司完善了这个消费者行为分析模型，提出了一个适合互联网传播环境的模型——AISAS 理论：Attention（关注）、Interest（兴趣）、Search（搜索）、Action（行动）、Share（分享）。

AISAS 理论的前两个阶段和 AIDMA 法则相同，但迭代了后三个阶段：

第三个阶段为 S，搜索相关信息。

第四个阶段为 A，达成购买交易。

最后一个阶段 S，分享购买体验。

这个模型至今仍被很多营销人所采用。只不过 AISAS 理论也有自己的适用边界，它更适合一些"重决策"的产品，比如汽车、手机、房产、建材等。

另外，凯洛格管理学院（Kellogg School of Management）教授德瑞克·洛克（Derek Rucker）率先提出替代 AIDMA 模型的"4A 架构"——认知（aware，知晓）、态度（attitude，喜欢）、行动（act，购买）和再次行动（act again，复购）。相较于 AIDMA，4A 更在乎顾客购买之后的行为，将"复购"视为顾客忠诚度的重要指标。后来，科特勒等人在《营销 4.0》中又将其重新修改成 5A 架构：认知（aware）、诉求（appeal）、询问（ask）、行动（act）和倡导（advocate）。

后来，大量互联网企业根据消费者在互联网产品上的行为路径，再次迭代了链路模型。最大名鼎鼎的是"增长黑客"理论中提出的"AARRR"模型。

AARRR 是 Acquisition、Activation、Retention、Revenue、Refer 这五个单词的首字母缩写，分别对应用户生命周期中的 5 个重要环节——拉新、留存、活跃、变现、推荐。近些年，各大互联网巨头也纷纷提出自己的链路模型。

包括阿里的 AIPL（Aware、Interest、Purchase、Loyalty），爱奇艺的 AACAR（Attention、Association、Consensus、Action、Reputation），字节跳动的 5A（Awareness、Appeal、Ask、Action、Advocate）等。

值得重点一提的是，尽管消费者行为链路模型由来已久，但一直以来都只能限于营销人作为消费者分析与传播策划的理论框架使用，并无法实际指导具体的运营动作，而今，随着超级流量场的诞生，各方面条件将全面成熟。但是，品牌商要想真正实现颗粒度细到每一个用户的、线上线下贯通的全链路用户运营，则必须依赖超级流量场的赋能。

2. 全周期互动，实现"联购最多"

全链路讲的是用户对一个品类、品牌或商品，从初始认知到产生复购及口碑推荐的完整过程，强调的是用户在消费决策旅程上的不断递进。

全周期讲的是线下零售场或品牌商的用户不断消费不同品类商品的完整生命周期，强调的是用户在品类消费宽度上的不断递增。

超级流量场能够推动用户从一个品类的消费到另一个品类的消费，再到更多品类的消费，即实现不断地"联购"，从而不断提高每个用户在全生命周期中的品类消费宽度。

如果一个用户始终仅仅购买零售场内的个别品类，那么，针对这个用户的用户运营也是失败的。过去，由于与用户在离店之后的互动手段极为有限，线下零售场难以有效向用户"安利"新的品类，因此难以促进用户的联购，所以，"用户资产"在流量上与销量上产出低下，且无法获得质的突破。现在，线下零售场升级而成的超级流量场，能够根据每个用户的当下品类消费特征，预测他/她的下一个潜在消费品类，然后生产出丰富的、与潜在消费品类相关的各种导购指南型、攻略型、清单型、评测型内容，与用户在各个场景中互动，对其"种草"，引发用户兴趣和意向，进而通过品类促销内容不断刺激用户，直至产生新的消费。如此，周而复始，持续延长用户的生命周期。

引导用户联购，对于零售场/品类商而言，是老用户激活；对于联购的那个品类的所有品牌商而言，则是用户拉新。所以，逻辑很清晰：超级流量场在进行用户的全周期运营时，不断为用户消费的下一个品类的多个品牌进行用户拉新，这是超级流量场为品牌商精准输出流量的重要方式之一。

超级流量场通过全周期的用户运营，不断让同一个用户认知新品类、尝试新品类、消费新品类、复购新品类，从而实现在一个用户身上的流量产出最大化、销量产出最大化。

超级流量场的全周期用户运营，不仅显著提高了品牌商获取新用户的精准性，而且显著降低了品牌商获取流量的成本。

实现全周期用户运营所倚赖的底层能力是大数据挖掘能力。

大数据的算法模型在营销领域应用最广泛的就是关联模型和聚类模型，实现的是关联销售与人群聚类分析。品牌商不拥有品类数据，所以，谈不上关联分析和聚类分析，即谈不上大数据的独立应用，而零售场可以。

一个用户对多个品类有需求，这些品类可能是显性的上下游关联，比如买完瓷砖、浴缸，买沙发和床，再买灯和窗帘等；或是显性的互补关联，比如牛奶与面包、服装与鞋、手机与手机壳等；也可能是隐性的某种关联，表面上看不出两个不同类商品之间有什么关联，但通过关联分析可以明确找到其中的联系，比如最经典的"啤酒与尿布"。另外，很多用户到线下零售场，需要的是整套商品，满足一个完整的大需求，这些商品通常分属不同品类中的不同品牌，比如家装套餐、服饰搭配。

以上是商品之间的关联分析。据此，可以通过同一个用户的已知消费行为预测她/他的相关潜在消费需求。

此外，还可以从用户之间的聚类分析来实现对一个用户潜在消费需求的预测。基本逻辑是这样的：利用大数据，通过人群聚类分析，定义一个个相似人群，然后针对每一个人群，根据这个人群中某些用户的已知行为来推断同群的其他相似用户也可能有相同或类似的潜在消费需求。比如经过聚类分析发现，某 1000 个用户具有多维度的明显相似属性，因此把他们划在一个群里。那么，如果这个群里有 300 个用户已经消费了某个新品类、新品牌或新产品，我们就可以预测另外的 700 个用户也大概率有消费这个新品类、新品牌或新产品的潜在需求，可以作为潜在重点目标群来开展有针对性的营销。

总之，线下零售场利用大数据，通过各种算法模型，不断引导同一个用户在整个生命周期中持续尝试、消费新的品类，或消费组合套餐，从而为不同品类、不同品牌的用户拉新、激活和转化持续注入新增流量。

精准投放效应+私域场景效应+数字工具效应，实现"成本最低"

用户运营的成本，取决于两个主要因素：一个是为了实现用户互动而对外支付的成本；另一个是为了实现用户互动而开展的各项内部运营工作的效率。

对外支付的成本，也取决于两个主要因素：一个是"用户画像"，用户画像越精准，在公域里与用户的互动，即广告投放越精准，浪费的预算越少，单位绩效对应的单位成本越低；另一个是"私域场景"，在私域里与用户互动不需要支付流量费用，所以，私域场景里的用户互动比重越大，对外支付的总成本越低。

内部运营的效率，也取决于两个主要因素：一个是单个环节单个模块的独立运作效率；另一个是多环节多模块之间的协同效率。而这两者都高度依赖于数字化用户运营工具系统的完善度和先进性。

综上所述，精准投放效应实现"浪费最少"；私域场景效应实现"自给自足"；数字工具效应实现"效率最高"。

在这影响成本的三大效应中，私域场景效应的意义重大，特别值得一提，因为它是超级流量场在流量制造上的一项独门秘籍，远非一般企业所能拥有。

超级流量场能够构建大规模的私域场景矩阵与用户互动。而用户互动在私域里发生的比例越高，总体流量制造的成本就越低。

利用数据中台，在公海精准捕鱼，需要支付一笔不菲的成本。而在私域里养鱼，即反复与用户互动，制造流量，却不需要对外支付流量费用，因为这是自己的领地。所以，私域流量的制造成本远远低于任何公海流量的购买成本。但是，正如前面所讲，品牌商因为难以建立与用户的互动黏性，所以很难运营起来成规模的私域流量。

私域流量天然与线下零售场强相关。私域用户的运营，核心要建立与用户的黏性，建立黏性不外乎四个方法：交易、内容、活动、服务。对应的私域类型，无论官方自媒体还是社群等，都可以分为四大类：交易型、内容型、活动型和服务型。而事实是，绝大多数品牌并没有可以与消费者高频互动的交易、内容、活动、服务场景。

大家仔细想一想就能理解其中的规律。无论服装、食品、饮料、电器、手机、家居、日用品中的哪个品类，消费者与单一品牌的交易要么是低频的，要么并非直接面对品牌，而是通过零售商；消费者对品牌内容的需求，仅仅发生在购买决策前，购买之后仅限于对热衷品牌新品相关内容的需求。总之，基于内容的互动很少，更谈不上高频；消费者对品牌活动的需求也是低频的。其实品牌的宣传活动、促销活动的推出大多数情况下本身就是低频的，不可能每天都在搞活动；服务也一样，消费者不可能对某一个品牌的服务需求是高频的，否则，这个品牌的产品早就被消费者抛弃了。

以上事实就决定了绝大多数品牌商没有机会建构属于自己的、具备较大规模与影响力的私域流量运营阵地。当然，这个品牌商不包括具备“品类商/零售场”属性的品牌企业，比如百果园、良品铺子、幸福西饼、宜家等。反之，无论是交易、内容、活动，还是服务场景，消费者与零售场的互动都是高频或相对高频的。

所以，结论是：**超级流量场的私域流量，对于品牌商是很宝贵的精准流量，能够让品牌商实现精准、高效、高频、低成本的用户互动。**

从这个维度上看，超级流量场具备传播推广的媒体属性。

针对以上分析，我们用一张图做一个结构性总结：

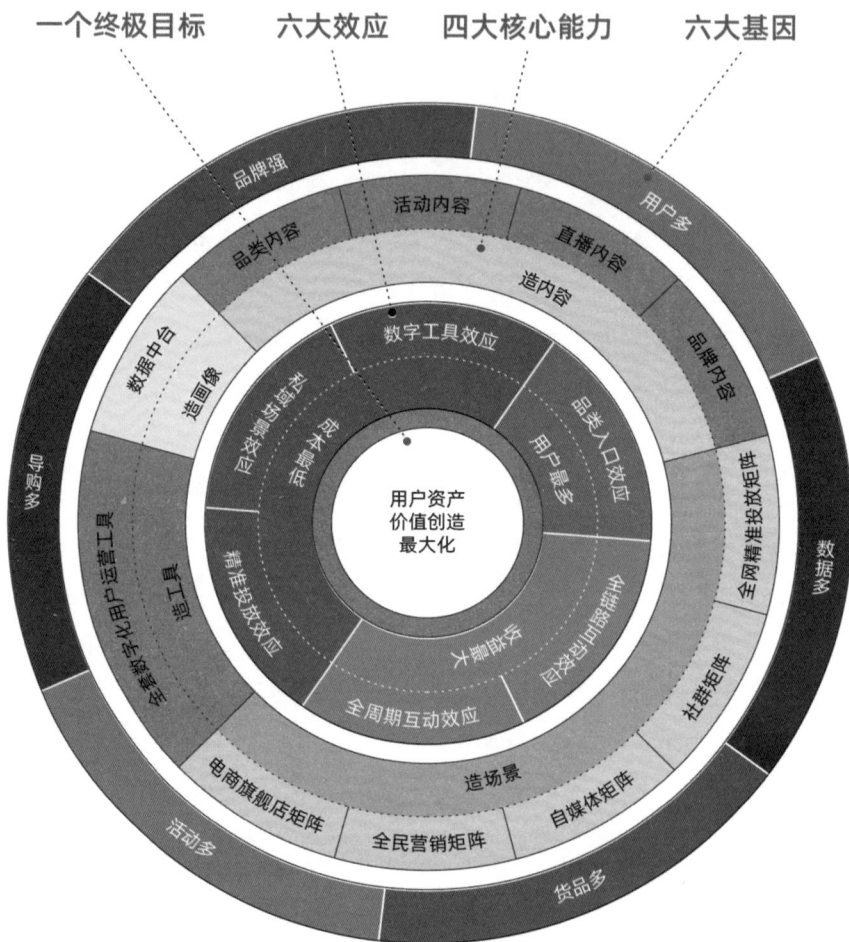

一个终极目标　　六大效应　　四大核心能力　　六大基因

品牌强　活动内容　直播内容　用户多

品类内容　造内容　品牌内容

数据中台　造画像　数字工具效应

多渠道　　品类入口效应　用户最多　全网精准投放矩阵　数据多

同步端坑位效应　成本最低

一套数字化用户运营工具　造工具　精准投放效应　收益最大　社群矩阵

电商旗舰店矩阵　全周期互动效应　回报高即时感知强　自媒体矩阵

活动多　全民营销矩阵　造场景　货品多

用户资产
价值创造
最大化

超级流量场流量制造基因、能力、效应与目标罗盘

- 最外圈，是六大卓越基因，成就超级流量场的最根本要素。
- 第四圈，是四大核心能力，依赖六大卓越基因，由十一个大招组合而成。
- 第三圈，是六大超级效应，基于四大核心能力而生成。
- 第二圈，是三个"最"，由六大超级效应共同作用而成就的用户运营高阶境界——用户多、收益大、成本低。
- 最内圈，是一个终极目标，即用户资产运营的理想化目标——价值创造最大化。

事实上，虽然线下零售场相比品牌商，拥有得天独厚的六项核心资源，有机会练就四大超能力，升级为超级流量场，实现用户资产的最大化增加，即"完美"的用户运营，从而源源不断地为品牌商制造流量。但是，目前来看，大多数线下零售场的实际能力很有限，相比大品牌商，甚至更弱。这是因为，长久以来，线下零售场依赖的都是"自然流量"，营销团队太弱，更不用说数字营销团队，也没有用户运营团队。

从现在开始，线下零售场比拼的就是升级速度，谁先升级到位谁胜出！其他线下零售场可能就会失去历史性的机会。这里说的"升级"，是指练就以用户运营为核心手段的流量制造能力。

超级流量场的使命

超级流量场打造行业级数据中台

每一个超级流量场都将建立数据中台，整合自己的线上所有场景矩阵与线下所有终端的用户数据、商品数据，并且联通线上各大流量平台数据、各领域第三方数据，从而形成行业级的数据中台，为商家绘制颗粒度细到每一个用户/会员的品类用户画像、品牌用户画像、商品用户画像。基于此，不仅可以赋能商家实现精准的全渠道数字媒体广告投放，而且可以实现精准的全场景内容营销推广。

超级流量场成为垂直行业的流量接口和流量入口

整个流量制造生态将由若干个不同规模与不同垂直领域的超级流量场组合而成，品牌商将进入超级流量场开创的"用户运营共同体"之中：要么通过这些超级流量场高效连接媒体，触达用户，要么通过超级流量场的私域场景直接连接用户。超级流量场成为垂直行业的流量接口和流量入口。

超级流量场成为品类级内容制造引擎

对于品牌商而言，与用户的互动内容将由"品牌商广告"大规模地升级为"零售场内容"，即品牌商会通过超级流量场生产的大量品类导购内容向精准用户传递自己的品牌与商品信息、会通过超级流量场生产的大量促销活动内容传递自己的品牌与商品信息、会通过超级流量场生产的大量商品推荐内容传递自己的品牌与商品信息。

超级流量场赋能品牌商解决"7 个痛点"

营销是两个字，"营"和"销"。一直以来，线下零售场对于品牌商的价值，主要在于"销"；而现在和未来，线下零售场将在"营"这个象限里，利用大数据与新媒体技术，通过"公海精准捕鱼+私域精细养鱼"发挥出更大的平台价值，赋能品牌商与经销商，帮助其从根本上解决精准流量获取难、流量成本高、流量利用率低等营销痛点。

下面，针对第一章所提到的品牌商的"7 个痛点"，来具体分析一下超级流量场对品牌商的赋能。

1. "瞄不准"的痛点将成为历史

一方面，超级流量场是各个品牌商的品类用户入口，拥有每一个品牌商的相同品类用户、互补品类用户、替代品类用户、相关品类用户，这些都是每个品牌商"梦寐以求"的精准用户；另一方面，超级流量场依托既有品类用户画像，能够利用数据中台为品牌商在全网各大流量平台上"捕捉"精准用户。

2. "打不透"的痛点将成为历史

一方面，超级流量场根据每一个用户的完整互动数据，包括逛店、浏览、搜索、收藏、咨询、留资、预约、预订、下单等，能够判断每一个用户所处的消费者旅程阶段，比如认知、兴趣、意向、消费等；另一方面，超级流量场通过数字化会员系统和 ONE-ID 技术，能够在不同场景中精准识别用户，进而对其反复触达，推动用户从"认知"到"消费"。另外，超级流量场不仅能够赋能品牌商在全网各大流量平台上触达用户，而且构建了强大的私域场景矩阵，比如社群、官方自媒体、全民社交营销、电商旗舰店等，赋能品牌商与用户实现高频互动。

3. "触不动"的痛点将得到有效缓解

超级流量场拥有每一个用户的各维度特征标签，包括基础属性、行为兴趣、消费需求、消费偏好、媒体接触习惯、内容偏好等，因而能够赋能品牌商在进行广告投放与内容推送时，实现针对每一个用户的个性化内容匹配。

4. "看不穿"的痛点将成为历史

超级流量场拥有用户的消费数据。所以，品牌商依托超级流量场能够实现营销数据闭环，能够深度分析每一次营销策略、每一波推广动作的实际效率与效果，从而实现对人群定位、产品定位、内容生产、促销推广、传播渠道等策略的持续迭代，同时实现颗粒度细到团队、到人的数字化的实时绩效评估。

5. "黏不住"的痛点将成为历史

产生了消费的用户，是否能够不断产生复购，在很大程度上取决于品牌商是否能够与这位用户一直保持着连续的、足够的、有效的互动。

在超级流量场的赋能之下，品牌商能够清楚地识别到在大卖场、超市、便利店、商场内购买了自家商品的每一个消费用户，能够精准地在全域全场景中与之持续互动，从而实现不断地将老用户激活、促进其复购。

6. "买不起"的痛点将被极大缓解

一方面，超级流量场的用户运营，实现了同品类内各个品牌商分享用户的效应，以及不同品类的各个品牌商共享用户的效应，显著提高了用户资产的利用率，大大降低了各个品牌商在以前分别独立获客、独立推广时所付出的流量成本。这也相当于同时解决了品牌商的"拉不高"痛点。

另一方面，超级流量场在运营私域场景矩阵时，需要大量的内容及内容素材，品牌商能够利用自身强大的产品力与内容生产力，成为超级流量场的"内容或内容素材供应商"，从而分享大量的精准且高质量的流量。

线下零售场的超级机会，就是进化为一个超级流量场

如果线下零售企业还是认为自己不过就是一个商场、一个卖场、一个超市、一个便利店、一个专卖店而已，那么，它会错失这个时代赋予线下零售场的超级机会——升级成为一个超级流量场。

有了超级流量场这个新物种，地主家（电商平台）没有余粮，可以来结盟；线下零售场不再缺流量，品牌商流量成本整体性大幅下降，消费者的各种痛点化作爽点。

这么厉害？没错！

流量生态、营销生态乃至行业生态都将因为超级流量场这个新物种而发生巨变。

在未来，不具备流量制造能力的线下零售场，都不是合格的线下零售平台，也没有生存的机会，将会碰到巨大的麻烦，不仅仍将面对线上电商的"穷追不舍"，同时又将面临进化后的超级流量场的满血来袭。

在未来，超级流量场不仅会摆脱流量下滑的诅咒，且会源源不断地为行业制造流量，更会出现在零售生态变革、营销生态变革的新 C 位上。

超级流量场的零售时代即将开启。

这对所有品牌企业而言，既是机会，又是挑战。机会在于主动进化，挑战在于是否有能力跟上线下零售场高速进化的步伐。

这对于非连锁性质的线下零售场将是个噩耗，因为这确定性地预示着：先天缺乏用户规模、数据规模、技术实力和品牌影响力的非连锁型线下零售企业，将加速淡出历史舞台。

从线下零售场到超级流量场的两大质变

第一大质变：用户互动关系的质变

四大超能力让超级流量场相比传统零售场发生了巨变，感觉涉及方方面面，但深度分析归纳之后会发现，其本质就是与用户之间的互动关系在各个维度上发生了质的变化。

	传统线下零售场	超级流量场
互动颗粒度	用户总体或用户群体，即广众、分众	每一个用户
互动方向	人找货	货找人
互动链路	无完整链路管理 （每一个消费链路上的各 个互动环节不串联、不闭环）	全链路
互动周期	无生命周期管理 （生命周期内的不同品类消费阶段之间， 呈现彼此独立的离散状态）	全周期
互动内容	商品（线下面对面） 千人一面	商品（线下）+内容（线上） 千人千面 + 一人千面
互动场景	线下	全场景（线上+线下，公域+私域）

用户互动关系多维质变

其中，"人找货"到"货找人"的变化，对于零售领域、营销领域的影响深远。

以前，线下零售场获取流量的第一要诀就是"位置、位置、位置"，有了好市口，就意味着有更多的人来场里找货，这是"人找货"的流量制造逻辑。这相当于靠天吃饭，流量天花板很低。而且，是用户根据需求到零售场里找货，商场并不知道用户是谁、需要什么，用户离场后，也无法继续互动。

对于传统电商平台，逻辑不同，但结果一样。天猫、淘宝、京东、唯品会、苏宁易购……一部分消费者已经对它们有了认知和习惯，会去这些平台上"逛街"和"购物"，但是，一个人主动来逛街和购物的频次总是有限的，且对于大多数人而言都是很有限的，所以，电商的流量增长趋缓，流量成本不断上升。

无论线上线下，"人找货"模式下流量制造的"产量"都是很有限的，而"货找人"虽然也是有限的，因为每个人一天最多 24 小时，生活、工作、学习、休息之外的总时长是有限的，但潜能却要大得多。

线下零售场以"货找人"模式在线上与用户的每一次互动，也正是一个品牌商或多个品牌商与用户之间进行信息交互的过程，即线下零售场在线上为一个品牌商或多个品牌商制造了一个流量。

比如说，孩子王在妈妈群里发布了一篇名为《10 款婴儿床评测报告》的文章，就会让每一个点击进来的新妈妈与最多 10 个品牌产生互动；红星美凯龙通过官抖向下一阶段要购买橱柜的会员推送了一个有关"橱柜品类节"的小视频，引发大量观看并点击进入活动页面，那么，凡进入的会员就会与参加这次品类节的各个品牌产生互动——浏览商品、收藏、咨询、领券、预订、下订单等。

从"人找货"到"货找人"，对于零售场，就意味着物以类聚的生意变成了人以群分的生意，甚至是千人千面的生意；也意味着从粗放的流量运营模式变成了精细的用户运营模式。

原来，传统零售场的价值在于自然流量，实现人找货。

未来，新零售场的价值在于制造流量，实现货找人。

为什么现在才开始"货找人"？

过去，我们通过广告传递信息，推动消费者到门店去找货，或者投钱做广告，货就摆在零售终端让消费者随机去找，这都是"人找货"式的营销。

为什么传统广告营销时代，不去"货找人"？不是不想，是做不到。

实现"货找人"必须具备两个条件：第一，能够精准地找到消费者；第二，广告要能够承载足够多的、帮助消费者决策的信息，这就要求广告能够互动。

现在，条件二已完全成熟。

在线上，一个广告就是一个内容，点进去有详情、有评价、有比价、有测评、有晒图、有秒杀预约、有直播预约等，消费者感兴趣就直接收藏，或者线上咨询，或者到线下实际体验比较、面对面咨询、点对点沟通复杂的定制化方案。当然，如果消费者当即可以决策，更可以直接线上下单购买。

从平面和视频广告升级为可互动的内容，意义重大！因为它意味着如果你能找到精准目标群，就有机会让他实现从初步知晓到产生兴趣、搜集详细信息、比价、下单购买一次性完成，或完成大部分。

单向广告到互动内容的升级，极大地缩短了消费者的决策链路。

而条件一，即是否能够实现精准地找到，并且要在用户进行品牌或商品的消费全链路过程中、多品类消费的全生命周期旅程中，持续地、精准找到他，则取决于数据处理能力。

其实，货找人的"找"在当前存在两种不同模式：第一种是社交驱动，人脑是信息处理中心；第二种是数据驱动，电脑是信息处理中心。无论哪一种，都是超级流量场的拿手好戏。本书下篇会有详细论述。

一句话，用大众广告推动消费者主动找货的时代已经过去，用定制化内容主动找到消费者、帮助用户以最短链路高效完成消费决策的时代正当时。

万事俱备，只欠东风。"货找人"营销大生态形成的各方面条件都已基本具备，只差超级流量场这一 C 位角色的正式就位了。

第二大质变：商业模式的质变

超级流量场是一场商业模式变革，核心是从不动产资产运营商升级为用户资产运营商。

1. 过去，传统线下零售场，以场为中心开展运营，实现不动产资产的持续增值

过去，渠道为王，零售就是中心。因为，零售场（连锁零售企业）就是品类商品集合（包括单个大品类或多个品类）的代名词，就是知名品牌集合的代名词，就是品质保证的代名词，就是一站式购物体验的代名词。场，就是商业运转的中心。

过去商场成功的最核心要素是什么？地段，地段，还是地段。地段是过去衡量房地产价值的核心要素，也是衡量商场能否成功的关键因素，因为合适的地段就意味着流量，意味着生意。只要有好的地段，招入合适的商户，引入合适的产品，卖场的生意就成功了，坐享地段红利。所以过去建商场、卖场，或者租房开商场、卖场，地段都是第一考量的要素，都有专业队伍考量地段的价值，为好地段不遗余力。

场扮演了过去线下零售的中心角色，妥妥的 C 位。不管是小件的快消、服装、酒水、食品饮料，还是大件的家具、建材、家电等产品，线下零售场都是品牌商必须占领的核心阵地。没有这个阵地，品牌商还做什么生意。

如果没有电商，地段生意就像一列按照轨道开行的火车，只要不脱轨，生意就一直在。

今天，对于场，地段依然很重要，但已经不是流量的代名词，好地段不等于有好生意。今天生意不好的很多场，按照过去的眼光来看都是好地段，都是香饽饽。但今天的用户变了，获取信息的方式变了，消费决策和下单习惯变了，即用户与商家之间的互动方式变了。所以，场如果要在新时代的零售生态里有自己的一席之地，就必须适应新变化，自我革新、升级。

为了生存，线下零售场必须理出"新资产"，长出"新能力"，造出"新价值"。

2. 现在以及未来，超级流量场基于每个用户制造流量，实现用户资产的商业化和持续增值

过去，以地段为核心，线下零售场成就了自己在商业零售体系中的 C 位。

今天，场则必须以用户为基础，变成围绕用户旋转的超级流量场，解决

完整的用户运营问题。

过去，零售场通过土地资产带来的自然流量就可以参与市场竞争，因为大多数情况下，不同商圈的线下零售场彼此相安无事，并不直接正面"厮杀"。

现在及未来，零售场必须充分以土地资产带来的自然流量为种子，运用数字技术长出全套"新能力"，通过全域的用户运营制造流量，不断沉淀、增值数字化用户资产。此时，所有的零售场在某种程度上都在正面交锋，彼此"混战"。

今天，场仍然是品类商品集合（包括单个大品类或多品类）的代名词，仍然是知名品牌集合的代名词，是品质保证的代名词，是一站式购物体验、现场体验、极致体验的代名词，但它必须更是用户的代名词。

这一切的变化，也必将带来零售场的收入模式的变化，过去是收"租金+扣点"，未来是收"租金+扣点+营销服务费"。其中营销服务包括广告投放、流量分发、数据及工具赋能、技术服务、代运营服务、IP 使用、第三方生态服务等。

超级流量场通过用户运营实现流量制造，最终的价值变现模式至少有 5 种可能：**广告变现、销售变现、租金变现、服务变现、工具类产品变现。**

从以土地为核心资产，到以用户为核心资产，这是一场商业模式的重大变革。

一环定生死

这里有一个很重要的"拷问"：超级流量场是数字化升级的必选项吗？线下任何一个连锁零售场，大润发、家乐福或是其他便利店，是否可以不做这件事情？事实是，这是一个生死环，造不出，必死。

这里不讨论非连锁零售场，因为它们本就没有机会升级为超级流量场。

零售场生死环

　　每一个线下零售场都不是所在行业的独苗，一定有竞争对手，如果你的竞争对手能打造出这个环，而你却没有，那是必死无疑的一件事情。为什么？因为对于线下平台来讲，商家到你的场子是去做销售的，需要在你的场子里实现尽可能多的销售业绩，而销售的前提条件，就是你得有足够多的流量。

　　如果你有能力制造出源源不断的、越来越多的流量，就会有更多销售。如果有更多的销售，这个零售场就会有更多的收入，而这只是得益的"小头"。拿红星美凯龙来举例，原来的核心收入是租金，更多的流量首先带来的是更多的租金。而更大的得益是，当红星美凯龙有了更多的流量，就有能力吸引更多商家来到这个平台上，不只做销售、卖货，还利用平台上的流量做品牌传播、新品推广、活动引流，而这恰恰就会给平台带来更多的流量，商家当然也会获得更多的销售。这个环就正向地无限循环起来。因此，红星美凯龙除了原有的租金收入会得到增长，同时，又会在流量制造与分发等营销服务上获得大量新增收入，甚至这个新增量会在不远的一天超过原有的租金收入。

　　想想看，这的确很厉害，求生问题与第二曲线的发展问题一起解决了。

　　反之，如果作为线下零售场的你做不成这件事，那么，只能退出未来的赛场。

　　没有流量制造能力的零售场都将消亡！

下面，我们来模拟一次实战。

两家家居商场，一家是红星美凯龙，一家是家之宝。

两家商场相距 3 公里，在一条大街上，历来棋逢对手，这次都准备在 3 月第一周开展大促活动，再次火拼。家之宝出牌，一张传统营销牌——打广告+小区扫楼。活动期间，家之宝的总经理和营销负责人傻眼了，红星美凯龙的实际人流量竟然三倍于家之宝。

为什么呢？

原因很简单，红星美凯龙这次打了一张新牌——公海精准捕鱼。通过 DMP 精准广告投放全网，包括今日头条、朋友圈、天猫钻展等，不仅触达红星美凯龙 3 个月内会员，而且触达尚未来过红星美凯龙的其他家装期间消费者，其中 DMP 广告投放费用仅仅是家之宝传统广告投放的 30%。

最终，红星美凯龙以 30% 的费用获得了 3 倍的销量，9 倍以上的差距，完胜！获胜的原理其实特别单纯——家之宝的活动策划并不差，但是，知道的人太少了。更多的人听说红星美凯龙有一个大促，甚至很早就领了各种券、预订了爆款，理所当然，活动期间就都去了红星美凯龙。

紧接着，两周后，红星美凯龙再次发动进攻，推出"超级床垫节"，活动再次大获成功。家之宝的头脑们感觉急火攻心，同时不敢相信。

为什么呢？

家之宝万万想不到红星美凯龙可以连续发起大型活动，怎么可能有那么多的消费者。其实，红星美凯龙确实用了新武器，打出了又一张新牌——"全链路营销"。针对在 3 月第一周活动中显露出对床垫有"兴趣"，即对床垫相关内容和页面有过浏览、收藏、咨询、转发、领券、预订等动作，但又没有最终产生消费的消费者进行跟踪营销，通过公域及私域与他们互动，传递超级床垫节的活动信息，并且根据他们所感兴趣的品牌及相似品牌推送了相应的内容。果然，又有一大批消费者被成功"收割"。

两周后，针对这些消费者又进行了"超级软装节"的直播活动。

两年后，家之宝也建好了自己的数据中台，自己的数字营销团队，准备在第三年的 3 月第一周一雪前耻。

结果当然没有悬念，再次惨败。从此，家之宝迅速衰落，半年后，换上了红星美凯龙的招牌。

为什么呢？

这一次，红星美凯龙打出一张用两年时间练就的"金牌"——私域流量。通过红星美凯龙这一家门店所自有的天猫同城站、30个业主社群，以及全民营销平台上注册的2000个KOL+KOC、微博、抖音、服务号、订阅号、小红书、知乎等7大官方自媒体矩阵，所构建的私域营销阵地，蓄水期不断推送有关本次促销（因为前面提到的是3月第一周）活动信息的各种内容，包括长图文、海报、漫画、视频、Vlog、爆款清单、抢券攻略、直播预告、品类专场、新品明星秀……可谓不花一分钱买流量，却制造了空前的流量盛况。这一次，销量是对手的5倍不止。

这只是开始！但对手已退场，成了自家兄弟。

实际上，这个生死环逻辑不只适用于零售场，也重度影响着零售场所在的整个行业。

如果一个行业，其中的线下零售平台企业没有成为超级流量场，没有自己长出流量制造的能力，则整个行业会面临五大问题：

第一，零售平台没有竞争力，随时可能被干掉；

第二，零售平台没有第二增长曲线，不被投资市场看好；

第三，零售平台上的品牌商流量获取成本渐长，流量持续下降；

第四，消费者的体验得不到根本性提升；

第五，行业数字化止步不前，行业营销成本居高不下。

这样的行业必将经历一场重大变革或被动的洗礼。

小　结
SUMMARY

线下零售依然占据 80％的大盘。

线下零售场的基本盘坚不可摧。

线下零售场纷纷加速进化。

线下零售场的超级进化本质不是线上开店、不是全渠道销售。

线下零售场的进化之路正是零售竞争的新一轮赛道——全域用户运营。

线下零售场的最大历史机会——升级为超级流量场。

超级流量场的每一个流量，都是为品牌商而造。

超级流量场的 6 个卓越基因+4 个核心能力+6 个超级效应。

超级流量场赋能品牌商解决"7 个痛点"。

超级流量场实现用户资产价值创造最大化。

超级流量场带来用户互动的多维质变。

线下零售场从不动产资产运营商升级为用户资产运营商。

线下零售场从传统销售渠道升级为数智营销服务平台。

四大经济学模型证明超级流量场流量制造的先进性。

第 **4** 章
CHAPTER

流量制造生态链：
用户运营数字共同体

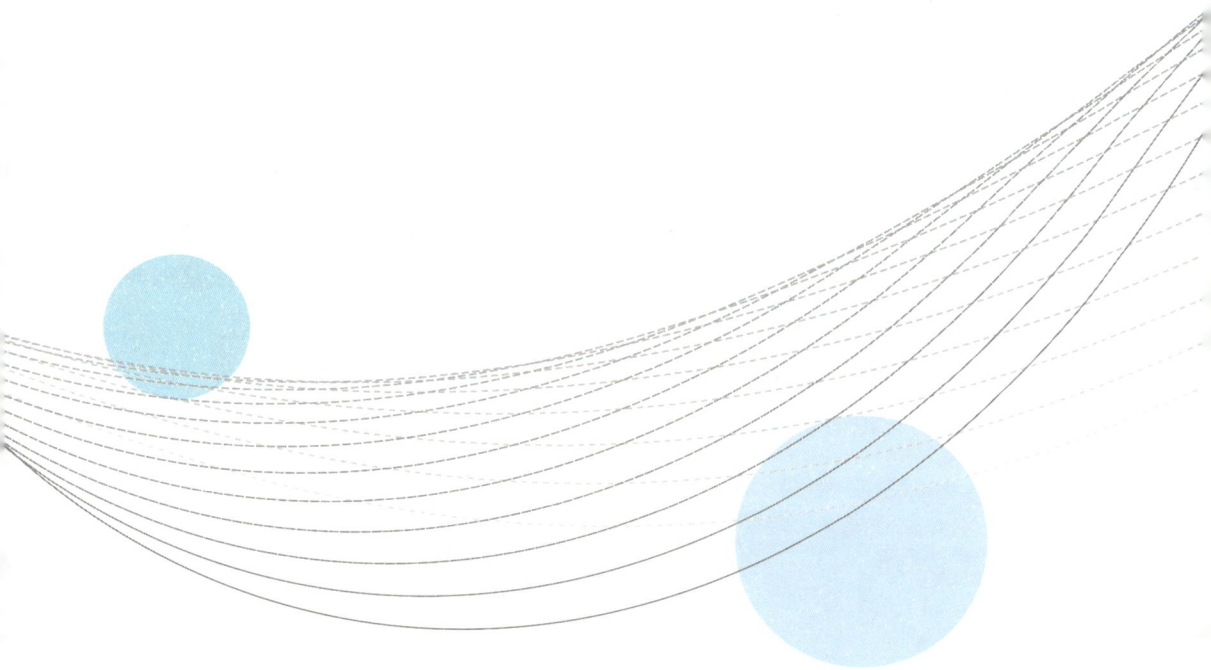

前面一章有总结：

每一个流量，本质上就是一次与用户的互动，即一次信息的交流。

而针对每一个用户，我们在其全生命周期里，持续与之进行全域、全场景、全链路的互动过程，则称为用户运营。

对于超级流量场而言，用户运营的过程正是其为平台上的商家制造流量的过程。

这里需要特别补充说明的是，完整的用户运营，包括商品的研发、生产、营销、配送、安装和售后等环节，但在本书中，聚焦讨论的是在营销与传播层面的用户运营，即商家与消费者之间基于信息层面的持续互动。

另外，在互联网行业，"用户运营"一词更多涉及互联网产品研发，这也不在本书的讨论范畴之内。

传统"营"与"销"的分离

营销旧生态的核心特征，就是品牌的"营"与"销"是分离的。

过去，品牌商依靠媒介与零售场分别和用户互动。一是利用媒介，包括大众媒介、专业媒介、互联网媒介，品牌商通过这些媒介完成大面积的"营"的工作；二是利用零售场，即渠道，承担着"销"的功能，完成到场用户的转化成交。

也就是说，过去的零售场扮演了展示货品及卖货的功能，但在品牌商连接客户、传递信息以及与用户互动上，零售场几乎不参与。

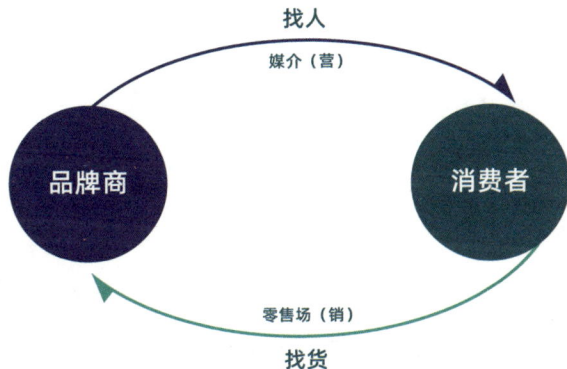

传统的"营""销"分离模式

可以说，以前营销传播的 C 位，是品牌商+媒介，而不是零售场。因为相比品牌商、媒介，以前的零售场并不在"营"的方面具有优势，零售场在用户来店前、逛店中和离店后，都没有能力与用户有太多互动，更不可能在线上实现精准的、定制化的、全域、全场景、全链路、全周期的持续互动。即使消费者在逛店中，也仅仅是消费者在货架前主动拿起、放下，试来试去，零售场没有能力主动与之互动。

现在，品牌商当然可以像过去那样，把线下零售场当成销售的渠道，依然通过媒介完成与用户的接触和连接。但问题的关键是，这样是最优解吗？

这要看线下零售场有没有发生变化。如果还是传统线下零售场，品牌商的做法无可厚非，但是今天很多零售场与过去不同，未来更会大不一样，会升级为超级流量场，既是流量平台，又是销售平台。

通过数字化升级，超级流量场拥有"用户画像、内容生产、场景运营"的强大用户运营能力，即流量制造能力——识别、洞察、跟踪、触达、互动、转化每一个用户的能力。此时，超级流量场不仅是一个强大的商品零售平台，还是一个强大的数字化媒体平台、一个强大的数字化内容生产平台、一个强大的用户数据连接平台。

从前追求传播广度，媒体重要。

现在追求传播精度，场更重要。

从前，只能人找货，营与销分离；

现在，必须货找人，营与销合体。

超级流量场必将彻底改变营销旧生态。

品牌商的"营"与"销"必将实现实质性并轨，形成闭环全链路。

用户运营共同体诞生

从社会分工来看，从古至今，零售场天然就是帮助制造商与消费者实现信息流互通的，当然还有资金流和物流的互通。当下，C 端和 B 端对信息流动产生了更高阶的需求，必然催化零售场升级为超级流量场，担负起营销生态变革引擎的重任。

零售场将重回 C 位。

用户运营共同体的四维连接

超级流量场的诞生，不仅会让"营"与"销"合体，更深层次的价值是，超级流量场对所在行业的营销数字化起到强大的引擎作用和中枢作用，整合并赋能品牌商以及品牌商旗下的经销商，在每一个垂直行业里形成新的用户运营生态以及流量生态链，进入数字共同体时代。

拿今天的家居建材领域来说，我们发现，在红星美凯龙这一初代超级流量场的引领之下，一个"超级流量场红星美凯龙+品牌商+经销商"的流量制造生态系统正在形成。

超级流量场与品牌商之所以能够形成紧密的用户运营共同体，有四点核心原因：用户是共享的，数据是共通的，内容是共创的，场景是共处的。

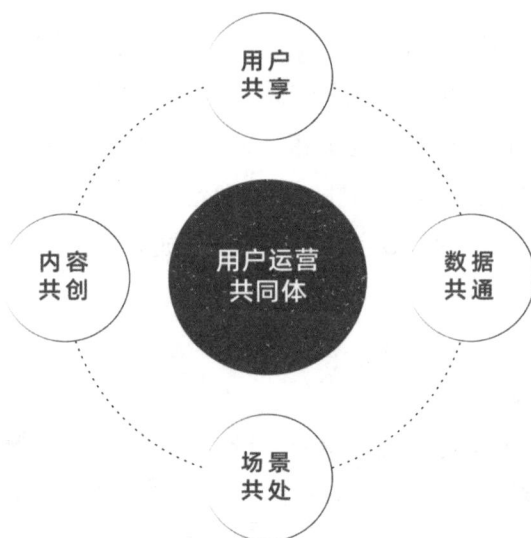

用户运营共同体的四维连接

用户是共享的

超级流量场拥有某个品类的用户，这些用户正是该品类各个品牌的精准目标用户。如：红星美凯龙的木地板品类用户，是各个木地板品牌的精准目标用户；大润发的速冻食品类用户，是各个速冻食品品牌的精准目标用户。

超级流量场还拥有该品类的相关品类用户，尤其是互补品类或替代品类用户，这些也是该品类各个品牌的次精准目标用户。如：红星美凯龙的地暖品类用户，也是各个木地板品牌的次精准目标用户；大润发的方便食品类用户，也是各个速冻食品品牌的次精准目标用户。

超级流量场还拥有其他表面上不相关品类的用户，但这些用户也可能正是该品类各个品牌的次精准目标用户。如：红星美凯龙的高端进口橱柜用户，也大概率是高端木地板品牌的次精准目标用户；大润发的二次元包装风格的饮料用户，也大概率是同样风格的休闲食品品牌的次精准目标用户。

数据是共通的

在颗粒度细到用户级的数智营销时代，数据就是营销的血液和石油，且必须全程贯通和流动，才能形成前链路、后链路都完整的营销数据闭环和用户运营闭环。品牌商、经销商与零售场，原本就有着业务层面的深度捆绑，所以，用户数据的打通既有必然性，也有可行性。

数据的联通让用户运营数字共同体的出现成为可能。

内容是共创的

为了源源不断地制造流量，超级流量场需要源源不断地生产用户刚需的内容，即品类内容、促销内容、直播内容等。品类内容包含各种品类的选购指南、攻略、清单、榜单、评测、推荐等，促销内容包含全场活动、品类活动、品牌活动、爆品活动、会员活动等，直播内容包含品类导购直播、促销带货直播，这些内容又可以与导购、店长、网红达人、网红主播、明星等不同角色排列组合形成更丰富的内容。

零售场在各个场景里传播这些内容的同时，也正是为品牌商制造流量，赋能其实现精准的品牌推广、新品推广和活动推广的过程。

所以，参与到超级流量场的内容生产中，正是品牌商分享流量红利的大好机会。

品牌商通过全力以赴创作与自己品牌及商品相关的优质内容，为超级流量场生产品类导购、促销活动、爆品推荐、会员专享权益、直播带货等各类内容提供原料，甚至作为 PGC 机构成为超级流量场的内容运营生态合作伙伴。

显然，超级流量场的内容运营与品牌商的内容营销是高度协同的。

场景是共处的

超级流量场的原有线下场，以及构建的线上五大场，不仅是超级流量场自身进行用户运营的场景，也是入驻其场内的品牌与用户互动的场景。

具体来说，一种情况是，品牌商通过超级流量场连接线上全网流量平台，与公域里的精准用户实现精准互动；另一种情况是，通过超级流量场在全网流量平台上建构的庞大私域场景矩阵，直接连接用户。

超级流量场成为行业级用户运营平台

连接线上流量平台，为品牌商"公海捕鱼"

线上流量平台，既有超级流量平台，比如以阿里为代表的电商用户平台、以腾讯为代表的社交用户平台，也有流媒体平台今日头条、抖音和搜索平台百度。它们的地位之高、流量之巨，线下任何一个零售平台都无法忽略其存在。此外，还有中小流量平台，以及垂直行业平台，比如小红书、汽车之家等，都在特定领域扮演了不可或缺的角色。

尽管各大线上流量平台都宣称可以赋能品牌商实现精准投放，但是其精准度往往并不理想，且"飘忽不定"，不同品类、不同场景应用的效果差异巨大。这是因为，除去电商平台，线上流量平台仅仅依靠用户的媒体行为数据对用户购买需求进行推测和猜测，结果就是它们对用户消费行为的预测成为一道"概率题"。

比如，通过一位用户的日常浏览行为、社交互动行为、App 使用行为等数据，来推断该用户可能是一名都市繁忙白领或是一名事业有成的中产，所以，进一步推断他是一款早餐速食新品的目标潜客，或是书香门地美学地板的目标潜客。而如果品牌商利用超级流量场的数据中台能力和聚合广告投放系统，连接各大线上流量平台，就实现了用户消费行为数据与用户媒体行为数据的完美整合，进而绘制出真正完整、精准的用户画像，且颗粒度不止细到用户群，而是细到每个用户，从而做出一道简单的"算术题"。

比如，通过一位用户经常在全家便利店购买早餐的行为，来判断他是一款早餐速食新品的目标潜客；通过一位用户在红星美凯龙地板品类节中浏览了五个中高端地板品牌详情、领取了"付费翻倍券包"的行为，来判断他是书香门地美学地板的目标潜客。然后，通过流量平台提供的媒体接触习惯数据，最终选取适配的媒体渠道来触达他们。

同等重要的，还有一个用户的消费前链路数据，如浏览、收藏、咨询、领券、预订、形成线索等，这些会与其消费后链路数据，如线索激活、支付、送货、安装、评价、复购、维保等完美贯通，从而实现"营""销"合体。

超级流量场通过与各大线上流量平台的深度对接，主要达到公海捕鱼的两个目的：

●精准拉新。这个不难理解，也是公海捕鱼的第一要义。这里的"鱼"就是指"新用户"。

●触达老用户。尽管大量的新用户会成为超级流量场的数字会员，会在超级流量场的社群、官方自媒体、电商旗舰店里高频互动，但同时这些会员也会在所有线上流量平台所构成的"公海"里游来游去。所以，针对不同的营销需求，超级流量场及其场内品牌商依然会大量在公海中跟踪、触达老用户，这也是超级流量场制造精准流量的核心模式之一。此时的"鱼"是指老用户、会员、粉丝。

拿红星美凯龙来举例，它对几乎所有线上流量平台保持开放的合作态度。所有线上流量平台，只要拥有精准的家装家居用户，红星美凯龙就会努力与之建立长期的、深度的合作伙伴关系，包括阿里、腾讯、头条、抖音、百度、科大讯飞等。红星美凯龙通过与各类线上流量平台的"亲密接触"，构建了家装家居产业最大的中高端用户池。

红星美凯龙以前没有能力把阿里、腾讯、头条等线上大流量平台里的家装用户都圈在红星美凯龙的垂直流量池里，但经过五年的建设，如今已经基本完成了第一阶段工作，能够实现精准地找到阿里、腾讯、头条、抖音、百度上哪些人需要装修、需要找设计师和装修公司、需要购买家具建材。也就是说，红星美凯龙已经能够精准连接线上各大平台的几乎所有家装家居用户，且可以通过用户互动沉淀为自有会员了。这一点很关键，由于线上流量总体向那些超级平台集中，线下平台如果不具备与大流量平台的对接能力，就无法更高效地开展全场景用户拉新与互动，无法基于线上流量平台进行"流量深加工"，同时也失去了一个制造流量的活水源头。

今天的现实是，凡是经营变革还不错的线下零售企业，都是连接线上流量很不错的企业，凡是没有去连接各类线上流量进行数字化转型的线下零售平台，都生存艰难甚至倒闭。

实现这些平台间的强强对接，其中的关键不止是数字技术，也需要运营能力。也就是说，不仅要有技术团队，更要有整个公司的运营模式、运营团队的匹配。

在有媒体参与的这种"公域型"流量制造链里，媒体的核心盈利模式就是广告变现，品牌商的核心盈利模式就是商品销售，零售商的核心盈利模式就是营销服务。

品牌商负责提供用户所需的商品及相关内容；媒体负责提供与用户互动的多种场景和相关数据；零售商负责对目标用户在品类与品牌消费维度上的垂直深度洞察，提供与用户互动的垂直场景与垂直品类内容，同时串联所有的人、货、场，实现人、货、场（或者说用户内容与场景）的精准个性化匹配。

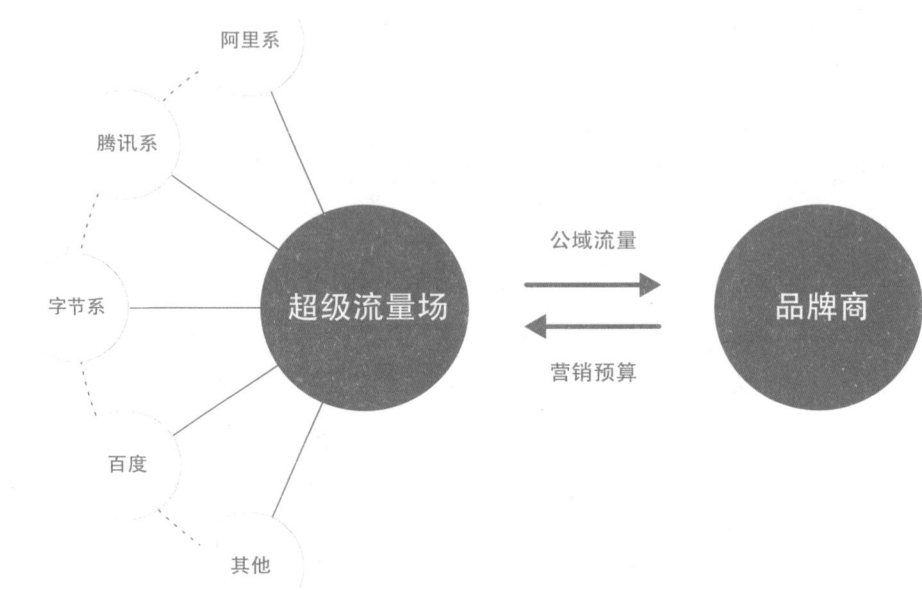

连接线上流量平台，为品牌商"公海捕鱼"

构建私域流量池，为品牌商"私域养鱼"

在超级流量场的私域场景中，如官方旗舰店、社群、官方自媒体矩阵、全民营销平台，品牌商直接连接用户，进行精准的高频互动。

比如，红星美凯龙作为线下家居商场，不仅拥有 400 多家商场，是世界"MALL 王"，同时拥有线下与中国中高端用户互动的最大场景，又拥有逾万的家装社群、遍布所有主流平台的官方自媒体矩阵、天猫同城站、超过 20 万 KOL 与 KOC 聚合而成的全民营销平台，这些都是红星美凯龙完全自主的私域场景。所有入驻的商家，无论是品牌商还是经销商，都能够瞬间被赋能，利用这些私域流量将需要传递的定制化品牌内容、新品内容、活动内容，即时推送至全国 200 多个城市的精准用户面前，与之互动。这种推送与互动可以适度高频，可以内容实时更新，可以记录每一次互动的结果，也可以持续跟踪、二次营销，直至转化。

这些私域的能量有多大呢？拿红星美凯龙 2019 年双十一的案例来说，全民营销的获客总量，用当期付费精准广告获客成本来推算，相当于 1.23 亿。

2020 年五一大促，红星美凯龙通过全民营销带来购券参团的中高端家装用户 25 万人，通过 9347 个业主社群精准覆盖及触达 182.5 万业主，社群带来的销售额占比总量超 20%！

　　构建私域场景矩阵带来的直接结果就是，相比过去传统零售场时代，超级流量场及入驻其中的品牌商，与用户之间的互动量呈几何倍数增长，带来商品及促销活动信息的更充分传递。

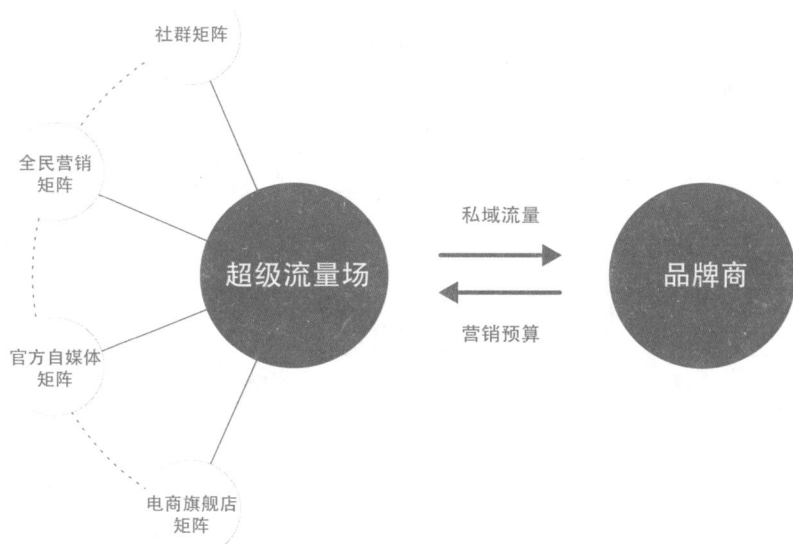

构建私域流量池，为品牌商"私域养鱼"

未来的营销即运营

　　营销即运营，未来的营销都是运营，是颗粒度细到每一个用户的各方面运营。

　　超级流量场不仅会带来"营"与"销"合体，带来流量生态的变革，更会带来营销工作运行方式的本质变革。

　　传统营销是 case by case，是以一个接一个案子的方式开展，以 campaign 来运作，是间歇爆发式的节奏；而用户运营模式下的数字营销是"运营状"

的、连续性的、不间断的节奏。传统营销更关注策划与创意，营销运营更看重系统与执行，看重数据指引下的持续迭代。所以，今后的营销人都要有运营的思维。比如，内容运营、数据运营、产品运营、社群运营、全民营销平台运营、DMP 精准广告投放、自媒体运营、直播运营、会员运营等，这些实现用户运营的各个具体模块，都要靠日复一日的持续性运营动作去积累和实现，而不是靠一年里几场大规模营销推广活动就可以搞定的。

从人员构成也可以看出来这两者之间的巨大差异，原来 Marketing 部门需要几个人、十几个人，最多小几十人就足够了，但以上的任意一个运营模块需要的可能都不止这个人数。

而流量正在由这些模块所构建而成的运营流水线上，源源不断地制造出来。

一支数字化营销运营团队的标配

品牌商与经销商将加速一体化用户运营的进程

用户运营新生态的核心，就是一体化的用户运营思维。

首先，针对每一个用户，就线上流量与线下流量、公域流量与私域流量要统一思考，要以每一个用户为中心进行一体化运营。

再放大一点看，如果将今天生意的本质定义为一个用户的运营，以用户运营的角度来思考品牌商与经销商门店的关系，则会明确得出一个结论：品牌商、经销商的关系也要发生质变，实现一体化的用户运营。过去两者一直是博弈的关系，很难建立真正的信任，核心原因之一是数据不通、用户不通。

从坐商进化为用户运营商

以前，品牌企业与经销商体系是一种利益共同体，双方构成一种简单粗放的交易关系。很显然，今天如果还是简单的交易关系，生意体系将会很艰难、不顺畅，未来甚至会难以为继。今天，品牌企业和经销商正在利益共同体的基础上，向用户运营共同体演化，经销商必须从传统坐商进化到数字化的用户运营商。

在超级流量场时代，品牌企业和经销商体系必须同步用户运营数据，经销商必须具备同时与超级流量场和品牌企业对接的用户运营能力，进而实现数字化的用户拉新、留存、转化、复购。这需要经销商具备专业的团队实现商品运营、内容运营、活动运营、流量运营和数据运营等。

没有经销商参与其中的用户运营共同体，品牌商也能够依托超级流量场进行更精准、更高效、更低成本的拉新获客、激活转化等，但是不能实现颗粒度细到每一个用户的全链路精细化运营。具体点说就是，品牌商可以实现消费前链路的相对精细化用户运营，但无法实现后链路及完整链路的数字化用户运营，所以结果不完整也不完美，效率和效益提升也相对有限。

从门店进化为超级门店

第三个变化，就是门店将进化为超级门店。接受了品牌与平台赋能的数字化门店，将会成为超级门店，实现流量运营能力倍增、销量倍增。

传统门店与超级门店对比

经营核心要素	传统门店	超级门店
用户	等客上门，自然流量，用户价值挖掘困难	线上线下全城精准获客，制造流量，深度挖掘用户周期价值，提升 ARPU
商品	门店陈列商品的数量、款式有限	线上线下体验产品，数量款式不限，无限放大门店空间，提升坪效
管理	人为经验占据主导，难以将绩效评估精细到人，管理效率低下	数字化绩效管理，数字化工具为员工赋能，提升人效

新冠肺炎疫情的暴发，让经销商群体更清楚了一个真相：留给大家自我革新的时间不多了。

超级流量场三大模式赋能品牌与经销商门店

在这个用户运营生态链的模式之下，作为用户运营中台的超级流量场，把"营"与"销"联通、线上与线下联通、公域与私域联通，实现数据运营、内容运营、场景运营一体化，为品牌商解决用户运营的痛点，为品牌商制造流量。对品牌商赋能可以分为三种模式：

流量赋能

超级流量场通过在全域范围内，包括线下卖场与线上"五大场"（全网精准投放矩阵、社群矩阵、全民营销矩阵、官方自媒体矩阵、电商旗舰店矩阵），直接与用户互动各种内容（日常的千人千面商品推荐，各个品类的消费指南与攻略，全场促销活动、品类促销活动、品牌促销活动、主题营销活动和会员专享活动等），以及各个平台上的带货直播，为所有入驻超级流量场的商家制造流量，实现用户拉新、促活、转化与复购等。

工具赋能

超级流量场有输出行业级数据中台的能力和一整套营销工具系统，让商家能够充分共享零售场的用户资源、数据资源、流量资源，以及内容资源，在平台上轻松实现各自品牌的用户运营。

红星美凯龙就是一个鲜活的案例。历经 5 年打造的筋斗云数据中台及营销工具系统，为红星美凯龙所有商场及平台上的所有商家赋能，至今已经深度服务过家居行业 10 大品类近 200 家头部品牌，并在红星美凯龙旗下所有商场上线。

筋斗云系统可以赋能品牌商、经销商与商场：

• 利用品类用户数据分析，以及同品类不同品牌用户数据分析，为品牌商绘制精细而精准的用户画像。

• 利用自定义标签组合和预设模型，圈定目标用户。

• 利用 DMP 系统+DSP 系统进行全网精准广告投放。

• 利用 DMP 系统+CDP 系统+DSP 系统，对每个会员进行跨屏追踪投放。

• 利用 DMP 系统+DSP 系统+CRM 系统，在零售场私域场景里与每个会员进行精准互动。

• 利用全民营销系统，汇聚平台上所有 KOL+KOC 的社交裂变能量。

- 利用社群管理系统，对社群运营进行精细化的高效管理。

- 利用直播营销系统，对直播活动运营进行精细化的高效管理。

- 利用 CMS 内容管理系统，实现传播内容创作高效高质的个性化定制。

- 利用可视化报表系统，对每一个用户的全链路数据进行分析与洞察，对每一个营销活动进行全维度闭环数据分析。

- 利用营销地图系统，实现对每一个终端门店的经营数据实时通览。

- 利用数字化绩效管理系统，实现对每一个营销团队及人员的流量绩效与销售绩效的全渠道、全链路、多维度实时分析与管理。

- 利用智能营销系统，实现对特定传播动作及营销动作的自动化和智能化管理：发起、督进、评估、排名、奖惩等。

……

服务赋能

超级流量场除了直接对品牌商进行流量赋能、工具赋能，还可以不断整合越来越多的数据提供商、内容创作服务商和内容创作个人、IP 所有者和运营者、营销工具定制开发服务商、各类营销代运营服务商，以及行业专家型主播等生态资源，为平台上的商家提供数据赋能、内容赋能、运营赋能等。由于平台的规模效应，超级流量场能够以高性价比获得这些资源。平台不仅可以直接使用这些资源，还可以让品牌商、经销商借势联动，让他们搭上平台资源的顺风车，为其提供一站式的数智营销配套服务，服务范围不仅限于营销层面，更会延伸到新品研发、供应链管理、物流服务等与用户运营相关联的重要环节。

小 结
SUMMARY

营销旧生态的核心特征，就是品牌的"营"与"销"是分离的。

从前，只能人找货，营与销分离。

现在，必须货找人，营与销合体。

超级流量场必将彻底改变营销旧生态。

品牌商的"营"与"销"必将实现实质性并轨，形成闭环全链路。

超级流量场与品牌商构建的用户运营数字共同体，拥有紧密的四维连接：

1. 数据共通

2. 用户共享

3. 内容共创

4. 场景共处

品牌商与经销商将加速一体化用户运营的进程，经销商体系将发生两大进化：

1. 从坐商进化为用户运营商

2. 从门店到超级门店

超级流量场成为行业级的用户运营中台：

1. 连接线上流量平台，为品牌商"公海捕鱼"

2. 构建私域流量池，为品牌商"私域养鱼"

超级流量场作为用户运营中台，为品牌商与经销商赋能的三大模式：

1. 流量赋能

2. 工具赋能

3. 生态赋能

营销即运营，未来的营销都是运营，是颗粒度细到每一个用户的各方面运营。

线下零售场必须构建一个完整的、专业化的用户运营组织体系，才能在这条"生产线"上源源不断地制造出流量。

第 **5** 章
CHAPTER

流量制造实战模拟

与用户小 A 的 49 次奇妙相遇

超级流量场如何开展用户运营？如何对一个具体用户实现全域、全场景、全链路、全周期的运营，从而实现在一份用户资产上，创造出成百上千个流量？

不妨先看一则故事。

不过无论你是否有定力阅读完整个故事，都请完整阅读故事后的解析。这样，结合故事片段，可以清晰地具象理解"流量制造"的 3D 全景状态，以及"超级流量场"是如何在现实中实现品类用户运营，以及如何赋能品牌商实现品牌用户运营的。

（说明：本文采用互动选择式阅读体验，接下来的阅读中你将会面临数十次命运的抉择，请跟随你的内心做出选择。）

> 亲爱的客户爸爸：
>
> 　我想见你一面，但我也知道，只有你也想见我的时候，我们的见面才有意义。不要紧，就算我们曾经有过 1 万种可能相遇却擦肩而过 9999 次，我们终会在最对的时刻有缘遇见。在未来，用最好的样子，等着你！
>
> 命中缺你的 红星美凯龙

你是年轻有为的"90 后"小 A，上海外企白领，去年刚和女朋友结了婚，买的房子还有半年才交付。今天去办理贷款手续时，你在售楼处看到一个展板上写着：金科与红星美凯龙以总部对总部的方式达成战略合作，所以你作为金科的业主可以通过线上平台直接领取 3 张红星美凯龙的购物满减抵扣券，每满 900 元抵扣 300 元。最近的红星美凯龙距离你只有 3 公里车程。

互动场景：**线下楼盘**

命运的抉择一：

此时，面对最高抵扣 900 元的抵扣券你会怎么做？

A	B
不为所动，我岂是会为 3 张券折腰的人？	仔细看了下券，"领用后一年有效"，反正半年后要装修，觉得挺有用，就扫了海报上的二维码，进入红星美凯龙服务号领了券，并留下电话注册了红星美凯龙与金科的"双料会员"。顺手翻了下历史推送，都是些装修案例和技巧，还挺干货，不知不觉刷了好几篇。

这时，手机上来了一个陌生来电。

互动场景：**官方服务号**

命运的抉择二：

此时，接到这个陌生电话的你会怎么做？

A	B
不接陌生人电话，肯定又要推销我买买买。	这个声音和志玲姐姐一样好听的小姐姐是红星美凯龙家装客服人员，才领了券就有专人来电服务，有种受宠若惊的感觉。反正我的确是要装修的，就把需求说下呗。小姐姐还告诉我红星美凯龙有小区样板间，可以了解拎包入住项目，而且可以送我一次免费上门量房服务。

一开始为领券关注红星美凯龙服务号，你还有点犹豫，想着要是发广告就取关。没想到，真香！服务号一个月发 4 次，每次推送的都是很有质感的家装案例和避坑干货，从不让你失望。渐渐地你养成了追更服务号的习惯。

三好老公的装修日记

5 月 30 日　红星美凯龙是个文化人儿

一直追更的红星美凯龙服务号又更新了，这次的头条推送很"不务正业"，很有文化，封面图很眼熟，是历史上非常有名的《韩熙载夜宴图》，今天是走艺术路线了吗？

打开一看，太高级了！这质感！这构图！这文案！堪称艺术瑰宝！

工笔画风配上最流行的一镜到底，古人在极具艺术设计感的现代家居间觥筹交错，放歌纵舞，明明家居都是商场里的现代家居，放在卷轴画中却相得益彰，仿佛千年前人们的日常便是如此。我虽然不敢说懂艺术吧，但这种高级的美感真不是普通公司能做出来的。红星美凯龙是个有审美有品位的公司，今天开始我就是红星美凯龙的气质粉了！

看完现代版《夜宴图》，还有个互动 H5 小游戏"测一测你是《夜宴图》里的谁"，测出来我居然是大臣，很好，我很满意，要转到朋友圈给他们看看本大人的气质拔群！

推送最后终于图穷匕见，原来是鲁班设计尖货节的活动推广。原来打广告都可以这么优雅的吗?！服了服了，这券我领了！已经开始期待下一次的服务号推送了！

一天，服务号推送了个线上家装知识直播讲座的信息，扫描文中二维码可进群。

互动场景：家装客服、官方服务号

111

命运的抉择三：

此时，看到直播讲座信息的你会怎么做？

Ⓐ ⌃ Ⓑ

什么装修讲座，就是直播带货，我才不去，有空不如刷刷抖音、今日头条、小红书。吐槽下，最近在这些软件上经常看到红星美凯龙推的科勒马桶、九牧花洒低价抢的广告，它是怎么知道我快装修了？

机不可失啊！我正不知道从何下手呢，讲座还请了专业家装设计师，最关键还是免费的！

赶紧扫码进群，群里已经有三四百人了，都在讨论各家装修的困扰和经验之谈，感觉忽然找到了组织。

直播前，群主小 Q 把直播链接发群里，讲座干货不少，直播是红星美凯龙家倍得的设计师，设计师分享了很多户型的装修案例，有一个和我家房型非常接近，里面用的一款占地小功能又强大的科勒智能马桶有点厉害。

听完讲座后，你经常在这个家装群中潜水，偶尔看看大家吐槽、提问，群主好像是专业家装人士，回答得还挺专业。几天后，这个家装直播群的群主小 Q 来加你微信好友。

互动场景：直播、社群

命运的抉择四：

此时，接到星管家微信好友申请的你会怎么做？

Ⓐ ⌃ Ⓑ

她想干吗？我才不要加陌生人好友！

爽气通过。群主挺负责的，又专业，加了就当多个在线家装管家了呗，有什么装修问题都问问他，担心隐私问题的话就设置好友权限。

小 Q 说他是红星美凯龙的星管家，可以为我提供 1 对 1 咨询服务。小 Q 还挺靠谱，有问必答，人也挺有趣，时不时给我发一些装修干货、优惠减免。

你的房子下个月就要收房了。有一天，家装直播群里发了个红星美凯龙"33 周年庆"家装设计免费、家装定金翻倍、尖货商品限时折扣、爆款秒杀的信息，还有很多折扣券，但力度大的折扣券需要花 100 元购买。第二天，小 Q 也发了一个"33 周年庆"的爆款清单给你。

互动场景：**社群、星管家**

命运的抉择五：
此时，你会选择花钱去购买折扣券吗？

A　疯了吗，折扣券不白给还用花钱买? 不买，我有我的骄傲。

B　到底还是花钱的券优惠力度大，满 2000 就减 400，100 块还不够我两包烟呢，算下来还是赚的呀。 那就买个 33 周年大券包吧！点开一看，好家伙，7 张券减免金额加一起都有万把块了！最高兴的是，红星美凯龙和我最喜欢的漫威合作了，领券的小程序上都是《复仇者联盟 4》的海报，还能抽奖送首映场电影票！就冲这，我这钱花得值！

星管家提醒你，你可以凭上次花 100 元买的券包到商场免费领个 U 型枕，正好你也收到条短信，提醒本周末 33 周年庆就开始了，"家装免费设计、家装订金翻倍、最高 49999 元免单机会等你来抢"。

互动场景：**星管家、智慧短信**

命运的抉择六：
此时，你会选择周末前往红星美凯龙商场逛逛吗？

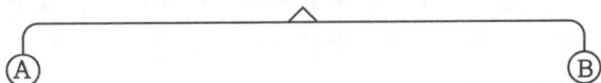

A　还没收房呢，先不急吧，到时候再说。周末还是在家好好休息吧！

B　自从看过《夜宴图》之后，对红星美凯龙好感 UP！想想早晚要去商场看看的，和老婆商量了下，这个周末就去逛逛红星美凯龙打个样吧！同时，好好了解一下红星美凯龙的家装公司。

三好老公的装修日记

6月13日　现在商场都这么高能吗？

好久不来红星美凯龙，连停车都是刷码智能停车了。商场入口处还有个很醒目的立牌，扫码就能导航到想去的店铺。路痴的我们扫码进入了一个小程序，发现可以根据品类、风格、是否有促销等多种方式进行筛选，找到店铺后还可以根据导航提醒走过去，刷新了我对家具卖场的原有认知。

到一楼就看到了上次做直播家装讲座的家倍得，听说是红星美凯龙旗下的家装公司。一进去一个神奇的设计云 Mdesk 吸引了我们的注意。在看起来像小方桌的电子屏上输入我们小区、房型、风格偏好以及大致总预算，一键就可以马上生成我家的 3D 效果图，拿圆盘在屏幕上滑动可以"身临其境"地看到每个角落的装修效果，裸眼 3D 太酷了。他们说，里面的家具和款式都可以在商场内买到，同时，如果想更换，自己点上去也可以自行更换。看完我更想请家倍得的设计师给我家设计了，家倍得背靠红星大公司，装修实力更有保障，最重要的是跑得了和尚跑不了庙，比普通小公司强多了。不过咱家女王大人说了算，设计师还得她来挑。

我们按照小程序里的导航开始逛商场，有不少尖货都加入了老婆的心愿单，我也偷偷拍个照记下来。终于逛完了 B1 的门窗店铺，我们觉得都挺好但也不知从何下手。我偷偷吐槽这比陪老婆逛街还累，好在红星美凯龙有免费休息区，而且椅子都是动辄上万的沙发，阔气！

我和老婆一人霸占了一个开始躺着刷手机，我刷着今日头条忽然看见一篇"门窗选得好，竟然可以减少家庭矛盾"的文章，原来是推荐一些隔音降噪效果好的门窗测评文章。我有点吃惊，刚逛完门窗就推送门窗，有点神啊！这时老婆也忽然惊呼起来喊我看，原来抖音里有个 5 大知名卫浴品牌的真人评测和功能对比，里面有一款就是我们在日本旅游时体验过觉得特别好的科勒智能马桶，嘿，这么有缘，也正是上次家装直播的那款。

互动场景：智慧商场、Mdesk 互动屏、DMP 广告精准投放（头条、抖音）

命运的抉择七：

此时，你会选择前往红星美凯龙商场的科勒门店吗？

Ⓐ

今天已经逛得够累了，而且我真的怀疑红星美凯龙偷偷监视我的生活，它怎么什么都知道?!

Ⓑ

来都来了，几步路的事情，正好看看国内的这款智能马桶卖多少钱。于是你直接通过小程序导航去了科勒的店铺，门店的导购小 C 给了很多有价值的专业建议，还告诉我看中的那款智能马桶近期还有个升级版会上市，到时候会通知我。

导购小 C 还告诉你，马上红星美凯龙就要举办超级品类节的卫浴专场活动了，到时会有很大力度的折扣，而且红星美凯龙的天猫同城站会有更多特别福利放送，推荐你关注红星美凯龙天猫同城站。

互动场景：**门店导购**

命运的抉择八：

此时，你会选择关注红星美凯龙天猫同城站吗？

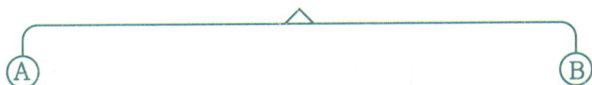

Ⓐ

还是更喜欢线下买。

Ⓑ

关注同城站，还领了个减免红包，真的同款同价。来一次商场毕竟挺累的，关注店铺之后可以随时了解产品信息比较方便，而且可以线上领券，线下购买。和导购小 C 也加了微信，那款升级版智能马桶一来货就通知我们。

有一天，你在朋友圈看到小 C 发了个索菲亚定制橱柜的天猫同城站限时拼购的文章，标题上写：手慢无！18 平方米装满家只要 19998！

互动场景：**天猫同城站、全民营销（小 C 是红星美凯龙全民营销平台上的"团达人"）**

命运的抉择九：

此时，你会选择点击拼购链接了解详情吗？

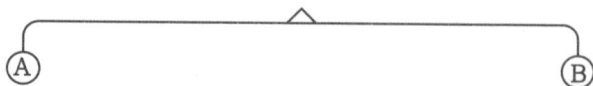

Ⓐ | Ⓑ

小 C 不是卖卫浴的吗，怎么换定制橱柜了？ 那我是不是要先把她删好友？

对照前期的功课经验，这个价格也太不可思议了吧！骗点击的吧！点进去看下！还真是索菲亚在和红星美凯龙搞大力度让利，就是现在买定制橱柜还是太早了点，看来这种活动经常有，我要密切关注天猫同城站了。

　　一个月后，你终于拿到了新房钥匙，面对空空荡荡的房子，你和你家女王大人充满了期待！第一步还是要确定设计师，最近一个多礼拜，你们也通过朋友推荐和广告电话了解了很多家装设计公司。

互动场景：天猫同城站

命运的抉择十：

此时，你会选择哪个家装公司为你的新家设计？

Ⓐ | Ⓑ

还是要看价格，哪家性价比高选哪家！

可能是直播讲座的好印象以及红星美凯龙商场内的裸眼 3D 体验太黑科技吧，最后还是定了家倍得的设计师来给我们装修。偷偷说，是觉得家倍得背靠红星美凯龙，不像小公司会跑路。

　　叮咚！你关注的红星美凯龙官方服务号又更新了！这期头条标题很戳你心：这种马桶白送你也千万不能要！很好，成功吸引了你的目光。文中不仅列出目前市面上存在设计和使用缺陷的卫浴黑榜，还有好评度超高的卫浴红榜，上面就有你心动过的科勒智能马桶，你默默想：事不过三，下次再看到必须下手！还有榜上那款洗澡时仿佛"水像珍珠砸在身上"的花洒也成功"种草"了。

说来也巧，当天晚上导购小 C 微信给你发了一张图片，是红星美凯龙卫浴品类节的直播海报，她说你看中的那款马桶在直播中会有大力度折扣，还有其他花洒、水龙头、台盆之类的都有直播特惠价，可以扫描二维码进入直播间。

激发触点：**官方服务号+全民营销**

命运的抉择十一：
此时，你会选择扫描二维码观看直播吗？

Ⓐ

Ⓑ

不，我还是更喜欢看游戏直播，这种卖货直播有什么好看的。

打开看看，平时也没时间天天去逛商场，网上看的也不放心，直播的品牌都是红星美凯龙商场里的，可以看得到主播的现场亲测，还是靠谱的，关键我看中的那款马桶直播间里能有更低价。定个闹钟吧，下周一晚上 7:00。

早上等地铁的时候你又在刷朋友圈，一段"奸商"的大实话让你觉得很有趣："我们有很多种办法把你的钱包安排得明明白白。"点进去原来是红星美凯龙《这·就是商界的腹黑》的广告片，把发券、拼购的行业"潜规则"说得明明白白，说"发券力度大，让你觉得不用就是亏……"扎心了！跳转页面里是科勒马桶的拼购信息，3 人成团就可以立即打 7 折。

互动场景：**直播、DMP 精准广告投放（朋友圈广告）**

命运的抉择十二：

此时，你会选择加入这个拼购吗？

Ⓐ

太草率了吧，我对这个产品还不了解，这么就买了不理性。

Ⓑ

感觉钱包里的钱在跳啊！冷静下，我先去天猫的官方旗舰店搜了下价格，真的是 7 折，正准备下单的时候，想起来再过两天就要卫浴超级品类节直播了，万一更便宜呢？

一天内，红星美凯龙天猫品牌号、官方服务号前后向你推送了推荐加入红星美凯龙 PLUS 会员的信息，PLUS 入会有超多福利，但是成为 PLUS 会员需要 999 元购买。

互动场景：**天猫同城站、天猫品牌号、官方服务号**

命运的抉择十三：

此时，你会选择花 999 元成为红星美凯龙的 PLUS 会员吗？

Ⓐ

999 元也太贵了吧，淘宝 VIP 会员也就 88 元，我选择拒绝特权，做一个普通人。

Ⓑ

虽然价格 999 元有些小贵，但 PLUS 会员的福利更值钱啊！它有市场价值不低于 1500 元的开卡礼，一款芝华仕单椅电动沙发，注册就送 1000 星钻积分+100 元现金抵用券，后续购买东西还有星钻可拿，星钻也可以抵现，同时还提供一系列如床垫除螨、地板保养等会员增值服务，更不用说还有许多专享礼，如生日礼、节日礼、周年礼、会员日、会员价、明星见面、首映式等福利。如此一想，怎么都划算呀。 从今天开始，我就是尊贵的红星美凯龙 PLUS 会员了！

知道今晚要直播，你无心加班，到点就往家里赶，星管家小 Q 也在微信群里推送了这次卫浴品类节的直播链接。

三好老公的装修日记

7月31日　直播间奇妙夜

以前陪老婆看过李佳琦直播，大概知道直播就是夸张的"OMG，买它!"，没想到红星美凯龙的直播看出了欢乐喜剧人的效果。里面的品牌大佬轮番上阵，个个都是董事长、总经理的，亲自上阵带货。最好笑的是，这些品牌大佬报出来的产品价格虽然已经比平时商场价格低了不少了，还是会被红星美凯龙的霸道总裁团用各种威逼利诱的方式大砍价，有个品牌大佬感觉都要被砍价砍哭了。笑死我了，这样的《霸道总裁爱砍价》连续剧我可以看一年，哈哈哈!

对了，红星美凯龙搞直播真的大手笔，一会儿就下红包雨，还会抽华为 P40 手机送。虽然非酋如我啥也没中，但以相当于 6 折买下了心心念念的科勒智能马桶，被老婆夸勤俭持家! 超得意! 我还花了 1 元抢了个直播间专享券包，卫浴品类多品牌通用，肯定是用得上的。

在美女设计师的操刀下，你家装修进行得如火如荼，设计师给你列了个采购清单，长长一串，地板、瓷砖、定制橱柜……大概怕你挑花眼，美女设计师给你发了篇"装修小白"必看的——"这样做衣帽间你就对了!"点进去一看，熟悉的 ID，熟悉的那抹蓝，不正是红星美凯龙服务号嘛!

接下来的操作你已经非常熟悉了，看干货文，文末点"在看"，收藏，顺带点进去跳转团尖货小程序领个券。得知红星美凯龙在小红书和抖音上也开了号，除了推文还有很多短视频，评测推荐更直观，顺手去关注了一波。

真装修起来发现要懂的东西太多了，你现在王者荣耀也不打了，到处搜索装修类的文章和测评看，还经常能够收到红星美凯龙官方抖音号和小红书企业号的推送消息，很多干货帖和各种活动信息。而且越来越准，给你家装修的工长前几天刚通知你下个礼拜开始给家里做防水，就在小红书企业号刷到了一篇《装修做防水，你一定不知道的三个误区》。

三好老公的装修日记

8月31日　严重怀疑星管家懂读心术

星管家小 Q 是个看起来平平无奇的小姑娘，但我严重怀疑她懂读心术。自从我加上她之后每次咨询都能给出恰到好处的建议就算了，在我家进入了装修期之后，这种迹象越来越明显了，她隔三岔五就会推荐我加一个群，开始是建材拼购群，然后是卫浴群，然后还有瓷砖群。就前天，她很贴心地邀请我加入一个建材的拼购群，里面有我看中很久的九牧花洒。她是怎么知道我最近正要选购花洒，而且就想买这款？不管怎么说，这次拼购价格真的不错，我以比平时低 500 元的价格买到了传说中"水像珍珠砸在身上"的花洒。

花洒到手后安装上非常完美，满足了我家女王大人的小心愿，加群什么的我也丝毫没有抵触心理了，毕竟省钱才是硬道理！星管家小 Q 的读心术，唔，暂时还是个未解之谜。

P.S. 除了星管家小 Q，最近红星美凯龙推送的内容也很神，收到的内容大部分是我现阶段正在采购的品类，和前期各种领了券、报了名、看过产品却没有购买的品牌。我知道淘宝、头条有大数据会猜我喜欢，为啥红星美凯龙一卖家具的也知道？

我们金科小区有个业主群，群里家长里短的也挺热闹，有几个人很活跃，经常在群里提供一些信息，不过广告是不允许随便在群里乱发的，要么就得发红包，严重点还会被警告甚至被踢出群。一天，群主在群里发了个"我已经跳出了喜马拉雅的高度，你敢不敢来挑战"的跳一跳游戏链接。

互动场景：社群、直播、官方抖音号、小红书企业号

命运的抉择十四：

此时，你会选择点进去挑战下吗？

Ⓐ

重度游戏爱好者控制
不住自己的手……管
他呢，我要刷出朋友
圈最高纪录！

Ⓑ

敢挑战我这个王者，我要跳出从马里亚纳大海沟到喜马拉雅的
高度差！ 游戏设计不错，小怪兽上跳中还能吃红包和优惠
券，原来这是红星美凯龙的小游戏。游戏结束还能收获不少
双十一活动的优惠券。双十一本来就要买买买，先存下来。

在一个个群拼购和星管家小 Q 神出鬼没的读心术中，双十一来了，你们
家的装修也进入了软装阶段。这也意味着，美女设计师开给你的购物清单又
要掏空你的荷包了。

叮咚！官抖、小红书企业号、服务号又更新了。等等，怎么在封面上看
到了你抖音女神仙女酵母的照片？确认下，这是服务号没错啊，它最新推文
里居然云集了你最喜欢的抖音红人们：放羊的心心、办公室不无聊、一禅小
和尚……红星美凯龙真的有点厉害了，把这些网红达人都网罗进来组成了
Quan11 天团，给红星美凯龙双十一做推广。而且除了抖音，在头条和朋友圈
里我也经常会邂逅红星美凯龙双十一的广告信息，它可真是 360° 环绕式打广
告啊！点进去都可以在红星美凯龙天猫同城站或小程序上领券、预订。

互动场景：官方自媒体矩阵、DMP 精准广告投放、天猫同城站

命运的抉择十五：

此时，你会选择加入红星美凯龙双 11 剁手大军吗？

(A)

(B)

A
其实，我已经没有理由拒绝了。

B
一年只有一次双 11，怎么可能错过！

研究了下，红星美凯龙的双十一力度非常大，进小程序可以领 1 元就抵 1111 元的膨胀金券包，还有 10 万份最高 49999 元的免单补贴，每天有三次抽奖机会，我这个非酋都抽中了个芝华仕功能沙发的 200 元无门槛抵用券。

最牛的是，红星美凯龙和阿里是战略合作，他们双 11 天猫同城站的产品线上线下同价，承诺买贵十倍退差。

我就利用闲暇多方对比，上同城站或小程序看看活动和产品，几个秒杀都提前订好了闹钟。

毕竟是双十一，到处都是促销团，百度啊、朋友圈里经常看到红星美凯龙的广告，服务号也推送了这个双十一红星美凯龙最值得买的 TOP10 尖货的文章。你认真拜读了下，偷偷把这 3 个床垫品牌记在小本本上：丝涟、舒达、慕思。

各个装修群里就更热闹了，经常有人发关于双十一各大平台折扣力度的信息，还有贴心的秒抢指南。但让你印象最深刻的还是星管家小 Q 发的红星美凯龙团尖货小程序页面，本来是奔着花 11.11 元买总价值高达 5111 元的券包去的，没想到被红星美凯龙自己做的几只小怪兽萌到了！这几只崽是红星美凯龙登陆纽约时装周的时候从沙发、浴缸等各种家居尖货进化出来的，还组了团叫 Fashion Monster。掐指一算，它们也已经出道两个多月了，这个双十一它们又来砸场子了，要和亚洲舞王同场斗舞。不得不说这脑洞也太大了，谁敢想，你追着追着红星美凯龙的广告都追成了连续剧！太酷了，期待下一集更新！

三好老公的装修日记

11 月 10 日　双十一的血拼体验

这个双十一通过各种领券拼购，我终于以最低价格抢到了女王大人最喜欢的家具。比如 5 折的梦天木门爆款；讲座时候就惦记上的索菲亚衣帽间组合橱柜，只要花一块钱下订就可获得原价 2198 元/平方米，现价 1099 元的超高掩门套餐购买资格。还有芝华仕全套电动沙发也在做活动，全套配下来才 3999 元，同样是花 1 元下订就有资格购买，想着上次开卡的时候还送了一个，很多都是在商场里亲自试过的，双十一有活动果断都抢了。双十一是我的荷包清空周，也是女王大人的心愿周，值得！

线上付定金，线下付全款，也再查漏补缺、看看还有啥要买的。没想到双十一期间的线下红星美凯龙卖场简直人山人海，都快把我吓到了，幸好我让老婆远程指挥，不用来现场吃苦。商场中庭有个超大的互动屏，每到整点，互动大屏就现场抽奖，只要拿出手机摇一摇，就有机会被抽中，每次都有几十人中奖，奖品有床垫、沙发等大件，也有果盆、绿植、餐具等日常用品，还会抽出 10 部华为最新款手机。真不愧是双十一，太壮观了！当然我也没忘记正事，很多在同城站提前下订的商品都确认下单购买了。

收银台前排队付钱的人也超多，这时候我尊贵的 PLUS 会员资格就发挥作用了，因为能有专门的收银通道，在双十一的优惠之上，还有额外的会员专享价和星钻积分。付完款，就收到一条短信，提醒消费完成，还附上一张床垫的满减券。看来，它又神奇地知道我还没买床垫呢。

可喜可贺，你的梦想小家完成度已经达到 85% 了。有一天，老婆拿着高德地图的开屏广告给你看，是她最喜欢的冰雪奇缘海报。你说，亲爱的老婆大人，要不这周末我们就去看？谁知道老婆却让你仔细看，原来这是红星美凯龙联合迪士尼冰雪奇缘 IP 做的床垫品类节推广。

互动场景：天猫同城站、小程序、DMP 精准广告投放、官方自媒体矩阵、社群、线下商场、智慧大屏互动、智慧短信

命运的抉择十六：

此时，你会选择参与红星美凯龙的床垫品类节买床垫吗？

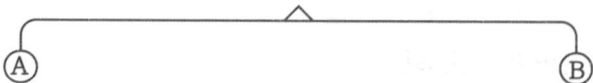

(A)

我想说双十一元气大伤，让我缓缓，但海报上的艾莎在看我。老婆也在看我，我只能说"好的，老婆大人"。

(B)

当然参加啦，反正我们也的确正打算买床垫呢。老婆睡觉浅，我一翻身她就会醒，我喜欢硬床，她喜欢软床，我之前一直在想有没有那种可以分区的床垫，经过几次直播、逛店、群里热闹的讨论，我现在知道这床垫讲究可大着呢！ 不仅可以分区，还有按摩的、助眠的、调整体型的、冬夏两用的、清洁抑螨的……

偶尔刷微博的你，竟然也刷到了两周前关注过的红星美凯龙官博所推送的一条实用干货，一本床垫选购指南，供你对号入座，小夫妻该怎么选，996该怎么选，甚至连给每类人群推荐的品牌都列出来了，可以说是非常适合你这样的懒人看了。还有个《偷窥凌晨 2 点钟》的长图，画得也太扎心了吧，那些不足为外人道的烦恼和摩擦都被画出来了。你转发到了朋友圈，并配了这样一段话：太准了！我和我的朋友们都要看！

最厉害的科勒导购小 C 居然也在朋友圈转发了《人类躺赢简史》的条漫，还有《2019 中国新中产睡眠健康白皮书》，你以为买完马桶就没她什么事了，没想到，现在导购还会发其他品牌的，记得上次还发了索菲亚的，这是兼职吗？你不得其解。

家里装修进入尾声，你也稍稍可以松口气了，刷个抖音 happy 下！住在抖音上的各路网红又又又发新视频了，赶紧看下！原来这次是红星美凯龙请各路网红做床垫品类节的推广，还发起了抖音挑战赛！红星美凯龙官方抖音号也发了，惊喜一波接一波，柳岩女神和老婆喜欢的同道大叔也发了给这个床垫品类节做推广的视频，说是明晚直播见。星管家小 Q 也在群里发了柳岩与一位男星的睡姿大比拼海报，还预告了他们明晚会来红星美凯龙床垫品类节的直播，会现场进行睡姿大比拼，还有很多最低优惠和爆款床垫。

互动场景：**官博、全民营销、官抖、社群**

命运的抉择十七：

此时，你会选择观看明晚红星美凯龙的床垫品类节直播吗？

A：好久没看到柳岩女神了呀，我想看，老婆说我不想……

B：柳岩+同道大叔哎，还有真金白银的优惠！

好了，我已经没有拒绝的理由了，而且本来也打算买床垫，几经历练我已经是个直播老司机了，家里三台手机都准备好了，希望今晚能花最少的钱买最好的床垫，还有中最大的奖。

为了赶得上晚上 7 点开始的床垫品类节直播，你一下班就往家里赶，在小区电梯的广告屏上居然也看到了床垫品类节的信息。这也太神准了吧，不过想想这是新交付的小区，而且这批交付的大部分都进行到了家装末期，继续合理怀疑红星美凯龙有读心术的超能力。

《冰雪奇缘 2》上映的时候，首映场一票难求，你正在四处求票，结果在微博上看到红星美凯龙官博正在送《冰雪奇缘 2》首映场的电影票。

互动场景：**电梯广告、直播、官博**

命运的抉择十八：

此时，你会选择参与电影票抽奖吗？

A：老婆今天和我说以后孩子叫雪宝，我觉得这个暗示已经非常明显了……

B：这道题不需要选择，有担当的男人就要为老婆圆梦。能和老婆喜欢的电影合作的品牌肯定和老婆一样品位好。（强烈的求生欲）

恭喜你！你已经完成了梦想新居的打造，4 个月的装修期里，你进了不下 20 个群，有的是星管家邀请进入的，有的是导购推荐的，有的是不知道在哪儿看到活动信息扫码进去的，每个群都辛苦付出，也为你的新家添砖加瓦。

互动场景：**全民营销、社群**

命运的抉择十九：

此时，你会选择继续关注红星美凯龙，接受它的服务吗？

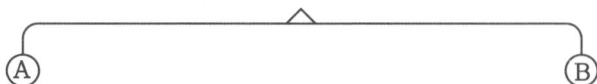

```
        ┌──────────────────┴──────────────────┐
       Ⓐ                                      Ⓑ
```

红星美凯龙这是挟天子以令诸侯啊，家具都在家里了，售后还得找星管家呀！

怎么能轻易分手！我可是花了 999 元的尊贵的红星美凯龙 PLUS 会员呢，而且买家具还只是开始，售后的特权服务才刚刚开始。我要把红星的"到家服务"，有沙发、床垫的定期除螨，油烟机清洁，还有年底扫除等福利通通享受一遍。而且我的星钻积分还能参与各种锦鲤抽奖和兑换礼品呢。看来，我和红星美凯龙要长长久久啦！

互动场景：会员服务

亲爱的用户爸爸：

　　我知道，在命运的十字路口你曾经有过很多次与我擦肩而过，但无处不在的触点让我们的相遇随时随地都可能发生。

　　只有你想见我，我们的相见才有意义。

　　命运就是，没有一只鸭子可以活着走出南京，没有一个人可以两手空空走出红星美凯龙。

　　小 A 也许并不知道，在他近半年的装修期间，红星美凯龙曾埋下了多少草灰蛇线的伏笔，动用了多少方的力量和黑科技，又设置了哪些为他量身定制的惊喜。从来没有无缘无故的相遇，外行看热闹，内行看门道。接下来，让我们按照时间轴，从专业角度重新对这个故事中与小 A 的所有互动场景进行梳理回顾，然后切开不同剖面来做分析。

红星美凯龙的朋友们与小 A 的 49 次互动

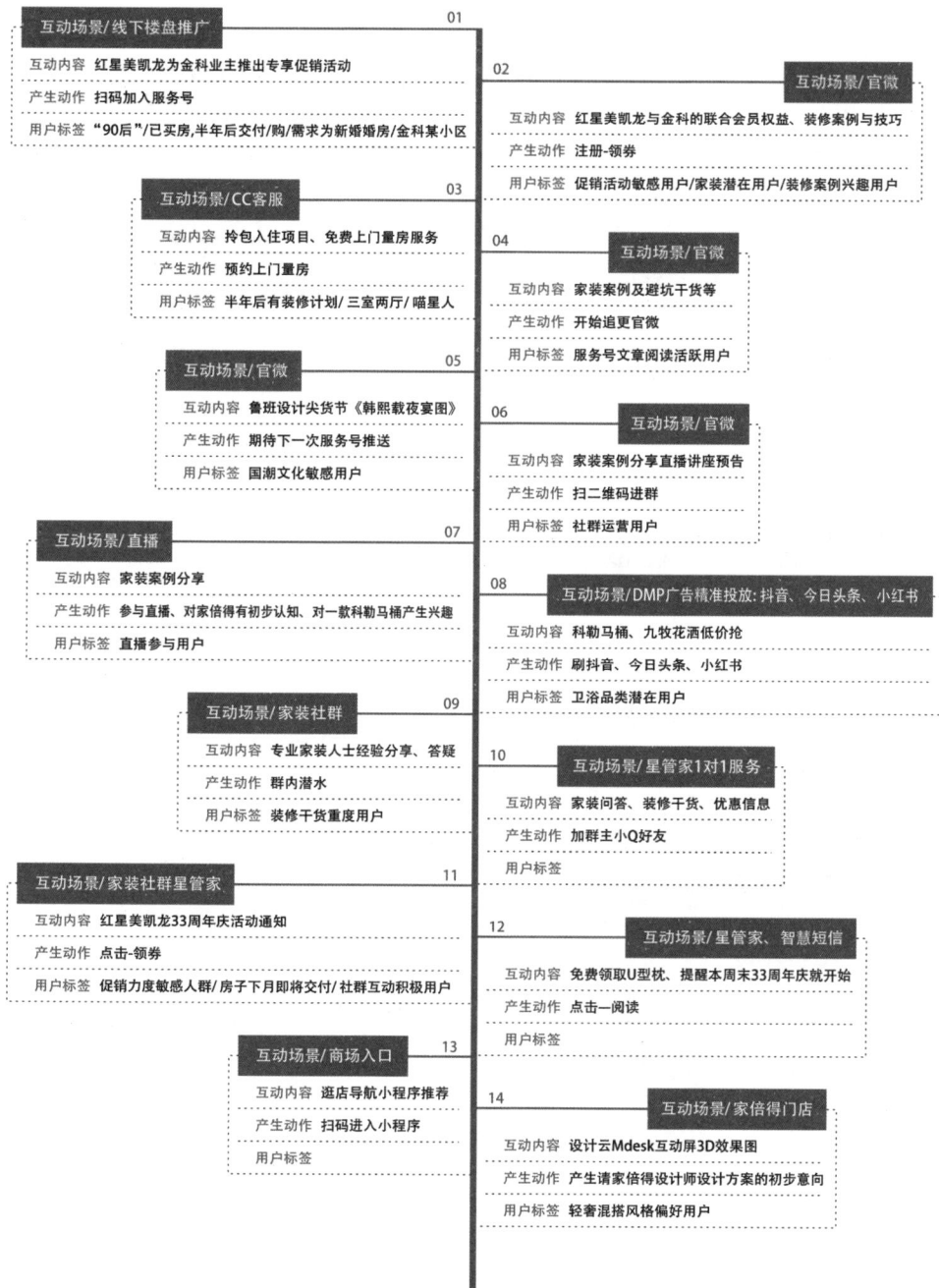

01
互动场景/线下楼盘推广

互动内容　红星美凯龙为金科业主推出专享促销活动

产生动作　扫码加入服务号

用户标签　"90后"/已买房,半年后交付/购/需求为新婚婚房/金科某小区

02
互动场景/官微

互动内容　红星美凯龙与金科的联合会员权益、装修案例与技巧

产生动作　注册-领券

用户标签　促销活动敏感用户/家装潜在用户/装修案例兴趣用户

03
互动场景/CC客服

互动内容　拎包入住项目、免费上门量房服务

产生动作　预约上门量房

用户标签　半年后有装修计划/三室两厅/喵人

04
互动场景/官微

互动内容　家装案例及避坑干货等

产生动作　开始追更官微

用户标签　服务号文章阅读活跃用户

05
互动场景/官微

互动内容　鲁班设计尖货节《韩熙载夜宴图》

产生动作　期待下一次服务号推送

用户标签　国潮文化敏感用户

06
互动场景/官微

互动内容　家装案例分享直播讲座预告

产生动作　扫二维码进群

用户标签　社群运营用户

07
互动场景/直播

互动内容　家装案例分享

产生动作　参与直播、对家倍得有初步认知、对一款科勒马桶产生兴趣

用户标签　直播参与用户

08
互动场景/DMP广告精准投放:抖音、今日头条、小红书

互动内容　科勒马桶、九牧花洒低价抢

产生动作　刷抖音、今日头条、小红书

用户标签　卫浴品类潜在用户

09
互动场景/家装社群

互动内容　专业家装人士经验分享、答疑

产生动作　群内潜水

用户标签　装修干货重度用户

10
互动场景/星管家1对1服务

互动内容　家装问答、装修干货、优惠信息

产生动作　加群主小Q好友

用户标签

11
互动场景/家装社群星管家

互动内容　红星美凯龙33周年庆活动通知

产生动作　点击-领券

用户标签　促销力度敏感人群/房子下月即将交付/社群互动积极用户

12
互动场景/星管家、智慧短信

互动内容　免费领取U型枕、提醒本周末33周年庆就开始

产生动作　点击—阅读

用户标签

13
互动场景/商场入口

互动内容　逛店导航小程序推荐

产生动作　扫码进入小程序

用户标签

14
互动场景/家倍得门店

互动内容　设计云Mdesk互动屏3D效果图

产生动作　产生请家倍得设计师设计方案的初步意向

用户标签　轻奢混搭风格偏好用户

15 互动场景/免费休息区刷头条、抖音

互动内容 门窗隔音降噪功能的测试文章 5大知名卫浴品牌的真人评测（含科勒智能马桶）

产生动作 点击-阅读&观看，决定去逛科勒门店

用户标签 今日头条用户/抖音用户

16 互动场景/科勒店铺

互动内容 卫浴品类节即将开始、天猫同城站有特别放送

产生动作 关注红星美凯龙天猫同城站、加导购小C微信

用户标签 科勒兴趣用户

17 互动场景/全民营销-导购、天猫同城站

互动内容 索菲亚定制橱柜的天猫同城站限时团购

产生动作 点击-阅读、开始密切关注天猫同城站

用户标签 索菲亚兴趣用户

18 互动场景/直播·逛店

互动内容 在参与家装直播和夫妻逛店过程中，获得了对红星美凯龙及旗下家倍得的立体印象

产生动作 决定选择家倍得来装修

用户标签

19 互动场景/官微

互动内容 马桶选购红黑榜，科勒马桶再次入围，花洒推介

产生动作 点击-阅读

用户标签

20 互动场景/全民营销-导购

互动内容 卫浴品类节活动预告

产生动作 扫码-预约直播

用户标签 直播兴趣用户、卫浴产品意向用户

21 互动场景/DMP精准广告投放：朋友圈、天猫同城站

互动内容 《这，就是商界的腹黑》广告片，科勒马桶拼购链接，科勒马桶详情页

产生动作 点击-阅读-参团

用户标签 直播参与用户

22 互动场景/天猫同城站、服务号

互动内容 Plus会员招募信息

产生动作 点击-注册-购买

用户标签 Plus会员

23 互动场景/社群、星管家

互动内容 直播预告、直播链接

产生动作 点击-进入直播间

用户标签 直播参与用户

24 互动场景/直播间

互动内容 总裁砍价、红包雨、专享券包、爆款秒杀、抽奖送华为

产生动作 下单购买科勒智能马桶

用户标签 科勒马桶已购用户、直播消费用户

25 互动场景/全民营销-设计师、小程序

互动内容 设计师购物清单、《这样做衣帽间你就对了！》

产生动作 点击-阅读-收藏-领券

用户标签 衣帽间潜在用户

26 互动场景/官抖、小红书品牌号

互动内容 装修干货、评测视频、避坑指南

产生动作 点击-阅读

用户标签 水电工程阶段用户

27 互动场景/各个品类社群、星管家

互动内容 各种品类团购信息

产生动作 入群、点击-阅读-参团，购买九牧花洒等

用户标签 主材购买阶段用户

28 互动场景/社群、星管家

互动内容 红星美凯龙双十一活动预热——赢取优惠券的跳一跳小游戏

产生动作 点击-参与-领券

用户标签 双十一高意向用户

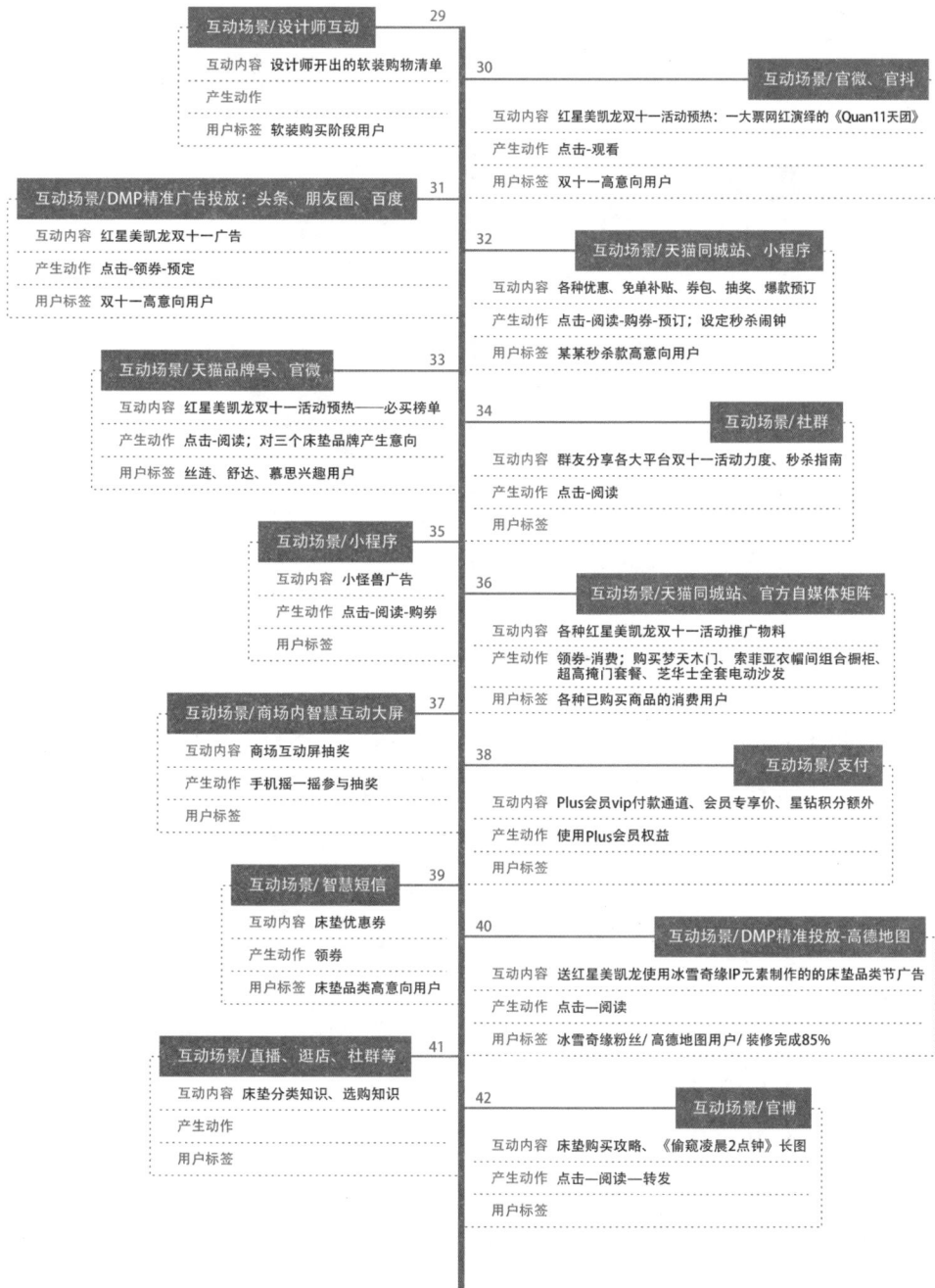

互动场景/设计师互动 29

互动内容 设计师开出的软装购物清单

产生动作

用户标签 软装购买阶段用户

互动场景/官微、官抖 30

互动内容 红星美凯龙双十一活动预热：一大票网红演绎的《Quan11天团》

产生动作 点击-观看

用户标签 双十一高意向用户

互动场景/DMP精准广告投放：头条、朋友圈、百度 31

互动内容 红星美凯龙双十一广告

产生动作 点击-领券-预定

用户标签 双十一高意向用户

互动场景/天猫同城站、小程序 32

互动内容 各种优惠、免单补贴、券包、抽奖、爆款预订

产生动作 点击-阅读-购券-预订；设定秒杀闹钟

用户标签 某某秒杀款高意向用户

互动场景/天猫品牌号、官微 33

互动内容 红星美凯龙双十一活动预热——必买榜单

产生动作 点击-阅读；对三个床垫品牌产生意向

用户标签 丝涟、舒达、慕思兴趣用户

互动场景/社群 34

互动内容 群友分享各大平台双十一活动力度、秒杀指南

产生动作 点击-阅读

用户标签

互动场景/小程序 35

互动内容 小怪兽广告

产生动作 点击-阅读-购券

用户标签

互动场景/天猫同城站、官方自媒体矩阵 36

互动内容 各种红星美凯龙双十一活动推广物料

产生动作 领券-消费；购买梦天木门、索菲亚衣帽间组合橱柜、超高掩门套餐、芝华士全套电动沙发

用户标签 各种已购买商品的消费用户

互动场景/商场内智慧互动大屏 37

互动内容 商场互动屏抽奖

产生动作 手机摇一摇参与抽奖

用户标签

互动场景/支付 38

互动内容 Plus会员vip付款通道、会员专享券、星钻积分额外

产生动作 使用Plus会员权益

用户标签

互动场景/智慧短信 39

互动内容 床垫优惠券

产生动作 领券

用户标签 床垫品类高意向用户

互动场景/DMP精准投放-高德地图 40

互动内容 送红星美凯龙使用冰雪奇缘IP元素制作的的床垫品类节广告

产生动作 点击—阅读

用户标签 冰雪奇缘粉丝/高德地图用户/装修完成85%

互动场景/直播、逛店、社群等 41

互动内容 床垫分类知识、选购知识

产生动作

用户标签

互动场景/官博 42

互动内容 床垫购买攻略、《偷窥凌晨2点钟》长图

产生动作 点击—阅读—转发

用户标签

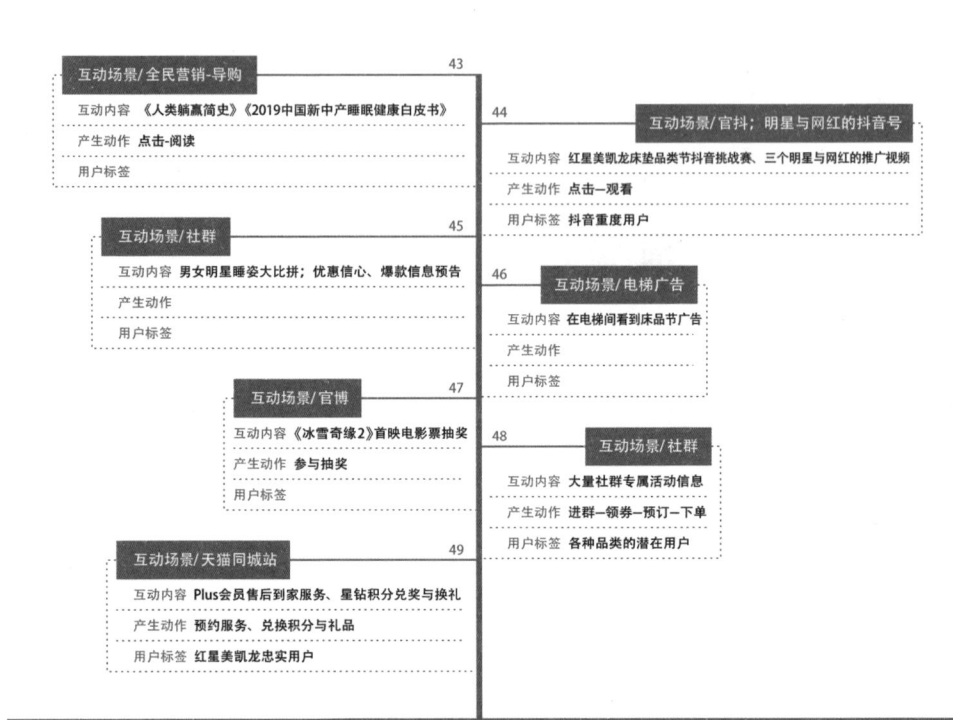

互动场景/全民营销-导购	43
互动内容 《人类躺赢简史》《2019中国新中产睡眠健康白皮书》	
产生动作 点击-阅读	
用户标签	

互动场景/官抖；明星与网红的抖音号	44
互动内容 红星美凯龙床垫品类节抖音挑战赛、三个明星与网红的推广视频	
产生动作 点击-观看	
用户标签 抖音重度用户	

互动场景/社群	45
互动内容 男女明星睡姿大比拼；优惠信心、爆款信息预告	
产生动作	
用户标签	

互动场景/电梯广告	46
互动内容 在电梯间看到品牌节广告	
产生动作	
用户标签	

互动场景/官博	47
互动内容 《冰雪奇缘2》首映电影票抽奖	
产生动作 参与抽奖	
用户标签	

互动场景/社群	48
互动内容 大量社群专属活动信息	
产生动作 进群—领券—预订—下单	
用户标签 各种品类的潜在用户	

互动场景/天猫同城站	49
互动内容 Plus会员售后到家服务、星钻积分兑奖与换礼	
产生动作 预约服务、兑换积分与礼品	
用户标签 红星美凯龙忠实用户	

前面4页显示了49组互动场景，以及相匹配的内容、用户动作及用户标签，看上去纷繁复杂，但如果用一句话概括，那就是：红星美凯龙对小A的用户运营，由数据与内容共同驱动，实现了"全域、全场景、全链路、全周期"，为各个品类的各个家居品牌商制造了大量的精准流量。

全链路

先切换为品牌商科勒视角。

你是知名卫浴品牌科勒，同时也是红星美凯龙数字营销的战略合作伙伴，在小A选购卫浴产品的全链路过程中，你不动声色地利用红星美凯龙的数字营销工具安排了5次与用户的"有形or无形"的接触，最终成功交易。

知己知彼百战不殆，线上线下双管齐下。你运用了人工雷达——家倍得客户经理了解了潜在客户小A的装修需求和用户画像，又通过线上家装直播讲座让小 A 对科勒这款产品有了初步印象。然后，又运用了红星美凯龙的黑科技——DMP，在小 A 经常使用的今日头条、抖音、小红书、百度平台都投放了带优惠券的广告。通过这两拨操作，科勒精准地在小 A 面前刷出了存在感。

眼见为实。科勒很快抓住了与小 A 在线下互动的场景——红星美凯龙门店。科勒智能马桶顺利加入小 A 心愿单。家居消费高单价重决策，你清楚白领精英小 A 是理性型消费者，基于对小 A 的用户画像，你开始以他偏好的避坑指南、专业评测内容在红星美凯龙社群、服务号、官抖、小红书品牌号、头条号等官方自媒体矩阵上攻其心志。最终利用淘宝直播，让爆品特惠成为小 A 做出决定的最后一根稻草，成功促单。

科勒与小 A 的全链路 5 次互动

	互动场景	互动内容	小A在购买科勒这一次消费旅程中所处阶段
第1次	社群直播	设计师解析家装案例	知晓
第2次	DMP广告—抖音等	产品广告	兴趣
第3次	红星美凯龙商场	现场体验	意向
第4次	红星美凯龙服务号等	智能马桶选购避坑指南等	对比
第5次	淘宝直播	爆款特惠	下单

全周期

红星美凯龙构建了完整的全周期用户运营模式，通过"公海捕鱼"、"私域养鱼"的形式，持续与用户互动、服务用户，实现"一鱼多吃"。

科勒之后故事就结束了吗？并没有！毕竟小 A 的新家除了需要智能马桶，还需要花洒、龙头、浴缸……卫浴品类结束了，还有厨电、地板、沙发、床垫……

你方唱罢我登场，幕后总导演正是红星美凯龙。

就像齿轮间的啮合和转动，红星美凯龙根据装修过程中的品类购买顺序，将小A的需求一个品类一个品类地突破。红星美凯龙通过打通后台收银体系、装修施工服务体系，结合所有线上线下互动数据采集，不断更新他的装修进度以及需求标签，即不断更新他的用户画像，再以定制化的内容精准持续触达，最终实现在小A整个家装周期内，对其进行一茬茬的高质量"种草"和高效率"拔草"。

即使装修完毕，红星美凯龙也会用高频的家居维保和家政服务来为这段来之不易的用户关系"保温"，等待下一个周期再激活，以及期待着小A成为"KOC"，在他的朋友圈、业主群里为红星美凯龙安利更多的家装"难兄难弟"。

全域、全场景

为了全面适应小A在不同时间、不同场景里的媒体接触习惯，也为了能在每一个阶段保持足够高频的互动，红星美凯龙及其平台上的入驻商家，通过红星美凯龙所连接的所有线上流量平台，包括阿里系、腾讯系、字节系、百度、小红书等，以及红星美凯龙自有的私域矩阵，包括线下楼盘、商场、店铺导购、智慧大屏，还有同城站、官方自媒体矩阵、社群、全民营销等，利用各种高质量的、精彩的、定制化的内容不断引起小A的关注、与小A互动，为商家们制造流量。

数据驱动

红星美凯龙及其商家为小A所发起的，每一次在各大流量平台上的广告互动，每一次私域场景矩阵里的内容推送，每一次星管家的定制化服务，都是一次用户画像更新、用户需求预测的结果，都是数据中台的价值实现。在数据驱动之下，越来越精准地实现在对的时间、对的场景、用对的内容与小A互动，为商家制造最精准的流量。

内容驱动

小 A 需要避坑指南、选购攻略、达人推荐、用户口碑等干货信息，小 A 渴望大力度优惠、秒杀爆款、无敌优惠券、专享套餐，小 A 喜欢柳岩、是《复仇者联盟 4》的粉丝，小 A 间接对《韩熙载夜宴图》有兴趣、喜欢同道大叔，小 A 爱上了直播……这一切都被利用来创作内容，用来包裹着各大品牌商的商品信息，在服务小 A 的同时娱乐小 A，为品牌商制造和分发流量。

要生产能让用户心跳的内容。

前面的故事可以让我们十分具象地了解超级流量场用户运营的六大主要特征：全域、全场景、全链路、全周期，数据驱动+内容驱动。

下面，就读者朋友们可能会普遍关心的六个问题，做一些重点讨论。

1. 品类用户运营是什么？

品类用户运营是指以用户为核心，以每个用户为颗粒度，针对多品类进行用户拉新、促活、转化、复购、联购及口碑裂变的持续运营，从而为消费者实现多品类导购，为商家实现品牌用户的全生命周期运营。

2. 品类用户运营的目标是什么？

作为行业级用户运营中台的超级流量场，其用户运营的本质是品类用户运营，其运营目标是让用户在一个大品类中或全品类中消费更多品类，且对每一个品类产生更多复购。

超级流量场赋能品牌商去做的用户运营是品牌用户运营，其运营目标是让用户在一个品牌中消费更多商品，且对每一个商品产生更多复购。

完整意义的品类用户运营包含品牌用户运营。

举个例子。

百果园、良品铺子、幸福西饼、红星美凯龙、沃尔玛、苏宁，其用户运营目标是引导用户消费各种水果、各种零食、各种面包糕点、各种家具建材、各种日用品和食品、各种 3C 产品和电器，并不断对每个子品类产生复购，不断升级消费同品类的新品，但并不在意具体消费哪个品牌。

佳沛、洽洽、达利园、顾家、滴露、华为，其用户运营目标是引导用户消费奇异果、瓜子、面包、沙发、洗手液、手机，并不断复购，不断升级消费同品牌新品。

一般来说，我们把消费者同时或连续消费不同品类商品的行为，称为联购；把消费者重复消费同一款商品的行为，称为复购。

3. 品类用户运营的核心绩效指标是什么？

品类消费宽度。

对于超级流量场，用户运营的核心指标是一个用户在场内消费品类的数量，我们将其称作品类消费宽度。

这个指标可以综合地反映出一个超级流量场在用户运营上的效率与效益。

只有一个用户成为会员，并最终消费多个小品类，而且品类消费足够宽，才算充分挖掘了这个用户的销售贡献。而实现这一结果的同时，一定意味着与这个用户在多个品类上产生了大量互动，所以，用户资产在流量制造这个维度上的价值得到了最大化。这一点至关重要。因为，产生销售只是场的价值的一部分，流量制造才是品牌商更需要、零售场更有空间的价值创造。

我们经常强调消费者口碑，其实，如果一个用户在一个场子里的品类消费宽度足够大，那他大概率是这个超级流量场的忠粉；反之，怎么能谈得上真正的口碑呢？没有重度消费，一定有不尽如人意的体验在，口碑从何谈起、何以证明？这种情况下，最好的结果也不过是该用户对场内某个品牌或商品有一定的口碑，而对整个超级流量场的口碑评价为"一般"甚至"差评"。

对大多数行业来说，维护一个老用户的成本比获取一个新客的成本要低得多。据世界知名咨询公司美国贝恩公司的调查数据显示，5%的客户留存率的增长，意味着公司利润30%的增长，同时把产品卖给老用户的概率是新客户的3倍。

所以，品类消费宽度是超级流量场用户运营的核心指标之一。

4. 品类用户运营与品牌用户运营的区别主要表现在哪些方面？

首先是用户规模的区别，其次是在与用户互动的主体、周期、内容、目标等维度上的差别。

	品类用户运营	品牌用户运营
主导方	零售商	品牌商
内容	选购指南	商品卖点
目标	联购	复购
周期	消费各品类的总体生命周期	消费各商品的总体生命周期

- 品类用户运营的主导方是零售商；品牌用户运营的主导方是品牌商。

- 品类用户运营的内容是为消费者提供选项和建议；品牌用户运营的内容是引导消费者选择品牌及品牌旗下的产品。

- 品类用户运营的目标，更多是关联销售；品牌用户运营的目标，更多是复购。

- 品类用户运营的周期是一个用户消费一个零售商所运营的多个品类的总体生命周期；品牌用户运营的周期是一个用户消费一个品牌所属的多个产品的总体生命周期。

无论从周期、内容、目标哪个维度来看，品类用户运营都包含品牌用户运营。

5. 超级流量场的用户运营与品牌商的用户运营的相同点是什么？

超级流量场自身进行的品类用户运营，以及赋能品牌商实现的品牌用户运营，都遵循着 AIPL、5A 或 AARRR 的规律，都是全域、全场景、全链路、全周期的用户运营，且颗粒度都是细到每一个潜客、新客和老用户，或者说用户和会员。

全域和全场景描述的是空间，全域特指线上和线下；全场景特指线上的公域场景+私域场景，其中包括购物、社交、搜索、资讯、娱乐等。

全链路和全周期描述的是时间，全链路指的是消费一个商品的完整旅程，全周期指的是消费不同品类的全生命周期。

6. 超级流量场在进行品类用户运营时，为商家带来了什么？

下面两个问答可以回答：

对于一个品牌，精准的潜在用户在哪里？

- 最内圈：品牌认知用户、兴趣用户；
- 第二圈：品类认知用户、兴趣用户；
- 第三圈：关联品类的认知用户、兴趣用户、消费用户、忠诚用户。

如何触达这些潜在用户？

需要在超级流量场的品类用户运营过程中实现。这个过程，就是为场内品牌商进行流量制造并输出的过程。这些精准的、高效的、低成本的优质流量，将赋予场内商家实现针对每一个用户的品牌传播、新品推广、潜客拉新、销售转化、激活复购等链路营销，赋能商家真正实现精细化而完整的用户运营。

小 结
SUMMARY

　　红星美凯龙与小 A 的互动，完整呈现了全域、全场景、全链路、全周期的用户运营全过程。

　　整个用户运营过程，由数据与内容驱动，发生在各个场景之中。

　　红星美凯龙在针对小 A 的用户运营过程当中，不断为各个品牌制造流量。

　　品类用户运营的目标是产生更多联购，品牌用户运营的目标是产生更多复购。

　　完整意义上的品类用户运营包含品牌用户运营。

　　行业级用户运营中台所负责的正是品类用户运营。

　　衡量品类用户运营的核心指标是品类消费宽度。

　　这个指标可以比较综合性地反映出一个超级流量场在用户运营上的效率与效益。

PART TWO

下 篇

流量制造的四大核心能力

自此开始，我们一起进入到这本书的后半部，重点讨论流量制造的四大核心能力——造画像、造内容、造场景、造工具。

线下零售场需要对这四项基本功的修炼图谱了如指掌，日夜修炼流量制造"神功"。

品牌商需要对超级流量场的四项基本功运行机理了如指掌，躬身入局，分享流量红利。

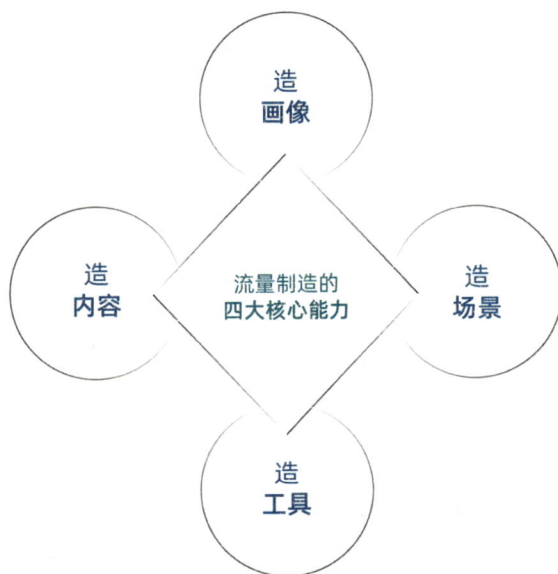

这"四个造"定义了四项营销新能力，或者说，定义了全新的营销能力评估模型。

今后，评估一个企业的营销能力，评估一支营销团队的知识经验的厚度、广度与新鲜度，就一定会这么问：你的企业会造画像吗？有造场景吗？能造工具吗？你的企业造内容的能力（非广告策划创意与制作能力）有多强大？用户运营团队的十个兵种，你有几个？

我们不难发现："四个造"的能力都是传统营销方法论所未涉及的,而又都是当下及未来必需的营销新能力。

接下来,任何企业如果不直接或间接具备本书所定义的"造画像、造场景、造工具、造内容"的四项营销新能力,即流量制造的四项核心能力,则一定会在品牌营销这个象限里惨遭对手的降维打击。

"人、货、场"与"画像、内容、场景"

传统零售时代,人们讲"人、货、场"。数字时代,不仅要有用户,更要有用户的数字画像;不仅要有货,更要有与货相关的数字内容;不仅要有线下的场,更要有线上的、数字化的各种场景。

因为,在虚拟世界里,企业看到的不是用户,是用户画像;用户看到的不是货,是内容;互动的时间空间不是发生在一个场所里,而是在社交、搜索、资讯、购物、娱乐等各个场景里。

"人找货"与"货找人"

传统零售都是"人找货"的逻辑。早先,线下零售场,从集市到商场、超市,汇聚了人找货的绝大部分流量,因为那里有很多货;后来,人找货的流量大规模转移到线上的电商,因为那里有更多货,且便宜而便捷。

那么,流量制造的增量机会,本质上在哪里?

货找人!

以前,线下零售场获取流量的第一要诀就是"位置、位置、位置",这是"人找货"的流量制造逻辑。这相当于靠天吃饭,流量天花板很低。

而"货找人"的潜量却要多得多。

社群、官方自媒体、全民营销、DMP 精准广告投放、电商站内推送,这些都是货找人场景。

但货找人是个瓷器活儿。

人找货,只需要把货摆在一个交通便利的地方。货找人,就完美地实现为一个用户推送满足其个性化需求的信息（带有购物链接），这需要掌握硬核功夫。

数字时代，大数据让精准的用户识别与跟踪成为可能，新媒体让反复的用户触达与互动成为可能。

首先，要知道找的是谁，即需要了解用户的需求、偏好和习惯，需要一个高保真的用户画像；其次，找到以后为了博得芳心，要为他生产出能够在线上任意传输的"货"——定制化、有吸引力、对用户有价值的内容；再次，为了每次实现简单、高效，还要打造出能让用户与内容高频互动的线上场景矩阵。

这些硬核功夫总结起来就是三大核心能力：造画像、造内容、造场景。支持这三大能力的，还有一个更底层的能力——"造工具"，即为"造画像、造内容、造场景"而研发相应的数字化工具的能力。

每一个线下零售场都可以进化为超级流量场，只要他们练好这四大核心能力，因为线下零售场拥有六大卓越基因——"用户多、数据多、货品多、活动多、导购多、品牌强"。

"用户多"解决了很多场景下的拉新难题；"数据多"，尤其是"与用户消费相关的数据多"，让数据中台成为可能，让用户画像高清且立体；"货品多"让品类创新与品类消费指南型内容生产成为可能；"货品多+活动多"成就了内容的极大丰富性与刚需特性，从而解决了如何维持用户黏性的难题；"导购多"让"直播内容创作的人海战术"与"全民营销矩阵"打造成为可能；"品牌强"让每一个内容的出品都有强大背书。

下图是超级流量场练就四大核心能力的基因图谱，接下来的第6到第9章将详细阐述。

		六大基因					
		用户多	数据多	货品多	活动多	导购多	品牌强
造画像	数据中台	●	●				
造内容	品类内容			●			
	活动内容			●	●		
	直播内容			●	●	●	
	品牌内容						●
造场景	全网精准投放矩阵	●	●				
	社群矩阵	●		●	●		
	自媒体矩阵	●		●	●		
	全民营销矩阵	●				●	
	电商旗舰店矩阵	●	●	●	●		●
造工具	全套数字化用户运营工具						

流量制造的四大核心能力与六大基因

品牌商都希望拥有每个潜在用户和已有用户的全息画像，从而实现精准营销与用户运营，但是基因决定，这样大概率不可能。而线下零售场注定可以担此重任，为每个品类用户绘制新鲜的、多维度的高清画像，从而赋能品牌商。

品牌商也希望利用内容与用户建立高频黏性，但同样受限于基因，这个也很难实现。而线下零售场天生具备生产海量品类内容、促销内容、直播内容、商品内容的功能，在与用户建立高黏性这个极具挑战的目标上，注定可以稳操胜券，从而赋能品牌商。

品牌商都希望拥有自己的私域流量，但是基因决定，这个概率不大。而线下零售场却天生含着一把金灿灿的能够打开"线上五大场"大门的钥匙，一旦成功打开，必将源源不断制造高品质流量，从而赋能品牌商。

品牌商都希望拥有自己的数字化用户运营工具系统，但是，无论从专业人才团队上，还是从研发的预算投入上来看，绝大多数品牌商并不具备这样的实力。另外，更重要的，这样做并不经济。事实上，对于不同品牌商而言，一个垂直行业的数字化用户运营系统大同小异，可以共用的部分很多，需要个性化定制开发的部分相对有限，且都需要与零售场进行接口打通。所以，"超级流量场负责研发、品牌商共同分享"的解决方案一定是绝大多数情况下的最佳选择。

"线上五大场"包括全网精准广告投放矩阵、超大规模的行业级社群矩阵、超大型全民营销平台、全平台官方自媒体矩阵，以及电商旗舰店矩阵。

搞不定用户画像，货找人的效率就会极低，且会恶性循环，因为无论是广告投放场景、社群的内容推送场景、自媒体的内容推送场景、全民营销一对一社交场景，还是电商旗舰店商品推荐场景，内容与需求不匹配都会降低用户满意度，从而造成用户的不断流失。

即便找到了精准用户、有了私域里自由掌控的互动场景，但若没有足量的内容，或是缺乏有吸引力的、有价值的、质量达标的内容，黏性自然还是无从谈起，所有互动场景终究无法成功运作起来。

搞不定场景也不行，因为人找到了，"货"备好了，但没有机会互动，或者每次互动的"过路费"（广告费）太高，或者互动场景仅仅适合你的用户与你"简单问候"，而不适合"亲密"接触（所有广告场景在这个问题上最突出），最终还是竹篮打水一场空。

反之，有了用户画像，就有了定制化的内容，用户在场景里的体验就会很好，甚至不断体验惊喜，也就是所谓的"爽点"，如此，用户黏性、商品复购率、品类消费宽度、口碑裂变率都会正向循环，越来越高。而这些，又同时意味着用户数据会越来越多，用户标签会越来越丰富，用户画像会越来越丰满、细腻。自然，内容越来越对味儿、场景内的互动越来越高频……所以，"造画像、造内容、造场景"是一个可以正向无限循环的用户运营连环绝技。

这个连环绝技包含 11 个大招，其中，"造刚需内容"这门绝技中包含四个大招；"造线上五场"这门绝技中包含五个大招。

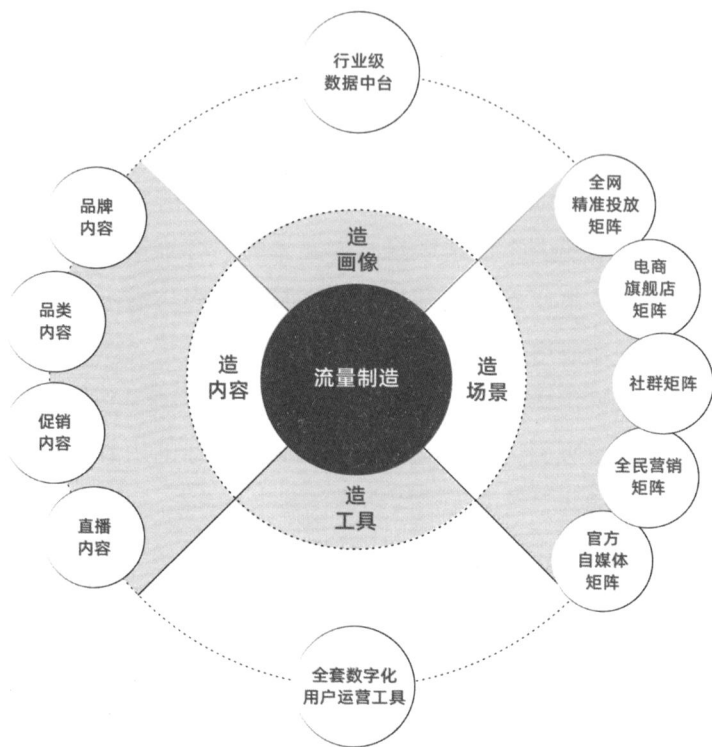

流量制造的四大核心能力与十一个大招

一个拥有了"造高清画像、造刚需内容、造线上五场、造全套工具"四种独门绝技的线下零售场，就是本书所说的"超级流量场"，就成为一个以用户运营为手段的，为所有品牌商源源不断制造流量的"用户资产运营商"，也是"数智营销服务平台"。

事实上，当超级流量场将其所特有的品牌优势、品类优势、商品优势、数据优势、技术优势、体验优势，极致发挥，就会在"造画像、造内容、造场景"三个核心能力上所向披靡。

超级流量场充分发力制造流量，品牌商充分借力分享流量。

品牌商要充分利用超级流量场的数据中台，尤其是利用数据中台绘制出的每一个品类用户的高保真画像，来实现精准触达整个品类潜客，对每一场传播活动或促销活动后收获的兴趣用户进行及时跟踪与饱和互动，不断激活唤醒每一个已购用户和流失用户，展开颗粒度细到用户的全场景营销互动，针对每个用户进行完整的全链路营销……

品牌商要千方百计成为超级流量场内容生产的优秀"素材供应商"以及"半成品供应商"，乃至"成品供应商"。超级流量场的商品内容生产、品类内容生产、促销内容生产、直播内容生产等，都离不开品牌商的内容素材。哪一家的内容素材好，就一定更有机会成为这些"场级内容"的核心部分，甚至是C位，从而更多地、更高效地获取超级流量场制造的精准流量，以及零售场的强大背书，甚至直接推荐。

品牌商要充分利用超级流量场的"线上五大场"，实现精准获客与用户运营。

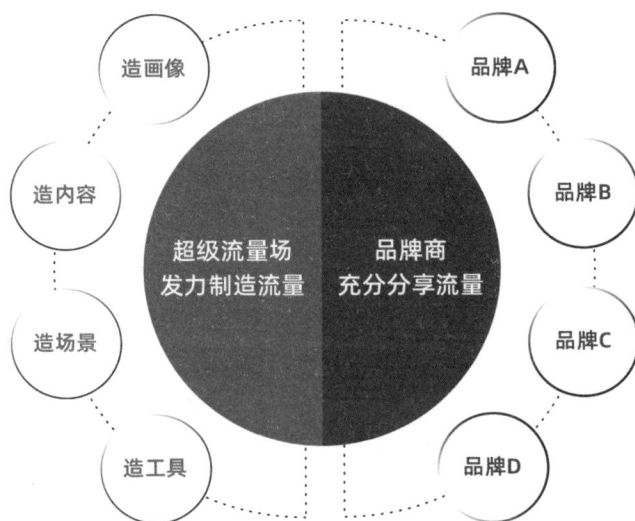

零售场与品牌商"分工合作"

第一核心能力
——造画像

"人找货"模式下，是用户来到线下零售场逛店找货，或者到线上商城进行关键词搜索、目录检索来找货。总之，"找"的难题在用户这边。

　　"货找人"模式下，是商家在线上的广告场景、社交场景、社群场景、电商场景里，精准地找到用户，并将与用户需求相匹配的货推送到用户面前。此时，"找"的难题在商家这边。

　　这里的商家包括零售商、品牌商、经销商。

　　事实上，为了实现"货找人"，不仅要能够精准地找到用户，而且要根据用户的需求匹配合适的货，还要根据用户的偏好匹配合适的内容形式，进而需要根据用户的媒体接触习惯匹配合适的广告投放场景或内容推送场景。

　　而这一切动作的前提是需要一个高清的、360°的、新鲜的用户画像。

　　用户画像，就是数字化的用户。

用户数字化

　　用户数字化，即造出数字化的人——用户画像。这是打造超级流量场的基石，也是线下零售场数字化的第一步，不仅需要完整采集全域用户行为数据，还需要连接第三方大数据，并进行充分融合。

全场景交互用户行为数据采集

　　构建线上线下数据感知体系，实现全场景用户行为数据采集。

　　首先，线下零售场要利用全网数字化广告投放场景，以及私域里的用户互动场景，沉淀用户数据。

　　目前，线上行为数据采集技术已非常成熟。

　　同时，线下零售场要利用各种智能设备和电子会员系统，实现线下到店顾客行为的数字化。近几年线下的数据采集技术获得了长足的发展，包含二维码、人体热感应、LBS、WIFI 探针、电子屏交互、智慧停车、Beacon、人脸识别等技术，它们均已在众多交互场景中大量应用。

　　要想有一个新鲜的、高清的、360°的用户画像，就必须在线上和线下，对每一个潜在用户与既有用户进行全域、全场景、全链路、全周期的互动数据采集与沉淀，从而对每一个用户的基础特征、行为特征、兴趣特征、消费特征等进行多维度的标签定义。不同行业、不同业务模式实战用的数据采集地图与用户画像标签体系各自不同，这里不赘述该专业领域的细节，感兴趣的朋友可以在网络上自行搜集相关资料。而如何利用用户画像在用户运营中实现高精准、高度定制化的用户互动，以及持续对互动策略优化迭代，实现营销与运营上的降本增效，将在后续的章节中具体论述。

第三方数据体系联动

借助第三方大数据，能够有效且显著地提升用户数据的广度与深度。

与头部互联网公司动辄数亿的日活所产生的数据相比，线下零售场所掌握的数据，无论从量级上还是维度上都很有限，难以独立满足各种营销需求。所以，超级流量场需要与外部数据源连接并融合，例如阿里巴巴体系的线上消费数据，腾讯体系的社交行为数据，百度体系的搜索、地图数据，搜狗体系的输入数据，讯飞体系的语音数据，银联体系的交易数据等，从而大大增强自身的数据分析能力与数据营销能力。

数据融合

超级流量场需要根据业务需求与流程，设计出一套通用的数据逻辑体系、用户标签体系，从而实现内外部数据、线上线下数据的连接、交互与沉淀，最终形成颗粒度细到每一个用户的画像系统。

数据融合有很多技术途径，是一门专项学问，这里只举一个简单的例子，例如在微信中建立 SCRM 会员体系。消费者在微信公众号中进行手机的实名认证，就能打通这个会员的手机号和微信 Open ID，如果该消费者在另一个平台上，无论是手机上还是电脑上，又用微信扫描二维码登录，那就马上可以实现针对这个用户的微信数据与该 App 的数据打通。

打造自己的数据中台

以上仅仅是实现用户画像的基础搭建工作。现实中，对于一家线下零售场，为了获得强大的用户画像构建能力与应用能力，最佳方案就是打造一个自己的数据中台。

数据显示，当今世界数字化浪潮已席卷全球，颠覆性创新正在加速，传统企业面临着前所未有的挑战和机遇，而唯一的生存之路就是加速数字化转型并持续迭代，保持领先。在数字化转型过程中，众多企业踊跃践行以用户为中心、以数据洞察为驱动的核心战略，但往往会面临数据互通受限、数据管理困难，以及数据应用开发时间冗长等诸多严峻挑战。这些也成为企业高效利用数据、快速响应客户、深化数字化转型进程上的绊脚石。

此时，数据中台的概念应运而生，并在短期内获得广泛关注。数据中台不仅能够聚合内外部数据，以数据洞察来驱动决策和运营，而且能够帮助企业把原始数据转化为数据资产，向外输出高效的数据服务。在数据中台对企业的各维度赋能中，对营销的赋能是最直接且显著的。如果用一句话概括数据中台对营销的价值，那就是：数据中台不仅让传统营销升级为数字营销，更升级为用户运营。即利用高清的、360°的、新鲜的用户画像，实现对每一个用户的全域、全场景、全链路、全周期运营。

鉴于本书并非是关于数据中台的专业书籍，以下并不会介绍数据中台的具体搭建方法，比如有关数据汇聚、数据开发、数据资产建设、数据服务体系建设、数据运营体系建设，以及数据安全性管理等方面的知识与经验，而是着重讨论数据中台的典型应用场景，并借红星美凯龙与阿里共建的数据中台项目来介绍数据中台在营销层面上的核心能力。

数据中台八大典型应用场景

数据中台可应用于任何用户互动场景，包括广告投放、会员短信推送、Call-Center、自媒体矩阵的站内消息推送、社群运营、全民营销一对一推广等。具体应用细节各有特点，但核心应用逻辑完全相同。在以上每一个场景中，超级流量场与品牌商，都能够凭借数据中台的数据能力、定向能力、优化能力，精准找到目标用户，匹配最佳内容与场景，实现与用户之间的千人千面甚至一人千面的定制化互动。同时，超级流量场与品牌商能够利用数据中台进行各种算法模型的实时优化与迭代，不断提升用户运营各个环节的效率。

下面用一个例子，来说明数据中台是如何在用户旅程的全链路上发挥作用的。

某品牌商给目标客户群进行大范围的广告推送后，一位消费者在超级流量场的线上路径留下了兴趣痕迹（如：浏览、收藏或咨询等），或者在超级流量场的线下门店留下了兴趣痕迹（如：逛店、扫码等）。因此，超级流量场数据中台就记录了相关互动数据，并把这位消费者打上"某某品类兴趣用户""某某品牌兴趣用户"的标签。品牌商就可以在数据中台中将这位用户列为重点目标潜客，当该用户出现在数据中台所联通的任意媒体时，都将自动触发广告曝光。即让这个消费者看到该品牌广告，甚至每次看到不同的广告。而从消费者的体验角度来看，当自己表现出对这个商品感兴趣之后，就开始频繁看到这个商品的广告及"种草"内容，而这些正是自己做抉择所特别需要的内容，比如让自己有机会深度、立体地了解这个品牌的故事和产品特点，了解这个品牌及产品的促销讯息，了解来自其他用户的体验分享等。这些精准的"种草"，都会显著提升兴趣用户到消费用户的转化率。

接下来，简单介绍一下数据中台的典型应用场景。

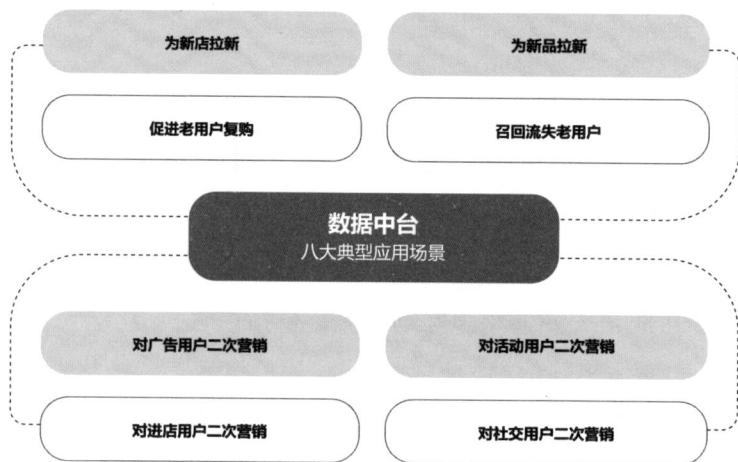

从品类用户中快速为新店拉新

一个品牌商在某线下零售场开出新店,如何针对商圈周边覆盖的精准潜客进行全面推广、引流入店,从来都是大难题。无论是线上投放广告还是线下人肉地推,要么成本很高,要么周期很长,都无法高效找到精准潜客。此时,超级流量场数据中台的用户生命周期管理模型就可以大显身手了,它可以精准定向商场辐射范围内的该品牌同品类用户。比如:对 1 个月内在该商场线上场景矩阵或线下门店有逛店、咨询、搜索、浏览、收藏等动作的母婴用品品类用户进行精准营销,从而为某个母婴品牌的一家新店快速拉新。

利用品牌既有用户快速为新品拉新

当一个品牌需要为一款新品快速拉新时,比如一个速冻食品品牌研发上市了一款速冻面食时,就可以借助超级流量场数据中台的能力,锁定品牌商在这个超级流量场的线上线下店中积累的用户、会员,进行定向推广。这部分用户与会员是品牌新品的首要潜在客户,对品牌的信誉、商品的品质、服务的口碑都有一定程度的了解,因此更有机会成为这款新品的第一批种子用户。同时,品牌商以这部分用户和会员为基础画像,能够凭借超级流量场数据中台在全域寻找高度相似的潜在目标人群,进行定向的扩展营销,迅速增加新品用户。

对品牌消费用户进行持续互动以促进复购

传统营销时代,品牌商通过大量广告曝光,让一部分消费者对品牌或新品产生认知、兴趣,并最终产生购买,但对于哪些消费者产生了购买却无法获得相关数据,更无法持续追踪、反复触达。事实上,对于高频消费的商品,尽管用户有了初次消费的体验,但后续的复购还是需要广告、内容、促销等反复提醒与刺激。

超级流量场时代，品牌商凭借数据中台，就可以完美解决这一痛点，针对"品牌已消费用户"展开定向营销，进而不断激活老用户，引导其复购。

对已流失用户进行激活、召回

老用户、老会员都是品牌的宝贵资产。传统营销时代，品牌商只知道不断有老用户、老会员流失了，但并不知道他们是谁、如何挽回。利用超级流量场的数据中台，品牌商就能够实现精准识别，对即将流失或刚刚流失的老用户、老会员进行定向营销，结合定制的内容进行唤醒和再度挽回，从而显著减少用户资产的流失。

对品牌兴趣用户高饱和触达实现有效转化

在一波营销推广之后，通常会有部分用户表示出对品牌或商品的兴趣，如：点击、浏览、收藏、点赞、咨询等，这部分用户是最有可能产生消费行为的潜客。但是，如果不能及时跟进，往往大部分就会流失。反之，如果能够利用数据中台的用户旅程全链路模型精准锁定这部分用户，并在一定周期内持续反复触达，用不同内容进行互动，不断加深用户对品牌、商品的全面了解，最终将收获显著提升的转化率。这就像烧一壶水，没烧开就熄火，也就等于浪费了前面的柴火。

对一场活动中的未消费兴趣用户全域触达

一场活动，尤其大型活动，可能会为线下零售场和品牌商带来可观的销售业绩，同时还会带来另外一项以往极易被忽略的重大收获，就是那些关注或参加了活动但最终没有下单的用户。品牌商借助超级流量场的数据中台能力，就可以完美地定向每一场活动中的"未成交兴趣用户"，然后持续在全网线上线下渠道、各种营销场景中，用花样繁多的定制内容进行持续的定向营销。

追踪在社交营销、社群营销、内容营销中收获的品类兴趣人群进行持续互动、转化

超级流量场数据中台整合了全网精准广告投放场景与超级流量场的私域场景——官方自媒体矩阵、社群矩阵、全民营销矩阵与电商旗舰店矩阵。因此，超级流量场能够赋能品牌商，在这些场景矩阵里对所有收获的品类兴趣人群进行定向营销，并持续互动、引导转化。

针对线下到店未转化用户，及时进行二次营销

对于任何一个线下门店，进来的顾客都是"上帝"，但大多数"上帝"不会第一次进来就下单，而是会有逛店、比较、纠结甚至再来店的过程。此时，能否及时跟踪离店未消费用户，进行线上的营销互动，是能否利用门店流量、提高转化的关键。比如家具建材品牌商通过红星美凯龙的数据中台，利用"某某品类"、"线下逛店"与"未成交用户"三个标签的组合，即可轻松锁定所有进入本品牌线下店铺及竞品店铺的未成交用户进行定向营销，实时触发短信推送、广告投放、官方自媒体消息推送、官方个人号"一对一"营销等一系列动作。

以上场景只是实际应用场景的典型代表，为各位读者朋友展现了数据中台的些许魅力。下面我们就红星美凯龙与阿里云共同研发的数据中台，简要介绍一下核心功能。

红星美凯龙携手阿里云打造家居行业第一数据中台

自 2015 年起，红星美凯龙着手布局营销数字化升级；2018 年正式对外推

出全球家居智慧营销平台 IMP；2019 年牵手阿里巴巴，与阿里云一同在 IMP 用户运营工具系统——筋斗云的基础上，快速搭建家居行业第一数据中台。

红星美凯龙数据中台，借助阿里云数据服务产品 Dataphin 超强的数据建模能力和数据萃取能力，以业务需求为导向，创建与家居消费需求及行为相匹配的用户分析模型，为消费者洞察和运营策略制定提供深度数据服务，同时，借助阿里云另一数据服务产品 Quick Audience 与 Dataphin 的高效配合，实现用户运营的持续提效。

红星美凯龙数据中台将赋能所有商家。

基于阿里巴巴大中台设计理念和中台技术，红星美凯龙数据中台将消费者的全域、全场景、全链路、全周期数据资产统一管理，并建立接口服务，向整个行业开放 API，为所有商家在各项基于消费者数据资产的业务应用上提供底层大数据支持。这相当于为所有企业分担了数字化历程中的重活、累活，帮助所有品牌企业迈出了数字化的最关键一步，夯实了全面数字化的底层基础建设。

数据中台有三个核心能力：强大的数据管理能力、强大的目标定向能力、强大的永续优化能力。

强大的数据管理能力

1. 多渠道数据融合

目前，红星美凯龙拥有 428 家门店，是全球 Mall 王，拥有中国 200 多个城市的中高端家装家居用户。以此为起点，红星美凯龙数据中台（以下简称"红星数据中台"）集成线上线下多渠道数据源，统一消费者身份识别，赋能品牌商、经销商实现全域、全场景、全链路、全周期的用户运营。红星数据中台融合了线下门店用户互动数据与线上私域用户互动数据。线下门店用户互动数据包括用户逛店数据、消费数据、会员权益与服务数据；线上私域用户互动数据包括官方自媒体矩阵（微信系、字节系、小红书、微博等）数据、社群运营数据、全民营销数据、天猫同城站数据、广告投放数据与 CRM 数据等。值得一提的是，红星美凯龙通过与阿里、字节跳动、腾讯、百度等各大主流平台深度合作，将每年服务的 3000 万中国中高端家居用户在全网的线上行为轨迹打通，并与全网 10 亿用户线上行为轨迹建立关联，从而可以通过聚类分析精准识别出全网家装家居潜客。红星美凯龙负责家居行业数据的精准度和新鲜度，各大流量平台提供数据的广度和深度，两者加起来就绘制出了中国整个家居行业最完整、最高清也最新鲜的用户画像。

2. 品牌用户运营数据沉淀

红星数据中台不仅沉淀了自己的第一手用户数据，联通了各大流量平台的数据以及第三方数据，同时还能够为品牌商赋能，让品牌商实现对所属用户与会员的广告投放数据沉淀、营销活动数据沉淀、自媒体矩阵互动数据沉淀、社群矩阵互动数据沉淀、电商数据沉淀、门店数据沉淀。其中的自媒体矩阵、社群矩阵、电商旗舰店是指红星美凯龙所拥有的，而并非品牌商自己的；广告投放是指品牌商通过红星美凯龙全网聚合广告平台进行的全域广告投放；营销活动是指红星美凯龙在线上线下开展的有品牌商参与的各种活动；门店是指品牌商在红星美凯龙线下商场以及线上天猫同城站所开的品牌商或经销商店铺。

3. 全链路数据闭环

传统营销时代，在大部分行业中，营销推广对于销售收入的贡献大多无法定量评估与证明。因此，营销人说话总缺少一份底气，对营销人的价值贡献也总是缺乏一份明确而充分的认可。

面子是小事，真正严重的是营销预算的浪费巨大。

一方面，由于没有及时与"处在旅程中的消费者"持续互动，品牌商大概率会最终丢失这部分消费者，这就意味着针对这部分消费者的前期投入被全部浪费；另一方面，对于成功下单以及复购的消费者，品牌商并不能将其购买及复购的行为与前期的营销互动行为进行数据关联，这就导致没有办法真正完整地分析每一次传播、每一次营销的实际效果，无法以数据分析的方式挖掘不同营销策略、不同营销动作的规律性，当然也就无法迭代。

有了超级流量场数据中台的赋能之后，品牌商就可以一举打通消费者旅程前链路中的营销互动数据和消费者旅程后链路中的销售收入数据，能够基于销售的最终数据验证营销互动（用户运营）的效果。

可以预见：当红星数据中台为全体商家如此赋能之后，整个行业的营销效率将会呈现质的飞跃。

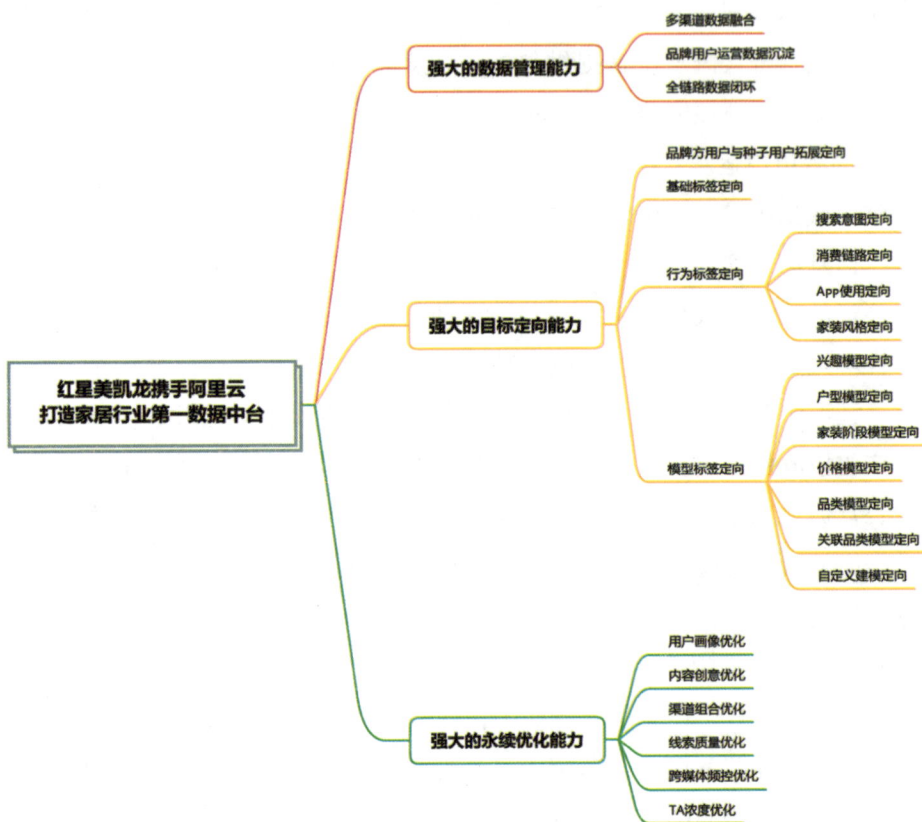

家居行业第一数据中台的三大能力

强大的目标定向能力

做营销推广时最让人纠结的就是，"我要的那部分用户是不是看到了广告或内容"。的确，决定营销效果最关键的第一步就是找到对的人。红星数据中台提供了多种基于数据标签来找人的方法，我们称之为目标定向，即根据每次营销推广的不同诉求，有针对性地找人，从而达到更好的营销效果。

下面我们就来一一介绍，红星数据中台是如何通过定向能力找对人的。

1. 品牌用户定向与种子用户拓展定向

品牌用户定向是常见的一种定向方式。品牌商可以将自己的会员用户或者已有用户打包成一个人群数据包，通过红星数据中台对这部分人进行营销触达，让这些老会员、老用户看到广告或内容。如果想要基于已有用户画像，找到有相似画像的新用户，就需要借助红星数据中台的种子人群拓展能力，即将已有用户看作种子目标用户，通过拓展功能，在全网公海里或超级流量场的私域中找到相似人群，形成更大的人群包，然后进行定向营销，达到扩量的目的。

2. 基础标签定向

红星数据中台中拥有很多的标签，包括性别、年龄、地域、消费水平、兴趣、手机使用特征等，将这些标签应用于筛选与组合，可以实现定向找人。

下面举例说明：若品牌商选择"商圈5公里"和"女性"两个标签，那么就可以通过红星数据中台面向某商圈周围5公里范围内的女性进行定向营销。如选择"华为""5G""联通"这三个标签，就表示对使用联通5G网络的华为手机用户进行定向营销。此外，还有一个重要的特殊功能就是屏蔽非目标人群，指的是排除无关人群的定向方式。即根据品牌商提供的非目标人群画像或数据，实现营销屏蔽，有效排除无效人群，减少品牌商不必要的预算消耗。如选择"高端消费人群"进行屏蔽，就意味着只对所有非高端用户进行投放。

3. 行为标签定向

● 搜索意图定向

围绕用户搜索行为的定向方式。根据用户近期搜索行为，通过红星数据中台识别出用户真实意图。例如：用户搜索过"床垫"，那么用户身上就有了"搜索床垫"这个标签，床垫的品牌商就可以利用这一标签找到目标用户。

● 消费链路定向

根据消费者的消费链路标签，即消费者与品牌的关系类型，进行定向营销。一般可以分为：知晓用户（曝光、点击、浏览）、兴趣用户（咨询、关注/收藏）、意向用户（留资、预订/预约、领券）、消费用户（已购买）、忠诚用户（点赞、正面口碑评价、复购、分享转发）。品牌商可以根据自身的推广诉求，来决定对拥有某一个或某几个消费链路标签的用户进行定向营销或者定向屏蔽。

- App 使用定向

每个 App 都有特定的用户群体，如果一个品牌的目标用户画像与该 App 的用户群体高度吻合，这个品牌就可以利用红星数据中台提供的工具，对手机中安装了这款 App 应用的人群进行定向广告投放。

- 风格定向

根据用户在线上或商场里浏览、咨询、收藏、预订或购买家装家居商品的历史行为，红星数据中台可以推算出他/她对家装设计风格的偏好。基于此，品牌商可以利用红星数据中台对那些偏好某一种或某几种家居风格的消费者，以定制化的内容进行定向营销。

4. 模型标签定向

在红星数据中台中，有一类模型是基于多年营销经验总结出来的固定模型，用于针对特定人群开展定向营销。

- 户型模型定向

不同的户型，适配的建材、家具、灯饰、软装、电器商品都有区别。例如：沙发的尺寸与客厅大小紧密相关，传统欧美风格家具主要适合大户型，某些浴室柜是专门为小户型设计的。根据红星数据中台中用户的户型标签，品牌商可以实现对特定户型用户定向营销。

- 家装阶段模型定向

由于家装施工有固定流程，电器、建材、家具、软装、灯饰等商品的购买是高关联且有相对明确顺序关系的。同时，因为家装是超低频消费，消费者一旦买了地板，5~10 年内就不会再次产生购买地板的需求（购买第二套房等特殊情况除外）。所以，红星数据中台为品牌商提供的针对不同家装阶段的消费者进行的定向营销，就显得意义重大。一方面，可以屏蔽掉已结束某些家装阶段的用户，避免广告投放、营销推广的浪费；另一方面，可以及时针对即将进入某些家装阶段或正在对某些商品开始挑选的消费者进行定向营销。

● 价格模型定向

同样是3+1客厅沙发，价格会从几千元到几十万元不等。不同的价格区间对应着不同价格偏好的消费者。利用红星数据中台，品牌商可以锁定符合自身商品价格定位的目标用户群体，进行定向营销推广。

● 品类模型定向

根据消费者针对某一品类的互动行为进行定向。例如：消费者在线下商场的卫浴区域进行逛店，在社群里预约了净水器品类大促的直播活动，在红星美凯龙官方订阅号上阅读了有关儿童房的文章并点赞转发，就留下了相应的用户行为数据。这些品类兴趣用户或意向用户，对于所有品牌商来说都是最核心的精准潜客。基于这些数据的挖掘，红星数据中台就可以为卫浴品牌商、净水器品牌商、儿童家具品牌商精准地识别出这些目标用户。

● 关联品类模型定向

家装家居商品之间，具有强关联的特性。一个家装消费者，既需要瓷砖、地板、淋浴房、智能马桶，也需要橱柜、厨电、空调、地暖。所以，家居商品之间的关联规律性并不需要利用大数据去深度挖掘，但是红星数据中台可以做到更精细化地关联品类人群定向。比如，沙发是一个品类，但又会细分为皮沙发、布艺沙发、功能沙发等品类；如果按风格来分，还会分为欧式、美式、意式、中式等。而不同种类与风格的沙发与客厅中该种类与风格的灯饰、地板、茶几、边柜等也有着直接的关联，有的还有着决定性的影响。因此，对于一个灯饰品牌，如果能够针对沙发这个关联品类中的相同种类或相同风格沙发的消费者进行定向营销，ROI一定会有倍增效应。而我们更常遇到的使用场景是：锁定关联品类中的强相关品牌。比如：某几个厨电品牌的消费者与某个床垫品牌的消费者重合度很高，那么就可以利用红星数据中台，将所有购买过这些品牌的消费者作为更精准的目标人群，进行重点的定向营销。

● 自定义建模定向

除了以上预设的几种定向方式，红星数据中台还为品牌商提供了根据标签自由组合进行自定义模型的能力，品牌商可以依据一次推广的具体诉求自主设计标签组合，并根据持续的营销数据反馈对模型进行持续迭代，不断提升营销效率，从而沉淀为自有算法的模型资产。

强大的永续优化能力

传统广告、传统营销是一锤子买卖。对于利用数据中台进行的数字化营销而言，营销推广的启动不代表营销策略与计划制订工作的结束，而表明策略与计划迭代工作刚刚开始。这也正是线上精准营销效果提升的关键所在。整个营销过程中，根据实时的点击率、浏览时长、浏览深度、留资转化率、销售转化率等数据反馈，品牌商可以不断调整营销推广的渠道组合方案、内容创意方向、人群定向策略、线索转化路径等，不断进行 A/B 测试，快速对营销效果进行实时干预，在覆盖率和转化率方面进行平衡与优化，追求 ROI 的最大化。

用户画像优化

在营销启动之初，品牌商通过上传种子用户包与标签定向的方式来定位自己的目标用户。在此过程中，品牌商利用红星数据中台系统不断收集触点互动数据及后续转化数据，对种子人群的画像标签组合进行实时优化，不断完善自己的品牌用户画像、商品用户画像，以及针对不同流量平台分别绘制最有价值用户的画像。其中更为重要的是，品牌商将对每一个用户继续沉淀更丰富的标签资产，为后续开展用户分层营销和千人千面的定制化营销夯实基础。

内容创意优化

对同一个用户在同一个媒体和场景下的不同触达，如果内容不同，带来的效果也是差异巨大的。同一个用户，在不同场景下偏好的内容也各不相同。一方面，内容质量本身有好有坏；另一方面，因商品不同、消费链路所处环节不同、场景不同、媒体接触渠道不同，消费者对内容的需求也是高度个性化的。另外，线上营销的内容也具有一定时效性，如果针对同一用户反复使用同样的内容，也会存在老化、失效等现象。这些痛点的解决都指向了对内容创意的优化能力。利用红星数据中台，品牌商可以基于营销前、中、后的数据预测与反馈，不断挖掘和优化内容与用户、商品、场景等要素之间的多边匹配关系，同时不断优化内容的创意方向与方案。

渠道组合优化

大多数的广告投放、营销推广，都不会仅仅依靠单一渠道，而是采取一套组合拳打法。当下媒体发展呈现碎片化甚至粉末化趋势，这就对品牌商投放广告、营销推广的多渠道组合能力与管理能力提出了前所未有的挑战。红星数据中台基于实时沉淀的、巨量的、各个广告渠道的投放结果数据反馈，能够为品牌商提供事前的渠道组合策略推荐、事中的组合方案快速优化、事后的各方案全维度复盘，以及与行业平均值的对比。

线索质量优化

同样的点击量、留资量不代表最终的转化结果相同，事实上，由于线索质量的差异往往导致转化率的差异巨大。利用红星数据中台提供的获客后链路CRM 工具，可以追踪每一个线索的最终转化结果，从而反推获取各线索所用的内容创意、定向策略、媒体组合策略的优劣，如此，就可以对当期以及后续的以获客线索为主要诉求的营销推广进行线索质量的评估与持续优化。

跨媒体频控优化

跨媒体频次控制优化最核心的功能就是，确保不在同一个消费者身上浪费过多曝光，以达到节约投放预算的目的，同时也可避免过度触达可能对用户造成的反感。这需要充分借助红星数据中台的媒体打通能力。品牌商针对一个目标群设定好曝光或点击频次的上限，在投放中，实现跨媒体的频次实时累计，一旦达到上限，便将该用户列为屏蔽对象。另外，为取得更好的效果，大多时候我们希望在与目标消费者的第一次、第二次、第三次接触甚至更多次接触时，都能够以不同内容与其进行互动，从而让消费者不断深入、越来越立体地了解品牌、商品或活动，而不是每一次的触达、互动内容都是"老面孔"。要达到这个理想状态，也需要依靠红星数据中台跨媒体频控的升级功能。

TA 浓度优化

利用数据中台，品牌商能够根据营销目的与营销效果，对 TA（Target Audience，目标受众）浓度进行双向优化，即调整营销推广曝光人数中精准目标人群所占的比例，从而使营销效果最大化。比如，当品牌商预算有限、追求相对更极致的转化率时，可以适当调高 TA 浓度以保证转化效果；当品牌商预算充足、追求最终转化绝对数量的增长时，可以调低 TA 浓度以保证覆盖更多的人群，获取更多潜客。

小 结
SUMMARY

线下零售场的自有用户数据价值巨大。

线下零售场利用自有用户数据，对接全网流量平台数据，威力倍增。

线下零售场必须建设数据中台，实现公域广告投放与私域内容推送的超精准定向。
数据中台有三大核心能力、四大类目标定向模式、八大典型应用场景。

品牌商在超级流量场数据中台的赋能之下，能够在新店拉新、新品拉新、老用户召
回、老用户复购、品牌兴趣用户转化、品类意向用户转化、线下到店用户转化等方面，实
现效率与 ROI 的显著倍增。

第 7 章
CHAPTER

第二核心能力
——造内容

零售企业都非常重视供应链打造。没错！这是命根子，是"核心肌群"，但这就是全部的"核心肌群"吗？

　　不是！

　　在互联网时代，与消费者直接互动的不仅是"货"，更多的是数字化的内容。

　　零售场是不生产商品的，但零售场生产内容。

　　流量制造需要内容，且重度依赖内容，尤其对于私域流量制造更是如此。

以前，广告传播，承载的是整齐划一的极简信息。

今天，内容传播，承载的是丰富的、可互动的、层层递进的、形式不断创新的，与品类、品牌及商品相关的深度信息。

未来，消费者将通过超级流量场打造的私域垂直媒体，获得大量的相关内容。

本章重点讨论有关内容创作的四个大招是如何练就的。在正式开始详细拆解每个大招之前，先简介三个要点：

- 五类内容的差异
- 本节的独特视角
- 信息交互的变化

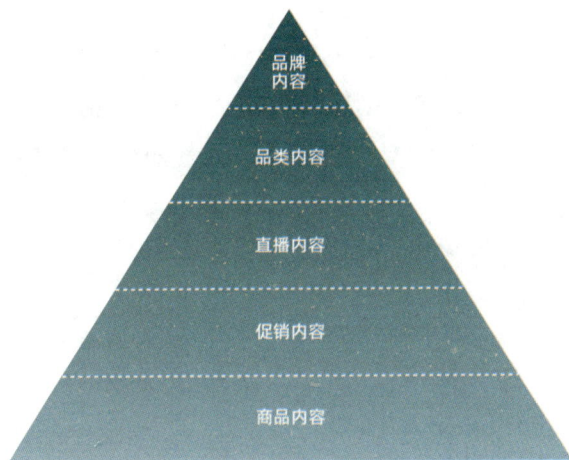

内容运营的五重境界

五类内容各有神通

线下零售场拥有海量商品，筛选出爆品、尖货、新品、套餐、IP 款、限量款等，就能够生产创作高吸睛度的内容，甚至是刷屏级内容，无论将它们放在公域里还是私域中，都是自带流量的"明星"，都是裂变传播的加速器。

商品内容丰富而精彩，主要取决于品牌商本身，或者说超级流量场的供应链能力。而在内容创作上，更具差异化空间、深度加工空间、价值放大空间的是品类内容、促销内容、直播内容和品牌内容。本节重点讨论这些。

制造流量的第一内容是品类内容

流量制造，要充分利用品类内容的特性——"第一需求"，实现"入口"效应。

品类内容是指各种有助于用户进行品类选购的指南、攻略、清单、榜单、评测、推荐等类型的内容，创意形式多种多样，包括图文、视频、游戏、海报等。例如：护脊床垫十大品牌推荐、2020 气泡水新品清单、大功率窗式新风机选购指南。

消费者对内容的第一需求往往是品类内容，因为他在消费决策全链路上最先需要的总是一份选购攻略。

制造流量的第二内容是活动内容

流量制造，要充分利用活动内容的特性——"刚性需求"，实现"收口"效应。

促销内容是指为五一、国庆、双十一、"618"这样的年度大促，以及品类节促销活动、品牌日促销活动、主题促销活动、会员专享活动等进行创作的，包含各种促销优惠信息的传播内容。例如：红星美凯龙超级家装节、苏宁易购空调品类节、屈臣氏男士高端护肤品超级品类节、芝华仕沙发超级品牌日、Ole 精品超市 VIP DAY 等。

促销信息往往比商品信息更吸引人，也能够带来更广泛的销售转化，背后的原因很简单——有各种优惠可以抢，这就像群里抢红包一样，永远是活跃度的峰值时刻。

品类消费指南，是几乎每一个消费者进入品类消费旅程的起点；促销活动，往往就是消费者剁手下单，为旅程画上第一个句号、竖起第一块里程碑的高光时刻。

此外，直播内容正处风口，对用户拉新和转化来说都是利器。随着全平台上线直播，必将导致一个结局——内容为王。做不做直播不再是问题，能不能把一场直播内容做得足够好、脱颖而出将成为一个大问题。

最重要的是，所有内容都需要品牌背书，尤其是线下零售场这样的"中立"大品牌的背书。而对于零售场本身的品牌塑造而言，一方面，与品牌商重度依赖商品创新来进行品牌塑造不同，零售场更应该倚重内容创造；另一方面，反过来，零售场的品牌光环对所有内容都有着确定性的强烈背书效应。

本节的独特视角

这一章会讲到品牌塑造、活动运营、品类挖掘、直播营销，但视角自成一派：

不讲如何进行零售行业的品类管理，而是全面剖析如何利用品类概念做出消费者需求的第一内容；

不讲如何做好一场大促活动的策划、蓄客与执行，而是讲述如何利用促销活动烹出一道道内容大餐；

不讲直播具体如何操作，相关的好书好文章已经层出不穷，而是着重分析一下作为平台的超级流量场如何玩转"人海战术"，成为每个垂直领域的第一 MCN 机构。

不讲如何进行品牌战略定位和 VI 设计，而是聊聊如何 360° 用内容成就品牌，从而让品牌为所有内容镶上闪闪发光的 logo。

信息交互模式的巨变

当超级流量场开始大量生产和传播内容时，消费者获取商品信息的渠道将发生进一步的巨大变化。

以前，消费者在线下或线上阅读、浏览、观看的内容主要是新闻、娱乐、军事、时尚等，与商品相关的信息是以各种传统平面广告、网络广告的形式夹带其中。发展到现在，最新的夹带方法就是信息流模式和资讯平台的"种草"模式。而未来，在超级流量场的私域场景里，消费者将主动和被动地高频接收大量的定制化商品信息，它们不是以广告的形式，而是以内容的方式来承载和表达的。

当零售场运营好自己的私域，就相当于为消费者呈现了一个专门提供商品相关信息的场景矩阵。在这些场景中，消费者可以获取品类导购内容、品牌推荐内容、爆品秒杀内容、促销活动内容、直播带货内容等。在这个维度上，超级流量场就是一个专门传播商品消费类内容的垂直媒体。

总结一下：**以前，消费者获取商品信息，主要靠各渠道广告，或在资讯平台上搜集；未来，消费者将通过超级流量场打造的私域垂直媒体获得大量的相关内容。**

作为媒体，最需要的就是每日源源不断地内容生产。

这正是品牌商分享流量红利的大好机会。

品牌商要全力以赴打磨自己的优质内容，努力成为超级流量场内容创作的"最佳原料供应商"，甚至作为 PGC 机构成为超级流量场的内容运营生态合作伙伴，从而充分利用超级流量场与用户之间的内容互动，达到极高性价比的获客、转化、复购、裂变，实现自己品牌的高效用户运营。

所以，品牌商营销团队要对超级流量场的"内容生产"运行机理了如指掌，并且躬身入局。

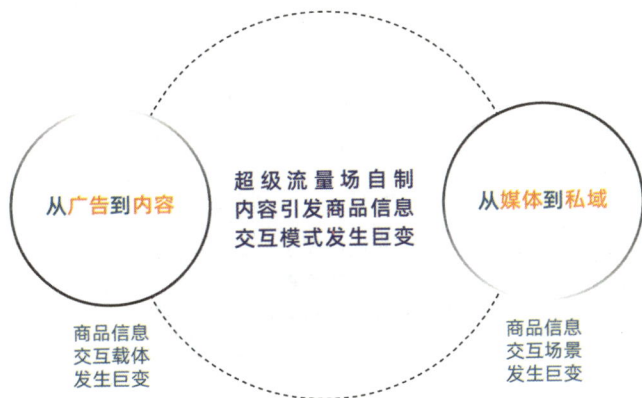

超级流量场自制
内容引发商品信息
交互模式发生巨变

从**广告**到**内容**　　　从**媒体**到**私域**

商品信息
交互载体
发生巨变

商品信息
交互场景
发生巨变

超级流量场基于内容与用户互动的同时，也正是为品牌商制造流量，赋能其实现精准的品牌推广、新品推广和活动推广的过程。

随着超级流量场自制内容的能力不断增长，品牌商的营销推广模式会发生巨变：会大量通过零售场生产的品类导购内容、促销活动内容、爆品推荐内容、会员专享权益内容等，传递自己的品牌与商品信息。品牌商的营销预算会从传统的广告传播向"零售场自制内容的植入营销"大规模转移。

品牌商要学会并快速熟练掌握如何将自己的品牌与商品信息植入零售场的自制内容里。零售场生产的任何内容，都一定包含着一个或诸多品牌与商品的信息。对于品牌商而言，这种植入营销推广方式相比惯常的广告曝光具有显著差异：一方面，除了品牌日活动之外，零售场生产的内容都不是单一品牌商的独立专属内容，而是包含了某个品类的多个品牌商品信息，甚至包含了多个品类的信息。在这种场景下，针对如何胜出要制定相应的策略。另一方面，相比广告模式，品牌商在开展零售场内容的植入营销时，会获得更精准、更高的销售转化以及更低成本的营销效果。

- "更精准"，是因为零售场在推送品类导购内容、促销活动内容、爆品推荐内容等时，必定会利用其数据中台的能力精准筛选目标用户。

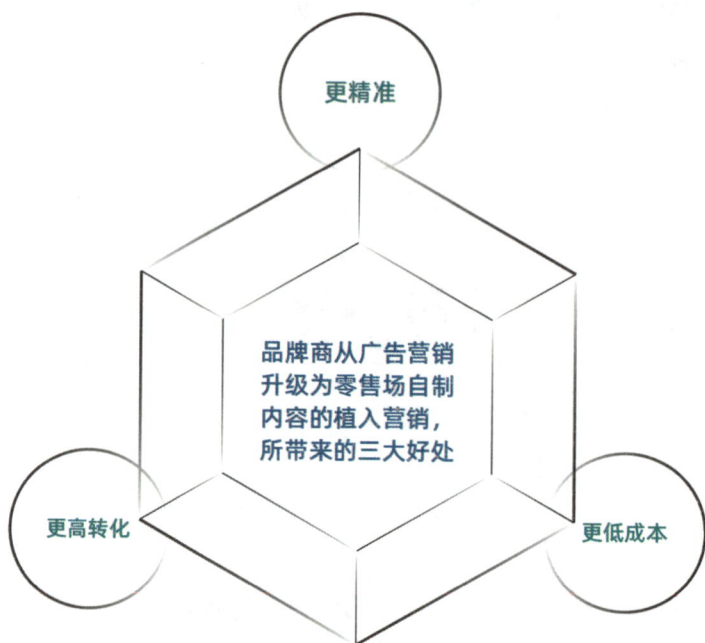

更精准

品牌商从广告营销
升级为零售场自制
内容的植入营销，
所带来的三大好处

更高转化

更低成本

● "更高转化"，是因为这些内容在零售场运营的公海触点和私域矩阵中呈现时，由于零售场特有的明确定位，相比广告，会让消费者更有选购与下单的场景感，更能够做到真正的品效合一，极致缩短消费者的消费链路，销售转化率明显更高。

● "更低成本"，是因为在零售场的私域矩阵里，传播成本显著降低，内容阅读率互动率显著提高，传播频次显著提高，目标人群精准度显著提高。所以，基于效果而言，相比通常的媒体广告流量，其成本显著降低。

总结一下，商品信息的交互模式将发生重大变化：

● 交互的载体从广告升级为内容；

● 交互的场景从媒体升级为私域，超级零售场的私域。

品类内容——消费者的第一需求

零售场不仅拥有品类，更可以创造品类。

品牌、商品，已由制造商生产出来；而品类，需要零售场，或者说品类商来打造。第一步是品类概念的挖掘，第二步是品类内容的创作。

品类概念的挖掘是超级流量场对品牌与商品的"再加工"，品类内容的创作是超级流量场对品牌与商品的"精加工"。超级流量场在进行这些加工时，需要大量的内容原料。

这就是品牌商应该抓住的大好机会。

品牌商要全力以赴打磨自己的优质内容，努力成为超级流量场品类内容创作的最佳原料、比重最大的原料、最有特色的原料，甚至作为 PGC 机构成为超级流量场的内容运营生态合作伙伴，充分利用超级流量场与用户之间基于"品类内容"的互动，从而实现极高性价比的获客、转化、复购、裂变，实现自己品牌的高效用户运营。

品牌商营销团队要对超级流量场的"品类内容"创作机理了如指掌，并亲身实践。

认知心理学的格式塔原理

所有学习品牌知识的朋友都知道，品牌的核心本质价值就是帮助消费者做选择，提高选择效率。

其实，品类更是。

所以，品类作为一个概念，价值巨大。而只有零售场才拥有这个概念，零售场就是品类商。

更厉害的是，零售场可以创造品类。

大家都在拼命研究如何塑造品牌，在这里我们来聊聊零售场如何创造品类。

每当我们消费一个自己尚未消费过的新品类，比如新风机、智能家居、VR眼镜、运动耳机、按摩椅、电动汽车、超声波电动牙刷、中高端红酒、雪茄、男士护肤品、长跑鞋、家用哑铃套装、超大屏蓝光智能电视、折叠屏手机……我们往往都会先搜集这些信息——这个品类里有什么品种、分为哪些类型、哪种适合我、都有什么价位、如何挑选、有什么利弊、有哪些知名品牌、这些品牌的优缺点是什么、哪些品牌口碑比较好、哪些款的性价比高等。只有完成了对这些信息的搜集、整理、消化，即完成了第一步的"功课"，我们才会开始第二步：选中一个或几个意向品种、品牌、商品，然后深入了解、比较，甚至会纠结，最终决定具体的商品购买。

当我们要和朋友聚餐或者宴请贵宾时，通常先想到的是，吃烤肉还是吃火锅？中式还是西式？川菜还是粤菜？只有决定了吃的菜系类别之后，才会知道去哪一家餐厅。表面上看也有例外，有时我们会突然想到最近有家网红餐厅出镜率很高，然后就直接决定去这家了。其实，这是我们心智中"网红餐厅""没吃过的好口碑餐厅"这一"自定义的品类概念"在起作用。

这一点，在《定位理论》中有非常系统的论述：

《品类十三律》里对于这种现象有着更为具体的数据支持："我们的大脑每时每刻都在接受数量巨大的信息，信息进入大脑后对其进行处理，大脑每秒钟要处理4000亿bit的信息，可我们只能意识到2000bit的信息。2000bit：4000亿bit的信息，意味着一个人每天只能意识到2亿分之一的信息，因此需要极其简化的信息分类编码，选取那些有利的信息，刺激大脑使之兴奋。换言之，人的大脑在大多数情况下，只听对自己有利的，只接受自己熟悉的，在这种情形下积极优化认知策略便产生了。"

人的头脑对事物观察的方式，遵循着认知心理学中的格式塔原理——先整体后局部。所以，对于在人类有限的认知容量中占有一席之地而言，往往是品类相比品牌占尽先机——在我们自己都还没有意识到的时候。

《品类战略》一书中有这样的描述：

1956 年，美国认知心理学的先驱乔治·米勒（George A. Miller）发表研究报告《神奇的数字 7±2：我们信息加工能力的局限》。在对消费者心智做了大量实验研究之后，米勒发现，心智处理信息的方式是把信息归类，然后加以命名，最后储存的是这个命名而非输入信息本身。

也就是说，消费者面对成千上万的产品信息，习惯于把相似的产品进行归类，而且通常只会记住该类产品的代表性品牌。消费者心智对信息的归类，我们就称之为"品类"。形象地说，品类就是消费者心智中储存不同类别信息的"小格子"。

所以《品类十三律》里说，一切传播的修饰，都没有品类凝聚的商品力量来得汹涌澎湃。品类之所以具有这种商品的凝聚力，主要因为它是人们内心与生俱来的，它脱胎于人的心智，它根植于文化。

所以，在消费者为选购某个商品做决策而需要的所有信息中，与品类消费相关的内容即包含同品类的多个品牌及商品的导购类信息或促销类信息——简称"品类内容"，是消费者的第一需求。具体而言，从消费者获取信息的优先次序，以及对信息需求的刚性程度两方面来看，品类内容都位居第一。这意味着，总有源源不断的用户和流量优先且大规模地向拥有和提供品类内容的服务者汇聚。

根据我对百度搜索数据的研究发现，整体而言，品类词的搜索量远远大于品牌词的搜索量。对于很多行业而言，这个比例平均超过 7∶3，家装行业的差距能达到 9∶1。

创造品类内容，非"场"莫属

对于"品类"这个词，企业并不陌生，因为传统意义的品类并非一个新词。品类（category）一词最初广泛用于销售管理领域。A.C.尼尔森对品类的定义是"确定什么产品组成小组和类别"，这是基于市场或者销售管理角度的定义（维基百科）。

从营销角度定义的品类，就是基于消费者的消费习惯，将一组相互关联并具有高频互补属性或高频替代属性的商品或物品定义群组，并命名该群组，群组内的商品或物品即形成品类。

为什么只有"场"能做品类内容呢？因为从本质上来说，品类是供给消费者选择的"菜单"，而每一个品牌，则是菜单上的"菜"。品牌间天然竞争，没有哪一个品牌能够代表或统领某品类的整体发声，因为缺乏客观公正性。品牌的自我传播，往往意味着"为自己打广告"，而零售场作为平台来传播品类，才真正意味着"内容"，这个内容里包含了同一品类不同品牌的相关内容。

零售场向用户传递某一品类各个选项（即各个品牌）的相关内容，在消费者心智中，这叫"指南"；品牌商向用户传递某一商品的相关内容，在消费者心智中，这叫"安利"。前者通常是刚需，消费者受益匪浅，收藏转发；后者一般是非刚需，消费者雾里看花，将信将疑。

零售场不断创造品类内容，并定向推送给目标消费者的过程，也正是零售场创造流量、分发给品牌商的过程。因为每一个品类内容里都一定会包含多个品牌和商品的内容，比如如何选择护脊床垫、10 大最畅销床垫、如何为家人选择满足不同需求的床垫、超级床垫品类节爆品清单等。正在选购床垫的消费者被这些品类内容吸引后，一次性接触到的一定是多个品牌多款商品的信息，且一定会在不同维度上进行比较，从而快速地对不同品牌、不同商品形成更具体、完整、清晰的认知，快速与个人的需求进行多维的匹配，缩短消费者购买决策链路。

同时，零售场不断创造品类内容，并定向推送给精准消费者的过程，也正是树立零售场在某一品类上专业形象的过程，即在用户心智中植入一个定位——买某某品类，去某某平台。

如此，一个个重点品类做过来，就会让超级流量场成为众多大品类的用户聚合地，这对于流量制造至关重要。

以红星美凯龙为例，通过对进口家居品类的持续推广、地板品类的各种营销、定制品类的不断宣传，以及不断地推出"品类内容专辑"，即开展卫浴超级品类节、智能家居节、进口家居节……就会在消费者心智中植入"买卫浴、买智能家居、买进口家居等到红星美凯龙"，从而成功吸纳各个品类的用户，成功制造各个品类的流量。

对"场"而言，利用自身强大的资源和整合能力，将同一品类的不同品牌联合起来，可以实现平台、品牌、消费者的多方共赢局面——为品牌商制造精准流量并实现多维度赋能、为消费者提供专业化品类内容服务、树立超级流量场在某一品类或者多个品类上的强势专业形象。

零售场不仅拥有品类，更可以创造品类

实际上，零售场不仅拥有品类，可以生产品类内容，更厉害的是，零售场还能够创造品类本身。

除了惯常用的品类定义之外，通过深度的消费者需求洞察，零售场可以对消费者的隐性品类需求进行无止境的挖掘。根据细分人群的特定需求，对来自不同品类、不同品牌的商品不断进行重组，形成直击消费者心扉的"品类"，这样不仅会提升消费者的信息搜索效率与决策效率，而且能为消费者不断地创造惊喜。

这个过程，也往往正是新需求的创造过程。从这方面来说，零售场责任重大，也大有可为。

下面介绍品类划分与新品类概念挖掘的方法。

1. 从商品的专业分类出发

在零售行业中，品类划分通常是从商品的专业分类出发。比如大卖场和超市会有食品饮料、女装、男装、厨房用品、卫浴用品等品类之分；红星美凯龙等家居商场会有床垫、沙发、瓷砖、地板、建材、卫浴等品类之分。

2. 从显性的消费需求和消费者心智出发

零售场还有一种常见的品类划分方式，是按消费需求来划分，每一种消费需求都可以对应一个品类。

有一种消费需求是追逐当季最新品，零售场的"新品"频道或货架最能打动这部分人群。

有一种消费需求是"只买贵的"，看重的是高端价格、高端气质、高端材质、高端功能及背后的高端故事，"奢品"这一品类就是为他们度身订制。

有一种消费需求是追求极致性价比，零售场就会不断联合品牌商甄选出多个品牌的高性价比商品，推出"特价品""反季节品"专场。

还有一部分消费者，其需求来自从众心理，那么畅销品、热销款或"爆品""爆款"就正对胃口，其相关的品类内容就会让消费者迅速获取"大家都在买什么"的信息，从而快速形成购买决策。

天猫小黑盒新品

"新品"这个品类，在商家营销中一直都是重头戏。每年各大国际服装品牌的春夏/秋冬新品发布会，将"新品"理念逐渐植入消费者心中。

2017年横空出世的"天猫小黑盒新品"，才开始真正将"新品"作为平台上的独立品类来运营。据天猫大数据分析，每年新品的成交量占交易额比重的一大部分，而消费者对于新品的渴求速度甚至超过了购买新品的速度，为此天猫便开始筹谋一个"发现全球最新品"的购物单元，第一时间发售那些"全球断货王"。

"天猫小黑盒"超级新品计划共计40天全周期，又称7周新品养成计划。这7周也被天猫小黑盒予以合理的资源分配，首发日前3周进行"种草"，即通过个性化内容服务、定制化综艺直播内容、定制新媒体内容、尤物志等产品全方位对潜在用户进行"种草"。背靠阿里平台大数据，天猫小黑盒也能更快速地找到适合自己的潜在目标客户。

自小黑盒上线以来，天猫新品增长近十倍，超过60%的全球知名品牌把新品放在天猫首发。2018年天猫新品数量达到5000万件，拥有7500万重度新品消费人群，超过英国人口总数，他们一半的消费额与新品相关，全年每人光在服饰以外的品类中就消费了17.3单新品。

京东奢品节

作为线上零售场另一巨头的京东也不甘示弱。基于2019年双十一京东全球好物节的数据分析，京东发现多个高端细分品类实现爆发式增长，其中奢侈品同比增长超100%，品牌多达78个，呈现出高端化、品质化、个性化的新消费特色。顺应这一全新的消费趋势，京东将"奢品"作为品类概念，"1215京东奢品节"应运而生。为期3天的年度奢品狂欢，覆盖了箱包、服饰、鞋靴、配饰、珠宝、腕表、美妆、家居、日用、手机、数码、家电、酒水、食品、运动、生活、旅行等将近 20 个全球高端品类，参与品牌数量 800 多个，除应季秋冬款与人气爆款之外，也不乏诸多 2020 年春夏新款上线，真正成为全球潮流时尚的新风向标。

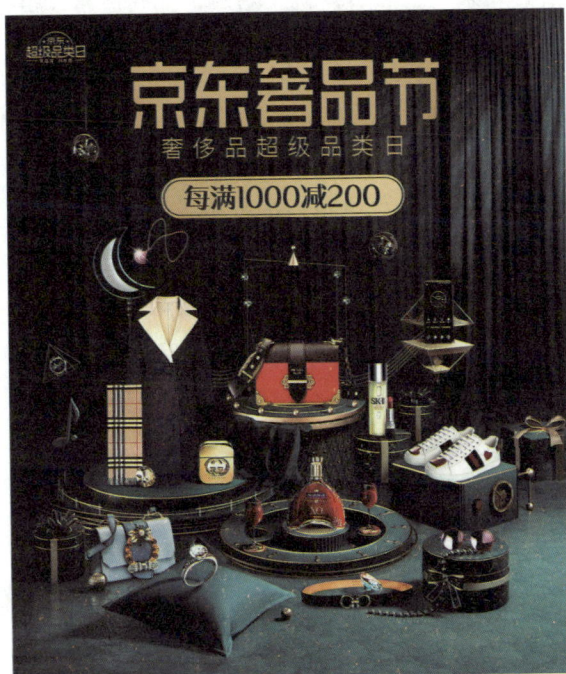

京东奢侈品节

资料来源：2019 年 12 月 15 日京东网（www.jd.com）发布的京东奢侈品购物节广告

3. 从隐性的个性化消费需求和消费者心智出发

更多的品类概念机会是从这个维度出发的，即根据对用户群体相关的生活方式、时尚潮流、社会热点、消费变化等方面的敏感洞察与分析，就能够发现和创造出真正对用户有强大吸引力的品类概念及内容。这些品类概念并没有在市场上被广泛用于对商品的品类划分标准，也没有适用于消费者的日常，甚至还没有被消费者觉察，但始终是隐藏在消费者心智当中的"深深的渴望"。这类需求往往在消费者购物前的信息搜索，以及最终的消费决策中起着决定性的作用。当然，未来的品类概念挖掘，将在大数据的技术支撑下，实现对品类消费现状和趋势的更深度洞察与更精准预测，从而使品类打造获得更高的成功率。

我认为挖掘品类需求是一件特别重要又特别取巧，可以让内容生产事半功倍的事情。我们在这里多举一些例子，让大家感受一下非常规的品类概念到底是什么样子的。相信大家看过之后，就会明白，我们日常在营销中所做的很多工作，其本质就是在进行细分品类需求、隐性品类需求的挖掘与推广。

看下面这组文章的题目：

别找了，2019 秋季流行色穿搭指南就在这里！

12 星座×葡萄酒 | 哪一款最适合你？

超 A 级精品巧克力上线，都是大奖收割机般的存在 | 有福利

连续两年登榜全球十大美味泡面，这款网红拌面凭实力圈粉

实测 | 不到 200 元收获了一桌舟山小海鲜，满足！

草莓季到了，这是篇很甜的推送

巧克力女孩已疯！

超强测评 | 罗森 7 款超燃减脂餐，谁是今夏最佳？

罗森殿堂级水饺馄饨大赏

咬我吗？乳此美妙~

新春倒计时 | "鼠你最旺"必囤年货指南

如何用一场下午茶，优雅地刷屏朋友圈

搓澡搓好了，感觉生命都在升华！

对新手友好的 10 款男士 & 中性沙龙香水推荐

100 元以下的价位有什么好喝的白酒？

百元内的十个大牌葡萄酒推荐，总有一瓶适合入门微醺世界的你

25w 落地，动力充沛家用 SUV 如何选？

回音壁也能玩高端：5 款万元级回音壁推荐

适宜 female 饮用顺口的酒水饮料总结清单

横跨整个冬天的测评，肉身品尝十二款牛肉零食

午餐肉的世界你真的懂吗？这 11 款宝藏级午餐肉罐头你值得拥有~

还别说，戴"复古军表"的男人真不软

让你的桌面鲜活起来——桌面 2.0 音箱推荐

超级无敌百搭下饭酱，吐血也要安利的 10 款，谁吃谁上瘾~

写不出一手好字？盘点 25 款非主流好钢笔推荐

等灯，等灯，灯，五款主流一线护眼台灯详评

主流高端床垫的选购方法与海淘攻略

破壁机十大品牌排行榜

四款网红蓝牙耳机横评，谁的性价比更高？

9 款高颜值降噪耳机，还你清净世界

大神之选：教你买到便携且音质最自然的 HIFI 耳机

大神之选：教你买到负重最舒适的户外背包

大神之选：教你买到缓震效果最好的跑鞋

大神之选：教你买到不同环境都舒适的徒步鞋

……

2019 秋季流行色服装、星座葡萄酒、国际大奖巧克力、全球十大泡面、舟山小海鲜、草莓味甜品、巧克力美食、超燃减脂餐、殿堂级水饺馄饨、牛奶面包、年货、下午茶、搓澡神器、男士新手沙龙香水、100 元以内好白酒、百元左右葡萄酒好品牌、25 万元左右动力见长的 SUV、高端回音壁、女人的酒、牛肉零食、复古军表、桌面音响、下饭酱、非主流好钢笔、一线护眼台灯、主流高端床垫、TOP10 破壁机、网红蓝牙耳机、高颜值降噪耳机、自然音质的便携 HIFI 耳机、负重最舒适的户外背包、缓震效果最好的跑鞋、不同环境下都舒适的徒步鞋……

从惯常的专业品类定义来说，世上本无以上品类。但从消费者的心智来讲，消费者心里想要的可能就是"这个意思"，消费者看到这些以某种共性被归为一类的商品时，会眼前一亮，尤其是目标消费群。为什么会眼前一亮呢？因为这正好击中了他内心的需求，帮助他节约了大把时间找到了心头爱。这个力量是很强大的，也是很珍贵的，因此一定要善用。当然，也只有零售场才有这个机会，品牌商因其拥有的商品种类有限，有能力不断挖掘品类概念

且能同时为消费者供给多款商品的企业可谓凤毛麟角。

同时，从以上案例可以看出，所谓隐性的品类需求挖掘，往往就是把细颗粒度的商品标签进行一次组合，然后据此把来自不同品类、不同品牌的商品进行一次重组，从而形成直击消费者心扉的"品类"。

由以上实例也可以看出，从特定的适用人群、特定的使用场景、特定产品的性能特点、风格特点、任意消费者所在乎的某方面特点、市场热度排行、行业评级或榜单、特定达人推荐、特定价格档次、特定产地等维度出发，都可以进行消费者需求的细分，即品类概念的挖掘。这样的"新鲜"内容对于消费者极有杀伤力。

天猫超级品类日——高端饮用水

2017年，天猫发现"高端水"这一关键词在平台的搜索量很高。随后，天猫一方面陆续引进巴黎水、圣培露、斐济水、霍斯湾、VOSS等国际品牌，另一方面连续3年举办高端水天猫超级品类日，通过折扣优惠降低消费者的购买门槛，也挖掘出直饮、煮饭、泡茶、煲汤等多元化使用场景。天猫数据显示，2019年7月23日至24日的天猫

天猫超级品类日

资料来源：2019年7月23日天猫（www.tmall.com）发布的天猫超级品类日高端水专场广告

"高端饮用水"超级品类日，高端水品类的成交额突破1000万元，累计销售近240万瓶、120万升高端饮用水。

以内容成就品类

品类概念挖掘是对品牌与商品的"再加工"，品类内容的创作是对品牌与商品的"精加工"。

用于击中消费者心智的品类概念一旦建立，超级流量场对于这一品类的内容打造随即开始。

打动消费者的内容角度有很多：知识科普、推荐清单、榜单发布、性能评测、时尚趋势、体验分享、避坑指南、选购攻略等。

吸引消费者的内容形式有很多：图文、长图、漫画、互动游戏、短视频、Vlog、小程序或直播等。

安利消费者的意见领袖也有很多：达人、专家、明星、网红、第三方机构、KOC 等。

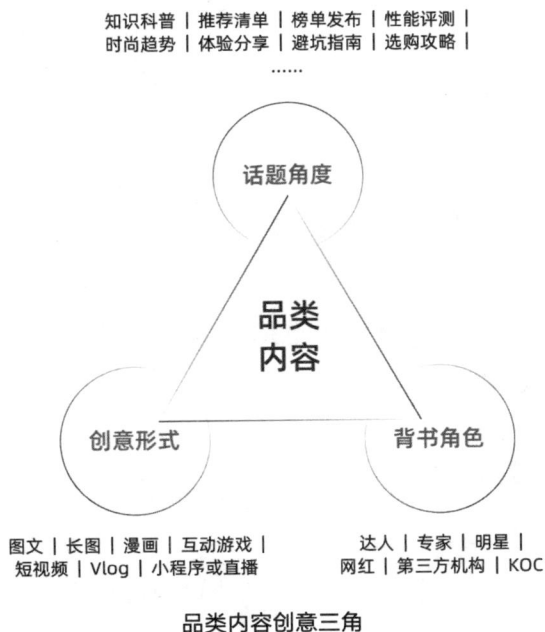

知识科普 ｜ 推荐清单 ｜ 榜单发布 ｜ 性能评测 ｜
时尚趋势 ｜ 体验分享 ｜ 避坑指南 ｜ 选购攻略 ｜
……

话题角度

品类
内容

创意形式 背书角色

图文 ｜ 长图 ｜ 漫画 ｜ 互动游戏 ｜ 达人 ｜ 专家 ｜ 明星 ｜
短视频 ｜ Vlog ｜ 小程序或直播 网红 ｜ 第三方机构 ｜ KOC

品类内容创意三角

任意角度、任意形式、任意意见，都可以组合成一个独特的内容，比如用漫画呈现一名网红对某个品类的一份推荐清单；用视频演绎一位专家讲解避坑指南……不同角度更可以在同一个内容中叠加呈现，相得益彰，比如"知识科普+选购攻略""推荐清单+时尚趋势""榜单发布+体验分享"等。

当然，品类节、品类日等以品类为焦点的促销活动也是品类内容的一种，且是最重要的内容之一。但由于其特殊的属性，本书中将其整合在"活动内容"一节专门讨论，本节则聚焦讨论品类导购型内容。

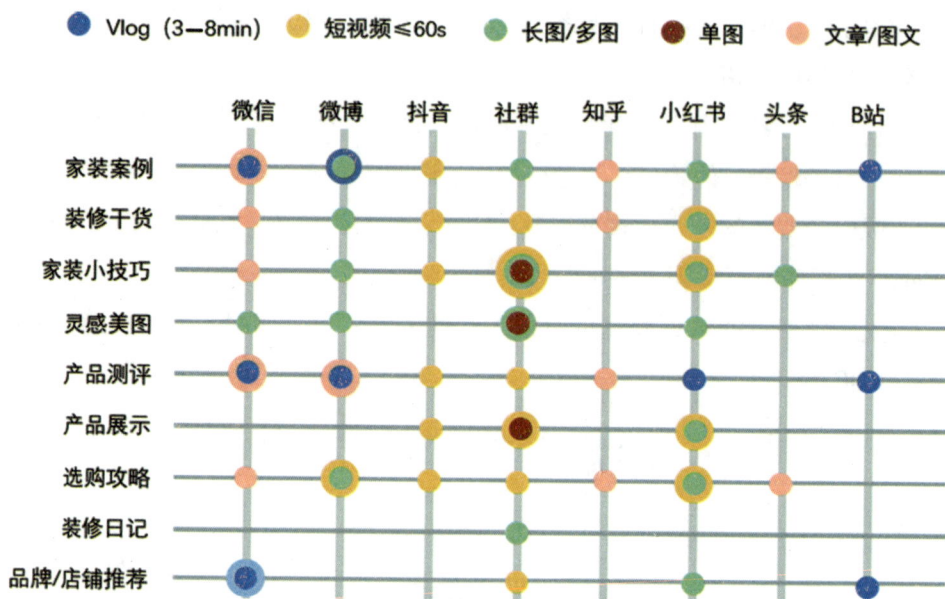

图例：● Vlog（3—8min）　● 短视频≤60s　● 长图/多图　● 单图　● 文章/图文

	微信	微博	抖音	社群	知乎	小红书	头条	B站
家装案例	●	●	●	●	●	●	●	●
装修干货	●	●	●	●	●	●		
家装小技巧	●	●	●	●		●		
灵感美图	●			●		●		
产品测评	●	●		●	●	●	●	●
产品展示		●	●	●		●		
选购攻略	●	●	●	●	●	●	●	
装修日记				●				
品牌/店铺推荐	●			●		●		●

红星美凯龙 2020 年品类内容生产与发布矩阵

红星美凯龙《2019 超级品类节选购指南·床垫》

内容呈现形式：图文

买一张床垫并不是一件容易的事。

因材料不同，床垫可分为乳胶床垫、弹簧床垫、记忆棉床垫、棕丝床垫等；因功能不同，床垫可分为护脊床垫、静音床垫、防螨床垫等；弹簧床垫里又分独立弹簧的、连体弹簧的……什么样的弹簧可以称为好的弹簧？床垫的排骨架应该选哪样好？为什么有些床垫几千元，有些却要高达几十万元？这么多床垫品牌，它们之间有什么区别？哪一种适合我？护脊床垫怎么选？市面上有哪些护脊床垫品牌值得信赖？

为了帮助消费者解答这些问题，红星美凯龙在床垫品类节期间推出《2019 超级品类节选购指南·床垫》，并当起了专业的品牌推荐官，赢得了消费者和品牌商的双重赞誉。

这些知识型、攻略型内容，由零售场在公域场景里发布，所带来的流量是非常精准的，因为只有真正有该品类需求的消费者，才会对这些知识与攻略感兴趣。在私域里发布，又是对用户、会员、粉丝的一种服务和福利，是提高互动黏性和建立品牌信赖的最佳模式之一。

红星美凯龙《2019 超级品类节选购指南·床垫》

天猫小黑盒发布《年中新品大赏 TOP100》

内容呈现形式：专题页

在 2019 年天猫"618"到来之前，天猫上的品牌商家发布的新品已累计达到近 3000 万款。作为"天猫新品"这个超级品类 IP，天猫小黑盒依托年轻人爱美、爱玩、爱自己、爱新鲜、爱表达的个性需求，打造摩登中国人的追新之选——2019 天猫小黑盒年中新品大赏 TOP100。

天猫小黑盒发布《年中新品大赏 TOP100》

资料来源：2019 年 5 月 28 日天猫 App 发布的天猫小黑盒年中新品大赏截图

每一件新品单独拿出来都爆点十足，它们中有社交网络爆品、IP 联名定制款、网红产品、限定款等，直戳年轻人的内心。作为一个超级榜单，年中新品大赏按照美颜新理念、居家新乐趣、独乐新体验、美食新主张、服饰新潮流等五大维度，为 TOP100 的每个新品定制"内容标签"，让消费者在浏览页面时第一时间获取该产品的专属特色。

清单/榜单型品类内容以盘点、排名、列表的形式，大大缩短了消费者的购物决策时间，一向是消费者热衷的主流内容之一，当然也是通过内容制造流量的利器之一。

京东钟表之夜发布"腕表行业新趋势"

内容呈现形式：事件

京东钟表之夜，是京东发起的针对钟表品类的营销大事件。第三届京东钟表之夜，除了邀请钟表行业大咖，还邀请了众多明星嘉宾出席，汇聚了近百家全球知名的钟表品牌，现场星光熠熠。

京东钟表之夜发布"腕表行业新趋势"

资料来源：2019 年 8 月 1 日快科技网（http://news.mydrivers.com/1/639/639132.htm）发布的第三届京东钟表之夜四大展区图片

作为一年一度的钟表行业盛会，京东钟表之夜堪称中国版"日内瓦钟表展"，京东在现场发布了中国钟表行业新趋势和众多即将登陆京东的新款腕表，同时发布"腕表行业新趋势"。

京东通过大数据分析，将钟表行业未来的消费者用四个词加以总结：中产崛起、渠道下沉、"95 后"和品牌集中，并认为奢侈品化、智能化、时尚化、经典重塑已经成为未来腕表发展的主流趋势。

通过一年一次的事件级内容营销，"京东钟表之夜"将腕表这一品类与京东平台牢牢捆绑，在消费者心目中建立起专业、前沿、高端的腕表品类零售平台的形象。

更重要的是，每次的大事件都会"生长"出一大波各种各样的内容，每一个内容里都包含着诸多品牌与商品，每一次用户与内容的互动都是流量的制造。

红星美凯龙床垫品类节《都市睡眠图鉴》

内容呈现方式：创意互动 H5

对于 17 大床垫品牌的 70 款床垫来说，如果只是简单呈现产品卖点，其内容一定就是枯燥地罗列一种种材质、一组组数据、一张张产品照片。《都市睡眠图鉴》通过挖掘 6 大人群痛点，将产品差异化、场景化，让不同的产品与具体的人设发生关联，让消费者产生共鸣，有兴趣参与互动，从而实现了利用优质品类内容制造流量的目的。

一栋楼住着 6 户人家，每户对应一个人群的睡眠痛点，组成了一个凌晨两点钟的"失眠阵线联盟"：加班应酬党族，你需要的是释压床垫；敏感的易醒族，你需要的是抗干扰型床垫；翻身困难的准妈妈，你需要的是强支撑型床垫；老年人，你需要的是透气型床垫……几乎每个人都能从中找到自己的人设，并与之产生强烈共鸣。

红星美凯龙床垫品类节《都市睡眠图鉴》

永辉超市《田趣新米专辑》

内容呈现方式：漫画

对于准备购买大米的消费者来说，"新米"可能是一个全新的品类。永辉超市的这篇漫画长图，通过生活中的趣味场景引入，以"反转"的形式吸引读者往下观看，在最后抛出"田趣新米"，并加以知识小科普，最终达成"种草"任务。

漫画形式轻松、有趣，可读性强，老少皆宜，且制造成本"可控"，向来是内容创作中用来增强阅读率、停留时长和全文阅读率的好手段。

永辉超市《田趣新米专辑》

资料来源：2019 年 11 月 19 日永辉超市公众号（https://mp.weixin.qq.com/s/LTiDpsshwxmvNisSnkWjug）发布的《这些行为也太太太太像我了》一文

什么值得买——《护眼灯专辑》

内容呈现方式：视频+图文

"什么值得买"是一个比较专业的产品评测第三方平台。《护眼灯专辑》这篇文章由平台上的资深达人选取市面上的 7 款护眼灯进行了客观的评测，一方面，对护眼灯的色温、频闪、显色指数、国际等级、照射范围等做了知识科普；另一方面，通过实物测试和体验，清晰比较出各款产品的优劣，当然，视频之外的图文上全部妥妥地配好了产品购买链接。

第三方平台+KOL，是双重背书，安利指数跃升一个段位。

	中心亮度	30cm亮度	50cm亮度	售价（元）	备注
明基 mindduo	1671	695	302	1600~1700	五点测试亮度取平均值
明基 Genie	1516	710	262	1250~1350	五点测试亮度取平均值
爱德华医生	699	232	75	1500	五点测试亮度取平均值
小小书桌	923	266	—	—	单点测试亮度
阳光护眼灯	734	245	—	100~200	单点测试亮度
飞利浦台灯	604	153	—	100~200	单点测试亮度
冠雅护眼灯	1076	284	67	99	五点测试亮度取平均值

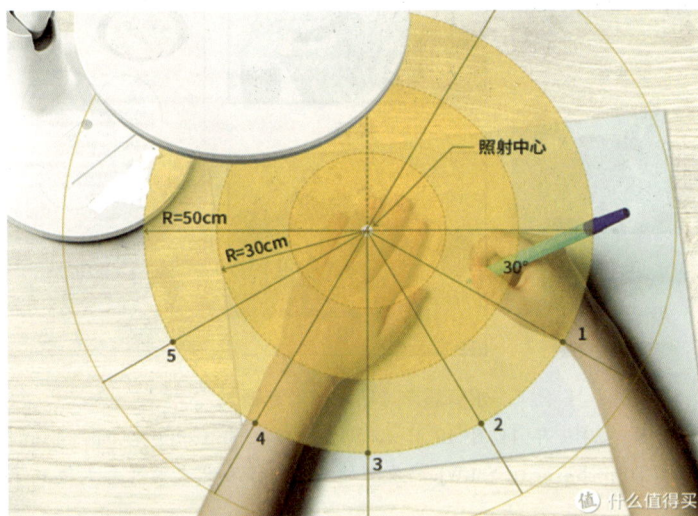

什么值得买——《护眼灯专辑》

资料来源：2020 年 3 月 20 日什么值得买网站（https://post.smzdm.com/p/adwnqw9p/？send_by=3070222023&from=other）发布的《你家的护眼灯可能很贵，但是你真的买对了吗？由儿童护眼灯亮度测试引发的选购攻略》一文

194

天猫超级品类节·帆布鞋专辑

内容呈现方式：创意互动 H5

从帆布鞋的人群定位出发，结合时下比较流行的交友软件玩法（左滑 no 右滑 yes），用独特的视觉和互动创作精致内容——《宇宙帆布鞋会》，将不同帆布鞋式样匹配不同对应人群，凸显不同人设的独特需求，演绎出帆布鞋天生自带的年轻"潮"味儿。

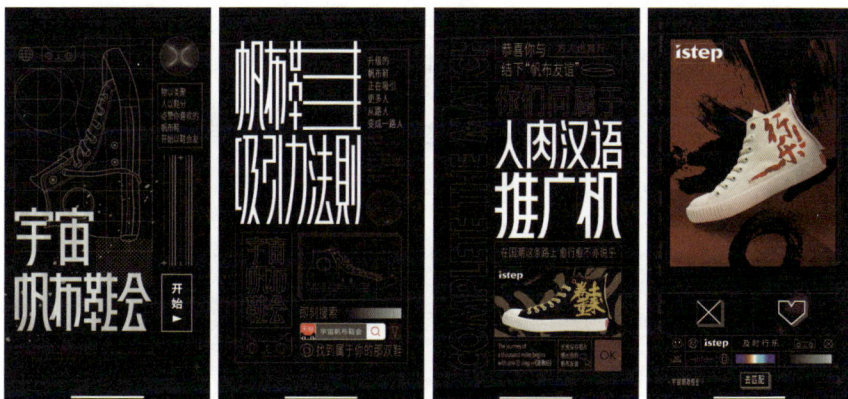

天猫超级品类节·帆布鞋专辑

资料来源：2019 年 4 月 25 日 https://www.linkpro.tech/pinlei/01/发布的天猫帆布鞋超级品类节《宇宙帆布鞋会》H5 截图

小 结
SUMMARY

品牌、商品，已由制造商生产出来；而品类，需要零售场，或者说品类商来打造。第一步是品类概念的挖掘，第二步是品类内容的创作。

品类内容是超级流量场生产的独家内容。

品类内容是消费者进入品类消费旅程后的第一需求。

从消费者隐性需求出发挖掘品类概念，是超级流量场"造内容"的上乘功法，必须苦心修炼。

品类内容的创作空间巨大，取决于话题角度、创意形式与背书角色三个关键维度。

品牌商应当努力成为超级流量场品类内容生产的"核心原料供应商"，收割流量红利。

促销内容——7 张牌组成一副王炸

超级流量场凭借"货品多、活动多"两大基因，练就"内容运营大招"之"促销内容"。

促销活动是内容生产最大活水源头

之所以说促销活动是超级流量场生产内容的最大活水源头，是因为促销活动既有对于用户需求的特殊重要性，又有作为信息本身的独有丰富性，即人人需要、天天新鲜。

品类消费指南，是几乎每一个消费者进入品类消费旅程的起点；促销活动，往往就是消费者剁手下单，为消费旅程画上第一个句号、竖起第一块里程碑的高光时刻。

超级流量场在进行所有促销活动内容创作时，都需要大量与品牌商相关的内容原料。

这正是品牌商应该抓住的大好机会。

品牌商要全力以赴为超级流量场的促销活动提供"弹药"，如：让利优惠、爆款与套餐、渠道专供商品等，从而在超级流量场通过"促销内容"与用户互动的过程中收割流量红利，实现极高性价比的获客、转化、复购、裂变，实现自己品牌的高效用户运营。

所以，品牌商营销团队要对超级流量场的"促销内容"创作机理了如指掌，并且躬身入局。

对于消费者来说，促销活动信息与"money"直接相关。因此，就内容的吸引力而言，促销内容往往比商品内容更具吸引力。促销内容不仅包含部分商品内容，比如爆款、特价品、尖货和新品等，更包含了各种让利优惠。当然，作为一场精心策划的大型活动，促销活动信息中还包含了抽奖、红包、大转盘、刮刮乐、拼购、秒杀、游戏、明星、IP、网红、潮流发布、新品体验等娱乐文化因子，给予消费者更多新鲜、奇特的惊喜体验，带来物质与精神的双重享受。

既然零售场的促销活动对于用户来说是极具吸引力的刚需内容，零售场就应该充分利用"零售场是促销活动最大生产商和出品商"的独有优势，把活动作为内容生产的源泉，同时，也用更好的内容成就更好的活动。

以上说的是促销活动作为内容"人人需要"这一重点，下面我们讲讲促销活动作为内容"天天新鲜"这一特点。

作为超级流量场生产的主流内容之一，活动型内容既有特别的重要性，更极具丰富性。零售场促销活动内容的丰富性来自四个方面：品类、品牌、商品丰富；类型丰富；玩法丰富；IP 丰富。

为什么说只有零售场才有"全套"促销内容？

因为"全场活动、品类活动"这种包含多个品牌、多个品类的超级大活动，非单个品牌商能够制造，而是零售场的专利"产品"。所以，只有零售场才有促销活动型内容的整副牌。零售场出品的促销活动型内容的整副牌具体包含哪些呢？

第一张牌，爆品活动

谁不喜欢爆品呢？无论是极致产品力引发的人气劲爆的产品，还是极致优惠引发的价格劲爆的产品，都是消费者所爱。品牌商每年能出少量爆品都算个中翘楚，而平台型的零售场可以天天推出数量不菲的爆品，甚至可以推出随时在线、千人千面的爆品频道。"秒杀""拼购""众筹"，都是零售场惯用的爆品玩法。

第二张牌，品牌活动

在某个时间点上，每位用户都有各自感兴趣或有明确购买意向甚至钟爱的品牌，此时，这些品牌的活动对这位用户而言就是刚需内容。传统模式下，品牌商常常投入巨资开展各种广告活动进行品牌推广、新品推广等；超级流量场时代，品牌商凭借超级流量场的数据中台能力，在全网流量平台和超级流量场的私域矩阵里，精准找到自己品牌的潜客、粉丝、老用户和会员，并利用品牌促销活动或新品推广活动的内容，与之精准互动。毋庸置疑，相比传统模式，品牌商必然会获得性价比更高的营销 ROI。

红星美凯龙 X 舒达超级品牌日

红星美凯龙 IMP 为单个品牌赋能，定制"超级品牌日"活动，如 2019 年 3 月"舒达超级品牌日"。通过红星美凯龙数据中台，在阿里、腾讯、头条、抖音、百度、科大讯飞等六大线上流量平台上，精准识别床垫消费潜客，并高频推送各种相关内容，收获 9097 人留资报名。除了为舒达在"公海精准捕鱼"，红星美凯龙更是通过自主研发的全民营销平台发布达人任务，发动有舒达品牌入驻的 96 家红星美凯龙商场的十万"团达人"（包括导购员、设计师、物业经理、业主群群主、房产经纪人等）一同领任务，发挥这些"团达人"的个人社交能量，向他们手机里的精准 C 端用户输出促销内容，同时在 96 家商场的 1000 多个业主群中持续做预热传播，传播爆款、大礼包等特别优惠，强力吸引用户进行线上预订、线下体验和落单。最终，3 月 9—10 日舒达累计销售超 1080 万元，同比增长 260%。

由于是品牌专属，品牌商会主动投入精力、财力制造精致、有创意的内容，一方面，这为品牌商带来了更好的活动营销效果；另一方面，也为超级流量场提供了高品质的免费内容。既然对于超级流量场来说，这件事这么"赚"，超级流量场自然也愿意拿出更多低价，甚至免费的优质流量赋能这个活动。

第三张牌，品类活动

无论是沃尔玛、大润发这样的大卖场，还是永辉、步步高这样的超市，或是罗森与 7-11 这样的便利店，又或者是红星美凯龙这样的垂直大品类商场，商品 SKU 成千上万，甚至有十几万，即使品类也有几十到上百种。超级流量场可以为每一个品类开展专属的品类活动，不仅可以根据惯用的品类分类方法来划分品类，还可以根据消费者需求自定义品类。而且，超级流量场能够利用数据中台，找出对某品类有一定兴趣甚至强烈需求的精准客群，即近期在线上或线下浏览、收藏、咨询、预订或购买过这个品类的用户。基于此，超级流量场可以定期制造品类促销内容，在各个场景中与精准用户互动，为该品类的各个品牌制造流量，并引流至线上或线下体验和下单。

天猫超级品类日·品水新主张

从 2015 年开始，"婴儿水"这一品类在天猫商城的增长速度十分显著，而阿里通过数据中台发现了品类销售增长背后更为庞大的商机。数据显示，婴儿水这一产品不仅增速超过了包装水大品类的整体增长，还具备相当强势的复购率，其消费人群主要聚集在一线城市，其中将近五分之一的消费群体并不是妈妈群体，而是对生活品质有高要求的典型高端消费群体。

天猫超级品类日·品水新主张

资料来源：2017 年 7 月 17 日中国网科学中国（science.china.com.cn）发布的《天猫超级品类日来了！这次要引领高端水消费新趋势》一文

通过数据分析，阿里切分出这部分垂直领域的头部人群，挖掘他们身上的消费痛点及营销价值，推出口号为"品水新主张"的超级品类日，联合各大包装水品类的品牌，主推婴儿水这一产品。

此次超级品类日，天猫不仅为相应品牌厂商挖掘到垂直行业的新趋势，优化了营销全链路，也通过平台优势给予活动商品特别的流量倾斜。

红星美凯龙 2019 年床垫超级品类节

对于具有丰富造节经验的红星美凯龙而言，每一次造节，都会双剑合璧：一方面，"万箭齐发"，利用 DMP 全网精准广告投放、社群、全民营销、官方自媒体矩阵、天猫同城站五大场景同步传播蓄水，声势浩大；另一方面，"箭箭穿心"，匠心打造优质内容，让"每一箭"都"打动人心"，让每一次互动都有转化，同时，引发 KOC 跟风进行 UGC 内容生产，实现自发裂变传播。

2019 年 12 月，红星美凯龙联手包括慕思寝具、喜临门、舒达、美国金可儿、芝华仕五星床垫、顾家床垫、雅兰床垫、席梦思、丝涟床垫、梦百合等 19 家知名品牌，推出"床垫超级品类节"，将"数字营销的理性精准与内容营销的感性娱乐"极致发挥，打造了 2019 年家居行业品类营销的巅峰之作。

在"床垫超级品类节"活动中，红星美凯龙利用数字中台能力，将床垫品类节的各维度丰富信息精准传递给所有当时正处于床垫品类关注期和选购期的潜在用户，包括各种爆品清单、活动攻略、品类选购指南、活动预告Social 海报，以及与中国睡眠研究会合力推出的《2019 年中国新中产睡眠健康白皮书》。

同时，结合当下最热的直播带货形式，以"床"为主题打造一场集综艺、"种草"、明星、KOL 等多重看点元素的大型直播活动——床欢派对。在这场直播活动中，流量明星作为惊喜主理人、柳岩作为梦享 MC、顶级网红同道大叔担任星级爆品官，联袂线上带货，并通过互动游戏带出各品牌的产品利益点，同道大叔更是直接从星座性格趣味分析角度"种草"带货。

若仅仅是邀请了明星，汇聚了爆品就觉得足够，那简直是对资源的浪费！内容打造才是重点！

在活动开始前，红星美凯龙根据三位大咖的人设为他们设定了活动中的专属角色定位，同时发起话题"我有床你有故事吗"，引发全网关注，并且定制互动式的明星预热 ID 视频，利用明星"哄你入睡"的对话式内容实现裂变式传播，吸引网上 KOC 跟风进行二次内容创造。

在直播结束后，利用女神"床"照、男神"床"照在线上进行话题发酵，并由预埋的网红加持助力,实现活动后的持续传播。

2019 年的床垫超级品类节期间,一共创作了近 20 套不同传播内容,用于在公域、私域里的全场景用户互动,为活动蓄客引流。

如此精彩的活动内容,自然制造了巨大的流量。直播活动实现了 108 万人观看记录,超行业平均值 26 倍,领券参团 6.5 万次。获取各渠道免费传播资源总价值超 2200 万元,其中淘宝直播头部免费资源价值 1200 万元。

这一次,扎根自来水聚集地——微博,利用明星自带的流量进行话题传播,引导 KOC 的关注自发生产"沙雕"内容二次传播,最终微博话题"让他哄你入睡"创单话题阅读 5.2 亿次。

巨大流量带来了销量倍增!19 个参与床垫品类节的品牌,总共实现销售 2.84 亿元,同比增长 97%。

至今,红星美凯龙超级品类节已经成为家居行业覆盖最广、声量最大、内容品质最高、互动最潮最会玩的全国性单品类大促 IP。2019 年后半年,超级床垫品类节、超级电器品类节、超级套房品类节,连续三场活动就为红星美凯龙实现了 2800 多万元的营销服务增量收入。

苏宁易购打造"三天三夜"厨卫盛典·超级品类日

2020 年国内疫情暂缓之际,苏宁利用"全民在家做大厨"这一特殊热点,启动"厨卫家装节",迅速逆袭家电市场,厨卫电器全品类参与,涵盖油烟机、净水器、洗碗机、热水器等。传播期一边向用户输出促销抢购的紧迫感,一边不断推出各种细分品类的主推爆款,如油烟机品类主推老板 4.2kW 一级能效灶,洗碗机品类主推西门子 8 套嵌入式洗碗机等。

活动采取速战速决的策略,三天内用超强力度优惠,直击消费者"抢到就是赚到"的 high 点,完成所有线上线下的活动蓄客与爆发。

可以想象,这一促销内容,在苏宁线上线下所有私域场景矩阵里传播时,都一定赚足了用户的眼球,制造出一大波流量。因为,本质上,这样的活动对于正要购买厨卫家电的消费者来说,既可以节约大把的比价、比货时间,又可以直接节约不少钞票。当然,如果苏宁并没有自己的 App、小程序、官方自媒体、社群等私域阵地,那除非耗巨资投广告,否则再好的活动、再大的力度，仅仅依靠线下门店每日的自然客流，最终也一定会因为知道这个活动的人太少而业绩平平，一次精心策划、准备的活动以及所有辛苦创意和制作的内容，就会白白被浪费。

第四张牌，全场活动

一场完美策划与执行的全场活动，是超级流量场所有用户共同期待和参与的节日，是集各种内容于一身之大成者。

除了一年中固定的传统节日可以成为全场活动的固定大日子，如春节、情人节、女王节、五一节、中秋节、国庆节、圣诞节、元旦，以及新晋的、始于电商领域的节日，如"618"、双十一等，超级流量场完全有能力主动出击去创造新的购物节，通过宣传造势、促销让利、娱乐互动等手段，给原本平淡的一天或一段时间注入仪式感，打造一个人们趋之若鹜的节日，并赋予这个日子节日般的狂欢和购物冲动。在这个节日里，有折扣享、有礼品拿、有爆品集合、有新品首秀，可以抢红包、可以摇大转盘、可以玩弹珠游戏，能见到高圆圆与 Angelababy，能与流量明星互动，有线上各种创新玩法，更有线下各种潮流体验……

大型的全场活动就是造节，一场节日就是一套内容合集，是在线上线下所有公域与私域场景里实现用户互动、制造流量的绝佳时机。造节，就是让消费者拿着手机、驾着汽车来赶集，其威力巨大，可产生大量内容，也需要大量内容，更能够传播大量内容。

在整个活动的蓄客与爆发期间，都可以产生大量内容与用户互动，而且可以定制不同的内容与不同的用户互动。这就仿佛一场奥运会、一场大型赛事，你可以就这场活动不断从各种角度发布各种新鲜的信息，这些信息就是最好的、与用户互动的内容。比如，活动攻略、活动爆品清单、活动秒杀时间表、网红直播预告、尖货合集、活动分会场促销优惠特别放送、线下体验活动报名、专属创意 Social 海报、病毒视频广告、限量款预订、券包领取通知、千人千面的热销品或新品推荐……

红星美凯龙 2019 年双十一全球家居狂欢节

这是红星美凯龙与阿里巴巴牵手后的首届双十一,为了实现全域引流,红星美凯龙大促策划团队与内容创作团队火力全开。

推出九大爆品榜单,通过自媒体平台进行"种草";邀请流量明星出任"惊喜主理人";放送"每满 3000 减 666 的无敌神券"以及"1 元直抵 1111 元的爆膨礼包";创意并官宣题为"严重舒适"的 Social 海报,释放爆品狂欢价等劲爆优惠信息。

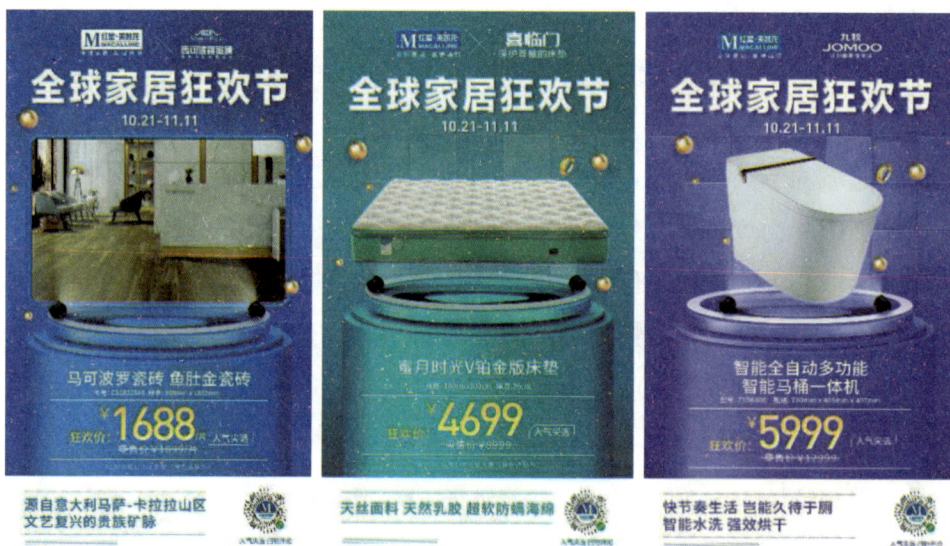

红星美凯龙 2019 年双十一全球家居狂欢节爆品榜单(部分)

整合 Mr.Yang 杨家成英语、一禅小和尚、小小莎老师、末那大叔和北海爷爷、黑泽、仙女酵母等 11 位抖音红人组成"QUAN11 天团"在抖音上"券你开心";推出自创 IP"潮萌小怪兽天团"系列短视频,在所有流量平台的私域场景里刷屏,跻身家居双十一二次元顶流;邀请流量明星助力官方抖音挑战赛,引发粉丝疯狂参与,总播放量超 12.6 亿;上线魔性弹珠游戏引流 859.6 万人次,堪比刷屏级 H5……

这些还不够,超级流量场不仅要有能力自产活动内容,更要有能力带动厂商品牌一起加入内容生产大军。

红星美凯龙原创 IP——Fashion Monster 潮萌天团

社交时代，老板们自带话题、自带流量。

红星美凯龙发起"家居 11.11 造势官"裂变活动。红星美凯龙董事长车建新领衔发布造势官形象海报，家居行业厂商老板纷纷响应，各显神通，画面、文案千人千面、百花齐放，共同为"千大品牌终极放价、线上线下买贵十倍退差"的"豪言壮语"强势背书。这一波的"BOSS 天团"最终带动参与海报裂变传播的人数达 5.5 万人。

红星美凯龙通过人气尖货、超值福利、流量网红与创意玩法的叠加组合，升级双十一内容营销，把年轻化、娱乐化、社交化深度融入每一个内容，成功与潜客、会员和粉丝玩在一起，创造了流量与销量的新纪录。

造势官形象海报（部分）

该次双十一活动线上线下销量突破 219 亿元，同比增长 37.4%；新零售门店最高单店销售破 4 亿元，店均销售超 1 亿元；新增会员 44.9 万，同比剧增 240%。

SKP 周年庆

北京 SKP 一直是奢侈品零售场的传奇所在，每年 11 月的周年庆，LV、PRADA、CHANEL 等一贯高冷的品牌也会应邀走下高台，放送超大折扣力度，并一同参与造势、贡献声量，不仅覆盖北京市区，更吸引整个北方诸多城市的高端消费者驾车前来。对于高端消费人群来说，SKP 周年庆就是属于他们的一场"世界杯"！在 2019 年周年庆活动中，北京 SKP 单日销量冲破 10 亿元，刷新历史最高纪录 7.9 亿元。

SKP 历年的周年庆全场大促，之所以屡战屡胜，离不开内容层面的极致匠心与创新，归纳起来有三招：

第一招，拿极致产品做文章。独家新品发布，甚至是全球首发。线下一场场大牌明星名流云集的新品发布秀，线上一轮轮话题爆炸，引来万众瞩目。

北京 SKP 十周年海报

资料来源：2016 年 11 月 9 日腾讯时尚（https://fashion.qq.com）发布的《十年蜕变，优雅绽放北京 SKP 十周年店庆特别礼遇》新闻稿

第二招，拿极致价格做文章。超大力度让利，且规则简单、透明。奢侈品的超级让利本身就是最具热度的话题，当平日里"高居神坛、永不低头"的高奢大牌一起真情放利，就会对 SKP 的会员、各个品牌的自有客群造成强烈刺激，在线上线下迅速形成全城热话。

第三招，拿极致内容做文章。花重金聘请外籍设计大咖定制 SKP 周年庆奢品 DM 画册，进行线上线下投放，引发深度浏览、收藏和裂变转发。

第五张牌，会员活动

全场活动、品类活动、品牌活动、爆品活动，颗粒度依次细化，看似包含了所有类型的活动。其实不然，会员活动是另一种维度的活动定义和模式。

对于会员用户、Plus 会员用户，会员活动是一种"惊喜"，一种"尊享"的优越感。超级流量场用户众多，会员规模庞大，利用数据中台提供的会员分层运营能力，针对不同会员生命周期、不同消费链路环节、不同消费层级、不同消费偏好、不同消费潜力的会员，开展相对应的会员促销活动、关怀活动、体验活动，生产不同的内容与之进行个性化的互动。可以想象，这种内容的点击率、互动率、转化率、分享率将非常可观。当然，物以稀为贵，某些会员活动适合高频举办，而更多的会员活动则必须掌握合适的节奏，才能成为促销内容中的"高级货"。

Ole 精品超市 VIP DAY

资料来源：2017 年 6 月 20 日搜狐网（www.sohu.com）发布的《Ole' 精品超市 | 当 VIP DAY 遇上会员月，我们准备了一份超全优惠攻略》一文

Ole 精品超市 VIP DAY

Ole 精品超市 VIP DAY 每三个月进行一次，权益丰富：全等级会员享受全场产品 88 折优惠，高等级会员享受部分品类产品 66 折优惠；微商城还对会员开放买一赠一、第二件半价等优惠；门店购物享全场多倍积分，最高可享 15 倍积分，会员积分可在活动期间兑换爱奇艺 VIP 会员、中石化加油卡等。

除了上述五张"身份牌"，为了让促销活动型内容的生产更具丰富性和冲击力，零售场还有两张"技能牌"。

第六张牌，活动玩法

如果把前五张牌比作"角色牌"，"活动玩法"就是一张"技能牌"。

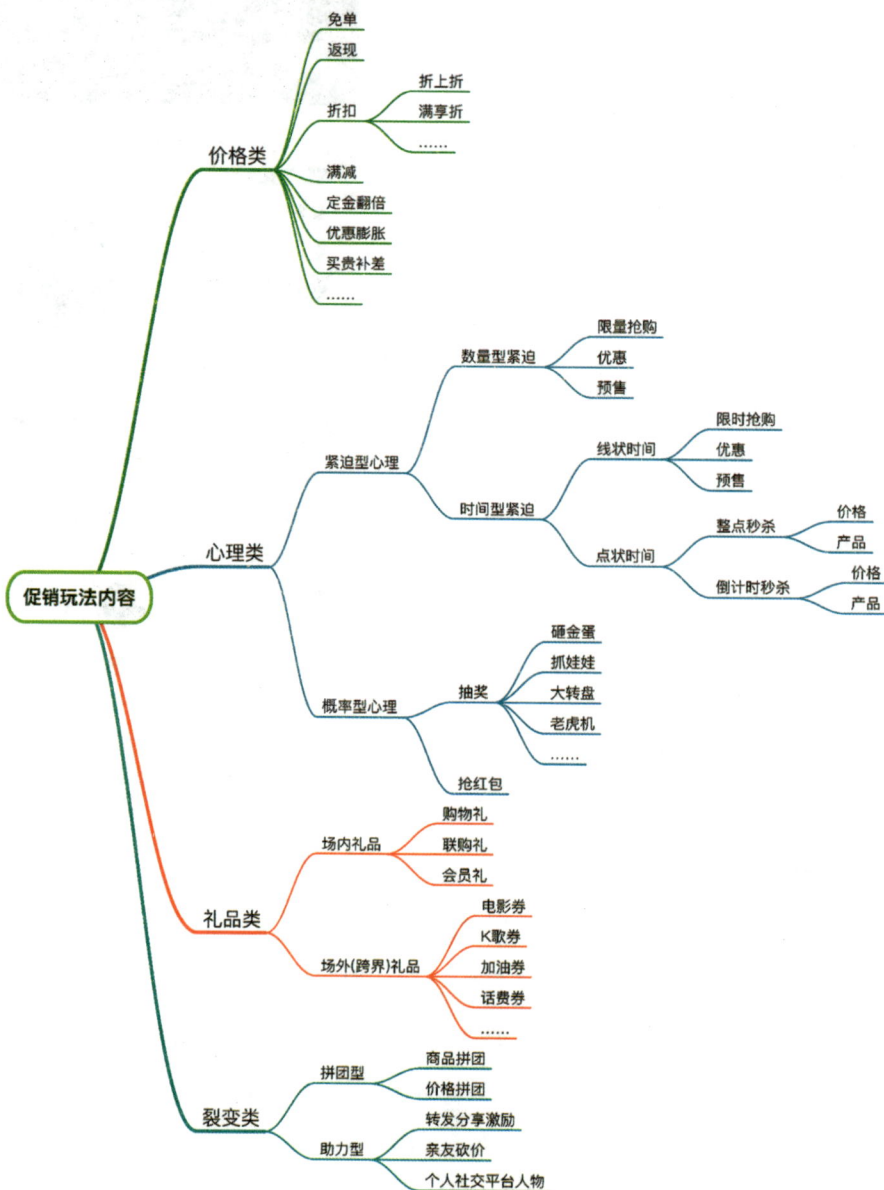

促销玩法内容
- 价格类
  - 免单
  - 返现
  - 折扣
    - 折上折
    - 满享折
    - ……
  - 满减
  - 定金翻倍
  - 优惠膨胀
  - 买贵补差
  - ……
- 心理类
  - 紧迫型心理
    - 数量型紧迫
      - 限量抢购
      - 优惠
      - 预售
    - 时间型紧迫
      - 线状时间
        - 限时抢购
        - 优惠
        - 预售
      - 点状时间
        - 整点秒杀
          - 价格
          - 产品
        - 倒计时秒杀
          - 价格
          - 产品
  - 概率型心理
    - 抽奖
      - 砸金蛋
      - 抓娃娃
      - 大转盘
      - 老虎机
      - ……
    - 抢红包
- 礼品类
  - 场内礼品
    - 购物礼
    - 联购礼
    - 会员礼
  - 场外(跨界)礼品
    - 电影券
    - K歌券
    - 加油券
    - 话费券
    - ……
- 裂变类
  - 拼团型
    - 商品拼团
    - 价格拼团
  - 助力型
    - 转发分享激励
    - 亲友砍价
    - 个人社交平台人物

促销内容的丰富性不仅来源于超级流量场本身的品类、品牌、商品、会员的巨大拥有量，也因为促销活动本身的玩法众多，面对消费者可以花式讲"价"，永远不单调，轻易不重样。

通常来讲，促销的玩法可以分为四类，任何一个线上线下购物老司机一看即懂。这些不同的玩法给促销内容创作带来了巨大的丰富性与创意空间。

第七张牌，超级 IP

显然，"超级 IP"是第二张技能牌。

活动与 IP 是一对 CP。

对于 IP 营销的实操玩法与方法论，已多有专著，大家可以直接借鉴用到促销活动内容的创作中。这里不在这方面多着笔墨，仅就 IP 与零售场促销活动的 CP 关系做一个简要分析。

各大线上线下零售场活动层出不穷，会让用户产生大同小异的审美疲劳，而 IP 正是塑造活动内容高度差异化的一把快刀，简单粗暴且高效。而且，零售场作为平台，使用 IP 做促销活动型内容的性价比极高，一方 IP，八方得益。

IP 的确拥有一种圈粉魔力。

呆萌的布朗熊、活泼的可妮兔、单纯的莎莉鸡，是通信应用程序 LINE 所衍生的贴纸形象，它们一起被称为 LINE FRIENDS。当这个二次元组合开始风靡，普通大众用它们作为社交调侃的抽象语言，而在操盘品牌营销的老司机眼中，它们却具备着撬动流量以及影响人群消费风向的特殊能量。

当布朗熊走向线下商场美陈，当可妮兔爬上钢笔外壳，当莎莉鸡在 T 恤上卖萌，这些真实存在的零售场以及产品，就有了新的个性与灵魂，吸引着 LINE FRIENDS 的粉丝们关注，甚至发生消费行为。举一个简单的例子，你是一个可妮兔的超级粉丝，当下你正好缺少一支钢笔，那么 LAMY 推出的 LINE FRIENDS 联名款，就有更大概率成为你的消费选择。

在 LINE FRIENDS 的 IP 赋能之下，京东、天猫、大悦城等零售场，以及 LAMY、欧舒丹、优衣库等品牌，都利用许多精彩纷呈的玩法赚得盆满钵满。

这就是来自顶级 IP 的圈粉魔力。说 IP 自带流量，没错！它未必真的能将粉丝带入自己的私域里，但有一点却是肯定且更重要的：借 IP 之力，促销内容可以脱颖而出、鹤立鸡群。

大悦城十年间不断与漫威超级英雄、《变形金刚》、《魔兽世界》、《仙剑奇侠传》等一系列被年轻群体归类于"情怀"的 IP 进行联合营销，将二次元世界的精彩内容纳入真实场景，造就了年轻人群最喜爱的"青年引力场"。这是借外部 IP 进行联合营销的典型案例。

事实上，一年中的促销节日和营销热点已被各类商家严重共享，"大合唱"中音色相似。这意味着差异化越来越难。

因此，IP 的价值也越来越大。

一个优质 IP 的浅层次价值是自带流量，深层次价值其实是帮助使用者实现内容创作的高度差异化。接下来的红星美凯龙实战案例也会让大家清楚地看到，《复仇者联盟 4》IP 元素的使用，让红星美凯龙的五一大促传播内容立刻"鲜活起来"，个性十足，充满了年轻化、娱乐派、潮流感的味道，从"铺天盖地"的各商家五一促销活动宣传内容中脱颖而出，被广大消费者强力识别与记忆。在竞争白热化的当下与未来，这样的高吸睛度、高差异化的内容对于吸引流量、促进交互和赢得销售都是至关重要的。

这里，值得特别强调的是：零售场使用 IP，出一份钱就可以惠及全场，这个巨大的天然优势真的是价值连城。唯一的挑战在于，是否拥有一支会玩 IP 内容营销的专业运营团队。

红星美凯龙×《复仇者联盟 4》

作为迪士尼影业最炙手可热的 IP，《复仇者联盟》中包含了漫威史上几乎所有经典的超级英雄角色，而《复仇者联盟 4》是这个 IP 的最终篇章，十年漫威情怀终极释放，对于观众来说，其意义及话题热度绝不亚于 NBA 对篮球迷的号召力。

为了将《复仇者联盟 4》的威力在内容生产中极致释放，红星美凯龙从活动主视觉到主会场 UI，再到线下终端美陈，全面融入超级英雄元素。不仅要将 IP 元素融入视觉设计，更要充分融入互动创意中。

在电影《复仇者联盟 4》首映之际，出现了一票难求的抢票盛况，一张首映票甚至炒到上千元！红星美凯龙提前布局，借势发起 51000 张首映礼门票抽奖活动（仅付出 H5 开发费用及电影票采买费用）。当然，醉翁之意不在酒，在 H5 的互动设计中，抢票是起点，抢券才是终点。最终，这一动作创造了刷屏级的社交裂变案例：参与抢票互动的 UV 高达 333 万，多项数据超过电商巨头的经典案例，最终揽收实际销售 78 亿元。

小 结
SUMMARY

促销内容是超级流量场生产的独家内容。

促销内容是用户的刚需。

促销活动是超级流量场内容生产的最大活水源头。

超级流量场创作促销内容有"7 张牌"：

第一张牌：商品活动

第二张牌：品牌活动

第三张牌：品类活动

第四张牌：全场活动

第五张牌：会员活动

第六张牌：促销玩法

第七张牌：IP 赋能

IP 既能使超级流量场的促销内容实现高度差异化，又能使超级流量场与品牌商共享 IP 自带的流量红利。

直播内容——人海战术制胜

超级流量场凭借"导购多、货品多"两大基因，练就"内容运营大招"之"直播内容"。

直播的本质是一种内容创作形式。

直播内容的最佳创作模式是"人海战术"。

直播内容的重要价值不止在引流，更在转化。

2020 年 6 月 1 日，董明珠代表格力电器在网上直播带货，当天的累计销售额高达 65.4 亿元，创下了家电行业的直播销售纪录。

65.4 亿元。一天。

这是什么概念？

这相当于格力电器 2020 年一季度营收（203.96 亿元）的 32%。

这个成绩太惊人了。

……

市场上大部分直播带货，都是靠主播一个人完成引流和转化。

而格力的直播带货，是带领全国的经销商来完成引流和转化。

这是一个人和一支军队的区别。

这是董明珠直播成功的根本原因。

以上是刘润老师在《独家揭秘董明珠直播：可能只有董明珠，找到了直播带货的本质》一文中的观点。

对此观点，我深以为然。

依赖公域流量和头部主播流量，是想象和表象。

直播，本质上玩的是面向私域的定制内容创作，这正是超级流量场可以大展宏图的地方。

而品牌商应该躬身入局，"趁'火'打劫"。

下面我们从头说起。

一场成功的直播，就像一部卖座的话剧或电影，取决于三大核心要素：

- 剧本好
- 演员好
- 宣推好

无论从这三大核心要素的哪一方面看，超级流量场都是直播的超级硬核玩家。

"货多"自然"剧本好"

直播选品至关重要，必须选到"高能"货品。所谓"高能"货品，可以是最 in 潮品、最具设计感的尖货、最具人气的爆品、跨界 IP 限量款，以及高性价比、巨划算的热销品等。总之，一定要选到最具人气吸引力和最具销售"爆炸"力的好货，比如平价又极致好用的"悦诗风吟散粉"、深受年轻女孩喜爱的"MAC 子弹头口红"、以经济舱价格享受头等舱体验的"芝华仕沙发"等。

好剧本靠海选，好货更要海选。

超级流量场所拥有的货品种类数量，显然远比任何品牌商都多，这就为"百里挑一"选好货创造了先决条件。

不仅如此，超级流量场由于拥有强大的供应链掌控能力，因此在货品价格这个极其重要的维度上，也拥有制造"神奇"的力量。

"人多"自然"演员好"

线下面对面服务用户，要靠导购大军；线上直播安利用户，必须派上军中王牌。

每个零售场都有自己的导购大军，通过对导购进行颜值气质、专业能力、应变能力、内容创作能力等维度的层层选拔，就能够筛选出"高潜"或"高能"人才。直播头部主播李佳琦就是这样被选拔出来的，他曾经是某美妆品牌的柜哥，因为过硬的综合能力，在公司内部的一次直播达人选拔赛中脱颖而出。

事实上，红星美凯龙的家装家居主播人才共有三大源头：

第一大源头是线下门店的导购大军，他们是行业垂直主播的最佳海选池。

他们深耕行业多年，对产品熟悉，对材料熟悉，对工艺熟悉，对商品本身、行业发展历程、消费者心理与需求、消费者故事、销售实战技巧最了解。他们中间就有大批天生的销售高手，拥有一流的口才和社交洞察能力，甚至拥有充满天赋的幽默感和内容创作能力。

第二大源头是家装家居行业内的设计师和工程管家，他们是行业内专家级达人一般的存在。

他们是装修设计、家装施工、软装搭配的高手，也是日常与消费者保持高频互动的专业人士。他们在帮助消费者解决各种个性化需求甚至是奇葩诉求的过程中，不断历练着强大的用户需求洞察能力与沟通说服能力。他们不错的品位甚至有着化腐朽为神奇的力量，能让不同的产品在组合、搭配之后，呈现出各种风格：混搭、极简、美式、欧式，信手拈来。他们的专业能力更容易被消费者信赖，因此，他们也是超级主播的头部候选人。

第三大源头就是深耕行业的红星美凯龙商场总经理们以及其他资深的运营人员。

他们对行业变化、品类发展、新品趋势、消费心理都有深刻理解和观察，更重要的是，作为平台方的运维人员，他们代表的是平台企业，其第三方的中立身份更容易赢得消费者的信任。在家居行业，平台的强大背书能力仍然是非常重要的，也是决定消费者在哪儿买的重要因素之一。更特别的是，他们对品牌厂商、经销商的营销策略、毛利结构也是了如指掌，所以他们不仅是直播中商品推介的行家里手，更是与商家面对面互动砍价的老司机。实践也一再证明：砍价环节往往是直播间粉丝们最喜欢看也感觉最给力的部分。

当然，线下零售场的总裁们、场内入驻品牌的总裁们也带来了别样的风景线，他们难得频繁出镜，但每每作为飞行嘉宾出现时，总会自带流量和眼球效应，吊足消费者的胃口。他们可以调动的资源极为丰富，无论是对供应链的掌控，还是对产品价格体系的调整，都有着话语权。其中，品牌商的老总们也是家居产品的操刀手，对自家品牌的产品尤为熟悉；他们还对竞品如数家珍，对产品所在品类的了解也十分细致；具体到产品层面，他们甚至比导购更熟悉。

BOSS 开播，天然释放出一个信号：有大动作！当然，这些总裁为了品牌的"荣耀"，也从来不会让粉丝们失望，总是能够带来前所未有的大礼包和全场惊喜。

海量主播人才库是超级流量场成为垂直行业超级直播玩家的底气。

巨量的直播"人才宝矿"能够助力超级流量场实现流量制造的爆发式增长，也能够赋能整个行业的直播生态。

超级流量场不仅要利用这些人才直播带货，更应该运用"人海战术"，快速成为垂直行业直播领域的第一 MCN 机构，进而对这些人才全面赋能，助力他们快速成长，成为垂直行业的超级主播。

红星美凯龙正在成为家居行业最大的 MCN 机构，对家居行业主播们持续进行着四个方面的赋能：

业务赋能：红星美凯龙在全国每个商场推出主题性全场直播活动、品类直播活动、品牌直播活动、会员专享直播活动、装修课堂直播活动，全年超 2 万场，这些直播活动对于主播们是巨量的业务来源。

流量赋能：初期的每一场直播，屏幕前的粉丝们中只有少部分来自导购自身的粉丝积累，大部分都出自红星美凯龙的私域流量，他们来自红星美凯龙的社群矩阵、自媒体矩阵、全民营销矩阵、天猫同城站和会员池。红星美凯龙的这些私域流量会"阳光普照"放送每一场直播与每一个主播，也会特别倾斜于部分高速成长的潜力派主播和头部实力派主播。

数据赋能：在红星美凯龙的数据中台里，每一次直播都有完整的数据链路沉淀。利用累积的数据，可以对主播们进行聚类分析，并为每一位主播贴上动态标签，比如人设标签，即主播画像以及他吸引的用户的画像；内容标签，即他擅长播什么品类、什么类型的活动；营销标签，即他的粉丝量等级、带货能力等级。而主播本人，也能够利用每一场的关键数据进行环比、同比，以及与其他主播的平均值、优秀值做对比，从而对每一场直播活动进行复盘总结、持续迭代。

知识赋能：红星美凯龙星直播大赛的头号卖家训练营，旨在让优秀主播们在一个高压的竞技环境下，对个人潜能进行最大限度的激发，并通过授课、分享、集训，让每一个有志于"上位出圈"的主播，有机会不断提升行业相关的专业功底、带货技巧、内容制作能力，以及成为明星 KOL 的人设魅力。

"私域强"必然"宣推好"

直播与私域是天生 CP。

私域运营是直播的票房保障，直播是私域运营中的"内容甜点"。

抛开达人自带流量的直播活动不谈，直播的即时性导致了直播营销的引流方式别具一格，与所有品牌、商品、活动常规使用的推广手段都大有不同。

全域买流量的方式对于为直播引流并不适用，性价比太低。商家们大多期望如此：消费者一旦看到一个直播广告就立即报名，然后静候某一天某一刻直播到来的时间点，接收到消息提醒，点击观看。这种想法是不现实的，这个链路的转化率简直低到无法忍受。

那要怎么办呢？

首先，要利用自己的私域多次触达既有用户、粉丝和会员，不断通过"花言巧语"提醒他有这么一个直播活动。此时，日常在私域里培育起来的"亲密感情"，会极大地促使其对这场直播产生兴趣和信任。当然，基于对私域用户的分层，采用千人千面的定制化内容进行互动，一定会取得更佳效果。

其次，在活动当天，要在私域里密集利用各种花式内容进行提醒。

再次，直播开始后，也要在私域里反复播报直播盛况，吸引用户点击进入直播间。当然，如果经费充足，还可以通过直播平台、全域媒体渠道，购买流量提前预热、收集预订 leads（预定数据），以及购买资源位在直播中进行即时引流。

综上，从整体来看，一方面，早有品牌或品类认知的私域用户，相比"陌生"的公海潜客，一定更有收看直播的兴趣和意向；另一方面，私域具有提供免费的、高频反复触达用户的便利性，可以起到不断提醒、刺激的作用，其中社群尤其如此；更有价值的是，我们可以通过私域，在直播中途进行即时的大声广播，实现即时的拉人引流。其实，对于最终的购买转化率而言，私域用户也一定远比第一次接触的公海用户购买转化率高得多。

反之亦然，私域对直播也是情有独钟。在私域里的用户互动，最关键的就是内容。而直播正是当下内容生产上最具感染力和热度的形式，我们甚至可以预见其在未来也依然会保持这一份天生的、最真切的亲密感与体验感。因此，直播活动是私域运营中的"内容彩蛋"，或者说是"内容甜点"。同时，直播在各种内容形式中出类拔萃的带货能力，也让社群运营的伙伴们毫不犹豫地将其作为促单手段的核武器，为实现社群运营 KPI 贡献关键力量。

所以，私域与直播是天生一对。

这两位的爱情故事还没说完。只要每一场直播都有质量稳定的输出，私域就需要运营，就需要持续的一场场直播，而每一场直播也就有了稳定的流量来源。同时，用户的复购率、会员消费宽度都会持续提升，超级用户自然也是越来越多，完美！

举个例子：一个家装用户的家装周期为 6 个月左右，如果他在一个业主群里看到的每次直播都让他看得过瘾、有收获，那这个用户就不只是一次性流量，他会持续观看橱柜直播、卫浴直播、瓷砖直播、木门直播、沙发直播、家纺直播等。这样，直播活动就在这个私域用户身上实现了持续的流量制造和销售成交，同时也为这个用户提供了一站式营销服务。

谁有超大型的私域流量池？唯有超级流量场！

超级流量场携超大型私域流量池这个硬核装备，正在全面挺进直播战场。

这里所说的硬核装备，就是指超级流量场所拥有的强大私域场景矩阵——社群矩阵、自媒体矩阵、全民营销矩阵、电商旗舰店矩阵，第七章将会详细介绍。

红星美凯龙疫情期间"揽金无数"

2020 年春节后的疫情期间，红星美凯龙可谓将"人海战术"发挥到极致。公司总裁、品牌商总裁、经销商老板、商户店长、导购、设计师、家装达人、商场商总、明星员工纷纷上线，在淘宝直播阵地上"揽金无数"，战绩显赫：

2020 年 2 月 16 日，在单赛道混合排位赛中，入围前 10 中的 5 席，并锁定冠亚军；2 月 27 日至 2 月 28 日，在导购员赛道，入围 TOP50 中的 38 席，占据 TOP10 中的 7 席，并包揽前 5 名；在商场赛道排行榜 TOP10 中占据 5 席。

2020 年 3 月 6 日，红星美凯龙"BUY 家女王直播大赏"重磅开播。5 大总裁协同 6 城线下分会场，联手 9 大顶级家居品牌引爆流量上限，狂揽 112.72 万在线观看，包揽家居行业直播四项第一，单场次直播增粉超行业平均值 32 倍，家居爆款下订 17400 单！

天虹的"全员直播"计划初具成效

2020 年 3 月 6 日，欧莱雅在天虹做了一场直播，销售额达到 208 万元；3 月 6 日至 3 月 8 日，欧莱雅在天虹的线上线下销售总额超过 400 万元，同比增长 5%。3 月 7 日，兰蔻的一场直播，仅 2 个小时就卖到了 232 万元的销售额。其中"3.8 女神节"期间，天虹 3 天做了数百场导购直播，更有 38 位店总和区总等组成"老板天团"做了 32 场直播，品牌和员工都受到极大鼓舞。

同时，天虹计划让全国 5 万名导购全部开启直播，将直播演化为全员的能力，运行"1+1"的模式，比如一个负责专业，一个负责气氛，或者延伸其他变体，利用各种极致花样玩法进行放利。这是自有流量的唤醒，也是更高效的一种服务方式。

天虹导购直播的运营策略重点包括：

● 日常中，通过微信群、小程序、公众号等阵地，由导购精细运营 2300 万数字化会员，建立巨大的直播蓄客池。

● 利用小程序和企业微信做了一套"千人千面"小程序电商，相当于让每个导购员拥有了自己的线上店铺。导购在店铺里做常态化直播，形成转化与裂变。

● 以小程序直播为主，企业微信直播为辅，即大促级直播以小程序为主，导购日常开播以企业微信为主。

疫情期间，天虹主打"宅家也要美"概念，针对各种线上购物场景，引导线上直播服务，将导购与用户高效连接起来，提高"无时间、地域、空间限制"的线上体验场景的服务提供能力，增强客户黏性，也为线下积累私域流量池。

天虹"全员直播"不只是销售工具，而是兼具情感、趣味、温度的用户运营阵地，真正实现 24 小时全渠道、不同场景、有血有肉的立体化服务。

银泰百货"导购在家直播计划"

2020 年 2 月，银泰百货联合淘宝推出"导购在家直播计划"。2 月 13 日，银泰百货公布数据显示，一名导购直播 3 小时服务的消费者人数，相当于复工 6 个月服务的客流。首批试点的银泰导购在家直播累计时长已超 10000 分钟，累计观看量超过 10 万人次。银泰百货已经有超过 2000 位导购注册成为淘宝主播，完成了超过 1000 场直播。

自 2019 年 5 月启动"淘柜姐计划"以来，银泰旗下 65 家门店陆续加入导购直播计划。未来，银泰导购在家直播将达到每天 100 场。2019 年"618"期间，100 位"柜姐"参与带货短视频和直播，当天销售同比增长 133%。

银泰导购直播的运营策略重点包括：

• 通过短视频、直播等方式，赋能一线导购，使他们从普通"柜姐"成长为"新零售导购"；

• 通过"有血有肉"的极致放利和服务打动用户；

• 通过联合各大品牌商给出极致粉丝福利，雅诗兰黛、科颜氏、悦木之源等品牌专柜纷纷加入，增进用户购买欲；

• 通过各大自媒体、社群等进行蓄客引流，精确获取流量。

此外，银泰每个商场在阿里平台均开设了官方店铺，导购可利用淘客进行分佣，快速扩大导购直播的队伍，使得导购直播能够更顺利地展开。线下通过好的体验和场景吸引用户，线上通过推荐和分享获得更多的新用户，从而形成消费闭环。

银泰的"人海战术"是其打造直播内容运营生态、实现线上线下全场景用户运营的重要抓手，为用户解锁更多购物体验，助力实现"线上再造一个银泰"的战略。

小 结
SUMMARY

"直播内容"是超级流量场的流量制造十一大招之一。

一场成功直播的三大核心要素:"剧本好""演员好""宣推好"。

超级流量场是直播的超级硬核玩家。

依赖公域流量和头部主播流量,是想象和表象。

直播与私域才是天生 CP。

直播本质上玩的是私域,正是超级流量场可以大展宏图的地方。私域运营是直播的票房保障,直播是私域运营中的"内容甜点"。

超级流量场应该运用"人海战术",快速成为垂直行业直播领域的第一 MCN 机构。

作为 MCN 机构,超级流量场应当为主播提供业务、流量、数据、知识四个象限的赋能。

而品牌商应该躬身入局,"趁'火'打劫",收割流量红利。

品牌商要全力以赴打磨自己的优质内容,努力成为超级流量场直播内容创作的"最佳原料供应商",以及作为 PGC 机构成为超级流量场的直播内容运营生态合作伙伴。从而,在超级流量场通过直播内容制造流量的过程中,收割流量红利,实现极高性价比的获客、转化、复购、裂变,实现自己品牌的高效用户运营。

所以,品牌商营销团队不仅要对超级流量场的"直播内容"运营机理了如指掌,更要躬身入局。

品牌内容——品牌与内容相互成就

品牌是内容创作的最大差异化途径或手段。

品牌对内容的背书威力巨大。相似或同样的内容打上不同的 logo，在消费者的心智中就是完全不同的内容，点击率、互动率、转化率也会大不相同。

反过来，要在消费者心智中塑造一个丰满的品牌形象，除了借商品、服务来传导之外，就全部依赖基于各种内容之上的用户互动了。为了保持品牌与用户之间、与更广泛的各界人士之间的互动，从而不断地传递品牌信息、增强品牌黏性、塑造品牌心智、提升品牌影响力，超级流量场需要持续地创造内容。

所以，品牌背书内容，内容成就品牌。

要成为真正的超级流量场，必须拥有品牌的魔力，如何掌握零售场通过内容塑造品牌的正确姿势？本节为你一一解锁。

不同品牌引流力差距巨大

在数字营销时代语境之下，品牌是第一流量的理论不仅可在逻辑中被论证，更可以通过数据一目了然。以线上广告投放为例，这也是品牌推广中最为典型的场景，当使用相同或相似的推广策略、内容、渠道时，不同品牌的广告，其点击率、转化率的结果往往大相径庭，它们之间的差距甚至高达几倍到几十倍不等。

下面让我们来看一看各品牌的百度指数对于投放效果的影响，不难看出，各品牌的百度指数与预约量及转化率是成正比的。

因此我们得出以下结论，只有筑造出强大的品牌壁垒，才能够从众多的竞争对手中脱颖而出，于这场残酷的流量之争贴身肉搏中步步为营，从而有机会进入企业发展的良性循环，并始终立于不败之地。

地域范围 全国　　设备来源 PC+移动　　时间范围 2019-09-14～2019-10-13

■ 品牌1　■ 品牌2　■ 品牌3　■ 品牌4　■ 品牌5

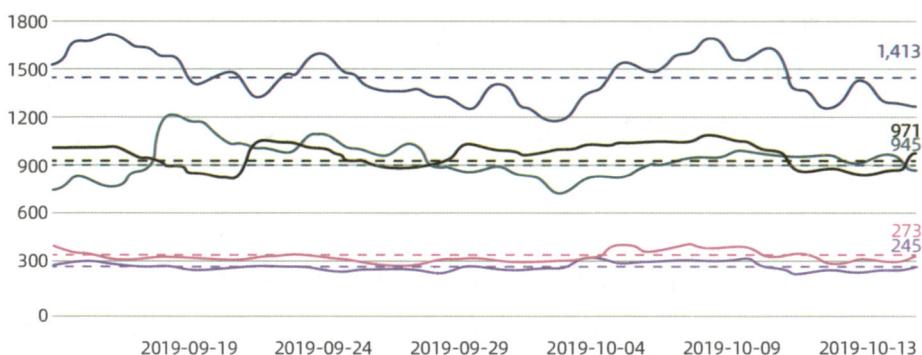

2019 年 12 月在一次品类节中对不同品牌的一次投放数据

数据来源：百度指数

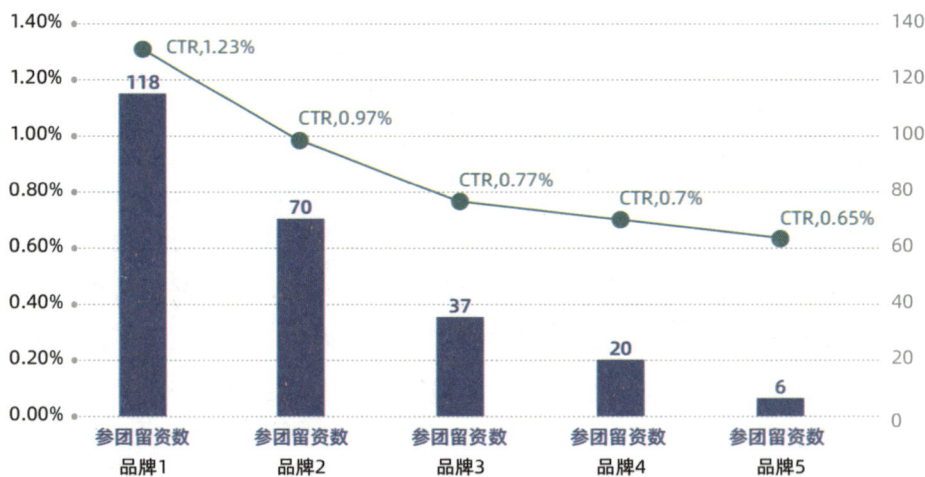

2019 年 9 月红星美凯龙投放数据

传统线下零售场"榜上无名"

从上文中可以看到，品牌是最稳定的流量来源。但相较于产品品牌的塑造，或是线上零售平台在品牌方面的投入，国内众多的线下零售场似乎相去甚远。这一点可以从品牌地位风向标——央视春晚看出。春晚作为国内最具影响力的顶级 IP，每年都吸引着一众实力强劲、雄心勃勃的品牌，不惜斥巨资抢占这一超级流量口。从 20 世纪 90 年代主流家电厂商海尔、美的，到后来各类酒水品牌杀入其中，再到近几年的腾讯、阿里巴巴、百度轮番坐镇，都无一例外。可惜的是，几乎没有任何一家线下零售场品牌步入该战场。

以下是历年的广告主投放数据，窥一斑而知全豹。

2017 年各品类品牌广告投放排行

品类	竞争品牌	投放 千元							品类TOP5总计
		报纸	电视	电台	户外	网络	杂志	品牌总计	
MALL	万达广场	4,514	1,187	2,320	3,062	74,316	-	85,400	
	银泰	1,315	18	3,331	10,796	1,581	-	17,041	
	麦德龙	43	-	92	1,960	40,169	-	42,264	186,633
	百盛	3,899	3,304	708	8,917	493	-	17,322	
	欧safe	9,936	2,807	2,404	4,077	5,382	-	24,606	
家居平台	红星美凯龙	18,507	8,232	19,432	34,854	-	435	81,460	
	居然之家	9,198	5,402	14,730	22,563	9,758	330	61,981	198,807
	吉盛伟邦	693	-	13,458	1,680	6,264	172	22,266	
	月星家居	-	-	-	-	16,316	-	16,316	
超市	大自然	287	1,299	3,388	11,810	-	-	16,784	
	家乐福	10,666	9,649	158	19,054	-	-	39,526	
	盒马	316	-	52	14,671	369	-	15,409	65,613
	沃尔玛	28	1,845	269	1,079	-	473	3,694	
	万家隆	-	-	-	2,023	-	-	3,144	
	物美	3,321	1,121	-	472	-	-	3,840	
便利店	全家	-	-	535	7,368	-	-	7,902	
	today	-	-	-	4,059	434	-	4,493	
	易捷	13	-	509	290	-	-	811	15,466
	罗森	-	10	16	2,234	-	-	2,260	
	苏宁小店	-	-	-	-	-	-	-	
电商	京东商城	7,382	509,116	5,741	1,540,908	1,142,722	90	3,205,958	
	淘宝/天猫	10,403	409,897	8,200	1,515,786	847,287	358	2,791,931	
	苏宁易购	36,596	83,798	5,305	462,297	522,733	211	1,110,941	8,188,781
	拼多多	-	121,920	-	151,070	46,895	-	319,885	
	唯品会	535	185,885	-	66,863	506,743	39	760,066	
家居品牌	宜家	608	140,918	553	21,333	88,238	-	251,649	
	欧派	1,239	8,362	4,669	54,500	46,125	231	115,125	
	喜临门	227	305	254	1,910	2,458	-	5,155	516,722
	慕思	97	18,666	2,930	44,971	-	1,358	66,664	
	科勒	409	671	3,668	55,412	16,611	-	78,130	
家电	海尔	4,326	403,379	3,000	93,672	99,624	3,535	607,535	
	格力	10,853	422,480	9,031	41,687	45,173	277	529,501	
	戴森	102	27,533	-	30,069	188,390	1,291	247,384	2,158,971
	美的	1,603	377,397	7,772	39,202	58,915	-	484,890	
	方太	607	144,820	1,811	100,201	41,203	1,019	289,661	
快消	康师傅	-	93,401	-	-	76,302	-	169,703	
	可口可乐	457	489,437	45	50,395	74,520	35	614,888	
	雪碧	44	515,462	64	11,466	66,048	-	593,084	2,338,023
	伊利	1,614	260,781	574	110,988	107,910	54	481,920	
	德芙	-	396,342	-	8,945	73,141	-	478,428	
日化	兰蔻	1,152	453,824	-	115,454	111,263	62,636	744,330	
	雅诗兰黛	207	320,310	78	11,786	144,618	33,843	510,841	
	海飞丝	20	510,833	245	28,514	123,399	-	663,011	2,855,716
	欧莱雅	207	561,140	1	2,408	-	1,339	565,095	
	清扬	-	162,280	96	68,776	141,286	-	372,439	

数据来源：CTR-电视/电台/报纸/杂志，艾瑞-网络，中天-户外；2017

2018 年各品类品牌广告投放排行

品类	竞品品牌	报纸	电视	电台	户外	网络	杂志	品牌总计	品类TOP5总计
					投放 千元				
MALL	万达广场	592	93,070	1,475	1,059	27,134	-	123,330	
	银泰	665	106	2,996	33,209	4,547	-	41,523	
	麦德龙	-	-	63	530	32,729	-	33,321	235,576
	百盛	1,803	1,598	644	8,993	686	-	13,724	
	欧亚	4,006	3,324	2,095	5,271	8,982	-	23,678	
家居平台	红星美凯龙	10,237	5,181	19,747	81,180	53,048	544	169,937	
	居然之家	6,207	793	14,507	48,690	11,059	204	81,460	
	吉盛伟邦	1,070	-	19,341	687	6,328	-	27,427	327,028
	月星家居	357	3,727	1,272	20,477	18,569	240	27,182	
	大自然	-	305	240	20,477	-	-	21,022	
超市	家乐福	2,006	-	-	512	-	-	2,518	
	盒马	-	1	73	14,257	70	-	14,400	
	沃尔玛	7	726	175	11,207	-	-	12,115	39,531
	万家园	-	435	-	5,913	-	-	6,348	
	物美	3,958	-	32	159	-	-	4,150	
便利店	全家	-	-	-	470	2,892	-	3,362	
	today	-	-	-	10,718	453	-	11,171	
	易捷	285	67	1,976	3,543	-	-	5,872	20,856
	罗森	-	-	15	389	-	-	404	
	苏宁小店	-	-	-	47	-	-	47	
电商	京东商城	2,280	493,909	4,394	1,348,617	2,061,164	777	3,911,143	
	淘宝/天猫	3,382	214,537	609	1,346,205	1,100,787	1,351	2,666,871	
	苏宁易购	22,086	433,653	14,389	719,986	1,023,120	195	2,213,428	10,769,417
	拼多多	151	670,328	2	345,216	132,353	-	1,148,051	
	唯品会	553	29,105	48	46,881	753,071	266	829,924	
家居品牌	宜家	394	158,581	821	23,458	343,686	-	526,939	
	欧派	534	18,548	5,840	71,537	30,826	68	127,353	
	喜临门	38	229,453	1,795	9,586	8,637	-	249,009	1,076,613
	慕思	256	14,725	3,701	52,116	14,408	-	85,205	
	科勒	237	2,458	5,353	62,227	17,695	137	88,107	
家电	海尔	3,596	451,092	2,957	130,721	86,910	2,252	677,529	
	格力	15,688	438,106	9,527	203,615	30,980	766	698,683	
	戴森	69	60,521	22	142,307	335,897	2,251	541,067	3,015,373
	美的	1,035	376,186	1,972	117,282	30,059	276	526,810	
	方太	243	380,744	1,281	123,933	64,829	255	571,284	
快消	康师傅	-	180,358	-	-	257,814	-	438,172	
	可口可乐	310	522,865	51	71,596	122,845	-	717,667	
	雪碧	-	552,824	7	9,694	126,365	-	688,890	3,173,904
	伊利	2,557	431,583	3	139,817	183,715	-	757,676	
	德芙	-	424,224	-	15,821	131,454	-	571,499	
日化	兰蔻	-	734,538	60	81,438	427,895	58,373	1,302,304	
	雅诗兰黛	-	455,003	31	25,139	270,947	22,671	773,791	
	海飞丝	-	225,659	122	60,596	197,384	-	483,760	3,666,407
	欧莱雅	360	523,334	6	36,379	-	3,431	563,510	
	清扬	-	164,261	161	110,961	267,659	-	543,042	

数据来源：CTR-电视/电台/报纸/杂志，艾瑞-网络，中天-户外；2018

2019 年各品类品牌广告投放排行

品类	竞品品牌	报纸	电视	电台	户外	网络	杂志	品牌总计	品类TOP5总计
					投放 千元				
MALL	万达广场	758	159,673	1,274	730	11,951	-	174,385	
	银泰	394	327	2,159	33,741	1,523	-	38,144	
	麦德龙	-	17	-	297	14,076	-	14,390	266,406
	百盛	502	9	222	27,226	578	-	28,536	
	欧亚	2,088	1,714	1,692	4,926	530	-	10,951	
家居平台	红星美凯龙	4,709	13,358	13,564	79,450	69,498	432	181,012	
	居然之家	2,604	472	12,702	18,923	10,719	-	45,421	
	吉盛伟邦	920	-	12,471	888	4,763	-	19,042	269,472
	月星家居	432	4,260	1,046	2,400	1,412	-	9,550	
	大自然	-	928	237	13,283	-	-	14,448	
超市	家乐福	-	0	20	242	-	-	262	
	盒马	-	5	-	1,894	28	-	1,928	
	沃尔玛	134	463	-	3,945	-	-	4,542	16,622
	万家园	-	334	-	6,749	-	-	7,083	
	物美	1,997	-	17	793	-	-	2,807	
便利店	全家	-	-	-	257	6,358	-	6,615	
	today	-	-	-	2,205	-	-	2,205	
	易捷	59	-	2,323	256	-	-	2,637	13,624
	罗森								
	苏宁小店	47	616	106	1,398	-	-	2,167	
电商	京东商城	1,527	286,422	3,417	758,193	857,387	676	1,907,623	
	淘宝/天猫	502	181,639	310	710,797	184,700	1,734	1,079,681	
	苏宁易购	8,112	229,902	6,983	417,957	646,541	-	1,309,495	5,151,492
	拼多多	620	593,189	40	1,785	120,098	69	715,801	
	唯品会	195	49,807	35	28,021	60,420	413	138,892	
家居品牌	宜家	147	37,201	384	19,072	196,128	-	252,933	
	欧派	277	11,567	3,560	73,985	22,862	138	112,390	
	喜临门	103	5,601	152	22,323	1,334	-	29,513	581,972
	慕思	26	15,650	2,396	103,222	8,441	60	129,795	
	科勒	386	163	1,716	49,379	5,498	198	57,341	
家电	海尔	2,106	346,816	1,210	63,648	40,160	1,536	455,476	
	格力	9,501	83,353	11,397	168,373	16,552	172	289,349	
	戴森	33	32,618	14	133,357	462,170	2,657	630,848	1,857,634
	美的	1,019	157,895	1,992	90,643	20,603	2,377	274,528	
	方太	108	67,266	390	100,258	39,367	44	207,433	
快消	康师傅	42	1,036,736	-	-	629,044	-	1,665,822	
	可口可乐	280	381,445	3	77,777	192,060	-	651,566	
	雪碧	9	311,891	1	25,509	150,959	-	488,370	3,812,863
	伊利	779	227,820	4	136,390	104,176	410	469,579	
	德芙	-	399,212	-	15,983	122,331	-	537,526	
日化	兰蔻	12	513,467	0	121,010	348,853	34,443	1,017,785	
	雅诗兰黛	-	276,310	-	28,382	348,268	15,915	668,875	
	海飞丝	-	129,608	-		139,556	-	402,719	2,935,172
	欧莱雅	40	316,688	-	20,734	-	2,974	340,435	
	清扬	-	122,386	-	126,317	256,654	-	505,358	

数据来源：CTR-电视/电台/报纸/杂志，艾瑞-网络，中天-户外；201901-201910

以 2017—2019 年各品类品牌广告投放量来看，基本上可以得出以下两个结论：

- 线下零售场广告投放远低于线上电商平台。
- 线下零售场广告投放远低于产品品牌商。

除了早期的国美、苏宁在品牌塑造的传播投入上下过功夫，大多数线下零售场在塑造品牌的传播投入上十分乏力，我想这也是时至今日，苏宁、国美还能在江湖中、在消费者心智中拥有重要地位的原因之一。

对品牌传播的不够重视，也显著地体现在对传播内容的创作上。无论是艾菲、金投赏，还是广告长城奖等与营销传播内容创作相关的各大赛事与奖项中，我们都很难看到线下零售场品牌的影子。

另外，在团队设置上，更可以看出零售场对品牌塑造的投入程度。很多线下零售场并没有设置专门的品牌、公关岗位及团队，更谈不上配置视觉、内容岗位及团队。没有专业领域的高级人才，又何谈高质量的内容生产及品牌塑造呢？

超级流量场必须首先是品牌内容的创作高手

你卖的东西我也有，你提供的服务我也可以提供。零售企业在品牌塑造这件事上遇到的巨大痛点就是没有差异化的产品及服务。其实，无论是否拥有独家产品、卖的产品有无差异，提供的服务是否够特别、极致，对于品牌塑造这件事，向来都不是"有一说一"这么简单，"认知大于事实"才是这个领域的真理。

塑造品牌既需要理性层面的差异化优势打造，更需要与用户之间在情感层面持续互动与交流，长此以往，才能真正"捕获芳心"。

英国 John Lewis 百货，以情动人

始于 1864 年的英国 John Lewis 百货，150 多年来一直是英国零售界的中坚力量，伦敦牛津街上的 John Lewis 更是被英女王授予"皇家认证"的荣誉。它是英国人心目中满意度最高的零售商，近两年的满意度甚至超过亚马逊，占据第一的位置。近年来，即便是在零售行业发生巨大转变、实体零售企业受到电商强力挤压的大背景下，John Lewis 仍然保持着出色的业绩。

这些成绩的背后，除了 John Lewis 本身辉煌的经营历史、王室认证的荣誉，还有很重要的原因是，John Lewis 在品牌塑造方面做得非常出色，使品牌深入人心。消费者口碑营销咨询公司 Keller Fay 集团的数据显示，每天有 2% 的英国民众，即 90 万人，会在对话里谈及它。John Lewis 每年推出的消费洞察报告，号称代表了这个国家的购物习惯，并且反映了消费品位趋势。

John Lewis 成功的秘诀除了坚持创新，始终走在技术前列外，更重要的是塑造品牌的匠心精神。即使是传统的品牌形象广告，John Lewis 也做到了极致。从 2007 年圣诞广告开始，John Lewis 每年都会在西方最盛大节日圣诞节，推出一支广告。在英国，John Lewis 每年推出一支圣诞广告这一活动，甚至被当作圣诞季开始的标志，可见其有多么深入人心。广告之所以有这么强大的影响力，是因为它始终以情感关怀为主旨，是在人性的洞察基础上制造出来的，所以总是能触动人内心最柔软的部分。现在 John Lewis 的圣诞广告已经成为圣诞的一种符号和标识，是其打造品牌最强的利器，也是其最有价值的品牌输出。

【John Lewis历年圣诞广告】	
2007年《投影圣诞》	2013年《棕熊与野兔》
2008年《爱的礼物》	2014年《企鹅Monty》
2009年《孩子的大人梦》	2015年《月球上的孤独老人》
2010年《赞颂者》	2016年《斗牛犬巴斯特》
2011年《漫长的等待》	2017年《床底下的怪兽》
2012年《旅途》	2018年《男孩与钢琴》
	2019年《兴奋的埃德加》

英国 John Lewis 百货历年品牌广告

资料来源：营销有一套《你被 John Lewis 圣诞广告骗了，爆款背后的"真相"其实是》，作者阿慕，2019-12-23

大悦城百货，如何占领年轻人的心智？

大悦城是线下零售场中重视品牌塑造的典型。聚力原创 IP 势能，以期传递出其 JOY UP 品牌精髓，并坚持深耕 Z 世代一族的大悦城，自 2013 年起，就瞄准年轻客群发动全国时尚品牌系列活动，凝结巨大情感认同。每年大悦城都会根据品牌所要传达的精神内核，策划该年度主题活动。为发掘青年灵感，洞察青年思想热潮，迅速捕捉客群的思想喜好及不断更迭的深层次消费需求，大悦城通过灵活多样的调研活动，联动全国商场创作鲜活内容生态，以能够与年轻人群共生共荣的强大品牌向心力，形成了大悦城所独有的青年文化生活消费娱乐场。

大悦城百货 2018 年度全国品牌活动

资料来源：Do-marketing 营销智库《解密 8.5 亿品牌曝光背后，大悦城的"走心营销学"》2018-8-24

大悦城百 X 抖音系列活动

朝阳大悦城的"青年漫游者大会"、沈阳大悦城的"斜杠青年社"、杭州大悦城的"马力印象复古市集"、西安大悦城的"100Beyond 青年节"……不仅融合了各自所在地的文化特色，而且保持了与大悦城品牌主题的一致性，同频为全国各地的年轻客群奉上了异彩纷呈的青年文化内容饕餮盛宴。

除了品牌 IP，大悦城还打造了旗下独有 IP——大悦疯抢节等。

大悦疯抢节

资料来源：Do-marketing 营销智库《单日 2.36 亿销售额 大悦疯抢节 SP 玩法再升级 》2019-09-09

如果说 18~35 岁年轻群体在物质层面的需求被大悦城牢牢把握，他们在精神层面的情感脉搏，更是被大悦城深度捕捉并全方位感知着。通过极易产生共鸣共情的场景体验模式，消费者源源不断地感知到大悦城的品牌精神及品牌态度。

6 年间，在行业同质化、竞争白热化的背景下，大悦城选择坚守"青年时尚"品牌本质，用细分的青年文化标签建立品牌区隔。坚持深耕年轻一代的大悦城，与不同代际的青年客群一同成长，通过丰富的内容创意，不断强化其勇立潮头的青年文化地标属性，持续点燃沉浸其中的青年消费热情，为商业地产乃至零售百货市场不断贡献奇思妙想。

John Lewis 能在经济几经沉浮的背景下依然长盛不衰，大悦城能在同质化、竞争白热化的形势下始终保持着对年轻人的吸引力，在这个流量红利消失、流量成本居高不下的年代里，强大的品牌就是它们的必胜法则，就是它们最核心的流量来源，而内容创造正是它们塑造强势品牌的不二法宝。

品牌养成的"六度模型"

对于零售场而言，品牌塑造就如同打造个人形象一般，是一个全方位、系统性的行为，要分别从视觉、广告、公关、体验、服务、促销以及互动等多维度进行单向出击和策略整合共同发力。

如果把线下零售场比作一个盒子，我们就需要以"匠心+创新"的精神，孜孜不倦地为这个盒子的每一面雕琢出精彩。

作为覆盖 200+城市、400+大型卖场的全球 MALL 王，线下零售场的佼佼者，红星美凯龙定位于中高端家居消费。在 2019 年品牌价值榜单上，它的品牌价值高达 792 亿元。

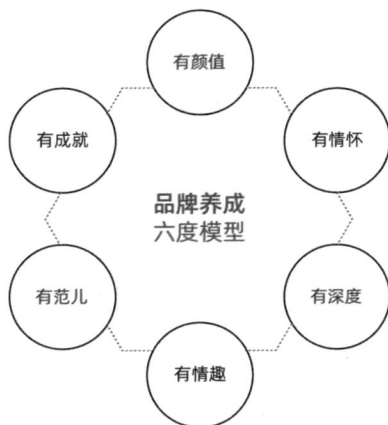

实践出真知。近八年来，红星美凯龙几乎斩获了艾菲、金投赏、广告长城奖、金属标、金狮奖、金瞳奖、360 营销传播奖等各大营销奖项。经过多年探索，红星美凯龙归纳出一套通过内容进行品牌塑造的方法论，我们称之为"品牌养成六度模型"。这六度其实代表着"一个人"的六个方面：有颜值、有内涵、有深度、有情趣、有成就以及有范儿，这六大维度共同铸就了红星美凯龙的中高端零售场品牌标杆范式及坚不可摧的引领者地位。同时，这六个维度也是内容创作的六个方面。

有颜值

要想打造超凡颜值，就必须在平面设计的视觉传达、视频内容创作的视觉传达、线上互动设计的视觉传达、门店空间设计的视觉传达上狠下功夫。匠心是第一位的。

审美是第一竞争力，视觉是第一生产力，颜值即正义。视觉奠定了用户对品牌的印象、认知和联想。在复杂的环境中，美的东西能够优先吸引消费者注意而领先一步被识别，就意味着在用户运营的每一次传播互动中占据了先机。

纵观时下年轻消费群体，身为职场新贵及早期中产阶层的后代，他们从小就接受良好的美学教育，耳濡目染之下，颜值已成为他们购买决策的第一要素，有时甚至超越了对产品功能的需求。表面上看，他们买的是产品，但实际上他们追求的是一种身份认同和自我彰显。

红星美凯龙对颜值的重视是刻在骨子里的，极致匠心和专业团队是红星美凯龙视觉传达的核心要素。

从家居 MALL 大楼的外观设计、情景化商品展示、公共空间美陈，再到每一次传达给消费者的平面设计、视频内容创作、线上互动设计的视觉传达，无一不以美学思维和极致匠心打磨每个细节之处。红星美凯龙的企业使命，是以提升中国人的居家品位为己任。为提升企业全员审美，董事长车建新曾经购买 1 万本《美学原理》，派发到每一名管理者及骨干员工的手里。

为确保"颜值"这个看似缥缈的诉求在全国落地，红星美凯龙集团内部也建设了完善的专业团队和严苛的管理体系。红星美凯龙集团总部设有 30 人规模的视觉传达专业团队，包括平面设计、UI 设计、空间设计、视觉审核，并且每年还会投入大量的经费输送优秀员工、设计师观摩米兰展，甚至前往世界各地进行美学游历及学习培训。

同时，红星美凯龙对于内容落地也有着十分严格的品控和审核体系。针对全国统一性营销活动，由红星美凯龙集团总部设计团队统一输出主视觉画面及在不同场景下的延展应用画面，同步提供主视觉追色稿，以确保四五线印刷技术不完善城市可以精准校对印刷；针对全国商场自主活动画面，红星美凯龙集团总部以区域为单位，配备专门视觉审核人员，依照集团总部输出的 VI 视觉规范进行审核、优化。这种强管控的手段不仅确保了红星美凯龙全国各区域在视觉调性上的统一，同时达成了视觉输出品质的稳定。

以下是红星美凯龙在大型营销活动上的一些视觉海报案例，不难看出，这些案例在视觉传达上的效果显著优于同业及跨行业品牌，蕴含着更高的文化内涵和审美情趣。

红星美凯龙 2019 年鲁班设计尖货节营销海报

红星美凯龙 2019 年国庆大促营销海报

红星美凯龙 2016 年鲁班文化节系列营销海报

红星美凯龙 2016 年五一活动系列营销海报

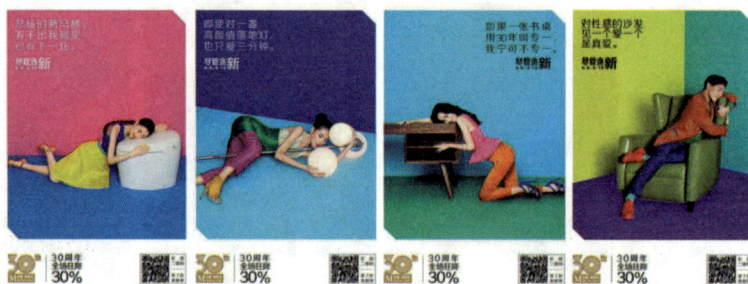

红星美凯龙 2016 年 30 周年系列营销海报

我们随机选取一些其他线下零售场营销活动的视觉案例，其审美大多仍停留在"大字报"时代，一经对比，用心程度、设计水准高下立判。

大字报案例

图片来源于网络

我们在数英网发现，有一位视觉爱好者自发整理了红星美凯龙过去几年的一些视觉作品，并给出"散发着一股日常的美好"的评语，感兴趣的读者可以扫描右侧的二维码欣赏完整内容。

扫码观看
完整内容

有情怀

每个行业都有自己的文化情怀。就像我们每个人一样，每个品牌也要有自己的文化气质，传递出自己对行业垂直文化的理解和价值观，勇于引领整个行业。

家居行业的显性文化特性有两个：一个是"家文化"，另一个是"家居文化"。

1. 家文化

2019 年 12 月 3 日是红星美凯龙家文化自有 IP "爱家日"十周年纪念日。

十年来，红星美凯龙不断创作各种内容，与大众沟通有关"爱家"的种种话题。

《让一亿人触目惊心的不在场证明》用独特的创意手法演绎了一份理性的社会调研报告，揭示的是中国15座城市都市白领的爱家行为和态度；同年斩获大奖无数的微电影——《时间门》，是台湾导演陈奕先、TVB实力影星罗嘉良联手演绎的"你最想保留生命中的哪一天"的精彩故事，传递的是"人生的幸福在于和家人在一起，家人的幸福在于和你在一起"，一种以家为本的朴素爱家主张。

扫码观看
完整内容

《亲密有间》以田野调查的方式白描了"两代人、不同性别间对于是否在亲密关系中应该留有独立空间这一话题观点迥异"的真实现状；《爱下去才是家》以3件旧家具——五年的双人床、十年的橱柜、三十年的躺椅为视角，娓娓道来主人公们与家的三段温情故事，宣示着"家在改变，爱家不变"的柔情主义，荣获多项年度大奖。

扫码观看
完整内容

《家有声，爱无声》是2019年爱家日十周年之际，根据听损人士李梦雨的真实故事特别改编的暖心短片。厨房中打蛋的哒哒声、开水烧滚的笃笃声、炒菜下锅的刺啦声、洗衣机转动的轰轰声、咚咚咚的敲门声……组成了每一个家的平凡交响乐。正是这些习以为常的声音里蕴藏着家无声的爱意，始终在那里……

扫码观看
完整内容

回顾"爱家日"十年历程，红星美凯龙坚守初心，以层出不穷的创意与清晰不变的内核演绎出年年有别的爱家主题，触及心灵、触动爱。一个内涵深厚、外沿多元的"家文化"内容已然建立。

2. 家居文化

家居行业的祖师爷是鲁班，鲁班是集匠心与创新的中华第一人。是鲁班发明了刨子，开启了中华木文化，开创了中国家居行业。

2013年，值鲁班诞辰2520年之际，红星美凯龙推出首届鲁班文化节，旨在传承和致敬鲁班精神。

前期预热时，以"中国历史上第一个技术宅"为核心创意的《我爱鲁班》动漫版短视频爆笑上映，幽默地讲述了几乎所有的鲁班的伟大发明创造，定义了"刨以至创"的精神，致敬了家居界的当代"刨客"。

高潮发生在集鲁班发明的榫卯结构之大成者——中华艺术宫。红星美凯龙邀班门弟子、社会名流以及各界精英，于中华艺术宫齐聚一堂纪念鲁班。奇妙的是，这是一场别开生面的、代表中国最高水平的脱口秀天团的集体亮相——汪涵、钱文忠、高晓松等轮番登台，念鲁班、论鲁班、学鲁班、颂鲁班；这也是一场文艺内容创作天团的集体汇报演出——高晓松填词作曲《先师鲁班》，中国青年舞蹈家黄豆豆编曲编舞、亲身献演《刨》，文化名人钱文忠为当晚现场鲁班弟子、全部家居人撰写《鲁班颂文》。

2015 年，红星美凯龙迎来内容创作的神来之笔——《爱木之心》。

这是一次长达一年半的创作。由台湾知名金曲奖最佳 MV 导演周格泰操刀，诗人、作家冯唐与"琴键上的王子"李泉联袂出演，《爱木之心》横空出世。这部宣传片斩获了当年各大重量级奖项，一举获得 2016 年金鼠标奖病毒视频营销类金奖、2016 年金瞳标奖最佳形象代言人奖金奖、金鼎奖传播奖金奖、金投赏最佳商业内容奖提名奖、金蜜蜂奖最佳内容营销金奖、中国长城广告奖媒介营销奖银奖、媒介 360 最佳传播效果奖铜奖及数字营销传播金奖，以刷屏之势成功出圈。

《爱木之心》官宣海报

扫码观看
完整内容

《广告门》记者对此评价道：对一个广告来说，最高的评价可能是"不像广告"。并不是说真的看不出这是一则广告，而在于广告本身能成为观众愿意主动接受的内容，更甚至于是喜欢去听这个品牌"讲故事"。这一作品的文案，出自 Verawom 金牌创意人蔡萌之手，我个人认为其堪称华语世界教科书级别的广告文案典范，当时很长一段时间引得广大文案爱好者、营销从业者纷纷欣赏膜拜。

　　以下，我们不妨一同感受下文字的魅力。

　　人不会永远活着，但木头可以。

　　它们被做成桌子，做成凳子，压成纸，制成琴，穿成串，陪你见了许多风景和姑娘，

　　我们对木的爱，就是我们对生活的爱。

　　我们可以轻易分辨出，黑胡桃、金丝楠。

　　有的人听见风就能写歌，

　　有的人遇场雨都能作诗。

　　每一种木材都有它的宿命，每个人也都该看清自己的来去。

　　我们在历史中读到的最大的智慧是顺势而为，

　　顺应自然的法则，也不扭曲自己的内心。

　　所以对于木，我们把坦荡的做成面，把曲折的制成柄，

　　把光滑的磨出纹理，把多疤的雕成龙凤。

　　万物生长，本一不二。

　　爱木之心，人皆有之。

　　年轻的时候喜欢透过现象看本质，你慢慢长大，喜欢略过本质看现象。

　　笔尖在白纸上起舞，手指和琴键的恋爱，都是灵感蹦跳的声音，也是音乐和木的回响，

　　那些美妙细腻的纹理，都是摄人心魄的时光，

　　它们安安静静，

它们万马奔腾。

音乐和文字，都可以触动人心，而木的魅力在于，它什么都不做，就能钻进你心里。

在心里安放一桌一椅，收容所有明媚的欢喜，也抚慰秘而不宣的伤。

它有我们深爱的所有，自然而美好的力量。

红星美凯龙鲁班文化节，以爱木之心，赏木器之美。

《爱木之心》品宣延展海报

2017年，伴随品牌定位及标识语的升级，鲁班文化节升级为鲁班设计尖货节，并成就了一场声势浩大的、世界首创的家居潮流跨界盛典。

即使明星云集，设计尖货依然是C位。为将镁光灯对准主角，主创团队将整体盛典按照人群和产品风格划分为四幕：个性至上、天性自然、当代贵族、未来之选，所有明星表演、游戏互动，全部围绕这四大主题进行创作，尽秀设计尖货。放眼至今，这场秀的产品方法论依然可圈可点，值得借鉴。

从主题到内容，用各个环节秀设计尖货。

创始人、代言人、明星、主持人、鲁班、舞者，以人秀设计尖货。

歌唱、彩幕、舞蹈、脱口秀、情景剧、朗读者、舞美、微电影、舞台置景，以各种艺术方式秀设计尖货。

历史、文化、科技、美学、应用场景、生活方式、设计理念、潮流趋势，秀设计尖货的方方面面。

我认为，这样一场集当代艺术表现之大成的秀，在世界范围内开创了家居文化大型舞台展示的先河。正因此，红星美凯龙鲁班设计尖货节斩获由场景实验室和《哈佛商业评论》中文版共同举办的"2017 年度新物种致敬"榜单中的"年度发布会/策展"大奖。

鲁班设计尖货节

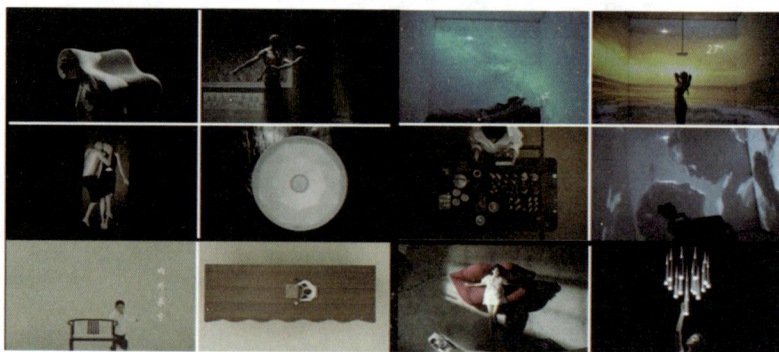

设计尖货 SHOW 视频截图

同期上线的《鲁班是个外星人》是我与内部团队、外部团队共同创作的所有作品中，我个人最喜欢的一部，因为太难了，也太难得了。

创意绝对脑洞大开，画面绝对唯美惊奇。

《鲁班是个外星人》宣传海报

从"我是第一个来到地球的外星人",到"地球只是我们暂时的游荡的地方,家才是我们长久居住的世界",最终到"重塑你的世界"。这个作品让鲁班不再是遥远的历史符号,而是赋予了他新奇摩登的身份,成功解决了"如何让一个生活于 2000 多年前的人物对当代年轻人产生吸引力"的难题。

扫码观看
完整内容

2019 年,再度玩出新花样。

"摄影诗人孙郡+故宫国宝级名画",真人演绎打造了现当代版《韩熙载夜宴图》。30 件全球家居设计尖货,涵盖床、沙发、座椅、矮榻、屏风、茶几、灯具、壁纸、酒柜等诸多品类,巧妙融入真人版唐代国画中,再现了当代中产阶层和顶级家居生活场景,把传统与现代、艺术与日常、场景与物品之间的关系演绎得恰到好处,传达出一种独特的生活美学,诠释了红星美凯龙董事长车建新的名言——家居的深处是艺术。

长图一经出街,便收获如潮的讨论和赞誉。

围绕"爱家日"和"鲁班节",红星美凯龙的确出品了很多内容,其中不乏好作品甚至极好的作品。不好意思,请原谅我如此坦诚地自夸和夸自己的团队、夸我们的合作伙伴。

这些内容,引发了大量的自主转发,在所有阅读、观看的受众心里都深深地埋下了一个定位——红星美凯龙是家居行业的领导品牌,是一个有文化内涵的家居企业,不愧是家居行业的领先品牌;买全球家居设计尖货就到红星美凯龙。

其实，在家居界营销史引起极大反响的，与《爱木之心》可谓齐肩的内容作品还有一个——《更好的日常》。

这部长达 8 分钟的视频，由 5 位当今全球知名设计师真人献演，性感撩人与性冷淡风兼有，文艺内涵与锐利表达共存，艺术精英与普罗大众思维碰撞。所有设计师看完成片后一刀未剪，据说日本设计大师原研哉本人看完后更是给出极高评价："从没有想到，一家企业的短片能拍出这么高的格局。"这部《更好的日常》不仅在家居界和广告界掀起了刷屏狂潮，同时也在地产界、营销界、文化界引发瞩目，红星美凯龙更是凭借本片斩获釜山国际广告节最具影响力品牌奖。

《更好的日常》表现出了一种纯粹的、对生活不加修饰的追求，去掉了所有的雕饰与浮华，但又非写实而是写意地展现出"生活该有的样子""设计该有的样子"，去阐述红星美凯龙一直想要传达的内涵——为中国生活设计。这部片子不仅可以给观众带来视觉上、听觉上的审美享受，也可以带来更多精神层面的感悟。

大家不妨先从文案的字里行间感受下此视频的魅力：

我猜你知道设计是什么

可生活是什么你并不一定知道

生活是随便下点雨就一定会拥挤的高架路吗

还是应付完工作关上电脑发呆的那一瞬间

是记忆里一个好多年都忘不掉的名字

还是深夜街头半碗扬着热气的面

我们都曾以为理想的生活应该在别处

但你总有一天会明白

生活是否美好

只取决于拥有怎样的日常

而日常

就是所有家居设计的起点

事实上 家居设计师不过是一群

奇怪的 挑剔的 敏感又多情的 面对生活的人

为什么客厅一定要有吊灯

为什么沙发要占那么大地方

为什么马桶不能五颜六色

为什么总觉得东西没处放

为什么书架非得是木头的

为什么床始终睡得不够爽

人们都以为是他们在设计自己的生活

其实我们都注定活在别人的设计里

让日常生活变好的

并不是那些可能一生只有一次的惊喜

而是弧度刚好不会撞到的桌角

随意关上抽屉时的优雅手感

会自动调节光线的灯

和温暖又容易打扫的地毯

有时告别平庸的设计

就会开启未来生活的全新可能

再见 不耐看的椅子

再见 会响的床

再见 堆满东西的茶几

再见 无聊的白墙

再见 坐久了会累的沙发

再见 一碰就倒的床头灯

再见 永远擦不干净的水龙头

再见 不够好的日常

好的设计 也许改变不了所有

却足以重塑日常

而更好的日常

也许就是生活该有的样子

5 位国际设计巨匠，全新家居创作，为中国生活量身设计。

红星美凯龙30年独家倾力呈现。让日常，不寻常。

1986—2016

红星美凯龙30年，为中国生活设计

扫码观看
完整内容

这部 30 周年品牌宣传片在传播方式上也另辟蹊径。

红星美凯龙 30 周年宣传片《更好的日常》画面截图

阅后即焚限量点映 H5：发布线上限量点映阅后即焚 H5，限定 6180 个名额且只能观看一次，以饥饿营销获得更高人气；

《更好的日常》观后即焚互动 H5

线下影院广告观影礼：在线下电影院投放史上最长广告贴片，邀请媒体观看，通过媒体发声为后续视频造势；

颅内高潮 H5：用高圆圆的声音、5 位持不同语言的国际知名设计师的声音，制作特殊的颅内高潮声音特效 H5，向消费者展现设计作品，建立 5 位国际设计师和观众个人生活之间的连接通道。

有深度

管理学上，专家形象是领导力的核心来源之一。同样的逻辑，领导品牌也需要具备专家形象。消费者对品牌的信赖和忠诚，很大程度上源自对该品牌在某一领域的专家地位的认可和青睐。

零售场树立自己的专家品牌形象，最有效的方法就是向消费者输出各种专业内容，解决消费者的各种痛点。

家装家居是一个博大精深的行业，不仅与材料、工艺、工程、智能科技等相关，更蕴含着艺术、时尚、人文、设计、美学思想。家居消费不仅仅关注家居商品的功能属性，更关注家居场景所带来的精神享受。所以，房屋装修、家居装饰是一门大学问，消费者需要大量的、个性化的、多元的相关知识、经验、案例、攻略和推荐，帮助其更高效地做出最优决策。

红星美凯龙有一支专业的内容创作与运营团队，3 年时间内，原创了上万篇有料有范儿的优质内容，受到潜客、会员、粉丝以及行业各界专业人士的喜爱。

金牌家装案例、设计师专访、尖货鉴赏、新品推荐、爆品清单、品牌故事、品类选购攻略、达人探店、居住美学、美图灵感、商品评测、装修日记、装修避坑指南……图文、视频、长图、条漫、Vlog、H5、小程序、直播……这些内容不仅塑造了红星美凯龙的家装家居专家形象，而且成为红星美凯龙打造私域用户黏性的核心要素。

下面是一些曾经发布的不同类别内容的标题：

- **家装干货：全流程知识普及，装修小白的全能顾问**
  Get 这份 200 位真实用户的装修心得，后悔药你就不用吃了

淋浴房玻璃自爆，我中招了！含泪分享卫生间干湿分离的坑与喜

这样的房子一定不能买，如此反人类的动线设计我还是第一次见

书桌书柜一体如何设计？大部分家庭都后悔太晚看到了

修成正果的木地板×瓷砖，混拼接缝如何处理？

● 选购攻略：品类/产品强势"种草"师、机智避坑王

良心定制家具攻略！从选材到结算，一些商家不会告诉你的内幕！

这些收纳柜的一个细节设计，竟让处女座都服气！

清醒一点！你到底被窗帘奸商坑了多少钱？！细数定制窗帘里的 N 个潜规则

太多家庭选错了踢脚线，别让它成为你装修最大的遗憾

不吹不黑，这样选墙纸再也不用担心甲醛超标了

● 居住案例：家居达人/设计师深度采访，10 万+爆文制造机

最有范儿的家 ｜ 她把86m^{2}小家装出奢华感，还附带各种神奇收纳术！

壁咚设计师 ｜ 看《沁园春·长沙》同款风景，这个房子真的厉害了

最有范儿的家 ｜ 67m^{2}二手房装出97m^{2}效果？高能"扩容术"不止是做好收纳

壁咚设计师 ｜ 大批美图预警！360°可旋转电视架让格局大变样，124m^{2}干货满满

壁咚设计师 ｜ 用"走心"的减法设计打造193m^{2}亲子乐园，妙改鸡肋空间变储物

● 美学灵感：海量美图金句小贴士，高颜值家居分享家

据说大白墙最考验搭配能力，从这 6 招入手让你家装修 N 年依然不过时

九十年代曾风靡中国的室内窗，竟然被日本人复活了

莫辜负这阳光明媚！阳台封不封都是家中重要的活动区

开门见客厅太尴尬，这 8 款实用玄关设计拯救你的隐私

get 这几个实用招术，不用空调也能给夏日家居来一点"清凉"

● 尖货大赏：进口家居人肉识别器、中外设计尖货甄选官

别人家的高级感，你什么时候才能拥有？

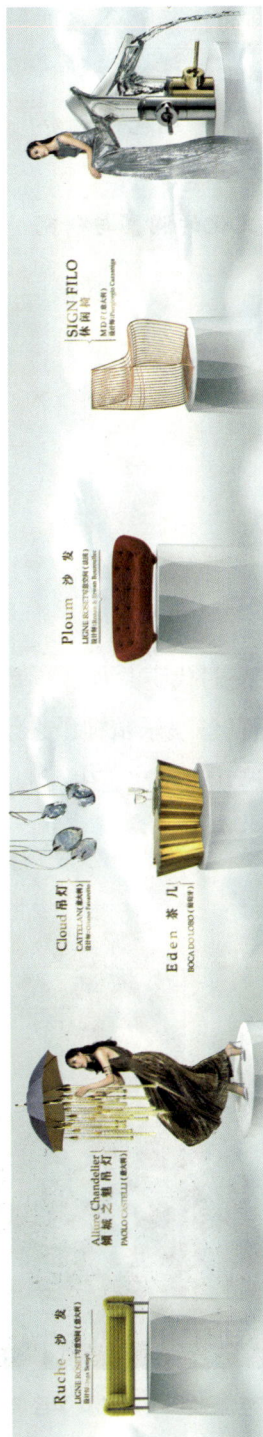

2018年《全球年度作品大赏》

看完这篇，我撕掉了飞意大利的机票

我把彭于晏的同款家居全扒出来了！

跟着名画找灵感，这次给家一点"颜色"看看！

故宫国宝图同款家具，原来这里就能买！

- **家居图鉴：论古道今，"家"文化的洞察与研究**

人类躺赢简史

都市睡眠图鉴

中国家居 70 年潮物志

2019 居住变迁图鉴

33 岁，怎么活？

有情趣

品牌一本正经，永远没朋友，社交时代更是如此。就像一个人一样，要想与用户有更多互动、更高黏性，必须具备娱乐精神，必须跟得上热点、放得下身段。如何面向"90 后""00 后"，这几乎是决定生死的品牌生存能力问题。

扫码观看
完整内容

以网感十足的幽默段子全新演绎《茶花女》经典片段

品牌需要理解年轻人，用新奇有趣的内容与年轻群体互动，与其建立精神层面的连接，引发共鸣和共情，潜移默化地将品牌文化与主张烙印在消费者心中。

2013 年 3 月，红星美凯龙为史上第一次全国大促，打造了社交营销界的首部微歌剧《2 之歌》。

2013 年 6 月，红星美凯龙 27 周年庆期间，上演了一组电影"回忆杀"，《大话西游》《泰坦尼克号》《断背山》《剪刀手爱德华》《花样年华》，那些耳熟能详的、曾经影响过一代人的经典电影画面，与不同风格的家居场景相融合，既不失高级质感，又饱含娱乐精神，实实在在为品牌在年轻族群中刷了一波好感度。

红星美凯龙 27 周年宣传海报

2015 年红星美凯龙《2 天来了》× OK GO。

两年后的《2 天来了》大促期间，红星美凯龙在娱乐营销上玩了一票大的。邀请格莱美获奖摇滚乐队"OK GO"，打造出一镜到底视觉感受的广告片。在片中，"OK GO"四位成员踏着其畅销歌曲《I WON'T LET YOU

DOWN》的音乐节拍，用舞步引导镜头，穿梭在由沙发、浴缸、床等家居尖货构成的、由缤纷色彩碰撞而成的奇妙场景中。"2天来了""击穿低价""OK-GO""红星美凯龙"等核心文字不断以各种视觉手法惊艳呈现，带给观众超乎寻常的视觉体验，收到了年轻族群的疯狂打call！在低级趣味病毒视频横行的那些日子里，这是一种让人耳目一新的高级玩法。这个案例不仅在国内引发一大波"自来水"，更被网友自发传播到了港澳台甚至海外，让各界对红星美凯龙的品牌年轻化有了深刻印象。

扫码观看
完整内容

《2天来了》拍摄现场

    2017年红星美凯龙×彩虹合唱团，共创《你看我家美不美》。

    当时在年轻族群中，彩虹合唱团正当红。凭借火爆的《春节自救指南》《感觉身体被掏空》，彩虹合唱团成为中国年轻流行文化的代表之一。这一次，彩虹合唱团与红星美凯龙擦出火花。 整曲大合唱，从装修的烦恼聊到母亲对蕾丝灯罩的钟情，从年轻人的社会压力聊到了当时大行其道的吐槽文化，最终以"拯救审美"的高潮收尾。

红星美凯龙×彩虹合唱团

彩虹合唱团《你看我家美不美》视频截图

扫码观看
完整内容

品牌年轻化，就要像年轻人一样，有一些潮，有一点萌。

2019 年红星美凯龙冠名纽约时装周"CHINA DAY"，推出自有 IP——Fashion Monster 潮萌天团。这 5 个由家居尖货变形衍生的小怪兽，集"萌""潮"于一体，人见人爱，将相对"中规中矩"的家居文化演绎得很"魔性"。

红星美凯龙 M 天团

扫码观看
完整内容

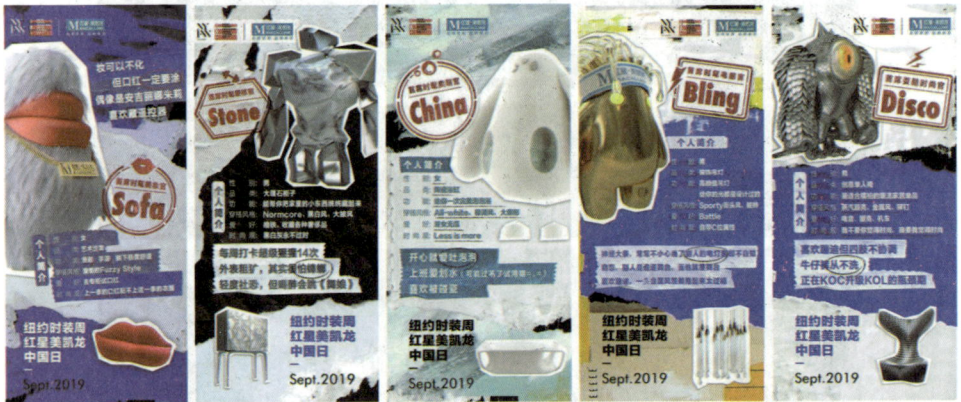

红星美凯龙自创 IP 潮萌天团 Fashion Monster 的人设海报

2015 年《不怕你比，怕你不比》病毒视频，成为红星美凯龙五一大促预热阶段的一枚利器。

基于"先比拼，再血拼"的五一全国大促主题，创作团队巧妙地将消费者"货比三家"的习惯与生活中职场上美女之间的"斗智"与"比美"的情节相连接，以两则创意与制作都堪称精巧的幽默小故事《无语伦比》和《将胸比胸》，成功地强势释放出"不怕你比，怕你不比"的"促销宣言"。

《不怕你比，怕你不比》病毒视频截图

上线一周，视频点击量就已突破 2000 万。"不怕你比，怕你不比"的热门话题登上热门微博榜 5 次，视频内容相关的话题声量在短短 6 天内暴增至 250 多万。

情趣总是个性化的，每个人在生活方式上都有自己的独特标签，相同标签的族群构成了所谓的圈层，拥有相互强烈认同的相似审美情趣。

《家，想怎么美就怎么装》是 2015 年红星美凯龙国庆大促的传播内容作品。披头士乐迷×格子控、玄学爱好者×新中式、重度强迫症者×极简风格……每一个年轻人都能在其中找到自己的生活情趣标签和偏爱的居家风格，"我的地盘我做主"的消费主张被释放得淋漓尽致。这一次，红星美凯龙不是简单地迎合年轻人，而是成为他们的审美情趣代言人。

为消费者的审美情趣代言，还有更"简单粗暴"的方法。

2017 年国庆大促期间，红星美凯龙邀请在旅游、音乐、自媒体、时尚不同领域分别大放异彩的猫力、尧十三、深夜发嫂、gogoboi 四位意见领袖，拍摄双十一家居风格大片，为红星美凯龙双十一活动造势。这些意见领袖在各自的领域里拥有绝对的号召力，4 个人背后站立的是千万数量级的粉丝，不亚于大牌明星的影响力，却又比明星更有亲和力和引领性。

扫码观看
完整内容

红星美凯龙 2015 年国庆大促《家，想怎么美就怎么装》宣传海报

红星美凯龙 2015 年双十一意见领袖风格海报

有范儿

领导品牌的一言一行，都要有"引领者"的范儿，要敢于"冒险"、敢于"前卫"、敢于跨界，不妥协于任何平庸。这不仅需要"匠心"，更需要永不放弃、永不止步的"创新"。

1."M Home"随寓而安红星美凯龙艺术大展

2014 年，红星美凯龙联合 UCCA，汇聚了张永和、托比亚什·雷贝格尔、诺特·维塔尔、奈良美智、徐道获、名和晃平等 12 位世界范围内中坚一代艺术家的作品，举办了"M Home 随寓而安"红星美凯龙艺术大展。参展作品既展示艺术家作为个体从审美

红星美凯龙"随遇而安"
艺术大展宣传海报

角度对理想之家的构思，又探索主体如何将物件纳入私人空间，让"家居"超越物理范畴。有人不理解一个家居零售企业为什么要涉足艺术，红星美凯龙董事长车建新在预展酒会上说道："现在是一个审美消费时代，家居比时装更能体现一个人的品位。红星美凯龙一直以提升国人的家居生活品位为己任，此次用艺术来讲'家'的故事，就是希望消费者更有生活的态度、生活的理想。"爱尔兰总统携夫人也参观了此次展览。这是一次大胆的跨界创新，艺术赋予品牌一种全新的力量。

参展艺术家作品（部分）

2. "更好的日常——红星美凯龙设计大展"

2016 年红星美凯龙 30 周年之际，红星美凯龙设计大展在尤伦斯当代艺术中心开幕，邀请于尔根·贝（Jurgen Bey）、原研哉（Kenya Hara）、隈研吾（Kengo Kuma）、卢卡·尼奇托（Luca Nichetto）、克里斯蒂娜·斯特兰德（Christina Strand）5 位国际设计巨匠，进行全新家居创作，为中国生活量身设计。让日常不寻常，让用户享受设计，让设计推动产业升级，这才是一个领导品牌应该有的风范。

设计师参展作品（节选）

3. M+中国高端室内设计大赛

为了造内容，我们经常需要造事件！也就是通俗所讲的"搞事情"。

自 2018 年起，红星美凯龙为设计师运营开创了一个全新的品牌事件：M+中国高端室内设计大赛。成功运营两年后，已经成为国内百余个同类赛事中的绝对翘楚，而这离不开一个"天马行空"的大胆创意——赛事的优胜者将有机会获得为敦煌石窟的守护者们改建公共空间的机会，该作品将最终在敦煌落地。

红星美凯龙是关于家、关于空间、关于居所的，与人有关、与生活有关，自然也与美有关。如同建造一座石窟，我们都需要在有限的空间内去最大程度寻求自己的风格；如果石窟是众生信仰所在，那么你的家、你的居所就是你梦想生活所在，这也是一种信仰。

好的室内设计作品就是内心的观照。通过为敦煌"修石窟"这件大胆有趣、有话题的事件，来寻找中国最优秀的室内设计师，同时为敦煌的守护者们设计一处既舒适又有审美、有设计感的空间，是专业，是善意，更是一种大美。

这才是领导者的风范。

M+中国高端室内设计大赛

有成就

成就是支撑品牌的基石，也是建立消费者对品牌信任和依赖的关键之一。杰出的品牌必然是硕果累累、战绩斐然，但万万不能"酒香不怕巷子深"，而是要把握每一次高光时刻，创作各种内容不断向外传递品牌的新成就。

具体而言，归结为以下三个秘诀。

1. 创始人是品牌成就的最好代言人

几乎每一家成功的企业背后，都会有一位性格鲜明的优秀企业家。微软的比尔·盖茨、GE 的韦尔奇、华为的任正非、阿里巴巴的马云等，这些企业家的个人品牌，不仅吸引着大众的眼球，还通过故事化的包装、品牌成就的分享，带给消费者正面认知与联想，为品牌形象的提升起到推波助澜的作用。

红星美凯龙 30 周年宣传海报

　　"我从小就特别崇拜英雄，我崇拜赵子龙，因为我属马，我模仿赵子龙骑马在田埂上面跑，跑着跑着还掉到了田里。"这是红星美凯龙 30 周年时董事长车建新个人形象片中的一段旁白。形象片通篇使用了创始人车建新的独白，以第一人称的讲述视角，直接拉近了与受众的距离，并增强了参与感，被誉为最"牛"、最独树一帜的企业家个人形象片。"30 年来，我们以提升中国人的居家品位为己任。这是我一直以来的梦想。"通过车建新的故事，3 分钟高大上的创始人形象片不但具象成有故事有温度的内容，也沉淀了红星美凯龙过去 30 年的思考，展望着未来 30 年中国生活的改变。

　　生命是永不停息的体验，企业是不断创新的历程。红星美凯龙携手 CCTV-1《大国品牌养成记》共同推出的品牌故事片《向美而生》，同样从车建新的创业故事出发，以第一人称视角讲述了红星美凯龙从追赶到超越，从不断创新到引领行业，从匠心专注到极致美学，从小作坊到走向世界品牌的成长故事。

　　当然，最高阶的、但可遇不可求的是：创始人本身就是内容创作的顶尖高手。车建新董事长百忙之中笔耕不辍，不断创作《体验的智慧》《平时经》等书，向海内外分享其人生智慧、商业哲学。

258

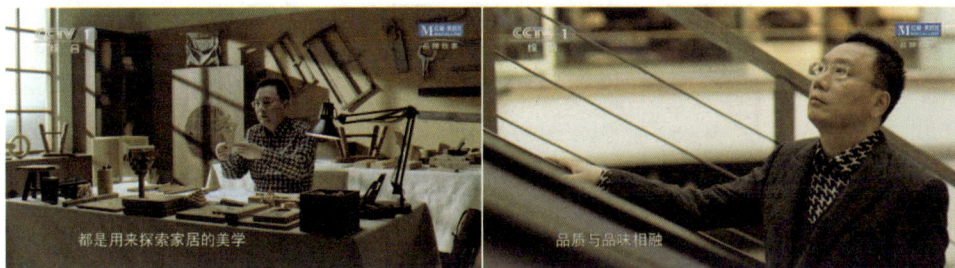

《向美而生》视频截图

　　这些烙上车建新个人特色印记的内容——形象片、媒体报道、深度分析、专访、书籍、视频等，不仅让红星美凯龙品牌更加有血有肉、亲近可感，也让红星美凯龙在中国家居行业的领导地位更加清晰巩固。

车建新做客吴晓波主持的《十年二十人》

车建新著作

车建新做客新浪家居《戴蓓会客厅》

2. 策划大事件，以品牌成就最大化传播

引领行业的头部品牌在其发展和运营中一定有无数个里程碑和荣耀时刻，这些大事件就是将品牌成就、媒体兴趣和受众关注紧密整合在一起的最佳契机，能够形成超越常规的核爆传播力量，全面传递企业和品牌希望对外呈现的信息。这是红星美凯龙历来的公关传播核心秘诀之一。

从 1986 年创业，到 2012 年红星美凯龙正式进入"百 MALL"时代，为纪念这一企业和行业的里程碑时刻，红星美凯龙举行了盛大的"百 MALL"盛典，邀请近 500 位嘉宾共同见证。"百 MALL"时代的到来，对红星美凯龙来说是一个全新的征程，也证实了"红星美凯龙模式"的成功，并引领着中国连锁商业的发展。在对外的公关传播中，除了呈现星光熠熠、精彩纷呈的"百 MALL"盛典盛况外，还通过邀请多位权威财经专家解读与传播，全面展现了"红星美凯龙模式"对行业的推动作用，以及对中国的新型商业做出的原创性贡献，让各类人群对红星美凯龙未来的发展更加充满信心。

红星美凯龙"百 MALL"盛典现场

红星美凯龙上市盛典现场

2018 年 1 月，红星美凯龙正式登陆 A 股。作为中国家居零售 A+H 第一股，红星美凯龙举办盛大上市盛典，邀请来自行业、投资、品牌等各界嘉宾 1500 人共同见证了公司的全新里程碑。创始人车建新现场"我是富二代""创业 30 多年，年龄只有 28 岁"等"颠倒黑白"式的话题演讲，以及后续全渠道话题传播，牢牢巩固了红星美凯龙的行业领导地位。

3. 持续沟通，在日常中抢占话语主场

除了特别重大、激动人心的事件外，企业和品牌的发展也伴随着大量不重磅但亦无法忽视的各色成就以及精彩表现，对这些闪光点的内容创作、有效传播也同样是值得重视的功课。公众对企业品牌的印象不是一时一刻完成的，而是通过长期大量的传播日积月累和沉淀下来的。若没有持续的日常亮点传播，公众对企业和品牌的印象就会变得越来越模糊，他们的心智就会被其他不断曝光的品牌占据。更重要的是，若没有持续的日常亮点传播，不断提升公众对品牌的信任和认可，如果有一天企业品牌突然抛出一个爆炸性大事件，公众会马上心存疑虑，导致沟通的成本更高。正所谓，公关传播的功夫在水滴石穿和润物细无声中。

基于此，"持续沟通、借力传播"可以说是红星美凯龙亮点传播的一大特征，具体体现在两个方面：一是保持高频曝光和有节奏的公关日常传播，凭借高质量和高水准的各类原创内容，与受众持续性沟通；二是根据不同的传播对象采用不同的传播方式，呈现不同的成就发展，将品牌成就的影响力进行最大化释放。

"六度模型"的确很好，但做到很难。

品牌定位要清晰，不仅卖点清晰，模型的每个侧面都要清晰，否则内容创作的调性会飘忽不定；投入要大且持续，不只是传播方面的投入，身处社交营销时代、内容营销时代，内容创作本身的投入更重要；操刀的专业团队是决定性因素，因为内容无法简单向外采购，要么是自己的专业团队日夜耕耘，要么由自己的专业团队聘请外援，但无论哪一种，内部专业团队都是不可或缺的基础；要与年轻用户交知心朋友，以己推人式的盲目"造内容"是最常犯的致命错误，培养企业对年轻用户的洞察力、互动力，是零售场的必修专业，"如何让内容创作永葆年轻"是其中的关键课程。

小　结
SUMMARY

品牌内容是流量制造重器。

但是，线下零售场普遍不重视品牌塑造，更不擅长品牌内容的打造。

品牌与内容相互成就。

超级流量场品牌对超级流量场出品的所有内容都有至关重要的背书效应。

品牌形象的方方面面，除了由产品和服务传递之外，就是在内容与用户的每一次互动之中持续地"散发"着。

红星美凯龙深耕内容创作，独创品牌塑造六度模型——有颜值、有情怀、有深度、有范儿、有情趣、有成就，值得借鉴。

第 **8** 章
CHAPTER

第三核心能力
——造场景

一个线下场+五个线上场！这是未来超级流量场的样子！

线上五大场包括：全网精准投放矩阵、社群矩阵、全民营销矩阵、官方自媒体矩阵、电商旗舰店矩阵。

五大场恰好对应用户在线上最常出现的五个主流场景：

- 用户活跃在各个 App 上，有"全网精准投放矩阵"可以连接 TA；
- 用户活跃在社群里，有"社群矩阵"可以连接 TA；
- 用户活跃在一对一的私聊中以及朋友圈里，有"全民营销矩阵"可以连接 TA；
- 用户活跃在各类内容平台上，有"官方自媒体矩阵" 可以连接 TA；
- 用户活跃在线上购物的场景里，有"电商旗舰店矩阵" 可以连接 TA。

如果线下零售场没有妥妥地至少拿下三个以上，则大概率直接会被"OUT"！

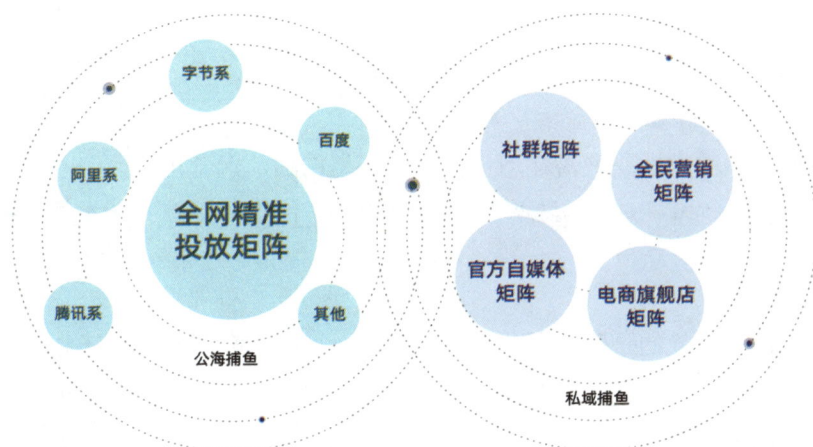

超级流量场的线上五大场

无论超级流量场炼造哪一个场，都是品牌商分享流量红利的大好机会。

品牌商要全力以赴去创作与自己品牌及商品相关的优质内容，努力成为超级流量场每一个线上场的"优质内容原料供应商"，甚至作为 PGC 机构成为超级流量场的内容运营生态合作伙伴，从而充分利用超级流量场的"线上五大场"，实现极高性价比的获客、转化、复购、裂变，实现自己品牌的高效用户运营。

所以，品牌商营销团队要对超级流量场的"线上五大场"运行机理了如指掌，并且躬身入局。

下面，我们就简要了解一下超级流量场的"线上五大场"运行机理——"公海捕鱼+私域养鱼"效应，以及"三级流量裂变"效应。

原来，线下零售场只有线下门店一个场景。现在与未来，线下零售场要在线上有自己的场景矩阵才能玩得转、玩得 high，才能实现用户运营与流量制造。

线上场景可分为公域和私域，我们分别把两个场景中的用户运营过程称为"公海捕鱼"和"私域养鱼"。

公海很大，涵盖了线上各大流量平台，包括阿里系、腾讯系、字节系、百度等。

私域很广，涵盖了社群、全民社交营销、电商旗舰店、官方自媒体矩阵，以及线下各个触点。

从公海里精准地获取潜在用户，在私域里精细地运营用户。

"公海捕鱼"+"私域养鱼"，整个过程逻辑上堪称完美，但实现却需要硬核功夫。

公海捕鱼依赖的是强大的数据中台能力；私域养鱼则需要构建一个有机完整的场景矩阵。通过运营官方自媒体矩阵，发挥超级流量场自身的内容黏性优势，在社交内容互动场景中制造流量，收割所有社交流量平台对优质内容所倾斜的流量红利；通过运营电商旗舰店矩阵（无论是入驻电商平台，还是自建 App 或小程序）发挥超级流量场的供应链优势，在消费者线上购物场景中制造流量；通过运营成千上万个社群，发挥超级流量场店多、店员多的优势，在消费者社群互动场景中制造流量；通过运营几万到几十万人的各类 KOL 和 KOC，发挥超级流量场的平台整合优势，在消费者与 KOL、KOC 一对一社交场景中制造流量。

从公域到私域，再裂变到公域，超级流量场实现了流量制造的三级裂变。

第一步，超级流量场要利用私域的种子用户生成用户画像，并借助数据中台，运用 lookalike 大数据技术，在线上各大流量平台上寻找扩展人群，即寻找与种子人群有相似画像特征的人群。如此，就可以在全网找到来过门店的精准用户以及没有来过店的相似精准用户。第二步，基于数据中台通过精准广告投放触达这些用户。第三步，对点击广告并浏览互动的兴趣用户加以"诱惑"，引入私域。第四步，通过各种各样的内容在私域的各个场景里与之互动，引导其到线上商城或线下门店进行看样体验、对比挑选以及下单购买。第五步，在用户第一次消费之后，超级流量场要继续与之保持有效互动，让首次消费用户中的一部分产生复购，进而成为一名超级用户或 KOC。

以上过程有三级流量裂变：

第一级流量裂变，是指从种子用户到拓展用户的过程，即一个精准用户间接带来了多个精准潜客，这个过程是需要向流量平台付费的，不过，因为做到了精准投放，预算浪费被大大减少。

第二级流量裂变，是指与每一个在公海里"捕获"的精准潜客在私域里持续互动的过程，即在一个用户身上实现了多次用户互动，也就是制造了多个流量。这个过程无须向任何流量方付费，因为私域是自己家的，和谁互动、如何互动、互动多少次，都是自己做主。

第三级流量裂变，是指通过每一个私域里的忠实用户去裂变吸引更多新用户，这个过程有时会产生一些费用，用于裂变激励。

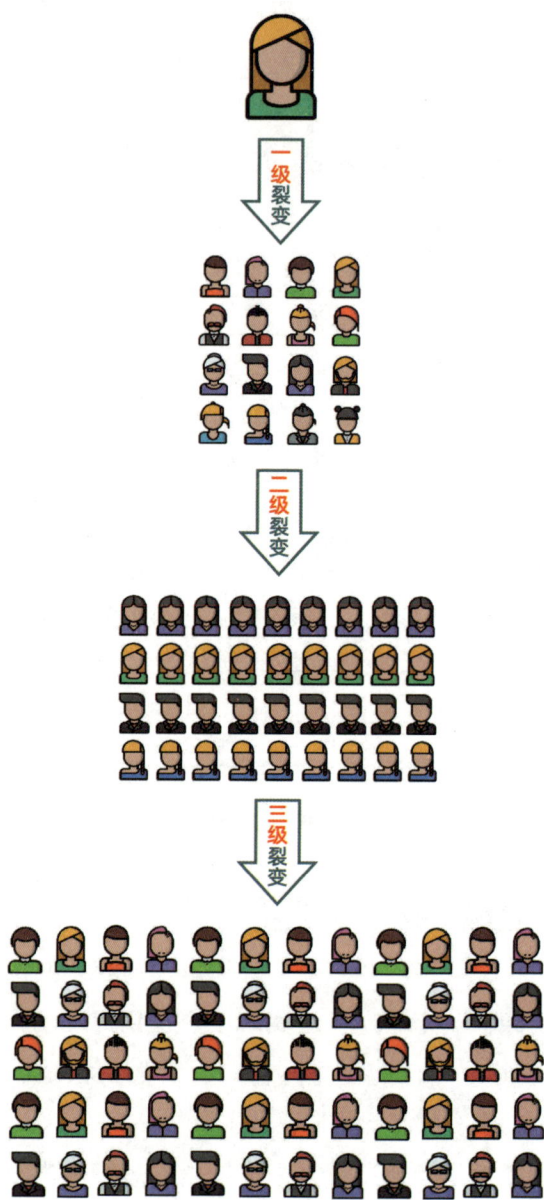

一级裂变

二级裂变

三级裂变

超级流量场的三级裂变

　　本质上，超级流量场运营的五个线上场，都是开放给商家们共享的用户运营平台、数智营销平台。这就意味着，每个品牌都能享受到巨量的公海精准流量和超级流量场的私域流量，都拥有了巨大的、直达精准目标用户的触角与网络。可以想象，当一个线下零售场成功构建出这五个线上场之后，对其平台上的商家是何等威力巨大的赋能，线下零售场又会收获怎样巨大的价值增量。

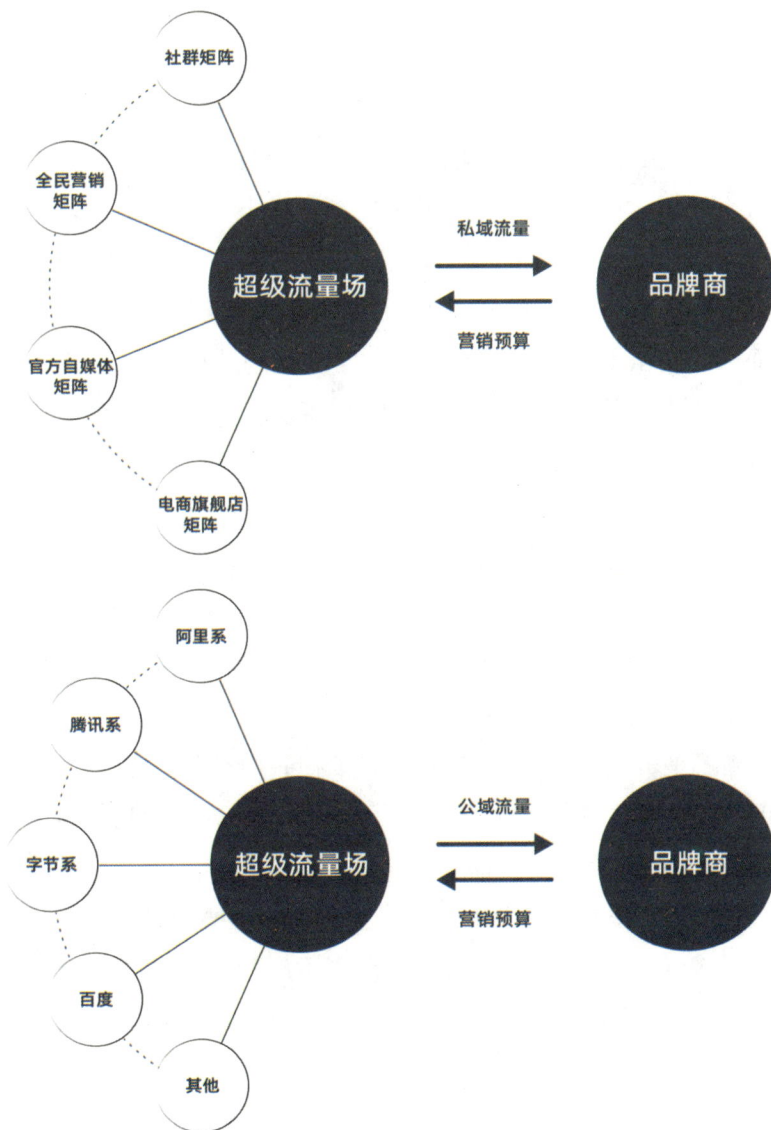

超级流量场在公海中与私域里为品牌商制造流量

品牌商拥有了这五个线上场的赋能，将彻底改变现在"媒体广告传播+渠道终端销售"的低效营销模式，升级为真正的颗粒度细到用户级的数智营销，"营"与"销"将实现真正的一体化和完整闭环。

最后，简述两个大多数认真的读者会比较关心的问题。

私域的威力有多大？

以孩子王、百果园、红星美凯龙等为代表的零售场，都拥有上万个甚至十几万个社群，都利用了人数多达几万、几十万的导购群体，都拥有自己的全平台官方自媒体矩阵，都可以在全国范围内实现针对任何一场活动的快速启动和大规模精准推广。所谓"大规模精准推广"，就是指可以实现"广而告之的精准营销"，其影响力已经远超任何一个甚至多个普通媒体所具备的精准触达用户的能量，已经在事实上形成了超级流量场自己的媒体矩阵。

为什么超级流量场在私域场景矩阵的构建上得天独厚、势在必得？

因为建设私域流量运营阵地，最大的挑战就是拉新与促活，而这两点对于超级流量场而言却都不是事儿：

- 拉新不是事儿，线下门店就是最热的扫码打卡点。
- 促活不是事儿，品类内容、活动内容、商品内容每日新鲜送达，激活老用户。

线上五大场，基本覆盖了用户在线上活跃的主要场景，超级流量场凭借五大场就能够与用户在线上进行全场景的互动，实现针对每一个用户的全链路、全周期运营，源源不断地为线上店与线下店引流，源源不断地向品牌商输出流量。

造全网精准投放矩阵

超级流量场凭借"用户多+数据多"两大基因，练就"场景运营大招"之"全网精准投放矩阵"。

之所以称作"矩阵"，是因为超级流量场连接着全网的各个流量平台，既不限于某某系，也不限于某一类型。

尽管有"公海捕鱼"与"私域养鱼"之分，尽管我们追求的理想状态是在公海里付费"捕获"的用户都能在私域里免费地充分运营，但事实上，所有的用户都是一天到晚游来游去的鱼。也就是说，即使已经是私域里的用户，也一定会在全网的各个场景里不断出现，而为了达成更高的用户互动频率，我们就需要在全网公海里对这些老用户进行反复触达。

所以说，"公海捕鱼"的价值不仅是用户拉新，同样包含用户的反复激活与持续互动。

何谓"公海"？

站在零售场的角度，书中所说的公海/公域指的是零售场自有的线上线下私域之外的可获取流量的地方，主要是指阿里系、腾讯系、字节系、百度等线上流量平台。

站在品牌商的角度，零售场的公海当然也是品牌商的公海，而零售场的私域，包括零售场的门店、社群、官方自媒体矩阵、电商旗舰店、全民营销矩阵等，也都是品牌商的公海。相比阿里、腾讯、字节系等这类"全网大公海"，零售场的私域就是品牌商的"垂直小公海"。

公海里的各大线上流量平台都为广告主开放了各种精准投放的工具和能力。但绝大多数品牌商无法充分利用这些能力，因为品牌商要么没有用户数据，要么仅有自己品牌的用户数据，且数据规模太小。更紧要的问题是，因为大卖场、超市、便利店等渠道及终端并未开放数据接口，从而导致品牌商缺失消费者在终端的选购与交易数据。所以，品牌商依然不同程度地存在以下痛点：

- 一个品牌有一个新品上市，希望针对品牌原有购买记录及忠诚顾客群体提供新品试用，但并没有有效手段精准地找到这部分老顾客，也没有有效渠道去精准触达这部分老顾客。

例如，一个服装品牌推出了年度新品，但苦于难以精准地找到品牌原有的老顾客并向其推荐这一新品。

- 一个品牌进入一个新品类市场，希望针对这个品类的兴趣用户、既有消费用户以及相关品类的兴趣用户和既有消费用户开展精准营销，但并没有好办法精准地找到这些关键潜客。

例如，一个胶囊咖啡新品牌进入市场，希望对胶囊咖啡这一品类的兴趣用户、既有消费用户以及胶囊咖啡机的兴趣用户和既有消费用户进行全网广告精准投放，但因为没有相关数据，所以难以找到也无法触达这些关键目标用户。

- 一些品牌因为老化等原因，原有顾客发生流失和分化，品牌希望在拉动新客户的同时，花更多精力去挽回这些老顾客，但并没有好办法找到这些流失的老顾客；一次大的营销 Campaign，触达了众多潜客，也有相当比例潜客表达了对该品类或该品牌有兴趣，但并没有好办法找到他们，进行二次营销。

此外还有更多在各个营销环节上、营销场景里的效率问题，包括：无法针对细分人群推广特定的促销方案、营销创意；无法实现公域广告投放和私域内容推送的千人千面；高潜力用户分散，获客成本高；拉新规模与激活成本之间难以平衡等。

所以，超级流量场责任与价值巨大，只有超级流量场可以让线上流量平台的数据能量发挥到极致，可以赋能所有零售场内的品牌，彻底解决以上痛点。原因显而易见：因为超级流量场有大量的品类交易数据和与交易强相关的用户消费全旅程互动数据。

敲黑板：一个是"量大"，一个是"与交易强相关"。

打个简单的比方，线下零售场数据中台能力+线上流量平台的数据能力，相当于"小阿里+小头条"，或者"小阿里+小腾讯"，即线下零售场不仅拥有富含各种媒体端、社交端行为标签的用户数据，而且富含这些用户的全链路、全周期消费相关的数据与标签。可以想象，这两者相加的爆发力太大了。

另外，零售场不止有某个品牌的用户与数据，还拥有某个大品类（如家电超市、家居商场等），或多个关联品类（如大卖场、超市、便利店、Shopping Mall 等）的用户与数据，这些对于任何一个品牌而言都是大宝藏。

有了这些，超级流量场就可以赋能所有场内品牌在全网流量平台里精准获客。全网流量平台包括阿里系、腾讯系、字节系等。

品牌商与零售场的差异，不仅在于数据规模、精度及维度，更表现为数据应用能力的基础建设效率及效益。数据中台、营销中台建设耗资不菲，且需要一支相当规模的高级专业人才队伍进行开发、维护与迭代。超级流量场一家投入，可以共享给所有场内商家，共享中台系统与工具，共享用户与数据。这才是合乎商业逻辑的美事。

超级流量场如何打造 DMP 系统赋能品牌

事实上，各大线下零售场也的确纷纷推出各种智慧营销平台，赋能和服务品牌商、经销商。

孩子王的百川智慧营销平台

历经 10 年立足线下、深耕数字化的进程，孩子王已成为一家以数据驱动的、采用深度会员模式的、为会员提供一站式母婴童商品及服务解决方案的、基于用户运营为品牌商家制造流量的全渠道服务商。

孩子王凭借服务过的 3500 万家庭用户资源、370 家大型数字化门店、位列母婴电商 TOP1 的 App，以及通过与腾讯社交广告、今日头条、分众、妈妈网等平台进行战略合作而获得的共享数据与资源，成为母婴行业最大的营销服务平台，赋能母婴行业品牌在线上、线下开展精准、高效、智能的一站式数字广告投放，助力品牌商开展商品营销、品牌造势和活动推广。

孩子王在 2018 年推出智慧营销服务 Kidswant Intelligence Date Service（中文简称"孩慧营"，英文简称"KIDS"），后续又上线百川智慧营销平台。基于大数据智能算法，以及孩子王生态流量平台，百川智慧营销平台还为品牌商提供其他一系列的营销支持，具体包括：提供用户全生命周期管理的智能化会员营销工具；将孩子王特有的育儿顾问 KOL 资源作为一种后付费的效果类广告营销服务形式（商品最终成交后支付相应费用），赋能给品牌打造爆款；将孩子王特有的亲子千人爬爬赛、新妈妈学院、一日父母体验等亲子社交类线下活动产品化、商业化，将活动冠名、赞助合作权益开放给品牌商，为品牌商线上线下全渠道制造流量。

苏宁的全域营销平台——易通天下

历经艰苦卓绝的数字化转型，苏宁已成为驰骋线下线上的零售界全能高手，也推出了自己的全域营销平台——易通天下，依托苏宁集团的大数据优势，为品牌方提供全方位、多维度、一体化的营销解决方案，赋能品牌商在"全网大公海"和"垂直小公海"中精准"捕鱼"。

易通天下主推六大核心产品。

其中，生意通和聚客宝是基于苏宁"一环"资源（自有线上资源）进行全域营销，为品牌商提供 CPC、CPM、CPT 等各种形式的精准广告投放服务的产品。苏宁"一环"资源包括：苏宁易购、苏宁小店、苏宁拼购、苏宁超市、苏宁推客、苏小团等苏宁线上私域（即品牌商的垂直公域）。

易起推是苏宁释放"一环"能力的另一款基于苏宁自有的社交私域传播资源的产品。易起推汇聚了数十万名推客，为品牌商在广泛的各类型社交公域里裂变传播，制造流量，实现拉新、活跃、转化、复购等。易起推以成交付佣的模式为平台商户提供服务，不仅可以支持商品和店铺的推广，还可以针对某个商品或类目设定推广佣金。佣金可以在系统设置范围内任意调整，较高的佣金设置会获得更多的推广者青睐。

店推宝是苏宁线下广告位资源展销平台产品，为品牌商提供一站式、智能化及程序化的广告位资源购买服务。店推宝汇集了苏宁的核心"二环"资源（自有线下资源），包括线下 1600 家门店 4 万余优质广告位，覆盖全国一、二线城市及三、四线城市核心商圈，覆盖全国 3000 多个县级区域，每年曝光上亿人群。

易直投是苏宁释放"三环"能力（连接全网资源的能力）的一款产品，这也是一款拥有今日头条与腾讯广点通等优质流量的站外广告直投产品。品牌商可利用苏宁"灯塔"系统的数据中台能力实现各维度人群定向，针对线上头部媒体优质流量进行精准广告投放。

易准搜（A-SEM）是苏宁释放"三环"能力的另一款基于搜索引擎媒体、按点击实时竞价计费的效果类精准营销产品。基于用户对搜索引擎（百度、UC、搜狗、360）普遍依赖的使用习惯，易准搜可以在用户通过搜索页面进行信息检索的过程中，把品牌商付费推广的营销信息传递给消费者，且精确地匹配消费者需求。苏宁自主研发的易准搜客户端投放系统，实现了跨媒体、全端口、集数据查阅与深度运营功能于一身。同时苏宁 A-SEM 运营团队还为品牌商广告主提供专业运营支持。

红星美凯龙的全球家居智慧营销平台（IMP）

近五年来红星美凯龙深耕数字化转型，构建了企业自有线上线下数据感知体系，实现了全场景交互用户的行为采集。依托自身全球"MALL 王"的实力——覆盖全国 200 多个城市的 400 多家家居商场，直接高频触达 200 多个城市的中高端家装家居用户，先后连接腾讯系、字节系、阿里系等线上流量平台资源与数据，逐步推进与互联网头部企业的深度数据融合，构建了自有大数据体系，实现了内外部数据、线上线下数据的连接、交互、沉淀。

基于企业自身数字化能力的提升、数字营销服务能力的逐步成熟以及行业的共性需求，2018 年 9 月红星美凯龙正式推出全球家居智慧营销平台（IMP），成为中国家居行业最大的数字化垂直营销平台，正式向行业内品牌商、经销商输出数字营销服务能力，其中一项就是 DMP 精准广告投放服务。

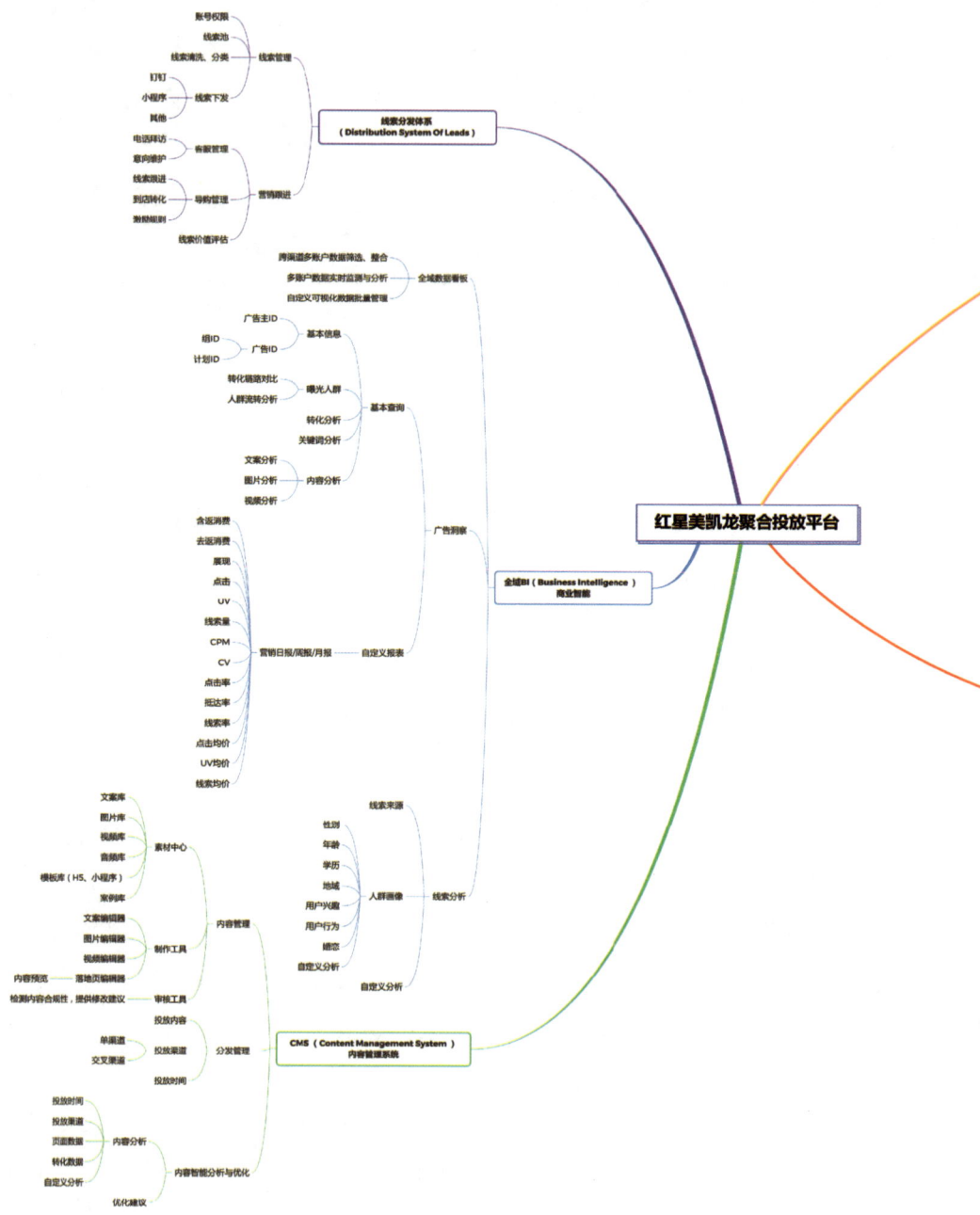

红星美凯龙聚合投放平台

线索分发体系（Distribution System Of Leads）

- 线索管理
  - 账号权限
  - 线索池
  - 线索清洗、分类
  - 线索下发
    - 钉钉
    - 小程序
    - 其他
- 营销跟进
  - 客服管理
    - 电话拜访
    - 意向维护
  - 导购管理
    - 线索跟进
    - 到店转化
    - 激励规则
  - 线索价值评估

全域BI（Business Intelligence）商业智能

- 全域数据看板
  - 跨渠道多账户数据筛选、整合
  - 多账户数据实时监测与分析
  - 自定义可视化数据批量管理
- 广告洞察
  - 基本查询
    - 基本信息
      - 广告主ID
      - 组ID / 广告ID
      - 计划ID
    - 曝光人群
      - 转化镜窗对比
      - 人群流转分析
    - 转化分析
    - 关键词分析
    - 内容分析
      - 文案分析
      - 图片分析
      - 视频分析
  - 自定义报表
    - 营销日报/周报/月报
      - 含返消费
      - 去返消费
      - 展现
      - 点击
      - UV
      - 线索量
      - CPM
      - CV
      - 点击率
      - 抵达率
      - 线索率
      - 点击均价
      - UV均价
      - 线索均价

CMS（Content Management System）内容管理系统

- 内容管理
  - 素材中心
    - 文案库
    - 图片库
    - 视频库
    - 音频库
    - 模板库（H5、小程序）
    - 案例库
  - 制作工具
    - 文案编辑器
    - 图片编辑器
    - 视频编辑器
    - 落地页编辑器
  - 审核工具
    - 内容预览
    - 检测内容合规性，提供修改建议
  - 分发管理
    - 投放内容
    - 投放渠道
      - 单渠道
      - 交叉渠道
    - 投放时间
- 线索分析
  - 线索来源
  - 人群画像
    - 性别
    - 年龄
    - 学历
    - 地域
    - 用户兴趣
    - 用户行为
    - 媒体
  - 自定义分析
- 内容智能分析与优化
  - 内容分析
    - 投放时间
    - 投放渠道
    - 页面数量
    - 转化数据
    - 自定义分析
  - 优化建议

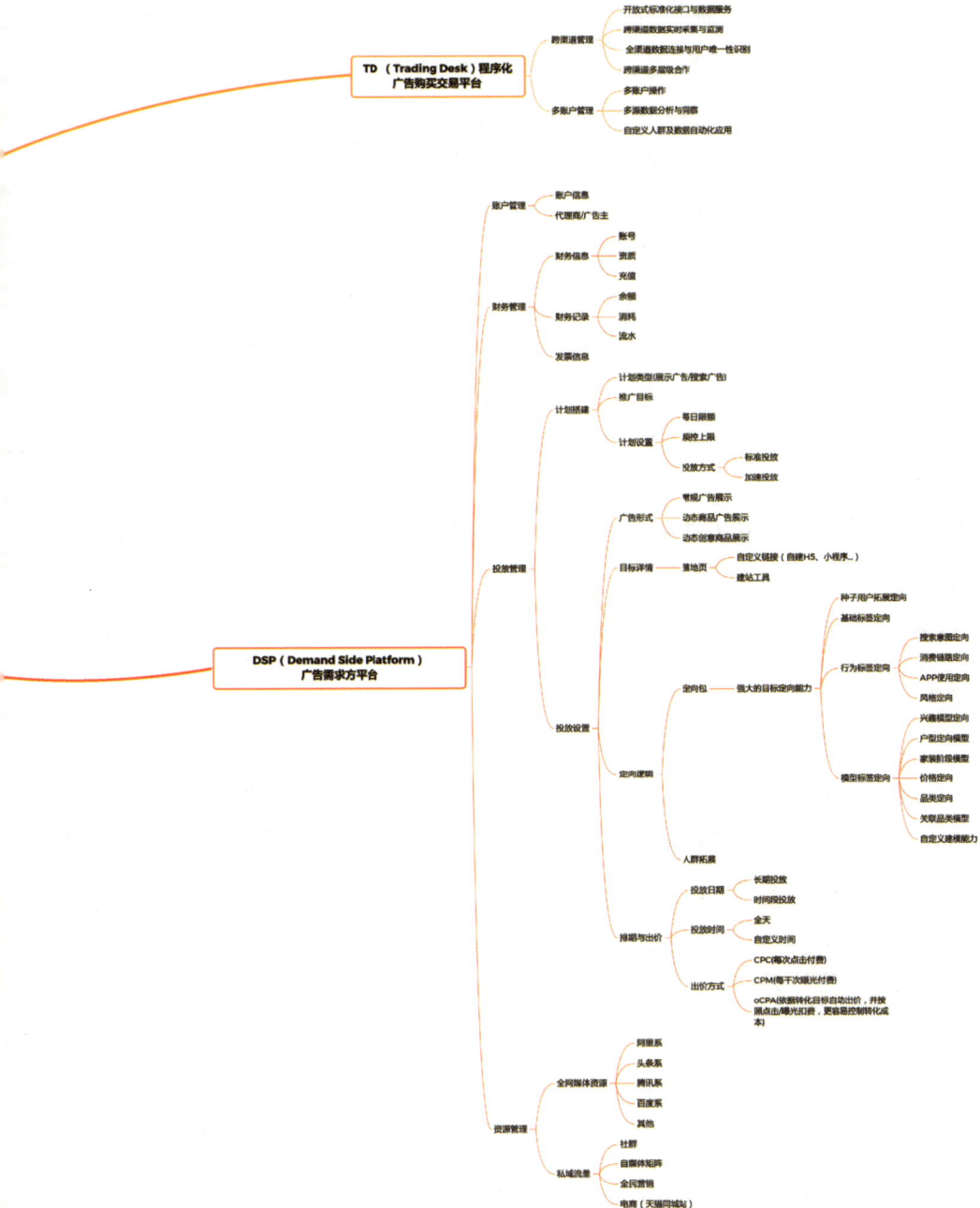

红星美凯龙全网精准广告聚合投放平台

2019年，红星美凯龙依托阿里云打造全域营销数据中台，结合阿里大数据能力搭建One-ID消费者数据体系，进一步显著增强IMP对家装家居消费者的全域全周期全链路追踪能力，及针对消费者不同家居阶段不同需求的定向投放能力。

截至2020年1月，红星美凯龙IMP平台为9大品类、50大头部家居品牌的87个DMP精准投放项目提供过服务，为经销商的220档营销活动提供过DMP广告投放服务，投放获取精准用户线索30多万条，合作品牌客户满意度100%，获客成本连续13个月环比下降。同时，利用IMP的后链路数字化流量运营体系，实时分配线上用户意向线索信息至对应的商场、品牌、经销商及导购，实现精准流量的高效承接、分发及运营，线索转化率提升2~3倍，整体线索意向率达到52.5%，远超行业平均水平，DMP精准广告投放ROI达到10.3。

红星美凯龙自身也从IMP平台的公海捕鱼能力获益良多，2019年平均留资成本较2017年下降87%，留资用户的消费意向率由最初的15%提升至目前的40%以上，高出行业平均水平1倍。

以上三个线下零售场向行业商家输出全域精准投放能力的案例既说明了现状，也预示着未来。至于超级流量场具体如何实现在全网公域精准捕鱼，即如何赋能自身与商家，实现精准触达线上各大流量平台上的精准潜客或用户、会员，在本书第五章有关数据中台的核心功能与应用场景中已有较详细说明，这里就不再赘述了。

要做到在全网大公海和垂直小公海精准捕鱼，不仅需要数据中台，而且需要聚合广告投放系统，鉴于这个部分属于更细分的专业领域，本书并不对此做具体介绍。上页图是红星美凯龙的DMP聚合广告投放系统架构图，供大家略览概貌。

小　结
SUMMARY

绝大多数品牌商自建数据中台或 DMP 系统不现实。

流量平台提供的精准投放服务因缺乏用户消费数据而在效果上大打折扣，且无法突破。

超级流量场通过自建数据中台与全网精准广告聚合投放平台，能够将自有用户数据的价值充分发挥，赋能品牌商在全网流量平台上精准获客。

红星美凯龙、孩子王、苏宁都推出了各自的智慧营销服务平台，向各自的垂直行业输出全网精准广告投放能力。

造电商旗舰店矩阵

线下超级流量场利用电商流量的乘数效应

超级流量场凭借"品牌强+用户多+数据多+货品多+活动多"五大基因，成就"场景运营大招"之"电商旗舰店矩阵"。

之所以称作"矩阵"，是因为超级流量场可以入驻不同的电商平台，同步运营自己的多个电商旗舰店。

入驻电商平台，不仅能给线下超级流量场带来更多的线上流量，而且能够收获更多维度的用户数据、更短的全渠道用户运营链路，以及对线下零售运营的数字化全面升级。所以，这个过程不是一个加法效应，而是乘法效应和连锁效应。

要不要入驻电商平台？总有线下零售场在纠结这个问题。

从用户运营的角度看这个问题，其实只有一个答案：电商平台是任何一个线下零售场都不可或缺的在线上与用户互动的必选场景之一，是流量制造的必争之地，是线下零售平台同样要充分运用的流量来源。

站在更广阔的视角上看，线下零售场入驻电商平台的意义重大，至少有五个方面的巨大价值：①打造线上流量运营的收口，即流量转化的阵地；②打造电商平台精准流量的接口，即吸纳公域流量；③打造私域用户运营的核心阵地之一；④借助电商平台的技术与数据能力，助推自身的线下线上全面数字化进程；⑤促进自身商品运营、商家运营能力的再升级。

对于以上第一个、第三个价值，无须赘言，大家都很熟悉；对于第四个价值，在第七章已有详细论述。所以，本节聚焦讨论一个线下零售场如何利用自身优势为自己供应链上的品牌商连接电商公域流量，以及如何实现自身线上线下的流量共振。

先说一段江湖旧事。2012 年，王健林和马云在 CCTV 经济年度人物颁奖盛典上就"电商能否取代传统的店铺经营"展开唇枪舌剑，并为 10 年后电商在中国零售市场份额能否过半，豪掷 1 个亿的赌局，史称"马王赌局"。

时至今日，十年赌期将近，现实却从头几年电商高歌猛进的局势开始变得胶着起来，甚至连电商一词都遭冷遇迭代。王健林和马云各自所代表的线下零售场和电商之间的关系，也在近 10 年间千回百转，早已不是针锋相对的紧张对峙，反而走向了你中有我、我中有你的全新态势。

此时，再去讨论任何纯线上电商和纯线下零售都是不合时宜的。尤其是线下零售无须牢骚太盛，这十年的战争越来越让我们看清一个事实：线上电商不可能完全替代线下零售场，而线下零售场若一意孤行"断电"，也将难以为继，合二为一、组团出圈已是主流。

组团后，线下零售场与电商各自发挥自己的优势，成为团中不同的担当。如电商就是效率担当+数据担当，在线上流量、线上购物便捷性、数据广度、数字技术能力等方面发挥优势；线下零售场属于体验担当+数据担当，在线下流量、数据深度、线下购物体验性、面对面服务、垂直行业运营经验与资源整合等方面发挥优势。

所以线上场与线下场之间，不是谁蹭谁的流量，而是充分互补、相互赋能。

实际上，线下零售场所拥有的存量资源和潜在能量，足以让其一旦"触电"，就能获得巨大流量红利，抢占低价甚至免费的流量。从流量制造和用户运营的角度来看，得出这一结论的理由也并不复杂：无论是传统的线上"人找货"，还是代表必然趋势的线上"货找人"，线下超级流量场都具备获得这些流量的独特优势。

从"人找货"的角度来看，线下零售场在电商平台上"蹭"流量的优势可谓一大把：

● 价格优势。相比平台上的诸多中小商家，线下零售场的供应链实力雄厚，利用与上游的谈判能力、自身资源的调配能力、商品的组合捆绑能力、促销活动的灵活运营能力，就可以拥有在商品上或至少是部分商品上高人一等的"价格力"。

●商品优势。店铺运营考验的是品类管理的水平，引流款、明星款、毛利款、基础款……样样都要有，且要巧妙搭配、相互关联。线下零售场依托自身的庞大商品库可以在品类管理方面更加游刃有余、精细化地进行千人千面的店铺商品组合。

●品牌优势。线下零售场本身就是一个知名度较高的大品牌，拥有庞大的粉丝基数。入驻电商平台后，只要运营好了，通过适当的推广让消费者知道自己已成功"触电"，就一定会有消费者通过搜索直接慕名找上门来；同时，对于所有搜索品类词、品牌词、商品词的消费者来说，看到同样的商品，只要价格相似，就一定会有更多消费者优先选择知名线下零售场的电商店铺去下单。这正是得益于线下零售场多年在选品、售后、增值服务等方面积累的用户口碑。

●体验优势。相较于电商品牌商家，或者线下店数量远远不够"铺天盖地"的大多数商家，入驻电商平台后的线下零售场将会把自身的全渠道优势发挥得淋漓尽致。对于需要线下体验的商品，比如服装鞋类、家电类、家居类、母婴类、奢侈品类等，只要消费者还有犹豫、还需要实地亲身体验，线下零售场的"情景式体验"功能就将即刻发挥作用，从而促使消费者养成新的消费习惯：在线上选择线下零售场的官方旗舰店，进行产品了解、咨询、预订，然后到线下实体门店完成体验、比较、下单。

"货找人"靠的是用户数据的精准性，在这一点上，线下零售场依然占有绝对优势：

●线下零售场拥有庞大的消费者互动数据和消费数据，结合平台开放的多维用户数据，可以画出更加精准、更加完整、更加新鲜的用户画像。因此，在货与人的匹配精准度上，能够达到绝大多数单品牌很难企及的高阶境界。

●线下零售场拥有数量庞大的会员，可以将这些线下会员引入电商会员体系，如天猫品牌号，并与之在电商体系内开展高频会员互动。这就让其相比电商平台上的其他中小商家，更能够充分利用天猫等电商平台所开放的

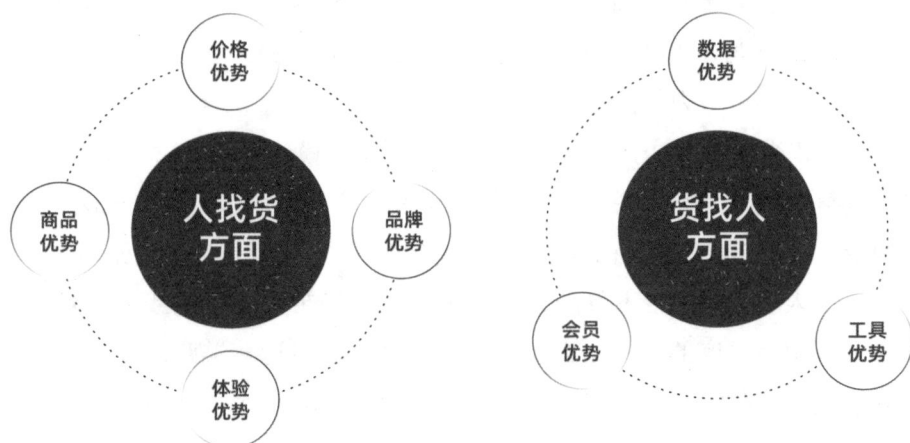

超级流量场电商开店的双重优势：人找货与货找人

"品牌数据银行"能力、消费者运营能力，在平台上获得更多针对会员精准触达的免费入口与资源。

电商旗舰店不仅是获取电商平台公域流量的入口，也是私域用户运营的阵地。下面拿天猫与淘宝来举例。

在淘宝系电商平台，商家主流的私域流量运营路径主要是两种：一个偏内容，另一个偏用户。

天猫和淘宝一直都在不断升级内容营销，对于商家来说，好的内容不仅可以从公域获得更多流量，更为重要的是可以增加私域内的用户黏性，提升私域用户的消费转化。其中，淘宝直播是目前淘宝最重要的以内容为核心的私域用户营销利器；微淘是商家必备且需要长期坚持深耕内容的重要粉丝运营阵地；天猫品牌号则是以内容形态为重的品牌粉丝运营阵地和全渠道会员营销阵地。

同时，天猫与淘宝后台通过数据分析用户的过往行为，为商家提供用户留存、用户管理及用户二次营销的系列工具。其中，粉丝群是商家进行用户互动与二次营销的重要工具；会员中心（客户运营平台）是进行会员分层运营、精准营销的重要工具；短信推送是商家最常用的即时营销工具。

- 如果线下零售场能与电商平台共同定制化研发数据中台，则会进一步显著提升线下零售场对电商平台数据能力的利用深度与广度，从而提升自身的全域用户运营能力。红星美凯龙与阿里云共同研发的、垂直家居行业的数据中台就有这样的威力与价值。

因为建设数据中台对于商家的用户规模、数据规模、预算投入规模、专业人才规模都有相当高的挑战，所以，这个"瓷器活儿"实属奢侈品，非一般品牌商企业可及。线下超级流量场在这个点上有机会达到"一骑绝尘"的境界。

显然，入驻电商平台不仅能给线下超级流量场带来更多的线上流量，而且能够收获更多维度的用户数据、更短的全渠道用户运营链路，以及对线下零售运营的数字化与全面升级。所以，这个过程不是一个加法效应，而是乘法效应和连锁效应。

红星美凯龙如何借助天猫做线上

2019 年 10 月 12 日，红星美凯龙宣布联合阿里共同升级家居消费体验，迎战双十一。天猫双十一期间，红星美凯龙南京、上海、苏州、无锡、常州、济南 6 个城市的 24 家门店率先加入天猫家装"同城站"，1000 个家居品牌超过 2 万款优质货品上线，线上线下同价，用户可以在线直购或到店体验购买。

那么，红星美凯龙首次登录天猫战果如何呢？我们来看一组数据：

2019 年双十一期间，红星美凯龙天猫旗舰店、活动主会场流量破百万，红星美凯龙参与天猫合作商场总销售额近 25 亿元，店均销售突破 1 亿元，位居行业榜首。红星美凯龙首度试水淘宝直播，分别在南京、上海由直播达人和专业家居导购作为主播，进行了 3 场线上直播，累计观看人数 17.5 万，点赞互动近 80 万次。在进一步加速官方旗舰店涨粉和社群涨粉的同时，淘宝直播已然成为红星美凯龙的线上流量新阵地。

红星美凯龙天猫同城站模式究竟是怎么做到的？又有哪些值得借鉴的干货？

1. 龙翼 & 喵零，商场数字化系统对接

红星美凯龙与阿里合作的第一步是以红星美凯龙原有的龙翼中台系统为基础，结合天猫的运营规则和喵零 POS 系统，实现线下卖场数字化的对接。

从门店的基础组织架构到商户管理，从商品运营到营销管理，基于阿里的钉钉，双方打造了一个新零售中台来赋能红星美凯龙开展商场数字化升级。

对于前端商场导购收银方面，中央+分布式的喵零 POS，不仅可以实现销售收银，商场也可以实现用户身份识别，可满足使线上促销活动引流落地到店，以及让用户在商场内实现权益核销的需求。

2. 同城站，本地化家装第一入口

天猫家装"同城站"，是一个基于本地化策略所打造的家装家居一站式购齐平台。当用户打开天猫/手淘，若 GPS 定位所在城市已开通同城站，在进入红星美凯龙天猫旗舰店的同时，便会自动连接到本地的同城站页面，看到本地可购买的家装服务和家居商品。

在"同城站"上，所有商品线上线下同款同价，用户能够直接在手机上看到每款商品在哪家店有售、店铺地址，并可在线咨询；同时可以看到该商品在线上、线下分别参与怎样的促销活动，还能在同城站享受预约、送装等服务。

3. 商品+活动，流量运营的两大支柱

消费者上电商平台的核心目的是找商品，电商平台流量分发逻辑也是基于此，即"人"与"货"的匹配。所以，布局什么样的商品品类，是获取该类别用户及流量的重要前提。商品覆盖面，一定程度上决定流量占有率。红星美凯龙已完成了基础建材、家装主材、全屋定制、卫浴用品、厨房、住宅家居、办公家具、灯饰、光源共计 9 大家装 2 级类目全覆盖。同时，红星美凯龙联合阿里大数据平台，根据家装家居消费者线上购买偏好、线上热销家居商品清单，优先上线并重点维护"爆款"与"热销款"，而对"常规商品"则采取适当补充的策略。

4. 营销活动，线上线下联动收割流量

有了天猫同城站这一重要的线上营销阵地，红星美凯龙迅速将线下活动上线，打通线上和线下营销活动。原有的线下用户以及天猫的线上用户，可以通过同城站足不出户快速获取线下商场活动信息，进而产生购买兴趣前往线下商场体验消费。

上线天猫同城站后，一方面，红星美凯龙通过在淘宝/天猫线上公域流量持续挖掘潜客，其中包括购买直通车、钻展、超级推荐等商业化流量，以及充分利用搜索、微淘、直播等免费的流量，实现了将天猫流量向红星美凯龙同城站的引流；另一方面，利用同城站露出的红星美凯龙线下全国大促、商场日常促销活动信息及权益，将用户引流至线下商场。其中最常见的手段就是线上领券线下使用，线上预订爆款、线下体验购买，线上预约设计、线下面对面交流方案等。

银泰牵手阿里实现全面数字化

接下来我们看看，线下百货商店银泰百货入驻电商平台阿里，成为阿里生态的一员之后，发生了哪些变化。

1. 人的数字化

消费者和导购全部实现了数字化。自 2017 年 7 月起，在银泰加入大阿里系之后，银泰会员与阿里会员实现了全面打通。在线上，手淘 App 与喵街 App 一同成为银泰会员体现身份、获得会员权益的端口，实现了用户的线上线下行为一盘棋，也就此实现了会员的数字化。如今，银泰百货的数字化会员已经超过了 1000 万。基于此，银泰对会员进行分层运营，为消费者提供定制化的商品推荐和权益设计，从"人找货"升级为"货找人"。其中，银泰 2018 年收入的一半来自会员消费。

同时，银泰的导购也纷纷上线。2020 年疫情期间，银泰近千名导购成为活跃在淘宝直播间里的"淘柜姐"，为消费者提供"无接触购物"的体验。据说，一个导购一次直播产生的业绩相当于平时在门店里一个星期的业绩；一名导购直播 3 小时接触的顾客数量相当于平时 6 个月的商场日常客流之和。其实，早在 2019 年 4 月，"淘柜姐"计划就由银泰携阿里在淘宝上发起。在这个计划中，银泰的目标是实现对 5 万名导购的赋能，使其变身"李佳琦"，即"淘柜姐网红化"，让百名导购实现年薪百万。

2. 商品的数字化

将线上线下销售的商品用同一个 ID 打通，做到线上线下同价，这个过程是商品数字化的核心。

但是作为百货业态，银泰向来是不碰货的。其他各类商场、百货、Shopping Mall 一样如此，因此实现商品数字化是非常具有挑战性的一件事。通过喵街 App，这个问题最终被有效解决，银泰的 4700 个供应商、15000 个柜台的商品全部实现数字化。消费者可以在线上以同样的价格买到银泰的商品；同时，消费者在喵街上还能够享受到便捷的送货以及退换货的服务。可见，商品数字化除了为消费者带来更好的消费体验之外，更以不断沉淀的数据为银泰的供应链优化、品牌商的用户画像优化都提供了最重要的基础保障。

3. 场的数字化

基于阿里的云 App 和丰富的 IoT，银泰利用热力图呈现出顾客在商场内的动线轨迹、消费热度，从而优化商场内的商铺布局和消费者的动线设计；此外，银泰还利用云 POS 让顾客在商场内任何地方都能进行收银交易，不再有收银台的概念，完成一单收银的时间也由 3~4 分钟大幅缩短到 58 秒。现在，银泰百货的"场"，线上线下全覆盖，24 小时不打烊——既可以在门店逛着买，还可以在天猫、手淘和喵街上躺着买，边看直播边跟着买，银泰周边 10 公里可以实现 2 小时上门送货。同时，上线天猫、淘宝的直播、短视频，也成为银泰的导流利器，银泰 5 万名一线柜姐变身"淘柜姐"，开启了线上卖货。

小　结
SUMMARY

传统线上电商无法实现真正的全域用户运营，电商平台赋能之下的超级流量场可以。

线下零售场运营电商旗舰店的五大价值：

1. 打造线上流量运营的收口，即流量转化的阵地；

2. 打造电商平台精准流量的接口，即吸纳公域流量；

3. 打造私域用户运营的核心阵地之一；

4. 借助电商平台的技术与数据能力，助推自身的线下线上全面数字化进程；

5. 促进自身商品运营、商家运营能力的再升级。

超级流量场利用电商场景制造流量具备"人找货"与"货找人"的两大优势。

造社群矩阵

超级流量场凭借"用户多+货品多+活动多"三大基因，练就"场景运营大招"之"社群矩阵"。

社群是流量制造第一阵地。

线下零售场拿下社群这个阵地势在必行，也势在必得。

社群，线下零售场一马当先的新战场

纵观当下所有营销手段，最能实现与用户高频互动的，非社群莫属。

这就意味着，能挖掘每个用户最大流量的用户运营阵地就是社群。究其原因很简单，只有社群才有一对多、多对多的社交聊天场景。而线下广告、线上广告、自媒体、电商等营销手段都不具备这个特质。

2019 年 5 月，社交电商云集在美国纳斯达克上市。云集 CMO 胡健健曾对媒体表示，云集之所以会选择微信作为主阵地，是因为在移动互联网环境下，用户的阅读场景呈现时间碎片化特征，传统的方式信息触达率已经很低：邮件传递为 0.2%，短信阅读是 0.03%，微信公众号是 3%，与之对应的是，微信群的消息阅读率却可以达到 40%。在流量越来越贵、各行各业营销预算又紧缩的背景下，社群营销成本低、效果好，还可以与用户直接沟通，企业何乐而不为呢？

在社群营销领域，线下零售场可谓一马当先，近几年涌现出大批佼佼者。

2019 年 5 月，天虹广场正式开启社群营销，通过一系列拉新活动大力推广社群。截至 2019 年 7 月 24 日，全国 81 家门店共建立 1075 个社群，社群总规模高达 24 万人。在巨大的社群流量基础上，结合自己的线上拼团小程序，天虹广场打造了线上下单、线下自提的购物模式。天虹广场的营销数据显示，50%的顾客到店提货时，会产生"顺带消费"，即在店内购买其他商品，而这种"顺带消费"产生的销售是拼团销售的 4 倍！

截至 2019 年 3 月底，苏宁易购依托强大的线下门店资源，以苏宁小店为载体，招募到 5 万多名社群的团长，每个团长带领的社群有两三百人。以苏宁易购某场大促为例，它凭借线下社群优势，通过线下社群营销进行"超燃秒杀"活动，全品类销售突破 1 亿元大关，其中主推的一款 SKG 颈椎按摩仪上线 5 天销售就突破 6 万台！

步步高在 2019 年 4 月开启自己的社群运营体系搭建，依托全国 300 多家门店进行社群用户的吸纳。据统计，在步步高已开通到家服务门店进行的一场试水活动中，覆盖约 3.5 万名社群用户，转化率高达 30%。该活动通过在社群中分享小程序的营销活动，来促进小程序打开率和到家业务订单量，而小程序所提供的"秒杀""拼团""立减金""分享红包"等工具分享到社群里，又可以进一步促进社群活跃度，二者相辅相成。

百果园在全国 80 多个城市拥有超 4000 家门店，其充分赋能门店导购，建立门店社群，截至 2019 年 3 月已覆盖 350 万用户。百果园在门店社群内以 1 分钱的爆款水果为"钩子"，利用小程序拼团，使线上日销从原本的两三万单增长到五六万单！

幸福西饼 2008 年创立于深圳，是一家综合连锁 O2O 电商品牌甜品店，同时拥有很多线下门店，覆盖 244 个城市。幸福西饼通过搭建场景化社群，给予用户更有温度、更多参与感、更多惊喜的服务体验，把买蛋糕、买面包、买甜品的行为变得更加高频，显著增加了复购率。据统计，通过社群运营带来的日均订单接近 4 万单！

相比以上生活用品、水果等快消品，卖家居商品相对是个"重活儿"。

看似与社群营销不搭边，而事实上，红星美凯龙在 2020 年 7 月，已经在同时运营 20000 多个微信业主群，覆盖 300 万精准中高端家装用户，通过精细化运营，充分挖掘用户全生命周期价值，消费频次较非社群用户提升 28.9%，消费金额较非社群用户提升 39%。在 2019 年 12 月举行的"爱家日"大促中，红星美凯龙利用小程序在社群内进行爆款运营，带来直接销售近 5000 万元。在 2020 年 3 月 20 号举行的"万群 V5·联盟福利日"社群活动中，仅用 3 个小时，113 家商场同时联动开展社群爆款售卖，累计下订 3744 单。

这就是时下火爆的社群营销的威力，也是私域流量运营的巨大价值所在。

两点之间直线最短，那么用户与企业之间什么最短呢？

答案是"社群"。

有了社群，超级流量场可以随时随地触达自己的用户，进行高频高效的互动，并且以最低的成本达到最好的互动效果。有了几千个，甚至几万个社群，从流量制造的角度来讲，零售场就相当于在线上造就了自己的另一个"场"。

社群运营是超级流量场的流量制造神器

1. 降低获客成本

当前，社群营销及私域流量的概念有多热，下面的百度指数可见一斑。

私域流量的百度指数

从以上百度指数图示可以看出，私域流量在 2019 年的关注度几乎是爆发式增长，在这之前，大家从未听说流量还分公私。这一切的根源是流量成本居高不下。高到什么程度呢？感受一下这组数据。

短短 3 年时间，京东的获客成本增长了 10 倍（备注：数据来源于各自公司财报，计算方法为当期市场营销费用与当期平台的活跃用户之比）。

其中还有个令人惊讶的数据，那就是社交电商第一股拼多多，它的获客成本在 2 年多时间增长了近 10 倍，但其获客成本的绝对值却比传统电商要低很多。

拼多多的这个"相对较低"，就从侧面反映了社群的价值。

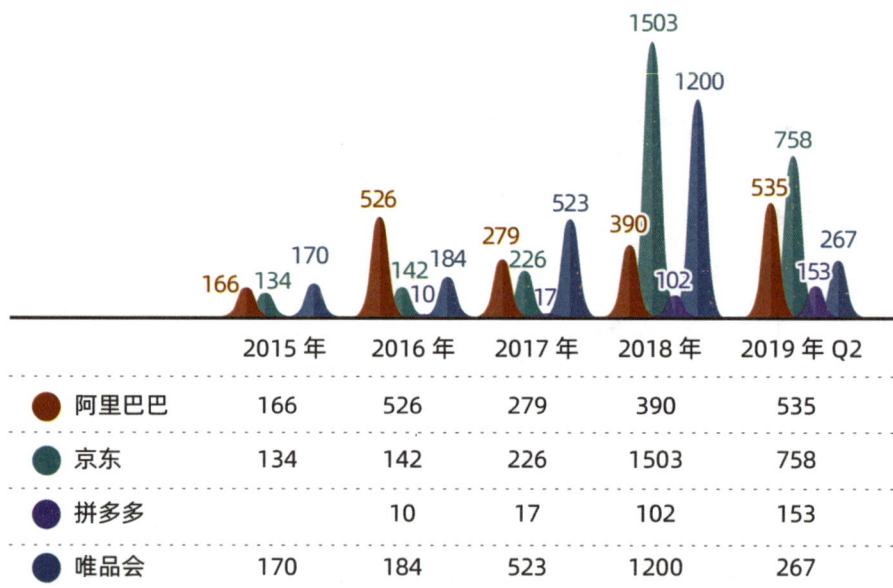

	2015 年	2016 年	2017 年	2018 年	2019 年 Q2
● 阿里巴巴	166	526	279	390	535
● 京东	134	142	226	1503	758
● 拼多多		10	17	102	153
● 唯品会	170	184	523	1200	267

电商获客成本

事实上，降低获客成本只是社群运营对于超级流量场的价值之一。社群更大的价值在于用户黏性。

2. 深度用户运营

完整的用户运营可以用五个阶段来概括：

第一阶段是让更多的用户来。

第二阶段是让来的用户中有更多人买。

第三阶段是让买的人再买同款或升级款。

第四阶段是让同一用户继续买其他品类商品。

第五阶段是让买的人介绍其他人来买。

当用户消费体验完我们的商品或服务，获得了超预期的价值感受，就会愿意主动为我们裂变传播，进而成为我们拉新渠道中的一支生力军。

根据用户运营的这五个阶段，我们再来看社群时就会发现，社群运营的核心价值在于对第二、三、四、五阶段的深耕。对大多数行业来说，维护一个老用户的成本比获取一个新客的成本要低得多。据美国顶尖咨询公司贝恩咨询（Bain & Company）的调查数据显示，5%的客户留存率增长，就意味着公司利润30%的增长，同时把产品卖给老用户的概率是新客户的3倍。

所以，对于超级流量场而言，或者说对于所有拥有线下连锁门店的企业而言，必须快速将"建立私域流量运营第一阵地——社群"，作为企业的核心发展战略之一，并要集结优势兵力快速挺进、深耕、迭代。

社群运营对流量制造的五大价值

从流量制造的角度看，社群运营能够在五个方面对超级流量场发挥巨大价值。

1. 大幅降低流量制造成本

社群是典型的私域，超级流量场的社群是零售场完全自主的用户资产。都不需要向任何一方支付费用，是纯粹的私域。这就意味着，零售场不仅不需要采购流量，而且可以制造流量、分发流量。

2. 大幅提高单用户流量产出

前面分析过，社群是所有用户互动渠道中最高频的阵地，这就意味着零售场可以通过社群实现流量制造的单用户产出最高，即单用户的互动总频次最高。而每一次的互动，都是一次品牌商相关内容的精准传播。

3. 大幅提升流量转化效率

当零售场与用户建立了24小时不间断的情感连接，基于信任的内容互动、商品交易，用户行为不再完全遵循认知、兴趣、了解、购买这一传统的消费路径模型，而是会大幅缩短转化链路。比如消费者在一次互动中，对某个品牌或商品实现从认知直接跳转到购买的消费决策，从而大幅提高了交易效率。

4. 大幅提升用户客总价

对社群的精细化运营，必然带来更高的复购率。举个简单例子，被称为国内社区团购第一的"十荟团"，总部位于北京，通过小程序形态，基于城市社区/小区，为社区家庭带来产地食材以及日用品等建立的社区团购群，复购率高达70%。"十荟团"为用户提供既专业又有温度的服务，使单个用户由买一次到买多次，客总价与复购率显著提升。

5. 大幅提升用户口碑推荐率

社群容易产生裂变，同在一个社群，用户有共同的目的与利益，再加上活动方适当的激励，用户很容易将使用后的体验分享给周围的人，或者直接将产品推荐给朋友。在这种场景下，转介绍、裂变分享就是很自然的一件事，为零售场带来大量免费的新增流量。

以上说的是社群营销对企业的价值，下面聊聊社群对用户的价值。

社群运营对用户的四大价值

社群之所以对于超级流量场极具用户运营的价值，追根究底是因为其对用户颇有价值。

1. 人脉价值

很多人加群是为了在群内寻找人脉。俗话说"人脉就是资源"，拓宽了人脉就是拓宽了前进的道路。社群里经常隐藏着各路高手，隐藏着行业的精英。通过社群，用户可以连接到这部分精英人群。在红星美凯龙的社群里有一类就是楼盘业主群，群内用户都来自同一楼盘，这些业主都有一个强烈的诉求：希望在这个群里结识自己的邻居。

2. 学习价值

用户在群内学习，解决自身遇到的问题。比如在红星美凯龙的社群里，业主通常带着问题发声，如何挑选厨房大理石台面、实木地板可不可以铺设地暖，这些问题都可以在群内得到解答。红星美凯龙也会经常在社群里进行家装知识的干货分享、户型的分析讲解等，主动为用户解决实际问题。

3. 专属权益价值

用户在群内可以享受专属权益。线下零售场在进行社群运营的时候，经常会在群内释放专属权益，比如完美日记限时秒杀特价口红，百果园限时秒杀特价香蕉、苹果等，都仅限群内好友专享。

4. 专属服务价值

线下零售场在进行社群运营的时候会定制专属服务，让不同年龄、不同喜好、不同地域的用户都可以享受到专属自己的服务。比如红星美凯龙在进行社群运营时，会提供设计咨询、户型分析、线下业主联谊会等附加专属服务。

超级流量场运营社群的四大先天优势

1. 规模大

超级流量场，如大卖场、超市、便利店、购物中心、百货、垂直专业卖场等，都拥有大量的连锁门店、大量的终端导购、大量的终端广告，通过这些线下触点，与大规模的用户有大量的互动，可以轻松地"引诱"用户入群，从而快速建立起数量庞大的社群矩阵，少则几千，多则几万。对于一般的品牌商而言，这种规模的社群是一个天文数字。

2. 周期长

超级流量场都是拥有多个大品类或小品类的综合零售场，能够给予用户长周期的服务。

比如在红星美凯龙的一个业主社群里，其提供的商品与服务涉及装修过程中"水、电、木、瓦、油"各个阶段。用户在装修全周期里的各个需求，都能在群里得到很好的满足，不仅可以获得有关家装设计、装修施工、软装搭配的各种专家服务，而且能够获得橱柜、门窗、地暖、中央空调等品类的爆款信息，不断收到智能马桶、床与床垫、沙发、灯具等品类的促销信息。

这就是场具备的长周期优势。在整个装修周期内，我们可以通过社群运营挖掘用户的全周期价值。

再比如做母婴产品的孩子王，用户可以在其社群了解与婴儿有关的奶粉、服装、日常用品的相关导购及促销信息，购买纸尿裤、婴儿车、儿童玩具等。

还有很多教育机构所运营的社群，为用户提供幼教课程、小学课程、中学课程，甚至兴趣班的画画跳舞课程。

这些由线下零售场运营的社群，都满足了用户在较长周期里的多样性需求，让用户在获得高满意度服务的同时，不知不觉开启了"买买买"模式。

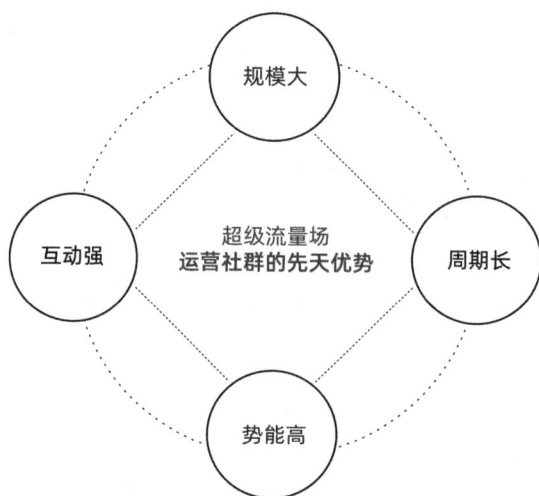

超级流量场
运营社群的先天优势

规模大

互动强

周期长

势能高

3. 互动强

超级流量场商品品类多、营销活动多，意味着与用户有更多的互动内容和互动机会。

线下零售场在运营社群时，不仅可以与群友不断地就不同品类进行各种互动，更可以就不同品牌进行专业推荐，还可以就不同商品开展团购，比如：促销爆款、年度新品、潮流尖货、限量款、联名款、众筹定制款……

不只这些，线下零售场更可以经常策划各种活动来把群撬活，整合各个品牌商，举行新品体验活动、明星落地活动、品牌团购活动、总裁直播活动等。这些活动不只局限在线上群里，更可以引至线下面对面，进一步增强群友感情和黏性。

4. 势能高

建立社群的最终目的不是用户活跃，而是要带来实实在在的销售，这就涉及社群运营的最后一步——如何转化。

线下零售场具备单个品牌商所没有的、促进销售转化的**三大信任势能：**

• 角色势能。在一个群内，线下零售场作为中间方，连接用户（消费者）和品牌商，天然具有中立属性，是个裁判员的角色。在用户信任上，场具备高势能。

• 品牌势能。线下零售场通常是一个大品牌，比如家居领域的红星美凯龙、家电领域的苏宁等，品牌影响力通常远超场内绝大多数品牌商，这就意味着零售场品牌对于那些较弱势品牌具备重要的背书功能。当我们在社群内，比如红星美凯龙的装修群，去介绍一个"不知名品牌"的时候，用户对这一内容的信任度会因为场的品牌势能而大大增加。

• 专业势能。用户进群的目的之一，通常是寻找群内可以帮他解决问题的"高手"。零售场天然就是这个"高手"，可以链接专业的人帮助用户解决方方面面的问题。比如在苏宁红孩子建立的母婴群内，如何挑选奶粉、如何挑选尿不湿、如何挑选奶瓶，这样的问题都会有专业人士进行解答。同样，在红星美凯龙的业主群内，如何挑选瓷砖、如何挑选地板、如何去除甲醛，对于用户提出的这些问题，也会有零售场的"全职高手"进行专业详细解答。

信任势能、品牌势能与专业势能，可谓是线下零售场在进行社群运营时促进销售转化的三大利器，如能善用，威力无边。

自营社群 VS 加盟社群

不同的线下零售场，比如苏宁、步步高、孩子王、红星美凯龙做社群运营，模式上有何差异？基本可以分为两大类。

1. "自营"式的社群运营

即官方自建私域流量池，然后给品牌方进行流量分发。简单来说，就是超级流量场自己出人出力进行社群运营。红星美凯龙、步步高等零售场采用的就是此类模式。他们都有专业的社群运营人员，通过为员工配备专用的手机与手机卡，给社群人员提供专业的培训和配置专业的社群运营工具，来开展日常的运营工作。

"自营私域"类的流量运营，是重运营模式。因为流量是自有的，所以总体上流量的制造成本就低，1个用户经过运营等于N个流量。优势就在于可以反复地、自由地、一切尽在掌握地触达用户。

2. "加盟"式的社群运营

这种运营模式的典型代表是苏宁、叮咚买菜。他们通过出钱与产品，去招募一个个有社群资源的团长来进行社群运营，比如宝妈群体、小区便利店店主群体等。这些团长自建社群，利用自身社群资源，加入苏宁等零售场的"团长"体系，通过零售场所提供的分佣模式来实现社群的价值变现。

以上两种模式各有千秋，根据不同场景可以选择的不同运营策略。

红星美凯龙利用社群打造线上场，疫情期间不打烊

2020年初暴发的一场疫情，对于众多企业来说无疑是一场灾难，线下零售场更是首当其冲。

家居线下零售瞬间按下了暂停键，但红星美凯龙的线上营销却按下了高速快进键，核心驱动力就是红星美凯龙在一年前就已布局的社群运营体系。经过一年多的时间，红星美凯龙社群运营团队打磨完成"社群运营7步法"方法论，即"定位—养号—加人—建群—扩群—炒群—爆破"；自主研发了整套社群运营工具系统，包含5大功能模块：工作号、群管理、营销工具箱、数据分析和云客服；同时开展"狼战行动"，推动全国商场全方位地学习与实战社群运营，逐步打造出"线上社群+线下门店，线下体验+线上互动"的新零售模式，为红星美凯龙入驻商家源源不断制造流量。据统计，在2020年2月15日至2月29日短短15天内，红星美凯龙利用3000多个精准业主群，线上

收订 8933 单！红星美凯龙乘胜追击，3 月 15 日启动"万群 V5"项目，57 天后全国社群运营数量突破 1 万个。

截至 2020 年 7 月，红星美凯龙全国 400 家商场，社群运营时点覆盖中高端家装用户 300 万，社群用户消费频次较非社群用户提升 28.9%。对于前 100 家商场，社群用户消费金额较非社群用户提升 70.2%。

1. 一纸发文迅速确立社群运营为当前流量运营的核心工作

从春节假期开始到 1 月 31 日结束，随着疫情的加重，员工们都不断收到来自公司的延长假期、在家办公的通知。出于对疫情影响的准确预判，红星美凯龙迅速做出决断，于 2 月 5 日发文《关于新冠疫情阶段强化线上流量运营的指导规范》，明确提出社群运营是当前流量运营的核心工作。

红星·美凯龙 MACALLINE 红星美凯龙家居集团股份有限公司 Red Star Macalline Group Co., Ltd. 大营运字〔2020〕9 号

关于新冠疫情阶段强化线上流量运营的指导规范

各省营发中心、商场：

在积极响应国家及地方政府疫情相关工作要求的前提下，为提振经销商的经营信心，助力商场后续高效进入高质量经营，全力以赴打赢线上营销战役，特对流量运营近期工作做如下指导和要求：

一、本阶段流量运营核心工作

1、社群运营

发文截图

2. 迅速扩充社群运营队伍至千余人

疫情之下，红星美凯龙的第二个动作就是迅速扩充社群运营队伍。这批专职社群运营人员被命名为"星管家"。一时间，1012 名星管家在线集结，基本保障全国每家商场有 3~4 人的社群运营人员配置。他们在线家装答疑、在线户型讲解、在线分享知识、在线推荐好物、在线直播带货。

3. 行业专家携手一线导师打造培训天团

红星美凯龙的第三个动作就是培训。队伍的快速扩充，导致人员技能参差不齐。为了快速提升、加速奔跑，红星美凯龙聘请行业专家、一线优秀实操人员，进行了疫情期间第一场为期 2 天、长达 12 个小时的钉钉线上直播培训。紧接着，推出各种线上培训专场，不断萃取和输出优秀的经验，帮助星管家边学边练边成长。

4. 筋斗云之群多多工具赋能

红星美凯龙的第四个动作就是上线筋斗云社群运营工具，实现对社群数量、业主数量、群活跃度、订单数、业主口碑、群爆破 ROI 等各个关键运营指标的全国实时监控与管理，大幅提升运营效率和星管家工作绩效。

5. 微爆破 15 天，3014 个业主群，收订 8933 单

思想动员、团队扩充、KPI 体系完善、培训赋能、工具赋能，所有前期的准备都为了一个目的，那就是社群转化。红星美凯龙通过社群微爆破模式实现了线上的成功收订，即在社群活跃度最高点的时候，开展专属的各种促销团购活动，包括各种直播带货活动，完成在社群内从流量到销量的转化。

6. 57 天，社群数量突破 1 万个，覆盖 226 万业主

3 月 15 日红星美凯龙"万群 V5"项目启动，至 5 月 5 日，历时 57 天，全国社群运营数量突破 1 万个，群内活跃用户 80.6 万人，活跃率达 35%，社群下定用户 62174 人，关联销售占比全国整体销售 19.5%，建立 767 名星管家团队，专职开展社群运营，人均关联销售 240 万元，发布 3982 篇星管家运营笔记，共创《红星美凯龙社群运营 30 招》。

"黑天鹅"阴影下，落后者有危，先行者有机。疫情之下，红星美凯龙依靠社群运营逆势而上，利用业主社群构建了一个属于红星美凯龙的线上场。在这个场里，红星美凯龙实现了与消费者不限时空的高频互动、高速服务和高效转化。这些都得益于红星美凯龙提前两年的深耕布局。

社群只是在疫情之下凸显了它的重要性，疫情之后社群必然会进一步充分发挥其对于私域流量运营的战略价值。

小 结
SUMMARY

纵观当下所有营销手段，最能实现与用户高频互动的，非社群莫属。

社群是流量制造第一阵地。线下零售场拿下社群这个阵地势在必行，也势在必得。

五个阶段的用户运营，社群"占了"四个。

社群对于超级流量场有六大价值，对于用户有四大价值。

超级流量场运营社群具有四大天然优势——规模大、周期长、互动强、势能高。

超级流量场的社群矩阵是品牌商分享流量红利的绝佳场景之一。

运营社群需要源源不断的各种内容供给。

品牌商要眼疾手快，全面跟进，匠心打磨自己的优质内容，为超级流量场运营社群提供"内容原料"，才能充分收割流量红利，实现极高性价比的获客、转化、复购、裂变，实现自己品牌的高效用户运营。

所以，品牌商营销团队要对超级流量场的"社群矩阵"运行机理了如指掌，并且躬身入局。

造全民营销矩阵

超级流量场凭借"导购多+货品多+活动多"三大基因，练就"场景运营大招"之"全民营销矩阵"。

之所以称作"矩阵"，是因为超级流量场可以招募不同类型的达人，构建不同的全民营销平台，即同步运营自己的多个全民营销阵地。

社交场景是与用户最"亲密"的场景。

社交裂变风起云涌，吹响全员"种草"集结号。

线下零售场必须以绝对优势、最快速度构建"全民营销平台"，实现社交场景下的流量制造。

在董明珠当起了网红、开起了微店，格力全员卖货的时代；在雷军不断"友好挑战"华为开启了公众号，不断"Are you OK？"撩拨观众的时代；在李国庆夫妻大战时都不忘带上他的"早晚读书"时，整个社会都在不断暗示并强化：营销推广，不仅需要借助外力，更可以发动内力。上至 CEO，下至普通员工、导购，外至超级用户、各路达人，都可以成为这个人人互联时代的 KOL、KOC。

这是一个全民营销时代，任何公司都可以借助互联网平台渠道，最大化利用甚至开发互联网工具，充分调动公司所能连接的各种"人脉"的社交能量，由内而外，打造内容输出系统，吸引、聚积、裂变、放大有效客户，促进销售成交。这个赋能"全民"成为社交达人、营销达人、销售达人、客服达人的过程，就是"全民营销"。

下面，为了讨论方便，我们把所有全民营销的参与者都称为"达人"。

"万友引利"是万达集团的全民营销平台，借助公众号载体，在尊重员工的同时以"利"诱之，集结几十万员工、导购及会员，为每一次活动、每一个内容统一发声，声量巨大。

作为水果连锁零售行业的头部企业，百果园拥有 4000 家实体门店，1 万个用户社群，覆盖 400 万的社群用户，这些庞大的流量都是通过门店员工个人微信的方式维系起来的。在门店里，除了和其他品牌一样发展会员外，百果园还利用微信群和微信号完美地将员工从一个营销人员变身用户朋友圈里的"种草"达人，成功地将原本被动坐销的门店搬进用户的朋友圈、微信群里，从"满足需求"进化成"创造需求"，大大提升了用户的消费频次和消费金额，实现单个用户价值的提升。

一张社交媒体曝光的总裁办文件截图，将苏宁推向"全员营销是否用力过度"的质疑声中，但是这些质疑仍挡不住苏宁通过"苏宁拼购""苏宁推客"等方式，将全员营销推向全民营销。据苏宁大数据显示，全民营销的相关活动已在超过 100 万个社群中推广，苏宁销售额同比增长 703%。苏宁推客目前用户数超 1000 万，男女数量基本持平。企业家、白领、大学生、快递员、宝妈、店员……分布在各行各业的苏宁推客组成了"卖方大军"，总人数破百万。"80 后"同样领先，成为最强带货群体。在苏宁全场景零售布局的加持下，推客们各显所长，不仅开启了消费者的购物狂欢，也成就了全民营销的销售奇迹。苏宁大数据还显示，借力双十一大促，个人推客最高单月带货订单数达 45872 单，个人带货最高金额 3000 万元，成为实至名归的"朋友圈带货王"。

红星美凯龙通过自身的"全民营销"平台，在 2019 年取得的用户互动量、用户线索量、关联销售量，如果换算成广告投放金额，相当于超 10 亿元的广告投入。2020 年五一期间，红星美凯龙全民营销平台再次刷新纪录，活跃人数创下历史新高，为五一大促蓄客引流超过 25 万中高端精准家装用户！

"全民营销"成为企业必选项

相比传统广告的传播效果，全民营销优势明显。

1. 投入少

全民营销模式可以用较低的投入，快速调动企业的社交资源，将原本企业忽视的、闲置的内部资源赋予全新价值。

以往在我们逛母婴用品店的时候,都会有一名"细心"的导购员跟随我们,询问一些关于孩子或妈妈的情况,推荐一些"合适"的产品,但很多消费者都对此类"假关心"不太买账。

而拥有大量线下门店的"孩子王"却反其道而行之,将自己的导购化身成"育儿顾问",他们具备大量的育儿知识,可以帮助新晋父母们解决大量育儿难题。从卖货给用户,到为每个用户寻找适合他的产品,孩子王践行着要做"中国新家庭的全渠道服务商"的企业愿景。

而孩子王并没有因此而增加员工或额外大规模支出,付出的仅仅是针对原有员工的绩效激励,是一种基于增量所产生的变动成本,零风险、高收益。

2. 效果好

这得益于社交的背书效应。

用户在信息流和贴片广告中接触的信息,天然被打上了"广告"的标签。而达人作为社交关系中的意见领袖,可以给品牌带来背书效应,从而实现"种草"。社交"种草"是用户很容易接受的推荐方式,越信任的人给的建议,在用户心中越能够撒下"拔草"的种子。

身边"朋友"的推荐远比广告更有效。

红星美凯龙的"星管家"是每一位家装用户在家装全生命周期中既亲切又贴心的朋友。从星管家和用户接触的第一天起,就能从装修知识、装修设计、选材选品、促销信息、产品推荐、优惠折扣等各个维度,为用户提供全方位的家装信息。经过持续的互动和沟通,他不再仅仅是红星美凯龙的工作人员,而是化身为用户的家装咨询师、家装辅导员以及家装阶段的好朋友、好顾问。

而孩子王旗下母婴社群电商平台"妈妈赚",则采取了另外一种模式。在这里,你不仅可以享受便捷无忧的购物体验与服务体验,还可以自己在网上开一家自己的线上专属小店,轻松经营并赚取收益。作为一名"准妈妈"或者"新妈妈",身边的朋友圈也有许多同样身份的人,大家因为相似的体验而更有身份认同感。这时,如果你向她们推荐一款你自己用着还不错的产品,肯定会带来更好的效果。基于此,"妈妈赚"就打造了"品牌供货、平台赋能、分享赚钱"的 B2B2C 商业模式，建立了适合事业合伙人的完善的会员成长体系与梯级会员权益，让用户在熟悉的社群、社交环境中全面了解商品，安心"拔草"。

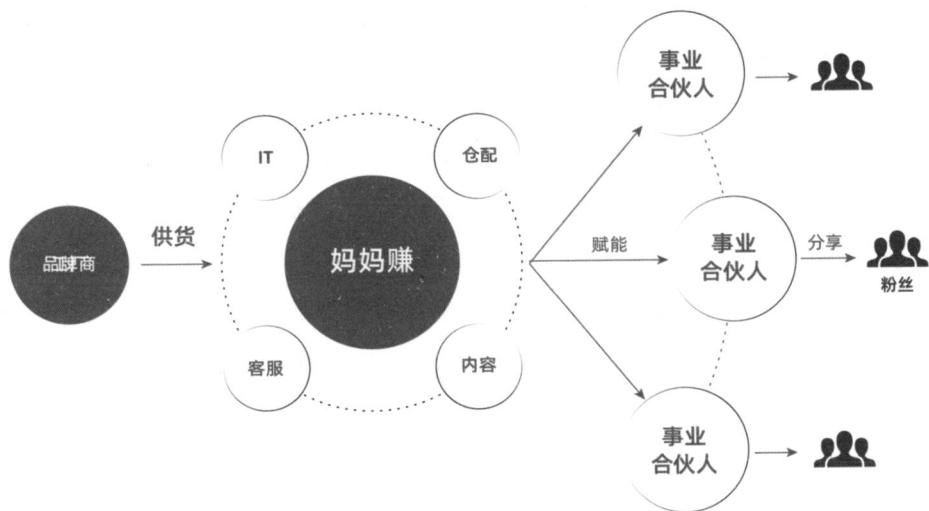

"妈妈赚"运营模式

3. 浪费少

这得益于社交营销传播的数据闭环效应。

相较于单纯的广告投放，全民营销是按照营销结果进行计费的模式。这个模式可以有效避免营销推广中的无效投放，将节省下的营销预算用于提升导购、客服、销售人员的服务质量，或者在他们与用户间进行再分配，这些都能带给用户更大实惠与体验升级！

全民营销，一方面，是在利用"人脑"的计算能力，实现相对精准的"货找人"；另一方面，建构全民营销平台的企业，能够利用数字技术赋能全员和全民实现更精准、高效的"货找人"。

基于以上，也迫于流量红利消失所带来的现实困境，全民营销正在成为众多企业的"必选项"。当然，不是所有企业都有能力深谙"全民营销"之道，但如果线下零售场不懂得借力"全民营销"，将会失去这一块极具想象力的"价值洼地"。

线下零售场开展全民营销独具天然优势

1. 千军万马

全民营销的"民"怎么理解？最核心的、最直接的、最高能的就是一个个活跃在零售现场的导购团队。

线下零售场具有天然的人数优势，每个线下零售商都拥有庞大的导购团队。2018 年，万达集团大约拥有员工 20 万人，国内最大的家居零售场红星美凯龙更是拥有 20 万名导购。

据国家统计局的数据统计，2018 年全国零售行业从业者 657 万，其中绝大多数都从事着导购的工作，他们与真实用户"零距离"接触，是最了解用户需求和用户喜好的群体。如此庞大的导购和员工数量，是线下零售场内的巨大"财富"，为"全民营销"的实现提供了强大的人力资源。

2. 弹药满仓

线下零售场品类众多、品牌众多、商品众多、促销活动层出不穷、体验互动花样翻新，这意味着"全民营销"可以用于营销的"货"多，内容之丰富，可谓取之不尽、用之不绝。所以，线下零售场的全民营销可以充分利用货多、内容多、任务多的天然优势，打造出极高的活跃度和影响力，从而赋能平台上的品牌商，利用庞大的精准社交网络，快速触达用户，实现社交引爆。

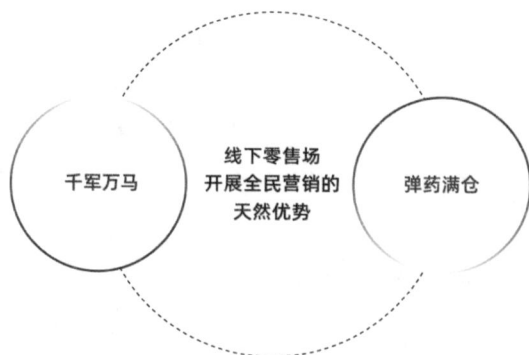

千军万马　　线下零售场开展全民营销的天然优势　　弹药满仓

全民营销平台的超级放大器原理

全民营销运营系统会让个人的社交能量极致放大，具体来说，这个放大效应源于以下六个方面。

1. 规模效应

全民营销的规模效应是显而易见的，借助零售场的全民营销平台，品牌之间可以实现达人群体的共享。原本每个门店仅有 3~5 名导购员，而借助整个零售场平台，就可以发动 300~500 个达人资源。如果是全国性的零售场，这个规模又可以放大数百倍。这种传播资源的完全整合，在以前对于单个品牌来说是不敢想象的。

红星美凯龙、孩子王、百果园，就是利用了分布广泛的门店导购群体，在全国范围内实现针对某一个品牌、单品或者活动的快速启动和扩散，其影响力不亚于任何一次泛媒体的广告投放所带来的传播能量，甚至更精准高效。

2. 赛马效应

全民营销平台采用数字化、系统化的方式实现了传播和奖励的闭环，拥有以往平台没有的数据闭环，这就实现了社交营销过程和结果的量化，而借助这一系列的量化指标，就可以成就丰富的 PK 赛事。

零售场通过对优胜者提供远大于其他人的奖励，甚至赢者通吃的方式，刺激达人们为了获得更多收益而竞相追逐。当一部分达人在平台取得领先业绩后，会激发更多的达人参与到竞争中去，这样的好处是领先者一直保持被追赶的危机感，追赶者始终拥有不甘人后的紧迫感，这一效应可以持续地助力平台及平台上的每一位达人不断升级。

追逐的结果是达人们都在努力提升自己的用户服务水平，提升用户体验的满意度。

红星美凯龙全民营销平台

　　许多全民营销平台都有类似的 PK 机制。比如在"万友引利"服务号里，就可以看到个人的影响力排名，而红星美凯龙"全民营销"近期刚刚举办了超级达人挑战赛，它的 PK 机制则更为诱人：全国排名前 100 位不仅每周可以拿到几百元不等的奖励，到了月底还有 5000 元的月赛大奖。同时，PK 的维度也更全面，既有体现个人影响力的传播榜，也有体现家居精准营销的蓄客榜，更有落到最实处的带单奖。不仅如此，还有能体现个人在平台赚钱能力的"财富榜"。看着月榜首的近万元收入，真是令人羡慕嫉妒眼红呀！

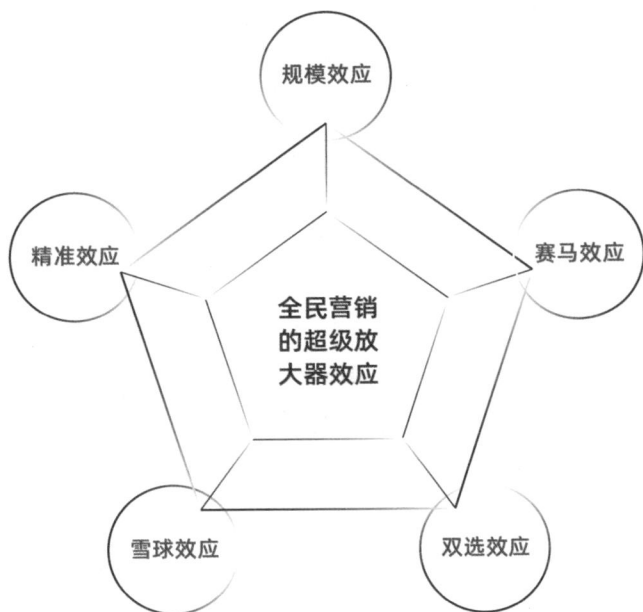

3. 双选效应

由于品牌方和达人团体均在平台上展示了自己的真实信息，且每一次活动的数据都会呈现在所有人面前，使得双方都可被评估，达人和品牌自身也拥有了自我检视的方式。这样，达人和品牌方都可以从自己的不足中，倒推出自己优化的方向。

对于品牌方而言，如果自己的内容一直缺乏吸引力，无法被达人和用户接受，那品牌方将无法吸引足够多的达人，从而失去精准客群曝光的机会。这就迫使品牌方需要不断地优化自己的内容和激励方式，以期获得更多的达人合作。

对达人而言，虽然部分达人可能拥有大量的好友粉丝群体，但是如果缺乏有效利用自身社交能量进行社交营销的能力，收益也会微乎其微。这种压力必然促使达人们更主动去和优秀的达人学习，借助零售场的帮助和培训，实现自身社交与营销水平的跃升。

在红星美凯龙最近的一场大促活动中，哈尔滨哈西商场的工作人员上线了商场某个品牌的爆品海报用来传播。由于产品卖点精晰、画面设计精良、全民营销的传播渠道精准，短短 3 天时间中，LAZBOY 品牌的导购陈先生通过传播引导领券，带动了 17.3 万元的带券销售；而好莱客的导购李先生通过传播引导领券，也为这个活动带动了 11.02 万元的带券销售。这就是一次品牌商与导购利用零售场的全民营销平台实现双赢的真实案例。

4. 雪球效应

全民营销的玩法依托于达人和用户的社交关系，借助人与人之间的不断影响，将规模和影响力如同滚雪球一般越滚越大。

一方面，相当一部分达人是分布在线下零售场内的。场内参与全民营销的达人数量越多，对场内其他达人的影响就越大。出于群体惯性，该群体内的达人都会因社交需要和收益预期，被"裹挟"进全民营销平台中；并且，线下零售场每年都会有大量的新增达人资源，支持雪球滚得更长久。

另一方面，以往的达人只会给用户推荐自家品牌的产品，为用户提供的服务相对单一，用户从达人那里获取的零售场的信息也有限；而通过全民营销的平台，达人们可以迅速代理线下零售场的全部优质服务和产品，用户通过一位达人就可以快速了解和享用整个零售场内的信息和服务，这不但能吸引用户复购，更能因用户的超预期满足所带来的口碑，源源不断地吸引新增用户。

雪球效应是全民营销平台的一个显著特点，可以通过达人、用户的口碑传播，持续地吸引新增达人和用户加入，对线下零售场有着巨大的价值。

由于全民营销本身就是依托于社交属性发展起来的，因此大多数全民营销平台都有自己的拉新机制。

比如，在红星美凯龙全民营销平台，每引荐一名新会员注册为达人，引荐人就可以获得相应的金币激励。而像"妈妈赚"则通过建立事业合伙人机制，通过完善的会员成长体系与梯级会员权益，来吸引更多的人加入，并且随着经营的发展，获得的梯级权益与收益也会更多。

5. 精准效应

过去的全员转发、集赞转发，类似"最美宝宝"投票等社交营销玩法都逃不过一个灵魂拷问——带来的流量精准吗？有效吗？全民营销平台就可以很好地解决这一问题。一方面，达人们具有自己的身份标签，有自己的圈层覆盖，在全民营销内有着自己清晰的定位。品牌方在投放之初就可以对达人们进行高匹配度的筛选，从源头上选择更精准的传播者。

另一方面，达人和全民营销平台都会对用户进行标签化管理，达人可以根据任务类型的不同，对用户进行分组，从而实现精准营销。

全民营销平台坐拥单一品牌无法企及的数据量，在平台系统化工具的帮助下，达人画像和用户画像也会变得更加可视化和精细化，从而实现每次用户互动都更加精准和高效。

红星美凯龙全民营销建立了完善的达人标签体系和任务标签体系，可以根据达人的各种标签，如品类品牌、所属地域、擅长任务类型、活跃时间等，将超级流量场内的商家快速定制的、带有各种标签的任务，精准分发给匹配达人；同时达人们也可以根据任务介绍，自主判断该任务是否适合自己，所得收益是否符合预期，从而实现达人与任务之间的双向选择。经过长期运行，达人的标签愈发丰富、精准，每次的用户互动也都更加精准和高效。

| 集团大促 | 直播蓄客 | 超级品类节 | 尖选爆款 |

红星美凯龙全民营销不同任务举例

三大运营模块，构建全民营销体系化作战能力

1. 达人成长体系

做好达人运营，是"全民营销"的核心，而构建达人成长体系是重中之重。

• 达人等级体系

为了激励和引导达人不断成长，要将达人分成不同等级、进行分级运营，同时要对不同等级的达人给予不同的任务达成激励系数。

• 达人勋章体系

勋章体系是对等级体系的一种补充，用以提高达人对平台的热情和忠诚度，提高达人领取任务的活跃度，增加达人的迁移成本。勋章类型可以分为以完成指定动作为目标的任务勋章，以及达到某些数值才能获得的指标勋章。

• 金牌达人团队

金牌达人团队指的是达人中的精英。借助社群运营的方式，维护好这些高价值的达人资源，不仅可以快速实现零售场全民营销的冷启动，而且可以持续保障运营效果和投资回报率。

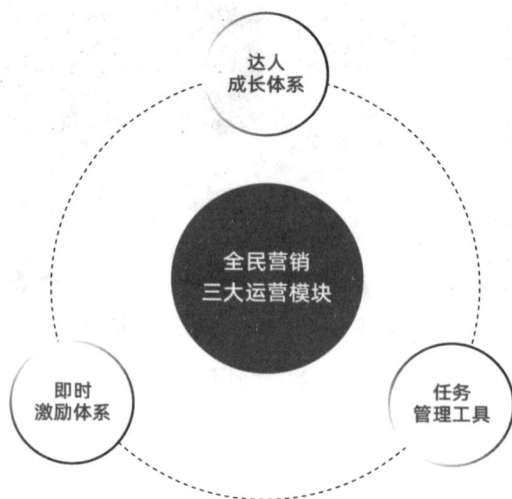

2. 任务管理工具

● 任务分发管理

该平台提供达人的各种标签，包括擅长品类、所属地域、能量等级等，使得超级流量场或场内的商家可以快速定制任务，并精准地将任务分发给合适的达人，同时达人也可以根据任务介绍，自主判断该任务是否适合自己，所得收益是否符合自身预期，进而实现达人与任务之间的双向选择。

● 任务进度管理

任务进度管理是为了实现对任务的全盘把控和全流程干预。平台运营人员实时根据达人对任务的参与程度以及任务执行后的实际效果，迅速决策如何快速迭代运营手段，以求更好地激励和赋能达人。

任务进度管理也开放给达人用于自我绩效评估分析，根据每日任务完成进度和排名，达人们可以实时了解自己的实际收益、分析自己在本次任务策略制定上的得失。

下面是红星美凯龙的"全民营销小程序"，其功能包括达人领取任务、查询任务进度、获得任务奖励和金币兑换。

达人可以自主参与营销任务，并能看到自己通过社交传播带来流量裂变所形成的散点路径图，以及实时查询自己在不同任务中、不同维度上、不同周期里的排名。

任务领取页面　　任务完成进度　　任务奖励明细　　会员积分商城

红星美凯龙全民营销小程序

3. 即时激励体系

顾名思义，即时激励是指所有奖励在第一时间发放到达人账户中。举个例子，达人产生了任意一次有效传播或有效订单，对应的奖励、积分就能够及时到账，甚至实时到账。这让达人在努力执行任务后能够即时获得满足感，从而愿意投入更多的资源与精力去领取任务、执行任务，获取更多的奖励。

即时奖励的常用手段有：

现金红包：以微信红包为首，能够实现快速提现。拼多多在营销活动中就大量使用百元现金红包的玩法，配合优质低价的品牌商品，迅速吸引大量新增用户；除此之外，支付宝红包的口令红包也可以作为不错的激励载体。这方面的创新，需要全民营销平台运营人员不断自行发掘有趣有新意的玩法，"取悦"达人们。

积分：将达人的所有奖励按照贡献值换算成统一的平台积分，将积分作为平台内的"硬通货"，赋予其兑换实物。达人在赚取积分时，会感受到赚取"现金"一般的快感。

特权：可以在等级和勋章的基础上，再增加特权福利的设计。对完成某些任务或指标的达人给予超越普通达人的特权待遇。线下零售场可以很好地利用这一思路，提供包括限量任务优先选择权、限量礼品优先兑换权、专属流量支持、担任直播大活动飞行嘉宾、出国游学、培训考察等特权。

红星美凯龙"全民营销"平台贡献巨大

截至本书付梓之际，红星美凯龙的全民营销系统已经成功运营 2 年，2019 年累计注册 36 万达人，2019 年全年由达人领取任务带来的关联销售额突破 280 亿元。在 2019 年取得的用户互动量、用户线索量、关联销售额，如果换算成广告投放金额，相当于超 10 亿元的广告投入。

2019 年双十一大促期间，集团总体销售额近 220 亿元，而由全民营销平台带来的销售额就突破 45 亿元，占整体销售额的 20%！

2019 年红星美凯龙电器超级品类节覆盖全国 192 个城市，全民营销平台在此次战役中，为 AO 史密斯、华帝、老板电器、火星人、怡口净水与海尔智家 6 大品牌带来超过 3.3 万个参团精准用户，超过 1 万个用户下单，最终实现销售额 5.3 亿元。

2020 年五一期间，红星美凯龙全民营销平台再次刷新纪录，活跃达人数创下历史新高，为五一大促蓄客引流超过 25 万中高端精准家装用户，所产生的销售占整体销售额的 22%。

红星美凯龙全民营销平台实际运营数据显示，相比线上效果类广告投放，全民营销优势显著，其获客成本是效果类广告投放的 1/5，其留资到消费的转化率是后者的 4~5 倍。

小 结
SUMMARY

社交场景是与用户最"亲密"的场景。

线下零售场必须以最快速度吞下这波红利，构建"全民营销平台"。

超级流量场在运营全民营销平台上具备两大优势："千军万马"与"满仓弹药"。

全民营销平台是个人社交能量的超级放大器，具备五重放大效应：

- 规模效应
- 赛马效应
- 双选效应
- 精选效应
- 雪球效应

超级流量场的"全民营销平台"是品牌商分享流量红利的场景之一。

"全民营销"的运营需要源源不断的内容供给。

品牌商要全速跟进，匠心输出自己的优质内容，为超级流量场运营全民营销平台提供内容及内容生产的原料，从而充分收割全民营销平台所制造的流量，实现极高性价比的获客、转化、复购、裂变，实现高效的品牌用户运营。

所以，品牌商营销团队要对超级流量场的"全民营销"运作机理了如指掌，并且躬身入局。

造自媒体矩阵

流量神器

超级流量场凭借"用户多+货品多+活动多"三大基因，练就"场景运营大招"之"官方自媒体矩阵"。

一切企业皆媒体。

错！

这句话逻辑没错，但与现实相距甚远。99%的品牌商可以做自媒体，但却无法拥有真正的媒体能力，即无法成为向消费者持续传递信息并与之高频互动的渠道。这些品牌商的自媒体最终会演变为类似 PC 时代的官网功能，成为用户、行业或公众了解企业的窗口，成为向用户、行业、公众发布信息的阵地，却并不是触达用户、与用户互动的场景。

但超级流量场可以！超级流量场可以打造真正面向用户的媒体能力，与用户互动的媒体平台，更准确地说，可以打造出拥有强大流量制造能力的自媒体。

一切零售场都有机会成为媒体！有机会成功打造自己的强大自媒体矩阵！

自媒体是数字时代赐予超级流量场的又一个流量制造神器！

凭什么这么说？

首先，看第一个关键词：数字时代。

自媒体是数字时代的产物，相比传统媒体而言，它的优势几乎肉眼可见：内容形式的多元化、即时互动性、读者（用户）的可沉淀……这一切，都让传播模式发生了翻天覆地的变化，传播不再是"子弹论"式的单向模式，也不是"信息控制论"式的双向模式，而是多向同时进行的"互动传播"模式，还是 Plus 版，这是自媒体能够成功捕捉流量的先天技术条件。

其次，看第二个关键词，流量制造神器。

有人可能会说，你前面一直在聊的技术红利，其实是整个时代的红利，并非自媒体专属，所以不能说明问题。比如，线上数字广告也能做到点对点精准触达海量用户，且形式多元，即时互动。

注意，从技术条件上来说，自媒体和数字广告确实站在同一起跑线上。但是，从用户吸引、用户互动、用户沉淀来说，数字广告难以与自媒体媲美。原因很简单，数字广告技术再酷炫，其本质也是广告，而用户对广告是有天然排斥的，这就是我们要做自媒体、要做内容的原因。

纸媒、电视、楼宇广告等作为一个广场喇叭，它的声量毋庸置疑，但这个流量是一次性的，并不能被品牌商抓取进而沉淀在自有渠道中充分利用，下次使用必须再次为流量付费。自媒体就不一样了，品牌商不仅可以借助它从公域流量海中抓取用户，还能将用户沉淀下来，构建自己的私域流量池，反复利用，免费触达。

自媒体是时代推出的超级导购

从传统销售的成功要素来看，作为一个销售员想要达成目标，必须能够接触到足够多的客户，同时还要有能够有效说服客户的话术。而通过自媒体矩阵，不仅能够触达各个平台的海量用户，还可以通过平台的筛选，使用户得到分层运营，让互动触达变得更加精准；自媒体内容就是有效的"安利"话术。借助抖音、公众号等自媒体平台不断释放丰富的内容，可以让品牌商与粉丝上百次、成千上万次地互动，并在一次次的互动中完成内容"种草"及爆破式转化。

综上，我们可以说——自媒体是私域运营的核心阵地。

但是，樱桃好吃树难栽。

99%的品牌商都做不成真正有大流量、高黏度的自媒体，但每个场都有机会。

问题的核心出在黏着度和拉新成本这两件事上。

拉新成本永远都是自媒体运营的硬核考验。

但这对于场来说，却是一个小 case，原因就是零售场拥有品类用户。相比一个品牌商而言，一个零售场的人群聚集效应是非常显著的。零售场不仅拥有一个品类中各个品牌商的用户，还拥有多个品类的用户。零售场利用自身已有的庞大终端体系和既有用户规模能够快速地、大规模地、持续地、超低成本地拉新。

黏着度是自媒体运营的魂。

基于以下三种原因，用户和自媒体之间会发生高频互动：
- 用户需要频繁获取商品相关内容；
- 用户频繁需要某种服务；
- 用户频繁来购物。

黏着度的关键首先在于内容，要有足够多的、足够有吸引力的内容。

对于商品相关内容，消费者大概率不会对某一个品牌有强烈的高频的内容需要，个别时尚行业、产品高速更新迭代的行业里，会有一些超级粉丝经常关注或阅览某个品牌的内容，但频率也很有限。同时，作为品牌，即使有铁粉出于某种奇葩缘由有长期高频关注本品牌公号的需求，品牌也是难为无米之炊。因为没有那么多的素材可以用来创作内容，毕竟绝大多数品牌的品类涉及范围、产品出新数量都是很有限的。

但对于场来说，品类涉及范围、品牌数量、商品数量都是品牌商的成百上千倍。这些都是内容创作的素材，再加上对这些素材的各种排列组合，例如推出全场大促、品类大促、品牌日活动、新品推荐、榜单清单、各种主题活动、套餐活动，场内容创作的宽度巨大。另一方面，消费者也正需要品类、新品、爆品、尖货、活动、服务等各种内容。

总结一下，场在内容生产方面之所以得天独厚，核心原因是三点：品类内容是消费者第一需求，而这是场独有的；活动内容是消费者的刚需，而场集合了所有商家的各种活动，且持续输出平台创作的更多、更大规模的活动；所有内容都需要一个大品牌商背书，而场就是每个行业的绝对大品牌商之一，场的品牌商影响力远胜于绝大多数产品品牌商。

与用户之间的黏性建立，不仅可以靠内容获取，更可以靠商品购买。但是，对于任何一个行业的绝大多数品牌，都很难让用户产生高频购买的习惯，而场可以。

举个例子：在家居商场出现以前，你要满足自己的家装家居需求，就必须去地板店买地板，去瓷砖店买瓷砖，去家具店买沙发和床，去灯具店买吊灯和落地灯……但是现在有红星美凯龙，它既卖地板，又卖瓷砖，还卖沙发，所以买地板会去，买瓷砖会去，买沙发会去，买灯具也会去……家装周期内，消费者在这个垂直商场以及它的线上商城里一定是高频选购。

对于一个商品品牌提供的服务，用户都不会高频需要，若有需要那产品一定有问题，但场却可以。例如：对于孩子王，消费者需要在线上获取高频的育儿咨询服务、线下亲子活动预约服务；对于红星美凯龙，消费者需要在线上得到高频的家装咨询服务、家装施工进度查询和质量监督服务、商品送货安装跟踪服务、商场各种体验活动预约服务等。

想一想人们生活的实际情况，其实结论也同样很清晰。消费者大概率不会关注一个地板、一个马桶、一个灯、一袋瓜子或牛肉干、一瓶洗发水或眼霜的公众号；即使关注了，也只在短暂的时间段里，比如进入公众号看看品牌背景、产品介绍，然后就再也不相往来了。其实也对，如果消费者真的会大量关注日常经常购买的品牌的公众号，那他/她的 24 小时全部用在看这些公众号内容上也不够。

综上所述，**获取内容、享受服务、购买商品，正是驱动用户在超级流量场的自媒体矩阵中发生高频互动的三大动力。**

缺乏持续大量的新增用户支撑，缺乏丰富的内容、服务、商品支撑，导致绝大多数企业玩不转自媒体。相反，这些又恰恰是线下零售场所拥有甚至独有的，几乎是现成的丰富资源。所以说，自媒体对于 99% 的企业充其量是一个官网式的窗口，而对于场，那就是数字时代赋予的又一件流量制造神器！

对此，品牌商大可不必对零售场羡慕嫉妒恨，相反，如果你入驻的零售场没有自媒体矩阵，则你有充足的理由质疑一项重要决策：是否还要在这个传统的"坐商式"的平台上继续支付租金或返点来购买它的自然流量。

实际上，场进行自媒体矩阵运营的过程，也正是通过自媒体矩阵为场内商家制造流量的过程。基于自媒体矩阵所特有的用户圈层细分属性、粉丝覆盖渗透广而深的特性，以及平台的品牌商背书效应和行业专家角色，零售场就能够为商家实现更精准的、大规模的、高效的、高性价比的品牌推广、商品销售和用户运营。

在新媒体这个天然的流量池里，找寻流量洼地和足够精准的用户，帮助商家实现营销目的，这既是场构建自媒体矩阵的先决条件，也是最终目的。

还有一点不得不提：所有自媒体平台，比如微博、微信、头条、抖音、小红书、百度、快手等，都为好内容①、大账号准备了免费的"流量馅饼"②。如果场不来抢一块走或没抢走一大块，则场自己、场内的商家、消费者、自媒体平台都会表示"不开心"和无法接受，说"不可饶恕"也不为过。且可以在逻辑上推断出一个结论：这个场的用户运营效率、流量运营能力低于同行，相应的，这个场的租金和返点相比它所为商家带来的流量，很可能就是明显偏高的。

谁已成为领跑者？

1. 美妆时尚类零售场自媒体运营现状——以屈臣氏为代表

和百货商超更加注重直接带货不同，美妆时尚类的零售企业，看重的是

---

① 所谓平台认可的内容，包含三个元素：内容信息力、内容表现力、内容互动力。内容信息力指的是内容本身的信息含量及质量；内容表现力是对内容表现形式是否多元（比如图文、视频、H5、直播等）、表现形式是否有助于内容的呈现的综合衡量；内容互动力是对内容互动程度的评判。

② 比如 2020 年腾讯看点推出了"看点聚星计划"、"看点天梯计划"、"看点 MCN 星推计划"以及"看点春雨计划"，通过千亿精准流量扶持，超 30 亿元现金补贴来激励优质原创内容。抖音则通过"黑马计划"对直播创作者提供巨大的流量扶持；快手则将通过"光合计划"拿出价值 100 亿元的流量扶持 10 万优质创作者；今日头条也将通过"联合制片人计划"，提供价值 10 亿元的流量扶持、商业化支持（包括广告的招商、整体后续发酵内容的二次招商等）、100+优质领域创作者互动发酵、字节跳动系产品联合宣发四方面的帮助。

内容的"种草"，因此它们在进行自媒体平台布局时，会侧重内容"种草"型平台，形式上会更加侧重视频和直播。

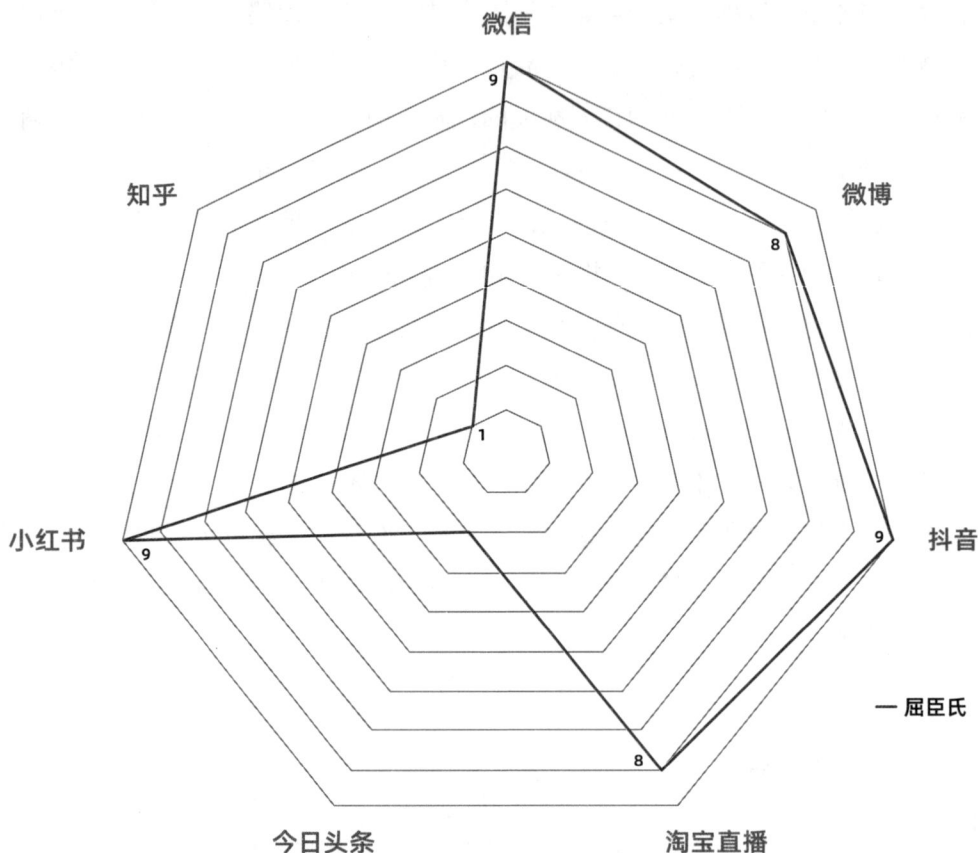

屈臣氏自媒体渠道运营现状

（结合粉丝数、阅读量、互动数、行业排名等数据进行综合评分）

以屈臣氏为例加以分析，你会发现在它的自媒体布局中，淘宝直播几乎是一枝独秀。为什么呢？具体原因不解释，你想想李佳琦、薇娅在淘宝直播的红红火火就能明白了，二者的路径几乎是一致的。

我们把话题拉回来，屈臣氏的淘宝直播一枝独秀，并不意味着它的其他渠道就不够优秀。微信、小程序、微博、抖音、小红书……屈臣氏的表现都称得上不俗。

● 公众号：会员服务+产品福利，两手抓两手都很硬

屈臣氏服务助手： 活跃粉丝保守估计 100 万+，头条平均阅读基本都在 10 万+，新榜周排行第 16 名。

屈臣氏公众号西瓜指数

数据来源：2020 年 3 月西瓜数据网（http://data.xiguaji.com/）截图

屈臣氏公众号 2020 年 3 月 2 日至 3 月 8 日新榜指数周排行榜

数据来源：源自新榜数据（榜单样本量 64054061）2020 年 3 月新榜网（https://www. newrank.cn/）截图

屈臣氏福利社：活跃粉丝保守估计 95 万+，头条平均阅读 6 万+；西瓜数据显示，该账号在 2020 年 2 月时尚月度成长榜排名第 52，时尚月度总榜排名第 82。对于这个数据，我要重点说明的是，时尚美妆行业竞争非常激烈，薇娅、黎贝卡、gogoboi、深夜发媸等个人大号以及 LV、Nike 等头部企业都混在一起排名，因此屈臣氏福利社作为一个企业号来说，这个数据其实是很不错的。

屈臣氏公众号西瓜指数

数据来源：2020 年 3 月西瓜数据网（http://data.xiguaji.com/）截图

- 小程序：全面布局，但单点打击力度大

屈臣氏官方商城：阿拉丁 2020 年 2 月平均指数 4271；新榜指数 696，在 3 月 2 日至 3 月 8 日的零售电商行业周榜单上排名第 75（拼多多新榜指数 978.4，排名第 1）。

屈臣氏旗下小程序列表 & 零售电商行业小程序周排行

数据来源：2020 年 3 月微信平台以及新榜小程序·量子查查截图

- 微博：粉丝量对得起美妆大号的身份

屈臣氏中国：粉丝 220.37 万，从粉丝量上来说对得起时尚美妆大号的身份，同时官博的存在也让它没有在时尚美妆行业聚焦的平台缺席，但运营上稍显中规中矩。

- 抖音：2000 多万赞，头部大号无疑了

屈臣氏中国：粉丝 112.1 万，总获赞 2048.5 万，是个头部大号了；飞瓜周指数 619.9，在美妆企业周排行中位列第 9 名；月指数 615.3，美妆企业 2 月排行第 16 名；新榜的企业周排行榜同样位列前端，第 32 名。

屈臣氏抖音公众号飞瓜美妆蓝 V 周排行

数据来源：2020 年 3 月飞瓜数据网（https://www.feigua.cn/）截图

屈臣氏抖音公众号新榜排名

数据来源：源自新榜数据（榜单样本量 64054061）2020 年 3 月新榜网（https://www.newrank. cn/）截图

● 小红书：完全是屈臣氏的主场

屈臣氏中国：粉丝 20.4 万，总获赞 47.5 万，在所有品牌号中排名前 10；千瓜日指数 931.89，2020 年 3 月 5 日—3 月 14 日期间在品牌号护肤行业排行榜上位列前 5，其中 4 天位列第 1；品牌号全行业最高排名第 3，最低排名第 23，多在前 10 左右，是小红书平台中的大佬了。

屈臣氏品牌号的护肤行业日排行榜

数据来源：2020 年 3 月千瓜数据网（http://www.qian-gua.com/）截图

屈臣氏品牌号的全行业日排行榜

数据来源：2020 年 3 月千瓜数据网（http://www.qian-gua.com/）截图

● 淘宝直播：从粉丝量来说，是线上渠道最长的那块板

屈臣氏官方旗舰店：粉丝 787.61 万，场均点赞 53.73 万，场均评论 4923，观看 UV1.47 万，观看 PV1.73 万，带货销量 3129；知瓜指数 592，排名未知，猜测应该在前 60（美妆达人排行榜 315 排名第 1 位李佳琦，知瓜指数为 984；第 50 名为大宝 SOD 蜜，知瓜指数为 595）。

屈臣氏官方旗舰店 ⑤

ID：797517839　　　地区：广州市　　　所属行业：美妆

播主类型：纯达人　　　播主等级：V4

护肤保养　　化妆教程

☆　💬　加入我的直播号　将播主【加入我的直播号】可查看更多详细数据

基本信息　　　　　　**数据概览**（以下为近30天场均数据）

知瓜指数 ❶	粉丝数	场均点赞	场均评论	在线人数
592	787.63万	56.08万	5,146	266

最爱TA	开播场次	观看UV	观看PV	带货销量
539	318	1.47万	1.73万	3,129

屈臣氏官旗直播数据

数据来源：2020年3月知瓜数据网（https://www.zhigua.cn/）截图

- 附表：屈臣氏全媒体运营情况

屈臣氏全媒体运营情况汇总

自媒体平台	账号ID	粉丝数（粉丝为成长数则注明，单位万）	运营成果（3.5~3.15）	内容方向	备注
微信	屈臣氏服务助手	1、新榜：100+ 2、西瓜：373.99	1、新榜：周指数858.2，企业榜第16名 2、西瓜：西瓜指数1080，头条平均阅读数10万+		时尚美妆行业竞争非常激烈，薇娅、黎贝卡、gogoboi、深夜发媸等个人大号，以及LV、Nike等头部企业，因此作为企业号来说，这个数据很ok
	屈臣氏福利社	1、新榜：100+ 2、西瓜：95.02	1、新榜：周指数725.5，企业榜第545名，企业榜第108名 2、西瓜：西瓜指数758.8，头条平均阅读数6万+，时尚类月度成长榜第52名，时尚类月度总榜第82名		
	屈臣氏官方订阅号	1、新榜：31.9 2、西瓜：11.46	1、新榜：周指数701.9，企业榜第750名；日指数697.4，企业榜第254名 2、西瓜：西瓜指数511，头条平均阅读数7000+	类似官方旗舰店的感觉	
小程序	屈臣氏官方商城	\	1、阿拉丁：月平均指数4271 2、新榜：新榜指数696，3.2-3.8零售电商行业排名74（拼多多新榜指数978.4，排名1）	附近门店的线上版	
	屈臣氏云店	\	新榜：指数673	商品拼团领券，线下种草，内容以商品详情页为主	
	屈臣氏值得拼	\	新榜：指数615.8	会员权益	
	屈臣氏E卡	\	阿拉丁：月平均指数4200	屈臣氏HWB健康美丽大赏榜单	
	屈臣氏种草社	\			
微博	屈臣氏中国	220.37	西瓜指数561.37，电商指数619.32		
	屈臣氏福利社	5.21	西瓜：指数499.66		
抖音	屈臣氏中国	112.1	1、飞瓜：周指数612.1，美妆企业周排行第10名；月指数615.3，美妆企业2月排行第16名 2、西瓜：周指数742.9，企业周排行第32名，近30天新增获赞20万+		2048.5万赞
淘宝直播	屈臣氏官方旗舰店	787.61	知瓜：指数592，指数未知，猜测应该在前60（美妆达人排行榜315排名第1位李佳琦，知瓜指数为984，第50名为大宝SOD蜜，知瓜指数595）		场均点赞53.73万，场均评论4923，观看UV1.47万，现看PV1.73万，带货销量3129
今日头条	屈臣氏中国	112.1			同步了抖音的粉丝，实际这个账号没有任何内容
小红书	屈臣氏中国	20.4	1、千瓜日指数931.89，3.5-3.14期间，品牌护肤行业行行榜位列前5，其中4天位列第1；品牌全行业最高指数83，最低排名23，多在前10左右 2、总获赞47.5万，在所有品牌号中排名前10	产品种草内容	
知乎	\	\	\		#屈臣氏#话题，无企业号

330

2. 生鲜零售场自媒体运营现状——以百果园为代表

生鲜零售一直是近几年的风口，甚至有得生鲜者得天下的说法。但是，生鲜电商确实不好做，这也是事实。

据中国电子商务研究中心数据显示，国内生鲜电商领域有 4000 多家入局者，其中仅有 4% 营收持平，88% 陷入亏损，最终只有 1% 实现盈利。到最近两年，已有十多家生鲜电商倒下。

类型	公司
综合电商/生活平台	天猫生鲜、京东生鲜、饿了么口碑
垂直电商平台	易果生鲜、每日优鲜、美团买菜
传统线下门店转型	百果园、菜老包、清美鲜食
新兴业态	盒马鲜生、超级物种、7FRESH

来源：亿欧整理　　　　　　　　　　　　亿欧（www.iyiou.com）

生鲜电商类型

数据来源：亿欧网

讲到这里，按照套路我们要开始说"但是"了，这次的"但是"就是作为线下零售场代表的百果园。百果园是一家老牌的生鲜企业，截至 2019 年 12 月，它已经完成了以下细节数据的打造：

4000 多家门店，足以满足全国 80 多个城市一小时送货到家的场景；

会员数 5400 万；

付费会员数 8 个月近 60 万，年费 199 元/年；

App 月活用户 200 万；

公众号 1000 万+粉丝；

抖音企业蓝 V 排名第三，9 月 11 日卖马来西亚猫山王榴莲，2 个小时成交 300 多单，销售额近 10 万元。

这些成绩的取得，跟百果园**"门店+小程序+自有 App+社群+微信公众号"**

的独特发展模式是分不开的。

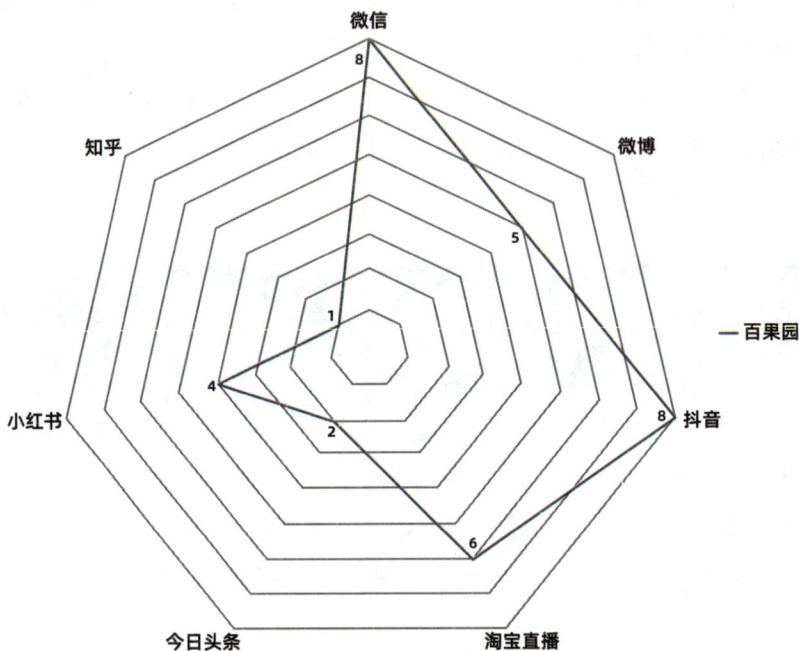

百果园自媒体渠道运营现状
（结合粉丝数、阅读量、互动数、行业排名等数据进行综合评分）

通过上述雷达图我们也能看出来，整个线上自媒体布局中，微博、小红书、知乎是没有存在感的，今日头条也是跟抖音共享了粉丝才有现在的数据，因此我们可以认为对于百果园而言，除了抖音、微信生态以及特殊的电商直播外，其他渠道的流量贡献非常弱。

• 公众号：既承载内容又承担分发的角色

在百果园的定义中，公众号功能的核心有两点：一是承载内容，二是承担分发。比如百果园门店的用户，基本上都是先关注公众号再注册会员；再比如在公众号推文中带小程序拼团，用户通过公众号内容点击并跳转到小程序。当然如果带了直播埋点，那么也可以将用户分发到直播间。

用户、内容、渠道和流量之间的关系，首先是用户进入渠道，其次是基于内容的用户互动，即流量制造，最终实现销售转化、口碑裂变，从而搭建一个比较好的、可循环的私域流量体系。

基于此，百果园在公众号的运营上也下了很大功夫，目前粉丝有 1000 万+。

百果园：活跃粉丝保守估计 100 万+，头条阅读平均 10 万+；新榜周指数 815.8，企业榜周排名第 62，日指数 908.4，企业榜日排名第 8；西瓜数据 2 月生活榜排名第 60，2 月原创榜排名第 21。

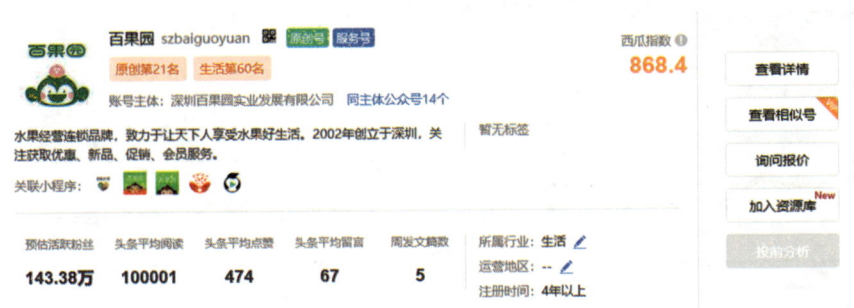

百果园公众号西瓜指数

数据来源：2020 年 3 月西瓜数据网（http://data.xiguaji.com/）截图

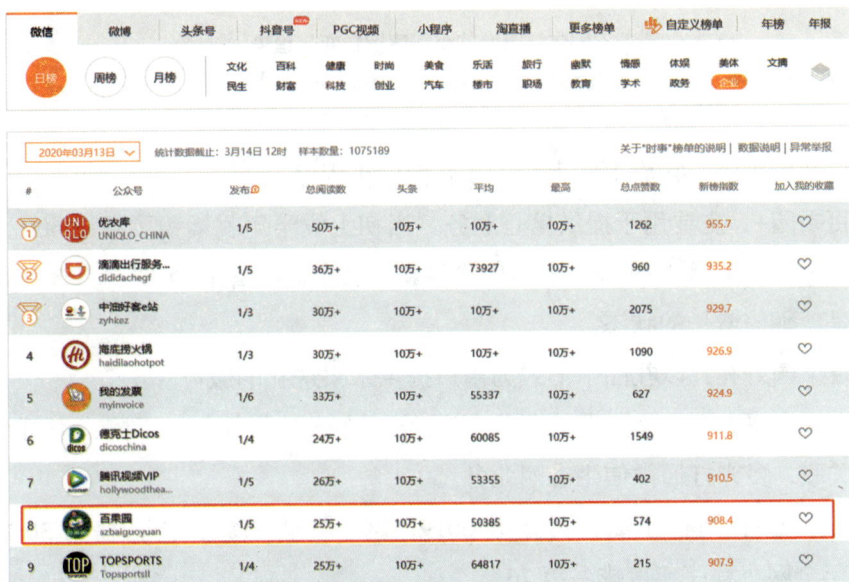

百果园公众号单日排行第 8 名

数据来源：2020 年 3 月新榜网（https://www.newrank.cn/）截图

百果园+城市名：深耕本地，推出一系列城市站，分别为百果园海南/广州/北京/杭州/武汉/江西/郑州/金华/上海/成都/合肥/南京/重庆/厦门/宁波/天津等。

- 小程序：上线半年就累积超过 600 万用户

小程序是一个非常适合生鲜电商的线上渠道，除了百果园，每日优鲜、京东到家等生鲜平台也不约而同地在小程序内发力。所以我们可以看到它们的小程序指数，在疫情期间的变化趋势都是高度重合的。

▎指数变化趋势图

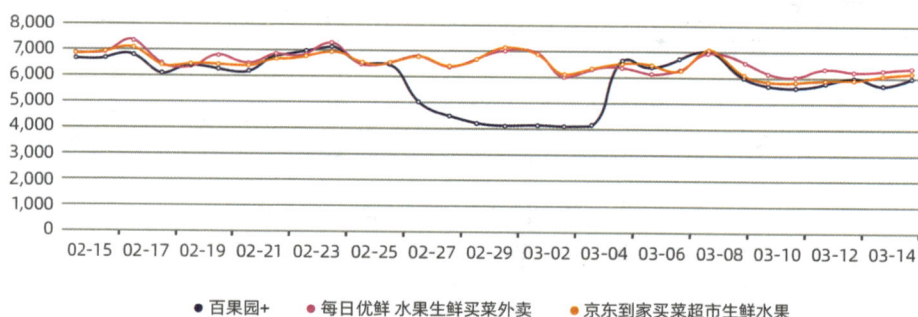

不同生鲜电商的小程序指数变化趋势

数据来源：2020 年 3 月阿拉丁指数网（https://www.aldzs.com/）截图

说回百果园，它旗下共上线了 3 款微信小程序。

百果园+，主要用于提供核心业务。当初上线半年就累积了超过 600 万用户，赶超了百果园 App 两年半的用户累积，日订单量最高达到 5 万，且每个月都呈现翻倍增长的状态。

百果园好礼，以礼品卡形式为用户提供水果送礼的服务。

百果心享，则专为付费会员提供服务。这三者业务分工不同，但可彼此跳转关联，多方打通微信生态圈业务。

百果园+：阿拉丁 2 月月指数 6019，网络购物领域日排行榜第 30 名，2019 年全网小程序年度排名第 76。

2 月百果园网络购物类小程序排行第 30 名

数据来源：2020 年 3 月阿拉丁指数网（https://www.aldzs.com/）截图

2019 年度全网小程序排名第 76 名

数据来源：2020 年 3 月阿拉丁指数网（https://www.aldzs.com/）2019 年度小程序 TOP100 榜单截图

2019 年度小程序神灯奖——小程序年度零售企业推动奖

数据来源：阿拉丁研究院《小程序互联网发展白皮书 2019-2020》截图

- 社群：百果园私域流量的核心所在

除了小程序，百果园还拥有体量庞大的社群。它们会将线下门店的用户，第一时间引导至所属社区的社群。每个线下门店都会有 2~3 个甚至以上的微信群，每个群大多四五百人，因此截至 2020 年年初总计近 500 万社群会员，并且每天都会在里面做团购、活动的推广。

这也是百果园私域流量的一个核心入口。

- 抖音：微信生态之外的另一个流量抓手

轻量的偏娱乐化的视频是百果园近期以及未来一段时间内运营的重点。它们用打造爆款的思路，通过优质有趣的内容来吸引用户互动，最后导入私域流量池中。

比如抖音"吸个椰子"挑战赛，百果园会去基地拍纪录片，升级整个供应链的包装从而提升品牌的视觉，比如椰子上的标贴、品牌的露出等，然后发起挑战赛，整个视频播放量 6 亿多。很多用户看到内容后主动找它们的社群进行咨询，这就完成了私域流量的导入，然后店长也会发起拼团给用户直接购买，这又完成了销售的转化。

百果园：粉丝 195.6 万，总获赞 1367.3 万；新榜周指数 595.3，2020 年 3 月 9 日至 3 月 15 日企业周排行第 120 名；飞瓜日指数 903.3（美食日排行榜第

1 的指数是 1200，办公室小野指数为 1137，位列第 6，第 30 名的指数为 997，以上数据供参考）。

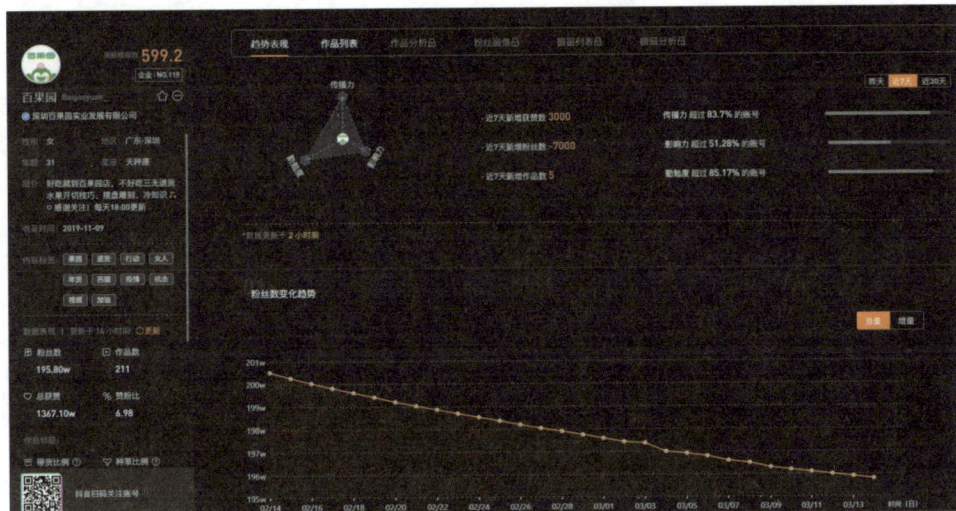

2020 年 3 月 9 日-3 月 15 日百果园企业新榜数据周排行第 120 名

数据来源：新榜数据（该排行样本量为 64054061）2020 年 3 月新榜网（https://www.newrank.cn/）截图

- 淘宝直播：直接带货效果好

跟其他渠道相比，直播更加偏向直接带货，但这不意味着不需要好的策划。线上的单品爆款策划和运营，尤其要注意内容，如果形式 OK 那么后续的转化可能就会有意想不到的惊喜。比如 2019 年 9 月 11 日，百果园就围绕榴莲是怎样种出来的，到它是怎样被运输过来的，策划了一次直播。时长 2 小时，观看量 8 万多，成交 300 多单，销售额近 10 万元。

pagoda 百果园旗舰店：粉丝数 12.31 万，场均点赞 10.03 万，场均评论 3934，观看 UV1833，观看 PV2839，带货销量 495 万元。

● 附表：百果园全媒体运营情况

百果园全媒体运营情况汇总

自媒体平台	账号ID	粉丝数（微信为预估流量粉丝数，单位万）	运营成果（3.5~3.15）	内容方向	备注
微信	百果园	1、新榜：100+ 2、西瓜：143.18	1、新榜：周指数815.8，企业榜第62名；日指数908.4，企业榜第8名 2、西瓜：西瓜指数868.4，头条平均阅读10万+，2月生活榜第60名，2月原创榜第21名		
	果多美水果连锁超市	1、新榜：100+ 2、西瓜：18.6	1、新榜：周指数533.2，企业榜第8302名；日指数709，企业榜第980名 2、西瓜：西瓜指数577.5，头条平均阅读1万+		
	百果园城市站	\	共有以下城市账号：百果园海南/广州/北京/杭州/武汉/江西/江西/郑州/金华/上海/成都/合肥/南京/重庆/厦门/宁波/天津		
小程序	百果园+	\	阿拉丁：2月月指数6019，网络购物领域排行榜第30名，2019年12月在全网小程序排名中为128位，2019年全网小程序年度排名76	自动定位到离用户最近的门店	
	百果园旗舰店	\		旗舰店	
	百果园好礼	\		社交礼品卡购买渠道	
	百果园素生鲜	\		高品质食材订购平台	
微博	百果园	27.99	西瓜指数503.7		
抖音	百果园	195.6	1、新榜：周指数595.3，3.9-3.15企业周排行120名（样本量为64054061） 2、飞瓜：日指数903.3（美食日排行榜第1的指数为1200，办公室小野指数为1137，位列第6，第30名的指数为997，以上数据供参考）		1367.3万赞
淘宝直播	pagoda百果园旗展店	12.31	知瓜：指数399		场均点赞10.03万；场均评论3934 观看UV1833；观看PV2839 带货销量495
今日头条	深圳百果园官方账号	196			获赞22万，粉丝数集合了抖音的
小红书	百果园	0.7	千瓜：指数377，1.27万赞，1.19万收藏		最近一次更新为2019年9月
知乎	百果园	0.0099	几乎可以忽略不计		

3. 商超百货类零售场自媒体运营现状——以沃尔玛为代表

2019年下半年，零售行业可以说是有些动荡的，美国零售业7600家门店"关店潮"、家乐福中国将出让80%股权给苏宁、麦德龙中国即将出售……一系列"负面"消息多多少少让人感到忐忑。但是，有一家商超百货类企业的画风却与众不同，这就是沃尔玛。

与家乐福、麦德龙相比，沃尔玛的先机就在于它对线上全渠道的布局，当然成果也非常显著，据2019年第二季度财报显示，沃尔玛中国37%的营收来自线上。

那么，它究竟是如何布局自媒体，从而完成线上渠道的铺设的呢？

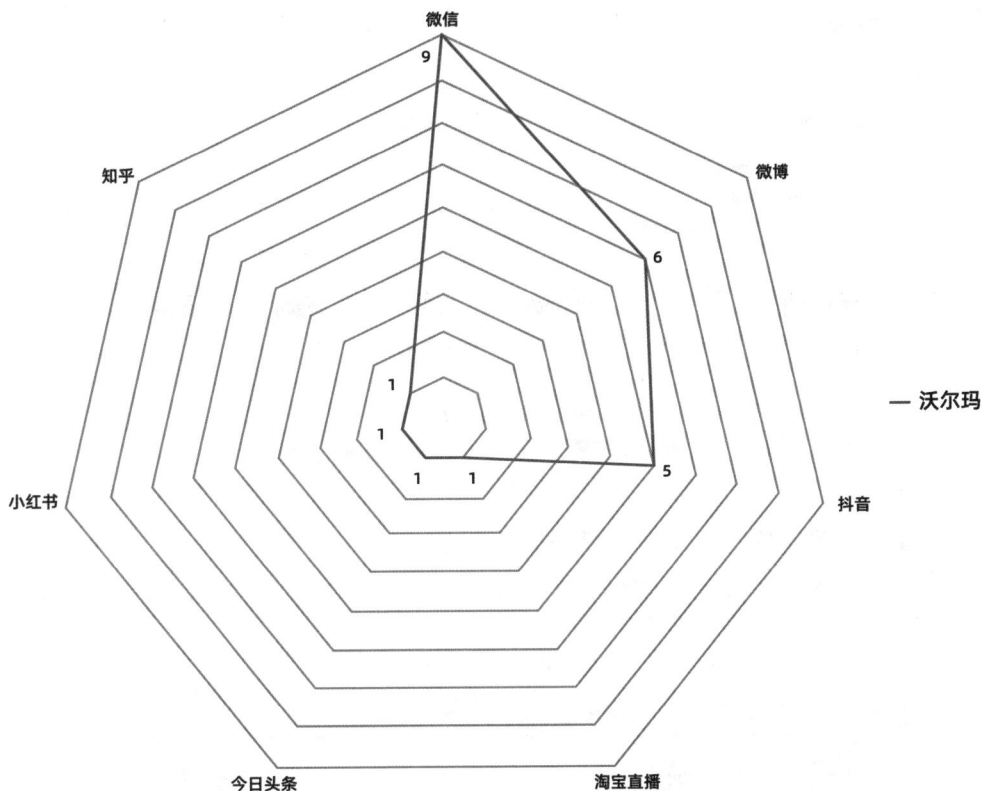

沃尔玛自媒体渠道运营现状

（结合粉丝数、阅读量、互动数、行业排名等数据进行综合评分）

　　我们对沃尔玛在各个自媒体平台的账号粉丝数做一个简单分析，你会发现，它的主要发力点还是微信生态，加上微博的品牌发声，基本没有跳出"双微"的运营范畴。

　　这里我们重点聊一下微信生态。沃尔玛的微信运营体系，主要以公众号+小程序为主。

　　● 公众号：主力阵地

　　沃尔玛：活跃粉丝保守估计 100 万+，头条平均阅读基本都在 10 万+；新榜周排行第 39 名，日排行第 4 名；西瓜数据中的排行也高达第 8 名。

沃尔玛公众号西瓜数据

数据来源：2020 年 3 月西瓜数据网（http://data.xiguaji.com/）截图

山姆会员商店：活跃粉丝保守估计 100 万+，头条平均阅读 10 万+；新榜周排行第 109 名，日排行第 15 名。

山姆会员商店新榜排行第 15 名

数据来源：源自新榜数据（榜单样本量为 1073755）2020 年 3 月新榜网（https://www.newrank.cn/）截图

●小程序：核心战略

可能有人会觉得很奇怪，小程序为什么能够算在自媒体里面？包括我们前面在聊屈臣氏、百果园的运营情况时，也都把小程序囊括在内。事实上，小程序作为微信生态链路中一个非常重要的产品，正在助力企业主搭建传播—沉淀—转化的完美闭环。有别于传统内容资讯挖掘了自媒体平台价值的厚度，小程序从用户服务和销售转化的层面延展了自媒体价值的广度，从这个角度来说，它就是自媒体。

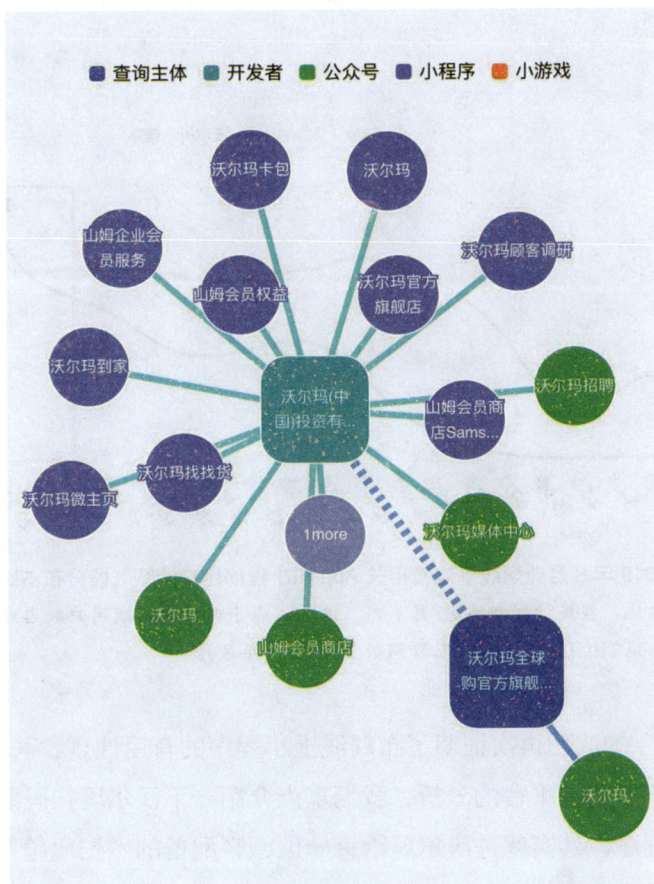

沃尔玛小程序布局

数据来源：2020 年 3 月新榜小程序截图

我们说回沃尔玛。

全渠道服务是沃尔玛的核心战略，而小程序则是沃尔玛链接线上线下最好的载体，它几乎为零的学习和使用成本，使得沃尔玛门店卖场内的小程序宣传海报转化率奇高。通过小程序上的自助收银、人脸识别、扫玛购等功能，沃尔玛与线下的消费群体产生链接，并了解消费者的购物内容、习惯、消费方式，慢慢使消费者画像变得愈加清晰，从门店的消费者群体具象到每一位用户。市场对于沃尔玛小程序的反应也是令人振奋的，目前已覆盖全国 300 多家门店，注册用户近 5000 万，其独有的小程序生态系统已见雏形。

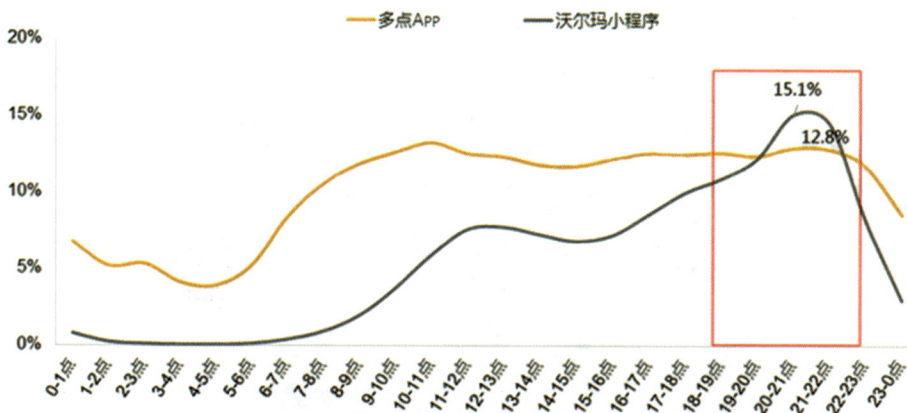

2019 年 8 月典型线下购物相关 App 和小程序用户活跃时段分布占比
活跃时段分布占比：在统计周期（周/月）内，该 App 每个时段内活跃用户数占比的平均值。
来源：QuestMobile TRUTH 中国移动互联网数据库 2019 年 8 月

"夜经济"的成功再次证明了布局线上小程序的有用性。

基于第三方数据平台的分析，我们重点介绍一下沃尔玛扫码购。

这个小程序，其实就是沃尔玛给每一位顾客配备的"扫码枪"，让顾客通过沃尔玛小程序实现快速结账、自助埋单，提高收银台的效率，大大降低了用户进店的心理门槛。在扫码功能刚上线时，沃尔玛选择了部分门店进行为期两个月的测试，便取得了高达 30% 的渗透率，其中约 95% 的用户表示乐于继续使用这种新的自助结账方式。所以，这个小程序可以称为沃尔玛全渠道服务的重要举措之一。

沃尔玛扫码购：2020 年 2 月阿拉丁平均指数 6187，1 月全网排名第 51，2 月全网排名第 74，高于苏宁易购、每日优鲜、京东到家，2019 年全网小程序年度排名第 82。

沃尔玛扫码购小程序的全网排名

数据来源：西瓜数据。 截图于 2020 年 3 月阿拉丁指数网（https://www.aldzs.com/）2020 年 2 月全网小程序 TOP100 榜单 &2019 年度小程序 TOP100 榜单截图

- 附表：沃尔玛全媒体运营情况

沃尔玛全媒体运营情况汇总

自媒体平台	账号ID	粉丝数（微信为被访者原始粉丝数，单位万）	运营成果（3.5-3.15）	内容方向	备注
微信	沃尔玛	1.新榜：100+ 2.西瓜：205.97	1.新榜：周指数832.1，企业榜第39名；日指数917.2，企业榜第4名 2.西瓜：西瓜指数915，生活类账号排名第8名，头条平均阅读10万+	软文文案+产品+营销活动信息	
	山姆会员商店	1.新榜：100+ 2.西瓜：140.34	1.新榜：周指数796，企业榜第109名；日指数886.9，企业榜第15名 2.西瓜：西瓜指数864.3，头条平均阅读10万+	山姆会员业务软文文案+产品+营销活动信息推广	
	沃尔玛媒体中心	1.新榜：7.5 2.西瓜：2.8	1.新榜：周指数663.5，企业榜第559名；日指数541.8，企业榜第695名 2.西瓜：西瓜指数475.6，头条平均阅读9000+	官方资讯、PR性质	
	沃尔玛社区店	1.新榜：无数据 2.西瓜：2.47	1.新榜：2020年3月13日才被收录，暂无数据 2.西瓜：西瓜指数456.2，头条平均阅读1000+	更偏向个性化的点对点营销服务	
小程序	沃尔玛	\		线上商超，但对接的是附近的门店	没有被收录，暂无数据
	沃尔玛官方旗舰店			线上商超，链接的是京东	没有被收录，暂无数据
	沃尔玛扫码购	\	阿拉丁：月平均指数6187，阿拉丁月度总榜单第47名（上月排名50），高于苏宁易购、每日优鲜、京东到家，（排行榜前三为腾讯健康、拼多多、金山文档，其阿拉丁指数均为9000-10000）	线下一站式自主购物工具，可自行扫码结账并离场	
	沃尔玛卡包	\	阿拉丁：月平均指数4271	会员卡优惠卡的购买和使用	
微博	沃尔玛中国官方微博	47.18	西瓜：指数560.13，影响力排行榜职场类第66名	美食制作视频、干货知识、情感等	
	山姆会员商店	20.97	西瓜：指数502.20		
抖音	沃尔玛	4.5	飞瓜：指数437.5，总点赞53.9万，平均点赞2.2万（大润发、家乐福、麦德龙、华润等指数都比它低 李佳琦指数为1400+，天猫双11指数为826.1）		1.挑战赛：2019.4 这手势舞超level skr 2.KOL+挑战赛：2019.12沃尔玛今年买买买秘籍
	山姆会员商店	4.4	飞瓜：指数311.7，总点赞9.8万，平均点赞2272		
今日头条	\	\	\		
小红书	\	\			#沃尔玛包货有限公司#话题
知乎	\	\			无企业号，但有大量素人推荐内容

4. 购物中心类零售场自媒体运营现状——以龙湖天街为代表

大型购物中心主要经营的是商圈，全网的泛流量对它们而言其实相对"鸡肋"，所以在利用自媒体引流这块，它们更需要的是私域流量，是抓住周边3公里范围内的消费者。基于这个判断，对购物中心而言，适合重点发力的自媒体平台还是在微信生态体系内。

为什么是微信生态呢？很简单，因为微信生态的强社交属性，以及生态内不同产品之间形成的完美产品矩阵，可以助力企业实现传播—引流—转化的闭环。

具体来说就是，公众号作为移动时代的官网，可以利用优质内容吸引并沉淀用户，这是整个微信生态中的核心载体；个人微信号（导购）、朋友圈、企业微信等则可以进一步激活用户，与用户进行深度互动；微信粉丝群、微社区等可以用来策划并推广活动，便于引流和裂变；小程序则作为产品展示和电商平台用来变现。所以我们分析当下购物中心在自媒体运营领域的动作，大多数都聚焦在微信生态中。以龙湖天街系购物中心为例，"天街"系列是龙湖旗下的一站体验式购物中心，截至 2019 年，已经开业 31 个，数据统计周期为 3 月 15 日至 3 月 26 日。很明显，它的公众号矩阵在其所有自媒体平台的布局中，几乎是一枝独秀。

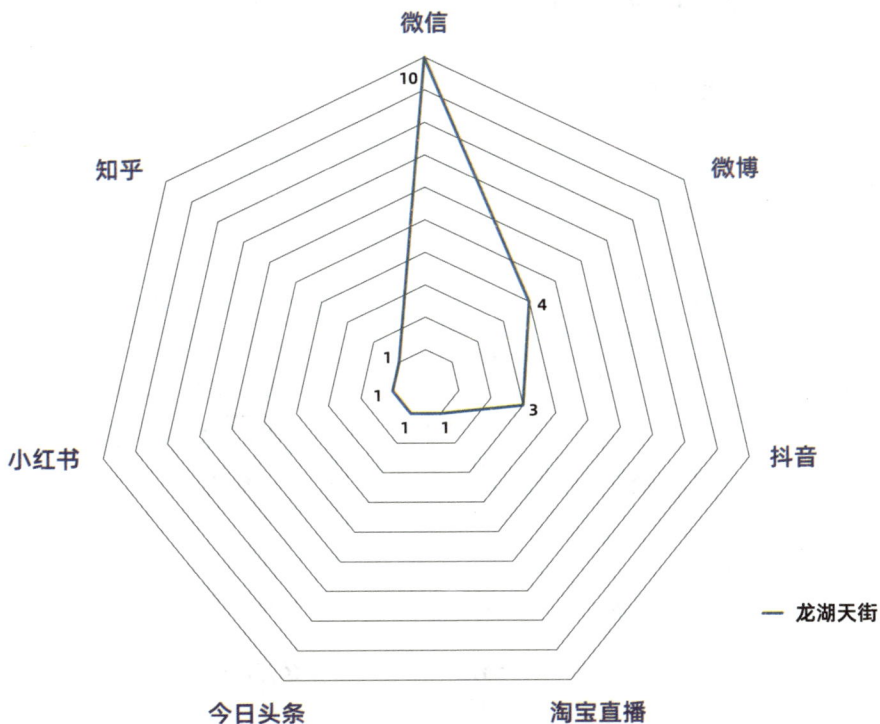

龙湖天街自媒体渠道运营现状

（结合粉丝数、阅读量、互动数、行业排名等数据进行综合评分）

- 公众号：购物中心这条街上最靓的仔

龙湖天街系的公众号，是以一个自媒体矩阵的形态存在的，几乎每个龙湖天街购物中心都有一个专属的公众号，且多个公众号在购物中心类运营榜单中名列前茅。目前整个矩阵粉丝量有数百万，通过微信公众号输出品质内容与周边 3~5 公里消费者不断产生密切关联，甚至出现过个别高达近 50%的打开率，矩阵中几个头部大号的打开率也都在 10%左右。

龙湖上海宝山天街：活跃粉丝保守估计 100 万+，头条阅读 10 万+；新榜日指数 865.3，乐活榜第 30 名，当日榜上第 26 名是头部 KOL "局部气候调查组"，第 27 名是头部 KOL "二更"；西瓜指数 834.8，原创排行榜美食类 2020 年 2 月榜单第 18 名，行业排行榜美食类 2 月榜单第 66 名。

天街 **龙湖上海宝山天街** 微信公众号详情 by NEWRANK

▎榜单排行 ⫼

865.3，日新榜指数

第30名 · 乐活日榜 >

1	**1**	**1**	**10万+**
发布次数	发布篇数	10w+发布	最高阅读数

　▦ 阅读数　　　　**10万+** · 总计　　　　**10万+** · 平均

　🗇 头条阅读数　　**10万+** · 总计　　　　**10万+** · 平均

　✿ 在看数　　　　**888** · 总计　　　　　**888** · 平均

龙湖上海宝山天街乐活日榜指数

数据来源：2020 年 3 月新榜网（https://www.newrank.cn/）截图

346

龙湖上海宝山天街西瓜指数

数据来源：2020 年 3 月西瓜数据网（http://data.xiguaji.com/）截图

龙湖上海虹桥天街：活跃粉丝保守估计 65.3 万；新榜周指数 776.8，楼市榜第 64 名，日指数 828.6，楼市榜第 4 名；西瓜指数 757.1，地区排行榜上海市 2020 年 2 月榜单第 23 名，第 22 名是新民晚报公众号。

龙湖上海虹桥天街新榜数据

数据来源：2020 年 3 月新榜网（https://www.newrank.cn/）截图

龙湖上海虹桥天街西瓜指数

数据来源：2020 年 3 月西瓜数据网（http://data.xiguaji.com/）截图

龙湖杭州金沙天街：活跃粉丝保守估计 54.2 万，头条阅读 10 万+；新榜日指数 867.5，楼市榜第 2 名；西瓜指数 750.2，地区排行榜浙江省 2020 年 2 月榜单第 48 名，杭州市 2 月榜单第 15 名。

龙湖杭州金沙天街楼市周榜指数

数据来源：2020 年 3 月新榜网（https://www.newrank.cn/）截图

龙湖杭州金沙天街西瓜指数

数据来源：2020 年 3 月西瓜数据网（http://data.xiguaji.com/）截图

龙湖杭州滨江天街：活跃粉丝保守估计 2.4 万，头条阅读 3.89 万；新榜日指数 792.5，楼市榜第 16 名。

11	佰言堂 Sayhall	1/1	50362	50362	50362	50362	120	806.7	
12	东哥探盘 donggetanpan	1/2	56671	29873	28335	29873	103	803.0	
13	广州淘房志 gztfz2018	1/3	54659	41995	18219	41995	125	801.0	
14	成都新楼市 chengduxinlou...	1/2	53615	50571	26807	50571	33	799.1	
15	刘晓博说财经 liuxb929	1/1	42524	42524	42524	42524	320	798.8	
16	龙湖杭州滨江... lhbjtj	1/1	38992	38992	38992	38992	318	792.5	
17	层楼 ultraplus_cross	1/4	54337	38956	13584	38956	32	791.6	
18	名城徐州 XZGDXZK	7/23	61154	34544	2658	11773	408	789.3	

龙湖杭州滨江天街新榜数据

数据来源：2020 年 3 月新榜网（https://www.newrank.cn/）截图

龙湖重庆时代天街：活跃粉丝保守估计 46.7 万，头条阅读 7.9 万；新榜日指数 767，楼市榜第 34 名；西瓜指数 746.7，行业排行榜资讯行业地方类 2 月榜单第 61 名。

龙湖重庆时代天街 lhcqsdtj ▨ 服务号

天街
Paradise Walk

地方第61名

西瓜指数 ⓘ
746.7

账号主体：重庆龙湖成恒地产开发有限公司　同主体公众号1个

关注龙湖重庆时代天街服务号，秒付停车费。更多功能努力建设中

奥特曼　重庆市

预估活跃粉丝	头条平均阅读	头条平均点赞	头条平均留言	周发文篇数
75.62万	**65880**	**24**	**78**	**2**

所属行业：资讯 - 地方 ✎
运营地区：-- ✎
注册时间：4年以上

龙湖重庆时代天街西瓜指数

数据来源：2020 年 3 月西瓜数据网（http://data.xiguaji.com/）截图

● 小程序：龙湖天街的用户专属

与沃尔玛、屈臣氏等不同的是，承载商品展示、停车缴费等丰富功能的"龙湖天街"小程序，是整个龙湖天街系购物中心唯一的小程序，因此所有的天街系线上流量都将直接导入这个小程序中，为它赢得巨大的曝光量。

当然，它在小程序上的玩法也是比较多样的——

品牌墙上线：疫情期间，龙湖商业在小程序上面实施了"品牌墙上线"计划，为优选商户创建了独立的展示空间，可以将品牌信息、产品介绍、最新促销等内容直观展示出来，更打通了商家与消费者的线上链路。

内容引流：除了品牌、商品、会员服务之外，龙湖天街小程序还会有

龙湖天街小程序中的品牌墙上线版块

数据来源：2020 年 3 月龙湖天街小程序截图

产品的内容展示，而内容的转化路径则是各个商家自己的小程序码或者导购个人微信/社群等。

北京龙湖天街的"云逛街花样宅"活动内容

资料来源：2020 年 3 月龙湖天街小程序北京龙湖天街主页截图

限时团购接龙：龙湖天街也会上线秒杀活动，不过它的秒杀是借助了群接龙的模式，相比普通的秒杀增加了社交属性。

成都时代天街的团购链路

数据来源：2020 年 3 月龙湖天街小程序成都时代天街主页截图

龙湖天街：阿拉丁数据暂时没有收录，我们从西瓜数据平台来分析，该小程序的 2020 年 3 月曝光数为 68798，为了更加具体地理解这个数值的意义，我们和百果园的小程序"百果园+"做一个对比，其月曝光量为 18454，而疫情期间上线的高品质食材订购平台"百果园素生鲜"的月曝光量为 83924。

- 社群：基于兴趣的垂直分类

购物中心多业态多品牌以及吃喝玩乐的特性，决定了它顾客群体的广泛性和消费性，再加上购物中心活动属性强，品牌促销、营销活动等福利层出不穷，如果能借助粉丝小助手，将会员变成微信好友，那么新店开业、新品上线、活动推广时，只需要在朋友圈发布一下，就能零预算推广，再结合转发抽奖等朋友圈促销，还能继续进行裂变营销。

龙湖商业的社群最大的特点就是基于兴趣，比如大兴天街就通过高黏度会员的吸纳和线下活动的绑定，成立了大兴天街美食群、亲子群等微信社群；房山天街则通过"会员福利群"（针对超市、日用、珠宝等商品）、"辣妈潮爸群"（针对儿童零售、早教品类）、"时尚潮流群"（针对零售服饰）等垂直分类来满足目标受众。

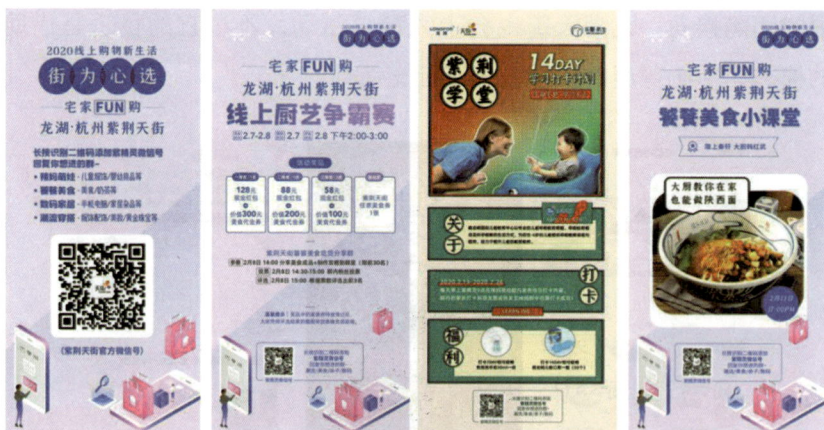

紫荆天街的社群活动策划

资料来源：源自龙湖天街小程序杭州紫荆天街主页，"线上厨艺争霸赛"等社群活动策划海报物料

同时，龙湖商业还会在社群中策划一些好玩的活动，虽然这招比较老，但确实好用。比如龙湖紫荆天街就有一个吃货分享群，在群里不仅能看到餐饮品牌商及时推送的外送清单，紫荆天街的客服——紫精灵还为群里策划了很多好玩的活动，有针对元宵节的线上厨艺争霸赛、群打卡福利、符合本群风格的美食小课堂等，还会邀请餐饮商户在群里视频、语音讲解美食的制作过程。

- 粉丝圈：让用户和商家自由恋爱

粉丝圈其实就是微社区，它以微信为平台，可以作为公众号的移动社区，我们可以理解为，它就是微信小程序版的"贴吧""论坛"，用户和商户可以在粉丝圈内发帖互动交流、发布社区活动等，使用的马甲就是彼此的个人微信。

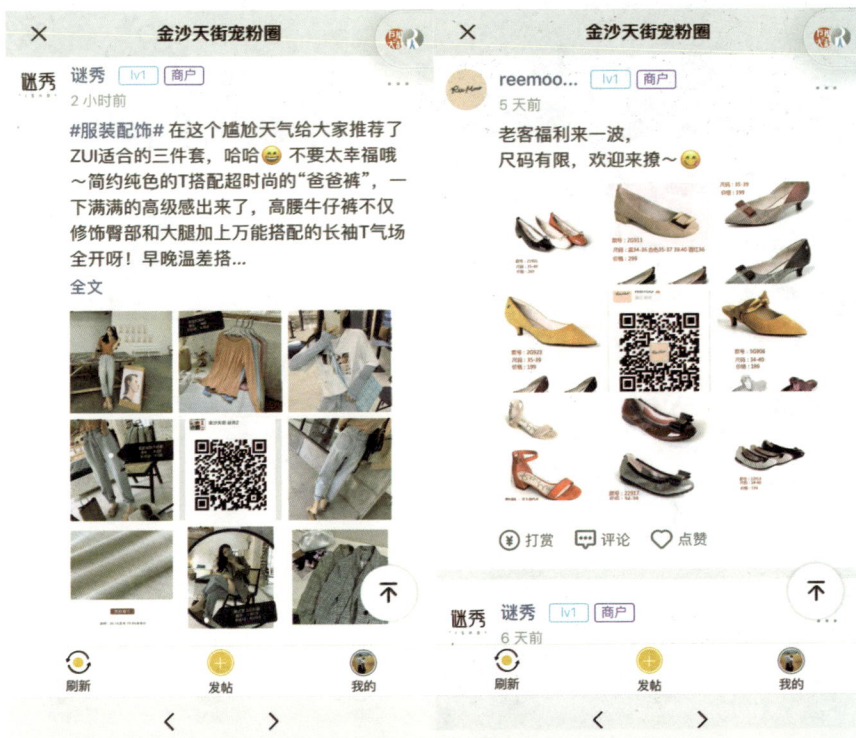

金沙天街宠粉圈

资料来源：2020 年 3 月龙湖天街杭州金沙天街粉丝圈截图

粉丝圈的作用很明显，它能为场内用户和商户构建一个可以直接实时在线沟通、销售并成交的阵地。

龙湖的粉丝圈普遍比较活跃，首页会有活动开屏广告，点击图片即可跳转；粉丝圈里的内容按品牌业态分类，可以置顶、评论、点赞、打赏帖子；还可以看到圈主、管理员、商户每天都在更新内容、活动。

商户直接发布产品信息，消费者可以接收到，并通过加群或加导购个人微信，完成商品询问甚至成交转化等步骤。

龙湖常州龙城天街之【天街圈】：这是龙湖天街系中第一个上线的粉丝圈，兼具购物和社交等多项线上功能，数日便获得了超 90 万浏览量，截至 2020 年 3 月 27 日，浏览量已经高达 119.5 万，用户数 2.6 万人。

龙湖常州龙城天街之【天街圈】

资料来源：2020 年 3 月龙湖天街常州龙城天街粉丝圈截图

龙湖杭州金沙天街之【金沙天街宠粉圈】：截至 3 月 27 日，浏览量 40.3 万，用户数 1.3 万。

龙湖上海宝山天街之【天街玩乐圈】：截至 3 月 27 日，浏览量 21.3 万，用户数 4924 人。

龙湖杭州西溪天街之【西小溪粉丝圈】：和上面 3 个建立在粉丝圈上的微社区不同，西溪天街的微社区建立在"兴趣星球"这个小程序上，总浏览量 1.6 万、用户数 287 人，和"粉丝圈"小程序需要付费开通圈子服务不一样，兴趣星球的粉丝圈免费就能开通，但是会有小广告的出现。

龙湖杭州金沙天街【金沙天街宠粉圈】& 龙湖上海宝山天街【天街玩乐圈】

资料来源：2020 年 3 月龙湖天街杭州金沙天街 & 上海宝山天街粉丝圈截图

● 直播：抖音+小程序，愿意试水的魄力

龙湖天街系的抖音账号也是矩阵式分布，不过坦白说，运营效果一般，而且它们的直播效果据目前数据来看，也没有多么优秀，跟天虹之类的领跑者暂时没办法比较。但是，他们的直播不仅在抖音上，同时还落地在小程序上，因此从整个微信生态的运营和布局来说，直播这一个布局是成功的。

目前试水直播的主要是龙湖北京4个天街，它们的无界直播间同步在小程序和抖音上开放，且形成了统一风格的直播宣传海报，让顾客对抖音直播形成记忆，不但推广了项目抖音号，还通过持续性的抖音直播预告培养受众的观看习惯。

根据龙湖商业提供的数据显示，2月5日至15日，龙湖北京4个天街已联合83个店铺开展近100场直播，累计销售额近40万元。其中大兴天街的乐友精选了疫情期间的刚需商品，如洗护用品、玩具、服装、奶粉、纸尿裤等进行推荐，并提前通过线上社群邀约会员，在单场直播中销售额达4.6万元。

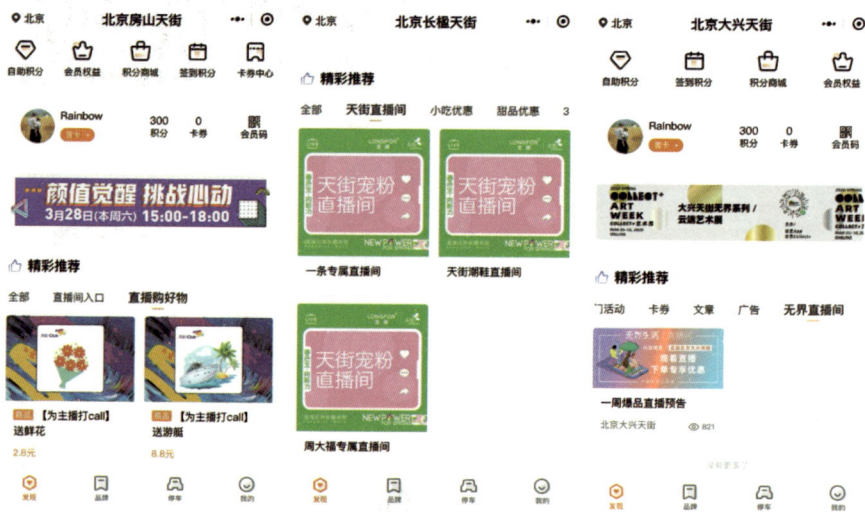

北京天街小程序直播功能展示图

资料来源：2020年3月龙湖天街小程序北京各天街主页截图

北京天街在小程序上的直播间展示，有直播间入口、直播间好物、品牌商直播间、直播预告等不同的内容设置，共同点就是在小程序首页就能直接看到入口。

北京房山天街的小程序直播预告，可以订阅开播提醒，且能够事先看到直播间商品以及价格。

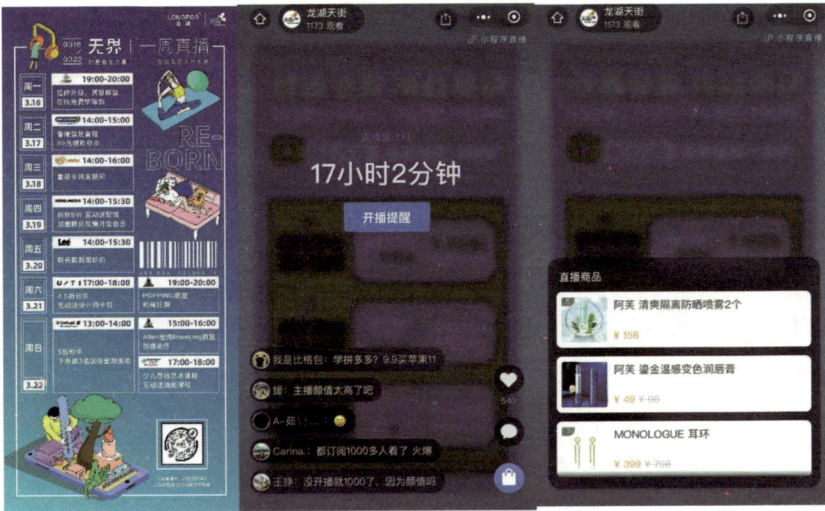

北京房山天街直播预告

资料来源：2020 年 3 月龙湖天街小程序北京房山天街主页截图

● 附表：龙湖天街全媒体运营情况

龙湖天街全媒体运营情况汇总

自媒体平台	账号ID	粉丝数（微信为预估达跃粉丝数，单位万）	运营成果（3.5~3.15）	备注
微信（自媒体矩阵不完全列举）	龙湖重庆时代天街	1、新榜：46.7 2、西瓜：75.6	1、新榜：周指数745.1，楼市榜第140名（统计数据截止：3月23日 12时 样本数量：1088212）；日指数767，楼市榜第34名，头条阅读79万 西瓜：西瓜指数746.7，行业排行榜资讯行业地方类2月榜单第61名（前30名多以各地的官方发布账号即XX发布为主，疫情影响下此类账号指行高是顺其自然的）	
	龙湖杭州金沙天街	1、新榜：54.2 2、西瓜：89.9	1、新榜：周指数776.8，楼市榜第64名，地区排行榜浙江省2月榜第8名，杭州2月榜第15名，头条阅读10万+ 2、西瓜：西瓜指数750.2，地区排行榜浙江省2月榜单第8名，杭州2月榜第15名，头条阅读10万+	
	龙湖上海虹桥天街	1、新榜：65.3 2、西瓜：79.6	1、新榜：周指数776.8，楼市榜第64名；日指数828.6，楼市榜第4名（统计数据截止：3月24日 12时 样本数量：1090192） 2、西瓜：西瓜指数757.1，地区排行榜上海市2月榜单第3名，第22名是新民晚报公众号	
	龙湖上海宝山天街	1、新榜：100+ 2、西瓜：127.9	1、新榜：周指数753.4，乐活榜第338名；日指数865.3，乐活榜第10万+（统计数据截止：3月26日 12时 样本数量：1093804），日楼上局部气候组第26名，二更第27名 2、西瓜：西瓜指数834.8，原创排行榜美食类2月榜单第8名，行业排行榜美食类2月榜单第56名（与老乡鸡、瑞幸咖啡、西贝、茶颜悦色、肯德基、麦当劳、星巴克、必胜客、喜茶等同归/国民品牌一个榜单）	
	龙湖杭州滨江天街	1、新榜：65.3 2、西瓜：79.6	1、新榜：周指数715.4，楼市榜第261名；日指数792.5，楼市榜第16名（统计数据截止：3月21日 12时 样本数量：1085463），头条阅读3.89万 2、西瓜：西瓜指数662.7，头条阅读平均4.6万	
小程序	龙湖天街	\	西瓜数据：月曝光88798（百果园+的月曝光为18454，百果园素生鲜的月曝光量83924）	
微博（自媒体矩阵不完全列举）	龙湖北京长楹天街	10.41	\	
	龙湖重庆市代天街	10.87	\	
	龙湖北京房山天街	8.13	\	
抖音（自媒体矩阵不完全列举）	龙湖苏州狮山天街	11.9	50.1W点赞	
	龙湖成都北城天街	0.11	\	
	龙湖房山天街	0.32	\	
	龙湖北京长楹天街	0.14	\	

数据统计周期为 2020 年 3 月 15 日至 3 月 27 日。

5. 家居 Mall 零售场自媒体运营现状——以红星美凯龙为代表

作为一个家居行业 Shopping Mall，红星美凯龙的自媒体运营比较均衡，既注重私域流量的运营转化，也关注公域流量的发声传播，因此我们围绕品牌、获客、转化，搭建了以微博+微信公众号为主，今日头条新闻端、抖音等平台为辅的官方发声渠道；以及以微信服务号+小程序+天猫官方旗舰店为主，社群、小红书、知乎等平台为辅的精准家居内容传播、获客转化渠道，打造精准私域流量制造基地，通过自身媒体矩阵，红星美凯龙全方位赋能商场品牌商。

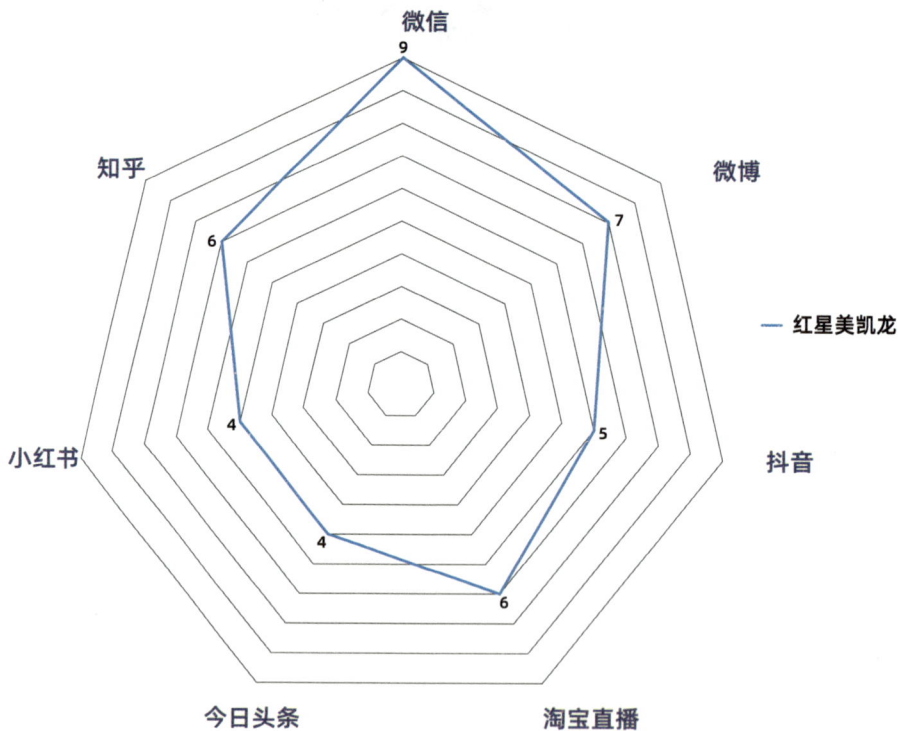

红星美凯龙自媒体渠道运营现状

数据统计周期为 2020 年 3 月 15 日至 3 月 27 日

● 公众号：优质内容精准引流

在公众号运营领域，红星美凯龙主要的策略是通过优质内容来扩大传播声量并引流。

创意策划类内容

集创意、策划、内容创作于一身的《都市睡眠图鉴》《人类躺赢简史》《中国家居 70 年潮物志》《2019 居住变迁图鉴》《33 岁，怎么活?》《那些年家人说过的最伤人的话》……充满社会洞察的优质创意内容，以长图和条漫的形式呈现，发布在微信号、微博、今日头条、小红书等自媒体平台，粉丝互动屡创新高。

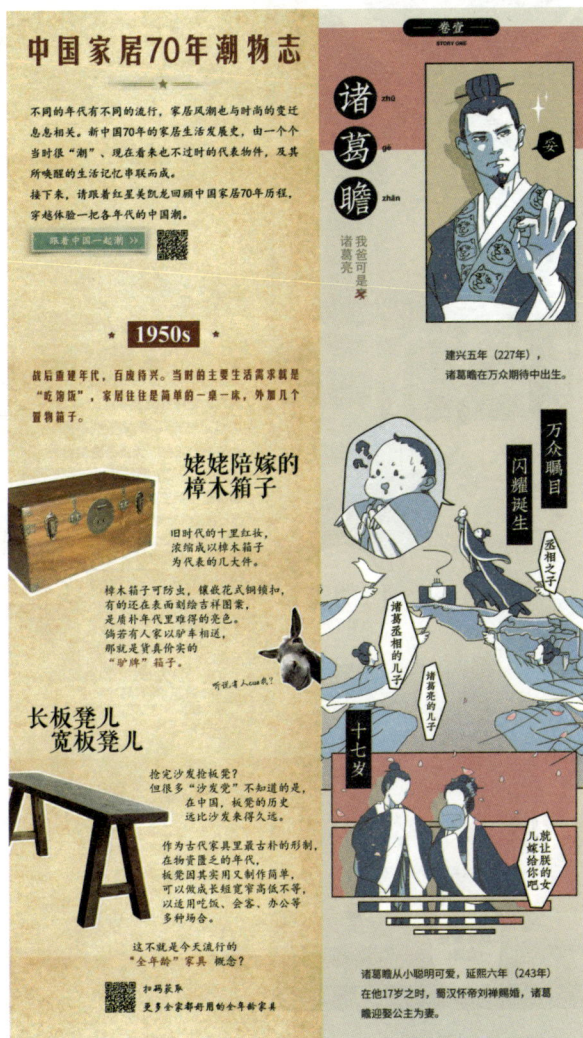

《中国家居 70 年潮物志》（左）&《人类躺赢简史》（右）

《都市睡眠图鉴》（左）&《2019居住变迁图鉴》（右）

营销活动类内容

在家居行业，1 个精准客户抵得上 100 个泛精准客户，客户在购买任何产品的时候都需要一个周期进行评估和决策，而优质的内容能够帮助用户提升认知，辅助和推动决策，内容通过分发在不同的自媒体平台，同时还提供了完整的购买路径，为爆破转化打下坚实的基础。

仅公众号内容制作，就助力 2019 年 20 余档大小营销活动，引流 UV 超 10 万人次，领券 5 万张，开单销售额 1.6 亿元。比如，关于芝华仕单品爆款内容包装，2 篇微信文章就带来 2653 万元带货销售额，留资 3185 人，消费转化率 10 倍于其他线上投放。2019 年元旦大促内容营销，2 篇微信文章+1 条官方微博+1 个产品详情页，带来近 3000 万元销售额。

× 　　红星美凯龙 ›　　…

床伴影响小，280斤和80斤能和谐共处

一张好床垫将告诉你，无论你胖到280斤还是瘦至80斤，都不是你被拒绝的理由（丑才是）。妙而扣弹簧从头到尾由一根钢线沿人的睡眠方向贯穿而成，可有效避免横向睡伴间的相互干扰。

当你半夜被老板连环夺命call要求起来加班时，也不必担心因为起立或躺下，打扰到身旁沉沉入睡的伴侣。一张合格的好床，应该可以一边上演深夜全武行，一边是安详的《桑塔露琪亚》。

× 　　红星美凯龙 ›　　…

大家都是沙发
为啥芝华仕就让人一坐不想起呢？

这个问题很简单，关键在设计。任何一款好产品，一定是以人为本、将细节做到极致的。

芝华仕有一支超越国界的200多人的研发团队，跨越肤色与文化的开放视野，让他们对产品的性能更加敏感。

所以，芝华仕的功能沙发会充分考虑消费者的各种需求，比如玩手机、看书、看电视、听音乐、休息等，每

舒达床垫营销活动产品推广文案（左）& 芝华仕头等舱沙发营销活动产品推广文案（右）

在优质内容的带动下，红星美凯龙官方服务号在行业内的表现一直不错。

红星美凯龙：活跃粉丝保守估计 100 万+；新榜日指数 844.2，企业榜第 38 名，同榜的是麦当劳、Apple、南方航空、支付宝、雅诗兰黛、中国联通、中国移动等企业账号，统计样本数是 1093804；西瓜指数 779.8，行业排行榜生活类 2 月排行榜第 78 名，生活类家装领域 2020 年 2 月榜单第 6 名，第 7 名是土巴兔庄子家居，第 9 名是宜家家居，10～13 名是简二家、住范儿、好好住、菠萝斑马居住指南等家居行业头部梯队 KOL；地区排行榜上海市 2020 年 2 月榜单第 7 名，前 10 名分别是上海迪士尼度假区、新闻坊、上海发布、海上柳叶刀、中国石化上海石油会员、上海学而思、红星美凯龙、上海公积金、上海农商银行、青春上海等，上海本地宝、宣克炯、新民晚报等都在 10 名以外，包括前面提到的龙湖天街系购物中心之一的上海虹桥天街，其同一周期排名也在第 23 位。

31	中国联通 chinaunicomgu...	1/1	10万+	10万+	10万+	10万+	382	861.6	♡
32	广州移动 cmccgz	1/5	11万+	10万+	23829	10万+	225	856.5	♡
33	中国石化 sinopecnews	1/2	10万+	96908	51891	96908	206	855.0	♡
34	苏宁任性花 suningmoney	1/3	10万+	10万+	35984	10万+	184	853.7	♡
35	友宝 uboxol	1/4	11万+	10万+	28931	10万+	108	853.3	♡
36	拉卡拉优惠分... gh_b5154287e...	1/6	12万+	73627	20912	73627	115	852.6	♡
37	龙卡信用卡 CCB_4008200588	1/4	11万+	81798	29858	81798	63	851.2	♡
38	红星美凯龙 Macalline-RSM	1/6	10万+	41247	17907	41247	513	844.2	♡
39	BVLGARI宝... BVLGARI_Official	1/1	70424	70424	70424	70424	2018	843.5	♡
40	邮储银行+ psbc0320	1/2	87544	41307	43772	46237	282	838.6	♡
41	中国移动 cmccguanfang	1/2	79609	55948	39804	55948	443	836.6	♡

红星美凯龙新榜数据

数据来源：截图于 2020 年 3 月新榜网（https://www.newrank.cn/）截图

红星美凯龙西瓜指数

数据来源：截图于 2020 年 3 月西瓜数据网（http://data.xiguaji.com/）截图

红星美凯龙服务号在上海地区月排行榜第 7 名

数据来源：截图于 2020 年 3 月西瓜数据网（http://data.xiguaji.com/）截图

红星美凯龙服务号行业月排行榜第 6 名

数据来源：截图于 2020 年 3 月西瓜数据网（http://data.xiguaji.com/）截图

●小程序：将 KOC 用到极致

红星美凯龙团尖货小程序：主要聚焦营销活动和商品，西瓜数据显示 2020 年 2 月曝光数 56108。基于家居行业的特殊性，线上部分的销售哪怕落地在小程序上，也同样需要内容加持。因此小程序上的每一个产品详情页都是定制的。

不过考虑到零售场内商户规模大，为了把控内容的质量，我们开发了"有龙"内容生产平台，以标准化模板提升商场详情页内容创作质量效率。2019 年共 187 家商场通过有龙产出 4956 个详情页，节省制作费约 247.8 万元，节约时间约 148680 分钟。这一超级内容制造机，赋能商场。

小程序内的产品详情页（中间图片为有龙生产平台的定制模板）

全民营销小程序： 这是一个可激励、可PK、可做带单追踪的导购裂变传播平台，品牌商可在上面发布活动传播任务，导购可以注册成为团达人然后领取任务进行传播，裂变的传播数按照一定比例直接换算成金币，然后导购可以在平台上用金币兑换奖品。

全民营销小程序的任务路径

● 微博：联合"蓝朋友"的力量搞事情

微博上联合其他品牌商一起造势助力传播，实际上是一个比较传统老套的玩法了，但是招不在新，有用就行。

如果说，一个红星美凯龙官方微博账号可产生N万的阅读量，那么，与百大蓝V品牌商联动就可形成多方向、多圈层的传播，不仅可以联合各大家居品牌商，甚至突破圈层跨界更多品牌商一起嗨，就有可能获取N×100倍效应。

2019年全年，红星美凯龙完成7次百大品牌商联盟，超过700+账号联动，零成本创造了6亿+阅读量，创造了1100万元传播价值，官方微博粉丝增至55万。

大量的曝光，虽然不能直接取得利润，但是对于需要长期稳定发展的零售场，以及入驻在零售场内的各大品牌商而言，却可以不断向市场输送品牌价值，塑造行业形象，沉淀良好口碑。

红星美凯龙： 粉丝55万，2019年期间，在家居企业中清博数据排名平均前10，最高排名第1。

红星美凯龙官方微博周排行第 3 名

数据来源:@清博大数据 官方微博账号公开发布的排行榜截图

红星美凯龙官方微博周排行第 1 名

数据来源:@清博大数据 官方微博账号公开发布的排行榜截图

● 淘宝直播:带着全家一起上

疫情期间,红星美凯龙借助之前的数字化沉淀和积累,开始全面发力线上直播领域,在淘宝直播搭建"红星美凯龙家居集团+旗下商场"的直播账号矩阵，几乎是全家一起上的节奏。当然，团队作战的效果也是非常喜人的。

红星美凯龙官方旗舰店：知瓜指数 636；场均点赞 83.97 万，场均评论 2055；观看 UV1.75 万、观看 PV34.18 万；带货销量 1947 万元（2020 年 2 月 26 日至 3 月 26 日数据）。

基本信息		数据概览（以下为近30天场均数据）		
知瓜指数 ❶	粉丝数	场均点赞	场均评论	在线人数
636	6.02万	83.97万	2,055	1,180
最爱TA	开播场次	观看UV	观看PV	带货销量
2,330	53	1.75万	34.18万	1,947

红星美凯龙官方旗舰店近 30 天内淘宝直播数据

数据来源：2020 年 3 月知瓜数据网（https://www.zhigua.cn/）截图

红星美凯龙太原长风商场：知瓜指数 548；场均点赞 14.67 万，场均评论 690；观看 UV3078，观看 PV2.41 万。

基本信息		数据概览（以下为近30天场均数据）		
知瓜指数 ❶	粉丝数	场均点赞	场均评论	在线人数
484	6,272	14.76万	690	135
最爱TA	开播场次	观看UV	观看PV	带货销量
176	33	3,078	2.41万	4

红星美凯龙太原长风商场近 30 天内淘宝直播数据

数据来源：2020 年 3 月知瓜数据网（https://www.zhigua.cn/）截图

红星美凯龙上海汶水商场：知瓜指数 501；场均点赞 1.17 万，场均评论 36；观看 UV2123，观看 PV7896。

基本信息		数据概览（以下为近30天场均数据）		
知瓜指数 ❶	粉丝数	场均点赞	场均评论	在线人数
501	1,935	1.17万	36	104
最爱TA	开播场次	观看UV	观看PV	带货销量
140	72	2,123	7,896	1

红星美凯龙上海汶水商场近 30 天内淘宝直播数据

数据来源：2020 年 3 月知瓜数据网（https://www.zhigua.cn/）截图

红星美凯龙锡山商场：知瓜指数 481；场均点赞 8.61 万，场均评论 427；观看 UV2614，观看 PV1.33 万。

基本信息		数据概览 (以下为近30天场均数据)		
知瓜指数 ❶	粉丝数	场均点赞	场均评论	在线人数
481	3,116	8.61万	427	90
最爱TA	开播场次	观看UV	观看PV	带货销量
269	36	2,614	1.33万	16

红星美凯龙锡山商场近 30 天内淘宝直播数据

数据来源：2020 年 3 月知瓜数据网（https://www.zhigua.cn/）截图

• 知乎/今日头条/小红书：家装真的有门槛

其实，通过对前面 4 个不同类型零售场在自媒体布局现状的分析，我们能够看到大家基本一致选择在微信生态、视频直播等领域发力，知乎、今日头条新闻端、小红书等平台是很少涉及的。

但是红星美凯龙作为家居 Mall，行业本身就是有门槛的，用户也需要被科普，因此许多家装干货、购买攻略、灵感案例等内容需求也应运而生。有别于其他零售场，红星美凯龙在知乎、小红书等平台也有布局。

知乎："寓道"粉丝 3911，目前共获得 13044 次赞同，获得 4326 次喜欢，43941 次收藏，3 次专业认可。这个数据在 1 万粉就算个 V 的知乎来说，算是还过得去的范畴。同样在知乎上运营，其他家居家装相关的企业类账号运营成果如下：

"索菲亚"获得 3074 次赞同，获得 637 次喜欢，4165 次收藏，2 次专业认可，粉丝 7037。

"土巴兔"获得 24198 次赞同，获得 5238 次喜欢，57599 次收藏，1 次专业认可，粉丝 19406。

"西门子中国"获得 25318 次赞同，获得 3529 次喜欢，25239 次收藏，9 次专业认可，粉丝 88402。

今日头条：3 个账号矩阵，分别是红星美凯龙家装平台、红星美凯龙、寓道君，其中前 2 个账号是官方号，主要以分享案例为主；最后一个账号是达人号，以案例+干货为主，这也是 3 个号中获赞最多的一个，说明用户是需要专业的家居内容的，也间接证明了这个渠道布局的有效性。

小红书：考虑到平台属性，小红书平台以达人号为主，分享的内容也是案例+干货为主，目前有 8000+粉丝，总共获赞 5 万+。

布局这 3 个平台，最主要的目的是建构红星美凯龙在家居领域内的专业和权威形象，并且通过优质专业内容吸引外部流量，进而导入我们的私域流量池。半年时间，在每 1~2 周更新一次的频率下，目前从这几个渠道引来的家装意向用户已经超过 1000 人次。

● 附表：红星美凯龙全媒体运营情况

红星美凯龙全媒体运营情况汇总

自媒体平台	账号ID	粉丝数 (微信为预估活跃粉丝数 单位万)	运营成果 (3.5~3.15)	备注
微信	红星美凯龙	1、新榜：100+ 2、西瓜：91.2	1、新榜：周指数747.4，企业第403名；日指数844.2，企业榜第38名，同榜的是麦当劳、Apple、南方航空、支付宝、雅诗兰黛、中国联通、中国移动等企业账号（统计数据截止：3月26日12时 样本数量1093804） 2、西瓜：西瓜指数779.8，行业排行榜生活类2月排行榜第78名，生活类家装领域2月榜单第6名（第7名是土巴兔企牛家装，第9名是宜家家居，10-13名是简二家、住范儿、好好住、度萝卜家居住指南等家居行业头部榜IP/KOL），地区排行榜上海市2月榜单第7名（前10名分别是上海迪士尼度假区、新闻坊、上海发布、海上柳叶刀、中国石化工加油会员、上海学而思、红星美凯龙、上海公积金、上海农商银行、青春上海等，上海本地宝、宣发微、新民晚报等都在10名以外，包括龙湖上海虹桥天街也在第23名）
小程序	红星美凯龙	\	西瓜数据：月曝光数56108，房产家装第184名，（百果园+的月曝光量为18454，百果园素生鲜的月曝光量为83924）
	红星美凯龙全民营销	\	西瓜数据：月曝光数0（百果园+的月曝光量为18454，百果园素生鲜的月曝光量为83924）
	美凯龙星居	\	西瓜数据：月曝光数8112（百果园+的月曝光量为18454，百果园素生鲜的月曝光量为83924）
微博	红星美凯龙	55	家居企业清博数据排名前10，最高排名第1
抖音	红星美凯龙	6.6	飞瓜指数112.80，总获赞45.7万，平均点赞8953，#引起严重舒适#挑战赛22.8亿次播放
淘宝直播 (不完全列举)	红星美凯龙官方旗舰店	6.02	知瓜指数636；场均点赞83.97万、场均评论2055；观看UV1.75万、观看PV34.18万；带货销量1947
	红星美凯龙太原长风商场	0.6	知瓜指数548；场均点赞14.67万、场均评论690；观看UV3078、观看PV2.41万
	红星美凯龙上海汶水商场	0.19	知瓜指数501；场均点赞1.17万、场均评论36；观看UV2123、观看PV7896
	红星美凯龙锡山商场	0.3	知瓜指数481；场均点赞8.61万、场均评论427；观看UV2614、观看PV1.33万
今日头条	红星美凯龙	1.2	获赞5006
	红星美凯龙家装平台	1	获赞5512
小红书	寓道君	0.3	获赞4.2万
	寓道	0.39	赞藏总数5.41万
知乎	寓道君	0.86	寓道：获得3,044次赞同，获得4,326次喜欢，43,941次收藏，3次专业认可，粉丝3911 索菲亚：获得3,074次赞同，获得637次喜欢，4,165次收藏，2次专业认可，粉丝7,037 土巴兔：获得24,198次赞同，获得5,238次喜欢，57,599次收藏，1次专业认可，粉丝19,406 西门子中国：获得25,318次赞同，获得3,529次喜欢，25,239次收藏，9次专业认可，粉丝88,402	在一万粉就算大V的知乎来说，数据还算不错

6. 结论：零售场企业应该且必须做好自媒体布局和运营

从上述案例分析我们可以看出，零售场企业是可以做好自媒体运营并且赋能品牌商的营销活动的。区别只在于，根据自身行业的属性和特点，不同类型的零售场需要重点发力的渠道不一样，内容形式不一样而已。一句话，不管哪种类型的零售场，都能找到各自特别适合的点。

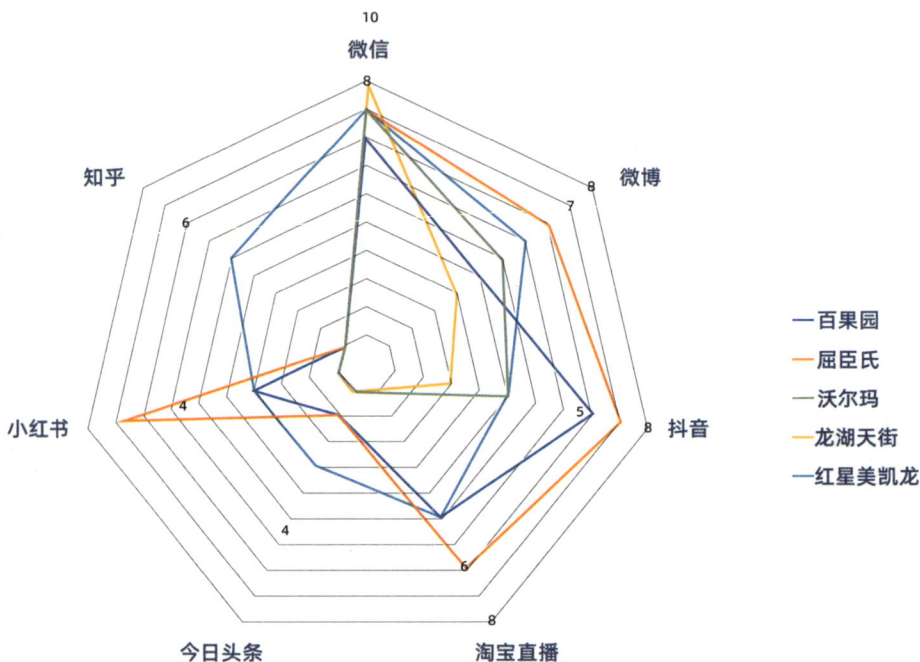

百果园、屈臣氏、沃尔玛、龙湖天街、红星美凯龙自媒体渠道运营现状

●结论一：

基于粉丝量维度的分析，通过自媒体布局和运营的渠道效果对比，我们发现商超百货、美妆时尚、生鲜电商类零售企业，擅长的自媒体平台各不相同，但这也意味着总有适合你的自媒体打法。

●结论二：

小程序阿拉丁指数对比：商超、生鲜等更注重即时转化的零售类企业，比美妆时尚等偏内容"种草"的零售类企业更适合小程序业态。

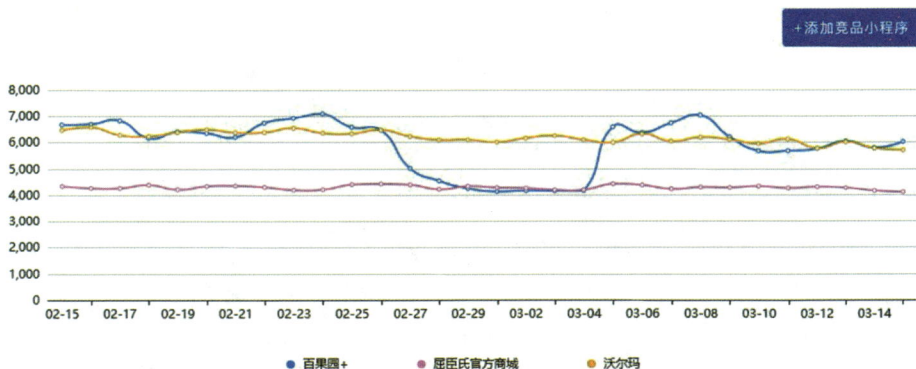

百果园、屈臣氏、沃尔玛小程序指数变化趋势图

数据来源：2020 年 3 月阿拉丁指数网（https://www.aldzs.com/）2019 年度小程序 TOP100 榜单截图

如何做好自媒体运营：三类平台+六套组合拳

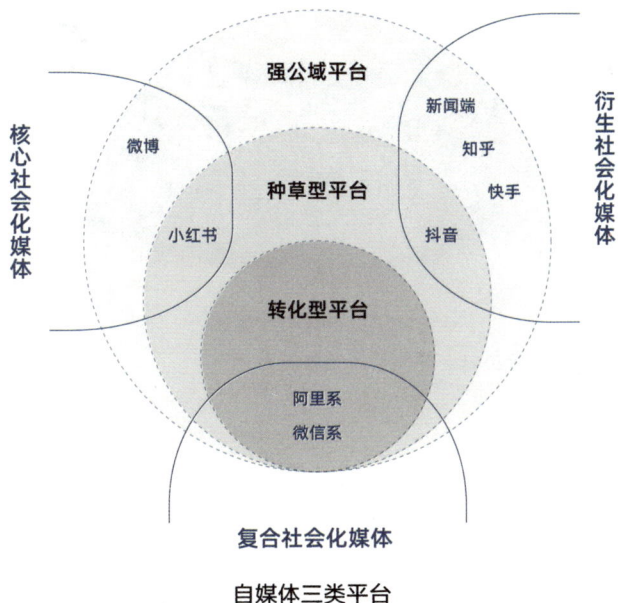

自媒体三类平台

　　根据凯度发布的《2019 年中国社会化媒体生态概览白皮书》，目前集多功能于一体的复合媒体、重关系的社会化媒体、重内容的衍生社会化媒体在中国社会化媒体生态格局中扮演着重要角色。

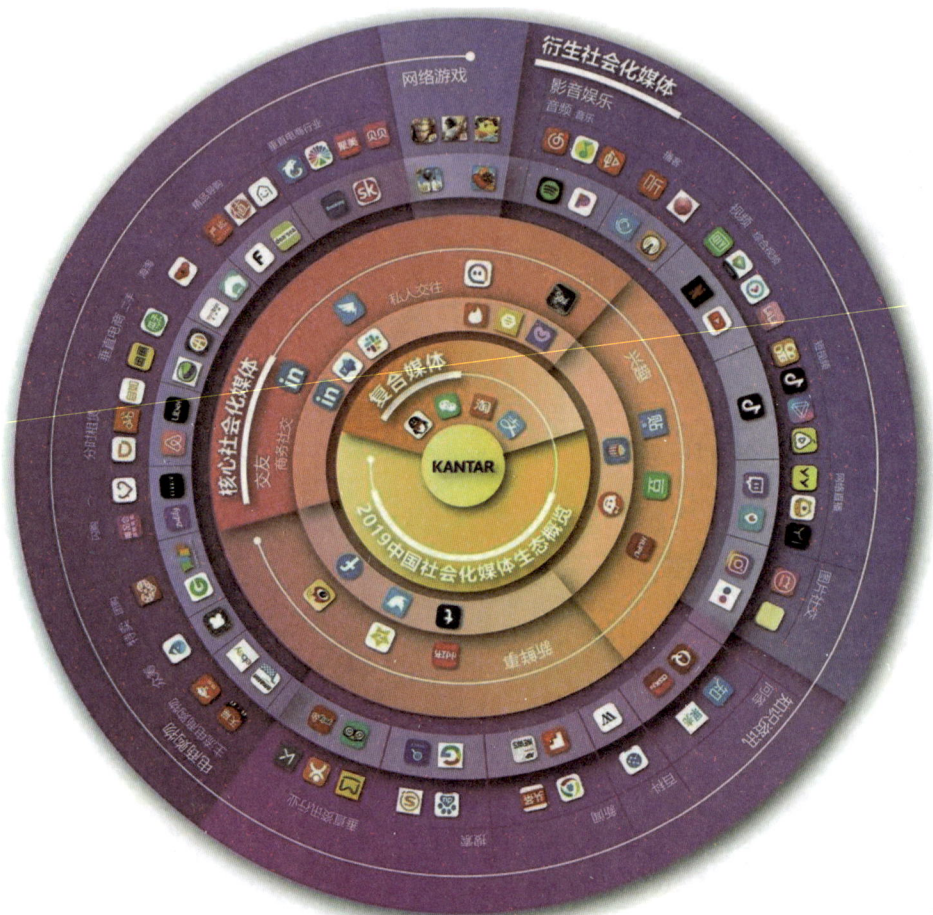

中国社会化媒体生态

数据来源：凯度《2019 年中国社会化媒体生态概览白皮书》

7. 布局三类平台

从上面这张饼状图我们可以看出，自媒体平台繁多，这就意味着任何一家机构都不可能真正地做到全面开花。所以，作为超级流量场，我们在布局自媒体的时候必须有所取舍。

基于超级流量场更好赋能品牌商的目标，我们可以从品牌商对自媒体运营的三大诉求——品牌推广、用户服务、产品销售出发，将纷繁的自媒体平台分为强公域平台、"种草"型平台、转化型平台 3 个类型。

● 强公域平台：微博+新闻端+知乎+快手

互联网时代，商业的关键是流量！流量从何而来？从注意力中来！触达用户数量越多，注意力就越多。

极具广场性质的强公域流量平台特别适合做品牌推广，比如以新浪微博、今日头条系为首的各大新闻端，注重问答领域的高质量内容平台知乎。

● "种草"型平台：小红书+抖音

"种草"其实由来已久，而非现在的创新。某天你在网上分享消费体验或购物心得，就像撒下一粒"草籽"，当这种 UGC 内容被点赞或者留言，就说明"草"在生长，这便是"种草"模式。

综合电商非常重视内容生态的搭建，比如淘宝的微淘、淘宝头条、淘宝直播，网易考拉的"种草"社区，小米有品的"品位"，亚马逊的购物推荐指南，都是对"种草"模式的运营。

淘宝、网易严选、小米有品、京东的"种草"版块
资料来源：2020 年 3 月淘宝、网易、小米有品、京东等 app 种草板块截图

不过，综合电商平台做内容主要是以销售转化为主，给了一些新奇特的长尾产品流量展示的机会，这些内容有较强的导购倾向，对商家有利，用户却很难完全当成一种轻松的"阅读享受"。而主打用户分享内容的小红书、什么值得买等"种草"平台则不一样，它的核心点在于 UGC 内容的自发分享，可读性强，功利性不强。

以小红书为例，它的内容大多是时尚达人自发分享的精致生活"笔记"，涵盖美食、美妆、护肤、健身、旅行、影视、音乐、数码等生活品类，其UGC 内容很好地助力了从种子用户、大 V、明星到普通用户数量激增这个完整的链路推进。

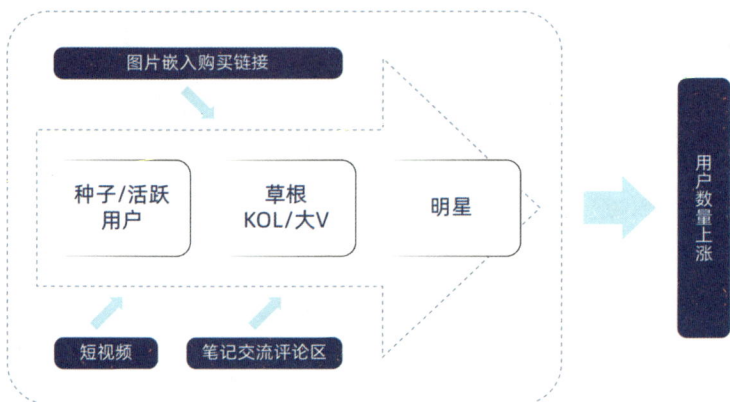

小红书用户数量增长

- 转化型平台：微信系+电商系

传统营销是以大众传播的方式争夺公域流量，获客成本越来越高，企业或组织需要转变营销方式，建立私域流量空间，在自有流量池里运营用户、转化价值。

从用户的获客成本和可控性来看，企业官网不适合移动互联网；App 需要高额的开发成本和运营成本；微博、快手、抖音等平台获客成本低，但因为基于算法的分发逻辑，粉丝无法有效沉淀。去中心化的微信生态，提供公众号（这里要说明的是，微信公众号的"种草"能力其实也不容忽视，不说众多头部 KOL 在这方面的优秀表现，仅屈臣氏福利社、港汇恒隆广场这些企业号，它们的带货能力也不容小觑。但是它的"种草"与小红书的"种草"不同之处在于，公众号的"种草"能够直接导流到社群、品牌商小程序或线上商城，与链路的下游形成闭环。所以我们在这里分类的时候，将它归在转化型平台中）、小程序、群、个人号等多项功能，凭借高可控性和低获客成本成为目前企业运营私域流量的最优选。

微信生态在私域流量运营中的显著地位

图片来源：《新榜研究院：2019 年内容半年度报告》2020/3/1 截图

电商系更不必说了，基因里就带着"卖货"的人设，妥妥的转化型选手。同时，它们对于内容生态的搭建与布局，又让它在传统销售属性之外建构了自媒体属性。两者有效结合，通过给用户创造一个购买场景和理由，降低购买决策成本，促使消费由理性转向感性。从这个角度来说，电商系是当之无愧的转化型自媒体平台。

我们以阿里为例，品牌导向的微淘、天猫品牌号加上达人导向的淘宝头条、有好货、必买清单、淘宝直播等，不管内容形式还是内容场景，都是对内容营销的极大赋能。

8. 打好 6 套组合拳

从企业诉求的层面厘清了自媒体的类型之后，超级流量场在自媒体领域如何布局呢？

在《2019 年中国社会化媒体生态概览白皮书》报告中，食品、酒、运动、游戏、科技、服装 6 个行业的品牌自媒体布局（如下图），基本都大同小

不同行业的品牌自媒体布局

数据来源：2020/3/1 截图

异，都是立体覆盖复合社会化媒体、核心社会化媒体、衍生社会化媒体。我们可以发现，自媒体的布局和零售场或品牌商的行业属性没有太大关系。

不过，为了尽可能多地为场内品牌商赋能，为品牌商在各种营销动作上赋能，零售场的自媒体布局可以遵循三个原则：

第一，所有自媒体类型都有涉猎，保证类型的丰富性。

第二，可根据需求，重点运营某个类型。

第三，每个类型可重点运营其中相对主流的平台。

具体而言，零售场需要根据场内品牌商的具体营销诉求，在自己的官方自媒体矩阵中打出以下 6 种组合拳，为品牌商赋能、制造流量。

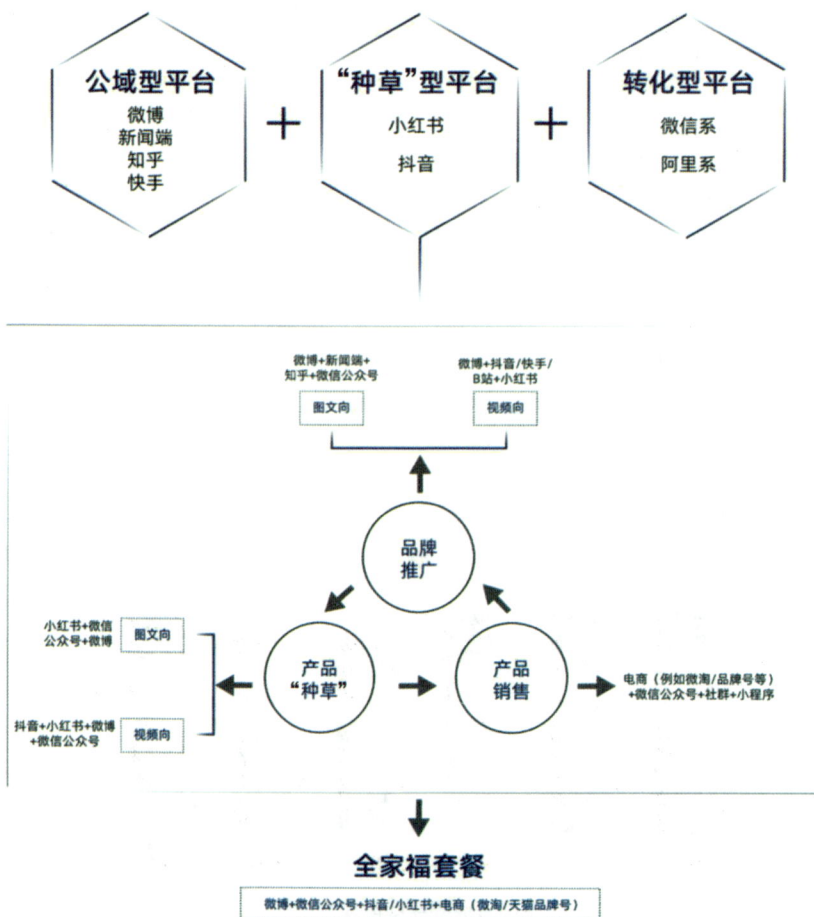

自媒体运营 6 套组合拳

● 品牌推广：广场喊麦真的有效

组合拳 1：微博+新闻端+知乎+微信公众号

假如内容以图文为主，我们可以选择微博+新闻端+知乎+微信公众号这套组合。

这一推广组合，就像广场大喇叭，还是行业权威人士（零售场）发出的声音，对于品牌商的品牌推广效果非常显著。

微博：广场属性非常强，且作为老牌平台，无论从流量还是用户活跃度来看，都不应该被放弃。

新闻客户端：各大新闻客户端普遍背靠 BAT 或者由传统新闻媒体演化而来，它的流量广度不容小觑，尤其是头条系产品的流量更是庞大，加上算法推荐机制，流量在精准性上也有一定的保证。

知乎：平台的调性很容易帮品牌商刷格调，且相比官方图文，问答社区的形式对用户来说更有亲和力。

微信公众号：这个渠道的广场性比较弱，但必须有。从品牌推广的角度来说，首先，外部的粉丝吸纳过来之后，你得有一个根据地，让粉丝对品牌商有信心，不是个乱七八糟的品牌商，类似 PC 时代的企业官网；其次，还可以沉淀粉丝。

组合拳 2：抖音/快手/B 站+微博+小红书

假如团队有余力制作视频，那么我们可以换一个视频导向推广品牌商的打法。

抖音/快手/B 站：从趣味娱乐等方面推广品牌，如果视频内容出彩，可以迅速占领年轻人的心智。

微博：微博也可以发视频，而且相比抖音，它是可以直接推广品牌的。

小红书：从产品入手推品牌，这种方式一旦占领用户心智，那就是很牢靠的关系。

● 产品"种草"：我刚用过，超好用 der

组合拳 3：小红书+微信公众号+微博

产品"种草"的话，从图文导向来看，建议选择以下平台组合。

小红书：众所周知的"种草"社区，而且小红书也是广场性质，哪怕用户没有关注你，只要内容够好或者符合平台的推荐机制，你的内容还是能够被用户看到，对新产品尤其友好，属于主动式产品"种草"。

微信公众号：这属于零售场的自留地，产品"种草"的流量广度可能比小红书有所欠缺，属于被动式产品"种草"。但是它面对的都是零售场自己的私域流量，所以它的推荐相对更精准，转化率会更高，同时也是唤醒老用户并为他们提供服务的一个方式。

微博：在零售场的官博直接推品牌商的产品可能不大合适，但是，它可以通过活动或事件来对产品进行推广和事件营销，这样的话场在其中还能更好地为品牌商背书。

组合拳4：抖音+小红书+微博+微信公众号

如果物料以视频为主的话，从视频导向来看主要是以下几个平台。

抖音：产品功能趣味性"种草"，这种内容在抖音非常圈粉，具体还是看内容，有适合抖音的内容就投放抖音，适合小红书的就投小红书。

小红书：产品功能性"种草"。

微博：活动型产品推广，在官博直接推产品可能不大合适，但是它可以通过活动或事件来对产品进行推广。

微信公众号：这个渠道的好处上面刚提过不多说，微信也是可以直接发视频的，所以产品"种草"层面，场的公众号也完全可以帮助品牌商。事实上，我们通过前面领跑者案例的分析也能发现，比如龙湖天街、红星美凯龙等，其公众号对于旗下品牌商的产品助推，就有非常显著的效果。

• 产品销售：卖货还是电商平台强

组合拳5：电商（淘系、京东系等）+微信公众号+社群+小程序

卖货还是电商平台强，选择卖货，首选电商。

电商：从产品销售的角度来看，现有的综合电商平台是最好的运营选择，它们在销售上的闭环，决定了它们是最佳转化平台，比如淘系平台。阿

里非常重视内容生态的搭建，旗下的微淘、天猫品牌号对品牌商而言都是非常好的内容引流和转化入口。加上淘宝头条、有好货、淘宝直播等各种形式丰富的内容频道，亿级的流量精准分发，充分挖掘了内容的能量，对内容带货的赋能可以说做到了极致。

微信公众号：综合电商平台毕竟是别人的地盘，微信公众号尤其是服务号的转化链路现在也已经很方便了。所以还是那句话，场的公众号能量无穷。

社群：转化自留地，且精准性非常高，建议场能够继续深耕，以便更好地赋能品牌商。

小程序：投降吧，你已经被小程序包围了。但凡你能遇到的日常生活场景，几乎都有小程序的存在。想出去买个水果，结果店家说你登录下我们的小程序有优惠券；想奢侈一把打个车，结果没有 App，幸好还有小程序救急；想团购个景点门票，推文点进去发现原来可以直接小程序下单……微信官方也在 2019 年微信公开课上公布了小程序的年度成交额：2019 年小程序日活跃用户超过 3 亿，其中单日日活突破 1000 万的小程序至少有 23 家；3.3 亿的日活几乎覆盖了各种应用场景的全流量人群，累计创造 8000 多亿元交易额，同比增长 160%。小程序是当下的风口，更是未来的趋势，是整个微信产品生态中能够作为产品展示和电商平台用以变现的渠道，也是阿里、百度、今日头条拼命追赶的战场。而线下零售场对人与货的双重聚集能力，决定了零售场小程序的强大竞争力，因此，对于品牌商而言，零售场的小程序也是一个不容错过的平台。

- 全家福套餐：以上都想实现，也不是不行

组合拳 6：微博+微信公众号+抖音/小红书+小程序/电商（微淘/天猫品牌号）

如果一个品牌商在品牌推广、产品"种草"、产品销售上需要兼顾，但是投入又有限的话，零售场可以使用以下这个最基础版的全家福套餐，为其制造流量：

微博：主要用来为品牌商做品牌传播，视频和图文都可以发布，还可以

通过活动的形式做新品推广。

微信公众号：可以兼顾三个目标，且支持视频和图文，同时有 PC 时代官网的性质，对用户来说零售场此时是个背书，尤其对中小品牌商或者新品牌商意义重大。

抖音/小红书：视频导向为主的渠道，支持品牌推广+产品"种草"，也能兼顾转化，可以二选一。

小程序/电商：小程序还处在旺盛的成长期，一切皆有可能。小程序的变现闭环，在微信生态中已经非常成熟了，前文也有讲述不再多说。同样的，以产品销售为主，电商平台也能够形成销售闭环，且比小程序更有优势的是，电商平台用户的消费习惯已经培养好了，进来就是买东西的，加上电商平台尤其是阿里系流量非常大，所以这是个非常棒的，品牌商不容错过的渠道。

小 结
SUMMARY

一切零售场都有机会成为媒体！有机会成功打造自己的强大官方自媒体矩阵！

自媒体是数字时代赐予超级流量场的又一个流量制造神器！

获取内容、享受服务、购买商品，正是驱动用户在超级流量场的官方自媒体矩阵中发生高频互动的三大动力。

屈臣氏、百果园、沃尔玛、龙湖、红星美凯龙在各大平台的官方自媒体运营上，都各有收获，初见成效，值得借鉴。

运营官方自媒体矩阵有 3 大平台与 6 套组合拳。

这也正是品牌商分享流量红利的大好机会。

所有的自媒体运营，最核心的就是内容运营，需要源源不断地供给各种内容。

因此，品牌商可以借力而为，全力以赴打造自己的优质内容，为超级流量场运营官方自媒体矩阵提供内容，从而充分收割超级流量场所制造的精准流量，实现极高性价比的获客、转化、复购、裂变，实现高效的品牌用户运营。

所以，品牌商营销团队要对超级流量场的"官方自媒体矩阵"了如指掌，并且躬身入局。

第四核心能力
——造工具

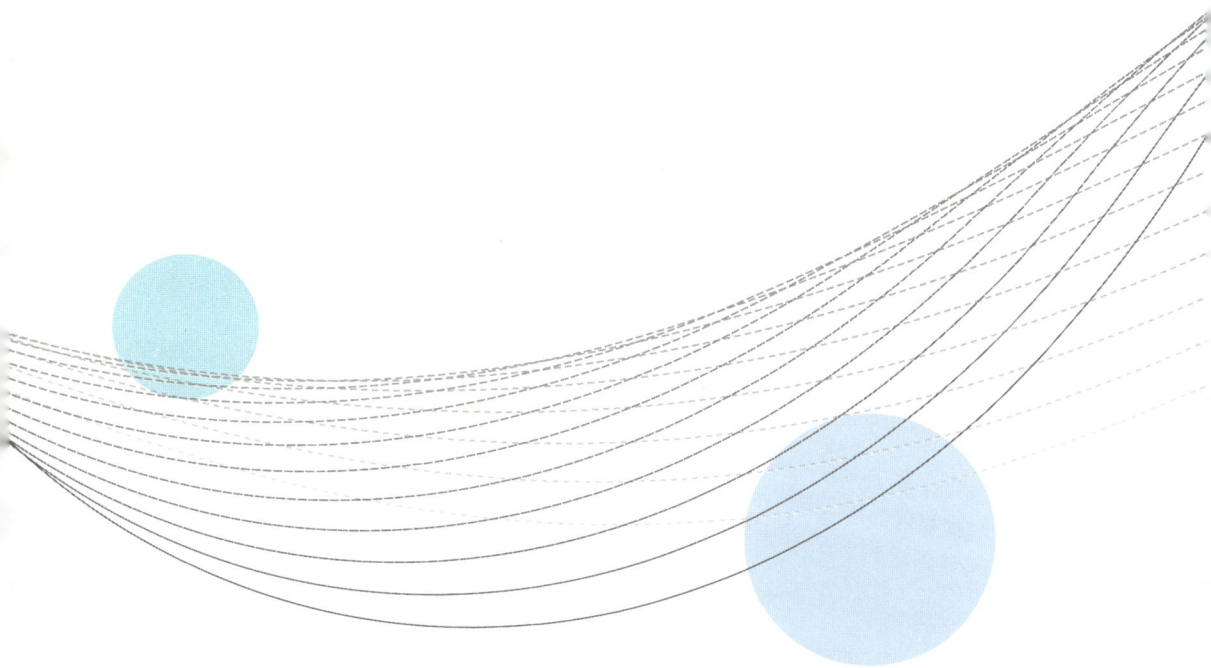

无论造"画像"、造"内容"，还是造"场景"，都需要一个引擎——数据中台，同时也需要一套适手的工具。

与传统营销不同，为实现流量制造、颗粒度到用户级的数智营销、全域全场景全链路全周期的用户运营，我们不仅需要"造画像、造内容、造场景"，而且需要"造工具"。没有相应的数字化工具，造画像、造内容、还是造场景，将是一纸空谈。所以，互联网技术人才是流量制造时代里营销团队中不可或缺的，在某种程度上甚至是起决定性作用的"特种兵"。

尽管市场上已有从 IASS、PASS 到 SASS 的各种各样的营销工具，但是，无论是从定制化需求出发，还是从安全性需求考虑，以及为了整合不同生态圈的流量与数据，为了持续沉淀不同运营单元的最佳实践，每一个致力于实现流量制造的企业，都需要一个内部研发团队才能够持续迭代出一个完整的、更适合自身行业特点与运营模式的，更高效、更稳定、更能够快速反应的流量制造工具系统。而关于具体如何"造工具"，是一个非常专业的知识领域，本书无法详细探讨这一话题，下面仅以红星美凯龙为实例，做一个实战级、框架性的简介。

红星美凯龙用了五年时间，在锻造自有数据中台的同时，还用"匠心+创新"精神打造了一整套工具——筋斗云。

筋斗云是红星美凯龙的"全球家居智慧营销平台（IMP）"开发的 SAAS 系统，是为家居行业定制的、在红星美凯龙数据中台赋能之下的超精准、全场景、一站式数字化用户运营工具。筋斗云 SAAS 通过去中心化的智慧营销解决方案，赋能家居行业品牌商与经销商实现营销数字化转型，贯穿家装设计、家装施工、家居商品选购、家居维保等各阶段，贯穿用户引入、互动、到店、消费、复购、联购、裂变等各环节，赋能商家实现一站式、全域、全场景、全链路、全周期用户运营，通过不断迭代营销运营策略与模型，持续提升营销效率和盈利能力。

筋斗云 SAAS 系统包含四大类十大工具：

用户运营类——拓客跟单工具、会员管理工具；

内容运营类——内容生成工具、活动运营工具、直播营销工具；

场景运营类——自媒体矩阵管理工具、全民营销工具、社群运营工具、数字广告聚合投放工具；

绩效分析与管理工具自成一类。

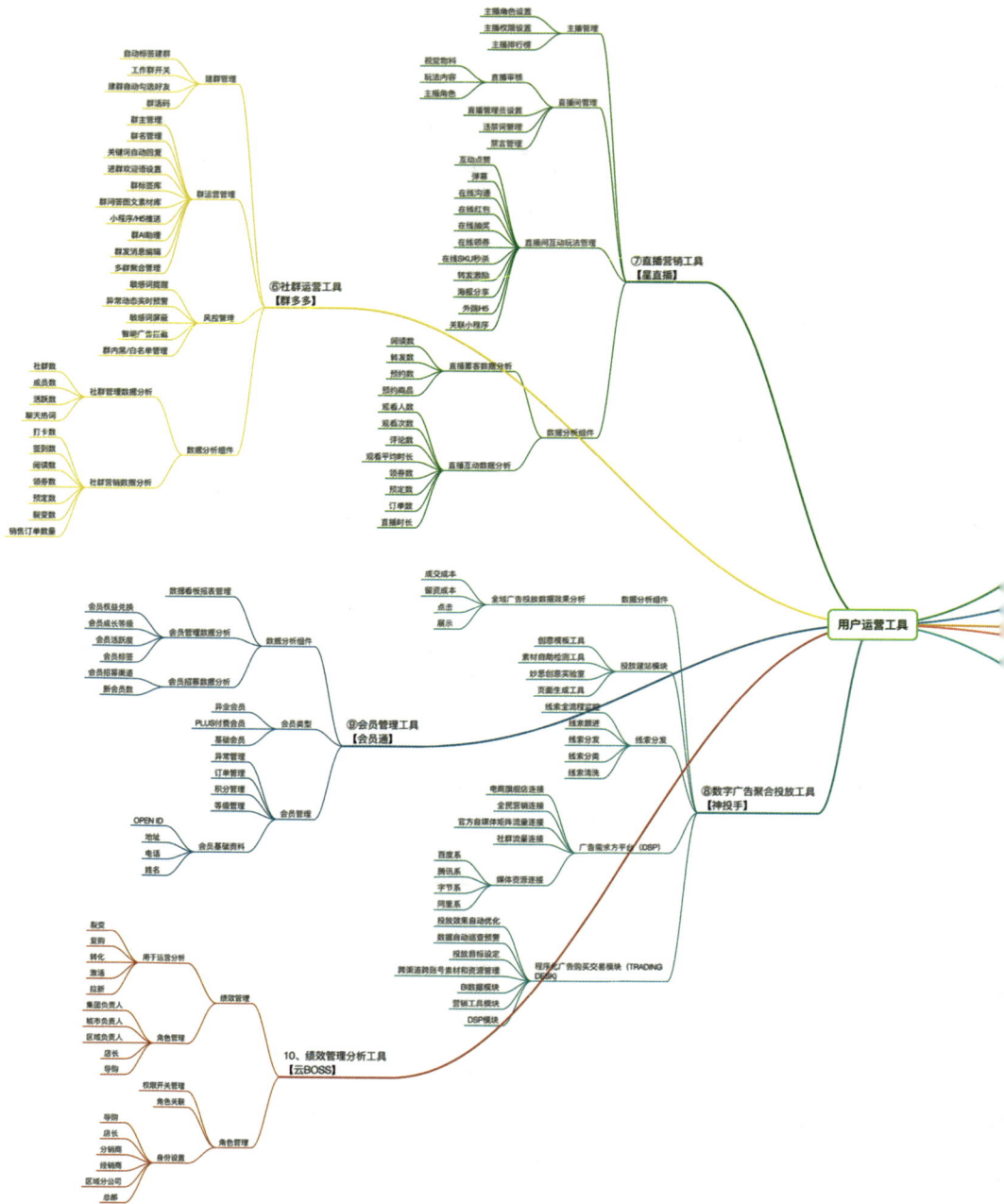

用户运营工具

⑥社群运营工具【群多多】

- 建群管理
  - 自动标签建群
  - 工作群开关
  - 建群自动勾选好友
  - 群活码
- 群运营管理
  - 群主管理
  - 群名管理
  - 关键词自动回复
  - 进群欢迎语设置
  - 群标签库
  - 群问答图文素材库
  - 小程序SKU推送
  - 群AI编辑
  - 群发消息编辑
  - 多群聚合管理
- 风控管理
  - 联想词屏蔽
  - 异常动态实时预警
  - 敏感词屏蔽
  - 智能广告拦截
  - 群内黑/白名单管理
- 数据分析组件
  - 社群管理数据分析
    - 社群数
    - 成员数
    - 活跃度
    - 聊天热词
    - 打卡数
  - 社群营销数据分析
    - 签到数
    - 阅读数
    - 领券数
    - 预定数
    - 裂变数
    - 销售订单数量

⑦直播营销工具【星直播】

- 主播管理
  - 主播角色设置
  - 主播权限设置
  - 主播排行榜
- 直播间管理
  - 预定物料
  - 玩法内容
  - 主播角色
  - 直播管理员设置
  - 话题词管理
  - 禁言管理
- 直播间互动玩法管理
  - 互动点赞
  - 弹幕
  - 在线沟通
  - 在线红包
  - 在线抽奖
  - 在线彩券
  - 在线SKU秒杀
  - 转发激励
  - 海报分享
  - 外围H5
  - 关联小程序
- 数据分析组件
  - 直播观客数据分析
    - 阅读数
    - 转发数
    - 预约数
    - 预约商品
  - 直播互动数据分析
    - 观看人数
    - 观看次数
    - 评论数
    - 观看平均时长
    - 领券数
    - 下单数
    - 直播时长

⑨会员管理工具【会员通】

- 数据分析组件
  - 会员管理数据分析
    - 会员权益兑换
    - 会员成长等级
    - 会员活跃度
    - 会员标签
  - 会员募集数据分析
    - 会员招募渠道
    - 新会员数
  - 数据看板报表管理
- 会员类型
  - 异业会员
  - PLUS付费会员
  - 基础会员
- 会员管理
  - 异常管理
  - 订单管理
  - 积分管理
  - 等级管理
- 会员基础资料
  - OPEN ID
  - 地址
  - 电话
  - 姓名

⑧数字广告聚合投放工具【神投手】

- 数据分析组件
  - 全域广告投放数据效果分析
    - 成交成本
    - 留资成本
    - 点击
    - 展示
- 投放建站模块
  - 创意模板工具
  - 素材自动绘图工具
  - 妙思创意实验室
  - 页面生成工具
- 线索分发
  - 线索全流程管理
  - 线索跟进
  - 线索分发
  - 线索分类
  - 线索清洗
- 广告需求方平台（DSP）
  - 电商旗舰店连接
  - 全民营销连接
  - 官方自媒体矩阵流量连接
  - 社群流量连接
- 媒体资源连接
  - 百度系
  - 腾讯系
  - 字节系
  - 同量系
- 程序化广告购买交易模块（TRADING DESK）
  - 投放效果自动优化
  - 数据自动巡查预警
  - 投放目标设定
  - 跨渠道跨账号素材和资源管理
  - BI数据模块
  - 营销工具模块
  - DSP模块

10、绩效管理分析工具【云BOSS】

- 绩效管理
  - 用于运营分析
    - 拉新
    - 复购
    - 转化
    - 激活
  - 角色管理
    - 集团负责人
    - 城市负责人
    - 区域负责人
    - 店长
    - 导购
- 角色管理
  - 权限开关管理
  - 角色关联
  - 身份设置
    - 导购
    - 店长
    - 分销商
    - 经销商
    - 区域分公司
    - 总部

用户运营工具

图片素材
视频素材
3D商品建模
720°全景素材

素材&模块管理

富文本
视频

图文视频编辑

①内容生成工具
【超级编辑器】

券组件
商品组件
导航组件
浮层组件
弹窗组件
IM组件
报名组件
预约组件
授权组件
订阅组件
预订组件
支付组件
万能+号

功能组件编辑

微信小程序
微信H5
全网H5

多类型平台页面

内容预合发布管理
素材一键同步
内容自检审核
敏感词舆情监控
标准内容库自定义调用

内容管理组件

③自媒体矩阵管理工具
【线上魔方】

数据分析组件

用户基础数据分析

粉丝数
话跃粉丝数
推送次数

用户行为数据分析

推送触达人数
阅读量
领券人数
领券张数

免单
返现
满减
折扣
秒杀
控销
限时
定金预定
付费预定

玩法规则

营销规则

实ращ
满赠
换购
套餐

订单规则

个人所在企业信息
个人信息介绍
个人联系方式
个人推荐商品
个人动态发布
个人专属二维码

个人电子名片

达人注册
达人分级管理
达人分类管理
达人组圈功能
达人PK榜单

达人管理

⑤全民营销工具
【团达人】

潜客浏览
潜客点击
潜客停留时长
潜客访问深度
潜客收藏
潜客领券
潜客咨询
潜客预定
潜客来源关系/渠道

拓客富达

发布任务
任务通知推送
任务领取提醒

任务管理

阅读
领券
留资
成交

任务激励设置

扫码PC登录管理
聚合在线沟通
自动快捷回复
无感跨账号转链
朋友圈瞬间互动
全方位标签定位
自动化客情维护
素材库一键调用

跟单互动

佣金储值设置
佣金数量设置
佣金使用周期设置
佣金与任务关联关系设置
佣金领取人数/次数限制设置

佣金系统

④拓客跟单工具
【集客宝】

免费券
付费券
付费券包
到店礼品券
新会员专享券

券组件

积分兑换商品管理
积分兑换规则配置
多层级规则自定义
签到积分
积分抽奖

积分商城

红包雨
大转盘
砸金蛋
挑战赛
刮刮卡

游戏组件

②活动运营工具
【营销百宝箱】

单人拼团
多人拼团
好友砍价
好友助力

裂变组件

潜客数量
意向用户数量
互动数量
用户标签数量

用户数据分析

数据分析组件

达人类型
达人数量
达人活跃度
达人排名
达人评级

达人数据分析

营销日历计划
活动任务配置
活动报名管理

活动管理组件

好友数
加粉数
社群数
朋友圈发布数
朋友圈互动数
在线沟通数
用户标签维护数
工作号在线时长

拓客数据分析

传播UV
分享次数
触客数
关联销售总额
拉新会员数

传播数据分析

数据分析组件

曝光人数
阅读人数
阅读次数
转发次数
转发人数

前链路分析

积分综述
积分裂网分析
商品别裂分析

积分数据分析

报名人数
领券张数
领券人数
游戏参与人数
游戏参与时长
中奖人数

中链路分析

数据分析组件

券核销张数
券核销人数
下单次数
下单人数
转化率
销售额

后链路分析

这些工具，极大地提升了用户运营效率，提升了流量制造能力。

考虑到电商运营工具的特殊复杂性、独立性，以及更多依赖电商平台原生工具体系的特性，所以并没有将其包含在这套数字化用户运营工具系统里。

敲黑板：红星美凯龙数据中台实现的是用户数据采集与处理，用户画像生成与实时迭代，用户定向自定义与推荐算法迭代，用户运营策略实时优化，营销计划效果预测等数据应用的底层功能；筋斗云是在数据中台赋能之下的用户互动与运营管理的工具系统。数据中台的核心功能与应用场景已在第5章有详细介绍，这里不再赘述。

用户运营类

拓客跟单工具

"集客宝"是筋斗云的拓客跟单工具，是终端拓客及线上跟单的工具，赋能商家实现针对一线拓客人员的统一管理，赋能一线拓客人员实现对用户资产的数字化高效管理与运营，提升一线拓客人员的获客效率与转化率，核心功能模块包含：

- 个人电子名片

通过手机端快速制作企业官方认证下的个人版拓客物料，并实现多种格式的便捷生成，物料上可以包含个人所在企业信息、个人联系方式、个人推荐商品、个人动态、个人专属二维码等各类信息。

- 拓客雷达

根据用户浏览、点击、停留时长、访问深度、收藏、领券、咨询、预订、渠道来源等不同维度的用户数据，向拓客人员即时推送消息通知，帮助其实现用户动态追踪与无缝跟进。

- 跟单互动

通过多账号 PC 端同步登录管理、聚合在线沟通、自动快捷回复、无感跨账号转接、朋友圈跟圈互动、全方位标签定位、自动化客情维护、素材库一键调用等功能，赋能一线拓客人员，实现实时地用户互动与服务。

- 数据分析组件

包含用户数据分析模块（潜客数量、意向用户数量、互动数量、用户标签数量等）；拓客数据分析模块（好友数、加粉数、社群数、朋友圈发布数、朋友圈互动数、在线沟通数、用户标签维护数、工作号在线时长等）；支持分层级、分角色、分渠道、分时段地数据筛选与对比分析。

会员管理工具

"会员通"是"筋斗云"的会员管理工具，为所有数字营销工具提供会员管理基础功能，协同所有数字营销工具实现会员营销自动化与智能。 其核心功能模块包含：

- 会员管理

包含会员基础资料管理（姓名、电话、地址、Open ID 等）、等级管理、积分管理、订单管理、异常管理等功能。

- 会员运营

包含基础权益运营管理（会员礼品管理、会员权益维护管理、积分权益维护管理、会员商品会员价管理）、付费会员运营管理、异业（其他）会员运营管理等功能。

- 数据分析组件

包含会员招募数据分析（新会员数、会员招募渠道等）；会员管理数据分析（会员标签、会员活跃度、会员成长等级、会员权益兑换等）、数据看板报表管理等功能，支持分层级、分类别、分标签、分时段地数据筛选与对比分析。

内容运营类

内容生成工具

"超级编辑器"是"筋斗云"的内容生成工具,实现线上物料30分钟快速拼搭、多类型平台适配页面一键生成,满足不同场景下用户互动所需物料的创作需求。 其核心功能模块包含:

- 素材 & 模板管理

实现图片、视频、3D 商品建模、720°全景等各类素材的统一管理,提供品牌传播、活动传播、电子商城三大类模板。

- 图文视频编辑

实现针对富文本、视频等不同格式内容的在线编辑,编辑效果实时预览,所见即所得。

- 功能组件编辑

提供券、商品展示、导航、浮层、弹窗、IM、报名、预约、授权、订阅、预订、支付、万能"+"号自定义入口等 16 大功能组件,并实现所有功能的自由组合。

- 多渠道页面便捷生成

对于同一内容需要在不同渠道上进行传播的应用场景,无须重复搭建页面或店铺,一键即可生成小程序、微信 H5、全网 H5 等多类型物料,实现全渠道物料统一设置、统一管理、统一数据跟踪及分析。

活动运营工具

"营销百宝箱"是"筋斗云"的活动运营工具,是营销活动运营的数字化管理系统，可实现全国、全渠道数字营销活动的统一设置、统一管理、统一数据分析。 同时，支持营销活动分业务单元、分区域、分渠道的自定义配置。 其核心功能模块包含：

- 促销规则组件

设定玩法规则（免单、返现、满减、折扣、秒杀、预售、限时、定金翻倍、付费预订等）与订单规则（买赠、满赠、换购、套餐等），并实现自由排列组合。

- 券组件

免费券、付费券、付费券包、到店礼品券、新会员专享券等，实现不同的券玩法配置。

- 游戏组件

红包墙、大转盘、砸金蛋、抓娃娃、刮刮卡等，实现多种互动游戏类玩法配置。

- 裂变组件

单品拼团、多人拼团、好友砍价、好友助力等，实现社交传播裂变玩法配置。

- 活动管理组件

通过营销日历管理、活动任务配置、活动商家报名管理等，实现全国/区域/商场/店铺各级的、主活动与子活动的统一配置、统一下发、统一报名、统一管理。

- 数据分析组件

包含前链路分析（全渠道曝光次数、曝光人数、阅读人数、阅读次数、转发次数、转发人数等）、中链路分析（报名人数、领券张数、领券人数、游戏参与次数、游戏参与人数、游戏参与时长、中奖人数等）、后链路分析（券核销张数、券核销人数、下单次数、下单人数、转化率、销售额等）、自定义分析看板生成等功能。

直播营销工具

"星直播"是"筋斗云"的直播营销工具，是直播运营的多级同步式管理系统，可实现全国或区域所辖不同业务单位利用统一直播间进行同步宣传蓄客、全国不同业务单位各自开通直播间且独立宣传蓄客两种直播运营模式，提供个人主播快捷发起直播的简易技术解决方案与专业团队通过 OBS 技术实施大场景直播的高阶技术解决方案，实现直播营销的统一监督、运营和管理。 其核心功能模块包含：

- 主播管理

包含主播角色设置、主播权限设置、主播排行管理等功能。

- 直播间管理

包含直播审核（视觉物料、玩法内容、主播角色等）、直播互动区管理员设置、违禁词管理、禁言管理等功能。

- 互动玩法管理

包含实时点赞、弹幕功能开关、在线沟通、在线红包设置、在线抽奖设置、转发激励设置、海报分享制作、外部 H5 跳转设置、在线领券设置、商品 SKU 秒杀设置、关联小程序店铺设置等功能。

- 数据分析组件

包含直播蓄客数据分析（阅读数、转发数、预约数、预约商品数等）、直播互动数据分析（观看人数、观看次数、评论数、观看平均时长、领券数、预订数、订单数、直播时长等）；支持分层级、分主播、分时段地数据筛选与对比分析。

场景运营类

自媒体矩阵管理工具

"线上魔方"是"筋斗云"的自媒体矩阵管理工具，可以为平台或品牌商的总部、分公司、经销商、门店店长、导购等不同角色实现官方自媒体矩阵

的多级协同管理，提升自媒体运营效率和质量，预防运营风险。 其核心功能
模块包含：

- 内容管理组件

包含内容聚合发布管理、素材一键同步、内容自检审核、敏感词舆情监
控和标准内容库自定义调用等功能。

- 数据分析组件

包含用户基础数据分析（粉丝数、活跃粉丝数等）、用户行为数据分析
（推送次数、推送触达人数、阅读量、领券人数、领券张数统计分析等）等功
能；支持分层级、分角色、分渠道、分时段地数据筛选与对比分析；实现自
媒体矩阵体系化、多层级的统一数据管理。

全民营销工具

"团达人"是"筋斗云"的全民营销工具，赋能商家将所处行业/区域的
KOL、KOC、员工、合作组织员工等人员发展成企业的社交推荐官，构建全
员/全民营销数字化运营管理体系。其核心功能模块包含：

- 达人管理

通过达人注册体系、达人分级体系、达人分类体系、达人组团、达人 PK
榜单等功能模块，实现多角色达人的分级分权管理。

- 任务管理

通过任务发布、任务通知推送、任务领取提醒、任务激励设置（阅读/领
券/留资/成交）等功能模块，实现商家自定义激励规则，一键定向发送
任务。

- 佣金管理

通过佣金储值设置、佣金数量设置、佣金领取周期设置、佣金与任务关
联关系设置、佣金领取人数/次数限制设置等功能，实现佣金规则的快速设置
与发布，实现不同子规则的灵活组合与多级规则并行下的风险控制。

- 积分商城

通过积分兑换商品管理、积分兑换规则配置、总部到门店的多层级商城

自定义设置、签到领积分、积分抽奖等功能，实现积分的在线实时灵活兑换与精细化管理，以及实现多级风控。

- 数据分析组件

具体可分为达人数据分析（达人类型、达人数量、达人活跃度、达人排名、达人评级等）、传播数据分析（传播 UV、分享次数、带客数、关联销售金额、拉新会员数等）、积分数据分析（积分总数、积分消耗分析、奖品消耗分析等），支持分层级、分达人类型、分渠道、分时段的数据筛选与对比分析。

社群运营工具

"群多多"是"筋斗云"的社群运营工具，针对"分散式工作号"建立的社群，实现跨地域、跨层级、跨屏的、一站式的统一标签化管理、统一推送管理、统一运营管理，提升社群运营效率与质量，提升多级风控能力与效率。 其核心功能模块包含：

- 建群管理

包含自动标签建群、工作群开关、建群自动勾选好友、群活码设置等功能。

- 群运营管理

包含群主管理、群名管理、关键词自动回复、进群欢迎语设置、群标签库定义与调用、群问答图文素材库调用、小程序/H5 推送、群 AI 助手、群发消息编辑、多群聚合管理等功能。

- 风控管理

包含群聊天敏感词提醒、群内异常动态实时预警跟踪定位（消息频繁重复推送、敏感词屏蔽等）、智能广告拦截、群内黑/白名单管理等功能。

- 数据分析组件

包含社群管理数据分析（社群数、成员数、活跃度、聊天热词等）、社群营销数据分析（打卡数、签到数、阅读数、领券数、预订数、裂变数、销售订单数量等）；支持分层级、分类别、分标签、分时段地数据筛选与对比分析。

数字广告聚合投放工具

"神投手"是"筋斗云"的数字广告聚合投放工具,是一站式数字广告投放与优化系统,实现公域与私域广告资源地统一对接、统一管理、统一投放与推送,调用数据中台能力,实现颗粒度细到用户级的全域、全场景、全链路、全周期用户触达。 其核心功能模块包含:

- TD(Trading Desk 程序化广告购买交易模块)

通过连接 DSP 模块、营销工具模块与 BI 数据模块,实现针对跨渠道跨账户素材和资源地批量操作与统计管理,包含投放目标设定、数据自动巡查预警、投放效果自动优化等功能。

- DSP(Demand Side Platform 广告需求方平台)

一个为广告主提供实时竞价功能的投放平台,连接全网媒体资源,包括阿里系、字节系、腾讯系、百度系等,同时连接所有私域流量,包括社群、官方自媒体矩阵、全民营销、电商旗舰店等。商家可以通过 DSP 模块,实现受众选择和管理、媒体资源购买、广告活动管理等。

- 线索分发

通过后链路跟单工具,实现分渠道的线索清洗与分类,并支持通过钉钉、企业微信等各类会话工具,进行有效线索实时递交流转与潜客跟进。

- 投放建站模板

通过页面生成工具、妙思创意实验室、素材自助检测工具、创意模板工具,实现各种形式与格式的落地页制作。

- 数据分析组件

提供全域广告投放的数据图形化呈现,提供人群画像分析、人群包分析、渠道来源与匹配度分析、内容来源与匹配度分析、效果分析(展示、点击、留资、CPM、点击率、留资率、意向率、成交率、点击成本、留资成本、成交成本等)等多维度分析功能,并支持按照时间周期、预算、人群定向等维度进行日报、周报、月报的报表呈现。

绩效分析与管理工具类

管理分析工具

云 BOSS 是"筋斗云"的绩效分析与管理工具，是数据可视化的用户运营绩效管理平台。 通过 PC 端/手机端实时查看分区域、分门店、分员工、分渠道的用户运营绩效数据，实现对运营过程与运营结果的实时分析与实时干预。 其核心功能模块包含：

- 角色管理

包含身份设置（总部/区域分公司/经销商/分销商/店长/导购等）、角色关联、权限开关管理等功能。

- 绩效管理

针对团队或个人，进行用户运营各项指标（拉新、激活、转化、复购、裂变等）地实时分析与管理。